◎ 高等院校经济与管理核心课经典系列教材 ◎

➤ 金融学专业

U0754946

期货及期权投资实务

QIHUO JI QIQUAN TOUZI SHIWU

（第三版）

宋浩平 ◎ 主 编

首都经济贸易大学出版社

Capital University of Economics and Business Press

·北京·

图书在版编目(CIP)数据

期货及期权投资实务/宋浩平主编. —3 版. —北京:首都经济贸易大学出版社,
2017.1

ISBN 978 - 7 - 5638 - 2186 - 0

Ⅰ.①期… Ⅱ.①宋… Ⅲ.①期货交易—高等学校—教材 ②期权交易—
高等学校—教材 Ⅳ.①F830.9

中国版本图书馆 CIP 数据核字(2013)第 306524 号

期货及期权投资实务(第三版)

宋浩平 主编

责任编辑	田玉春	
封面设计	砚祥志远·激光照排 TEL:010-65976003	
出版发行	首都经济贸易大学出版社	
地　　址	北京市朝阳区红庙(邮编 100026)	
电　　话	(010)65976483　65065761　65071505(传真)	
网　　址	http://www.sjmcb.com	
E - mail	publish@cueb.edu.cn	
经　　销	全国新华书店	
照　　排	首都经济贸易大学出版社激光照排服务部	
印　　刷	北京市兴怀印刷厂	
开　　本	710 毫米 ×1000 毫米　1/16	
字　　数	497 千字	
印　　张	28.25	
版　　次	2011 年 9 月第 1 版　2014 年 1 月第 2 版　**2017 年 1 月第 3 版** 2017 年 1 月总第 5 次印刷	
印　　数	10 001 ~ 17 000	
书　　号	ISBN 978 - 7 - 5638 - 2186 - 0/F·1241	
定　　价	44.00 元	

第三版前言

　　本教材自 2011 年首次出版以来,受到了广大读者的欢迎,同时也得到了兄弟院校同行和有关专家的关心和支持,提出了许多有益的建议和宝贵的修改意见,值此第三版出版之际,向大家表示衷心感谢。

　　近年来,我国资本市场发展迅速,金融创新日益活跃,诸如期货、期权等系列衍生工具在我国金融市场逐渐得以产生和发展。衍生工具一方面可以起到分割、转移风险,提高金融市场整体效率的作用,另一方面与衍生工具形影相随的投机又可能使风险集中,引致金融市场的动荡不安。2015 年中国 A 股市场的股灾在国内外引起震动,许多投资者损失惨重,因此,健全法规,加强对各类衍生工具的管理监督,积极合理利用衍生工具,从而避免过度投机,达到趋利避害的目的,已经成为政府、机构、普通投资者的共识。

　　在上述背景下,本书在保持原教材风格特色、内容体系和结构框架的前提下进行了修订,增添和删减了部分章节的内容,补充了一些图表和数据资料,更新了一些交易规则和制度,校正了书中的一些错误。虽然我们尽了很大努力,书中不足之处仍会存在,恳请广大读者批评指正。

编　者
2016 年 11 月

前　言

　　自从 1848 年芝加哥期货交易所成立以来,西方国家的商品期货市场经历了 160 多年的历史,金融期货及期权交易也已发展了近 40 年。期货和期权作为当今国际金融市场最有活力的金融衍生品,吸引着越来越多的投资者参与,而且伴随着金融创新,不断演化和组合,产生出了更多令人眼花缭乱、结构复杂的金融衍生品。一方面期货及期权等金融衍生品特有的价格发现和套期保值功能,促进了金融市场效率的提高,满足了人们规避风险的需要;另一方面其高杠杆性又在一定程度上加剧了金融市场的波动,2008 年爆发于美国、席卷全球的次贷危机就是一个明显的例证。

　　中国的期货市场自从 20 世纪 90 年代初期产生以来,从初期的繁荣到混乱,经历多次清理整顿,其间跌宕起伏,至今已初具规模,趋于相对规范。尤其是 2010 年 4 月 16 日,沪深 300 指数期货上市交易和 2011 年 4 月 1 日人民币外汇期权交易的上市,都表明了中国的期货市场日趋完善。然而对于中国大多数投资者来说,期货、期权等金融衍生工具是一个陌生、神秘而又颇具诱惑的领域,在当今金融创新、金融自由化和金融全球化不断深入的背景下,许多中资企业及普通投资者在并不熟悉和完全掌握期货、期权等金融衍生工具知识能力的前提下,自觉或不自觉地购买了大量的结构性金融衍生品,损失惨重,交了昂贵的学费。

　　从期货、期权等金融衍生工具在金融市场上的实际运作看,首先,金融衍生工具因其高杠杆性而具有高风险与高收益并存的特点。其次,金融衍生工具的功能具有两面性,即投机套利和套期保值,当二者平衡时,有利于金融市场稳定,当投机过度时更大程度加剧市场波动。再次,金融衍生工具交易作为表外业务具有隐蔽性、流动性强的特点。最后,相对实物商品这类真实资本和股票、债券、外汇等原生工具而言,金融衍生工具具有很强的虚拟性特征。由此可见,期货、期权等金融衍生工具与生俱来的这些特征,使其既非天使能给动荡的金融世界带来福音,但也绝非像魔鬼一样会导致金融市场的毁灭。金融衍生工具犹如一把双刃剑,关键在于我们如何掌握运用它,用得好对整个金融市场乃至国民经济的健康发展起到良好推动作用。反之,如果运用不当、驾驭不住只能诱发金融危机,导致巨大损失。因此,充分认识期货、期权等金融衍生工具的实质和特征,对于发展我国的期货期权市场、防范金融风险、加强金融监管都具有重要意义。

本书的编写者都是多年从事期货期权教学、研究及投资实务的专家,在编写过程中充分借鉴、吸收了中外期货期权领域理论研究和教材建设的成果,全面系统地介绍了期货和期权交易的基本概念、基本原理和基本方法,阐明了期货期权交易的基本交易策略。

本教材具有以下特点:

一是侧重实务操作应用,简化理论分析推导。书中针对每一个原理和公式都尽可能通过例题说明,力求通俗易懂,深入浅出。

二是侧重结合中国实际,在介绍国外的基础上重点介绍我国的品种和业务,使读者便于实践操作。

三是侧重知识更新,密切联系当今期货期权领域最新动态,吸收期货期权方面的最新研究成果。

四是注重结构体系完整,力求创新。

本教材适用于高等院校金融、国际贸易、工商管理等相关专业的学习,也可作为相关专业的干部培训教材,同时也很适合有

前言

意投资期货期权的读者自学阅读。

　　本教材由宋浩平担任主编,王晋、李滨江担任副主编,参与编写的还有徐陌老师。编写大纲由宋浩平拟定。具体分工如下:宋浩平编写第一章、第四章、第十一章、第十二章、第十三章;王晋编写第二章、第七章、第八章、第十章;李滨江编写第三章、第五章、第六章、第九章;徐陌编写第十四章。由宋浩平负责全书的最后审阅和总纂定稿。

　　本书在编写过程中得到了西安交通大学经济与金融学院、继续教育学院和陕西省证券研究会的大力支持和帮助,同时参考和吸收了大量国内外专家学者的研究文献和相关教材,在此一并表示衷心感谢!

　　由于编写时间紧迫,参与编写的教师同时还承担了大量的教学科研任务,加之作者水平有限,错误与遗漏在所难免,敬请读者提出宝贵意见和建议,以便再版时改进。

宋浩平

2011 年 7 月

目　录

目录

第一章
期货市场概述

学习要求

掌握期货的概念及功能,了解期货市场产生与发展过程,认识期货市场的基本结构,熟悉世界主要期货市场的特征。

This chapter includes the definition and function of Futures, to grasp how futures market comes into being and the process of development to offer the basic structure of futures market and a familiarization of the characteristics of the global futures market.

第一节　期货市场的产生和发展

一、期货市场的产生

期货交易是商品贸易形式发展的自然结果。从历史的角度看，人类社会有了生产，有了交换，便产生了商品货币交换关系，从而产生了各种形式的贸易活动。商品贸易形式经历了由分散到集中、由简单到复杂、由现货到期货的发展过程。现代期货交易的产生和现代期货市场的诞生，是商品经济发展的必然结果，是社会生产力发展和生产社会化的内在要求。

（一）集中性大宗商品交易中心的出现是现货交易的高级阶段

人类最早的商品交易是从简单的偶然的物物交换（即易货贸易）开始的。直接的物物交换有很大的局限性，交换双方必须恰巧互相需要对方的产品，交换才能进行，而这样的情况是不容易碰到的。此时为克服直接物物交换困难的一般等价物如羊、布、贝壳、兽皮等开始出现，随着商品数量的增加和商品交换的发展，一般等价物的职能逐渐固定在贵金属金、银身上。这种稳定地充当一般等价物的金（或银）便是货币。自从出现了货币，人类才真正进入了商品交换时代。一手交钱、一手交货的现货交易就是商品交换的初级形式。

随着现货交易的不断发展，集中性的交易场所开始出现。在公元前的古希腊罗马时代，人们为了从事商品交易，千里迢迢不辞辛苦地从四面八方聚集到罗马议会大厦广场、雅典的交易中心及拜占庭帝国的中央交易场所，这些交易场所成为西方古老文明经济发展的中心。到中世纪，欧洲出现了两大集中性交易中心：一个是以意大利北部的威尼斯、佛罗伦萨、比萨、米兰等城市为中心，主要吸引远东地区的商人做丝绸、贵金属、香水等商品的交易；一个是以北欧的佛兰德斯地区（即今天的比利时和荷兰）为中心，主要与英国商人进行纺织品的交易。这些集市大大促进了欧洲的商业发展，并成为欧洲商品交流的重要中心场所。

大约到了13世纪，现货商品交易获得了广泛发展，许多国家都形成了中心交易场所、大交易市场以及无数的定期集贸市场，如罗马帝国的罗马大厦、雅典的大交易市场以及我国当时各地的大小集贸市场，它们都按照既定的时间和场地范围进行大量的现货交易活动。在现货商品交易普遍推行的基础上，产生了专门从事商品转手买卖的贸易商人，因而也出现了大宗现货批发交易。1251年，英国大宪章正式允许外国商人到英国参加季节性交易会。后来，在贸易中出现了对在途货物提前签署文件，列明商品品种、数量、价格等预交保证金购买，出现了买卖合同文件的现象。1571年,英国创建了世界上第一家集中性的商品市场——伦敦皇家交易所(London Royal Exchange),这是世界上第一个以交易所命名的交易场所。其后,荷兰的阿姆斯特丹建立了第一家谷物交易所,比利时的安特卫普开设了咖啡交易所。1666年,伦敦皇家交易所毁于伦敦大火,但交易仍在当时伦敦城的几家咖啡馆中继续进行。

(二)远期交易为期货交易的产生奠定了基础

由于现货交易的价格只是显示商品交易时的供求状态,一对一的交易也只反映局部地区的供需信息,不反映未来价格趋势及更大范围的供求状况。另外,季节性变化导致交易者面临较大的价格风险。远期交易的出现突破了现货交易的上述局限。

19世纪初期,远期合同交易的方式已开始在欧洲的棉花和谷物交易中出现。当时欧洲棉花和谷物的商人主要从美国进口这些商品,货物一般从美国他们的代理人那里运出后,经过数月后才能抵达欧洲大陆最终出售,这期间要承担较大价格风险,一旦遇到市价大幅下跌将损失惨重。为避免和减少损失,欧洲的进口商就以样品为根据签订远期合同进行交易。由于远期合同的广泛采用,英国的利物浦成立了有组织的远期合同交易市场,吸引了众多的中间商、生产商、加工商、进出口商以及投机商。

19世纪30~40年代,美国大规模地进行中西部开发,毗邻中西部平原和密歇根湖的芝加哥从一个名不见经传的小村落发展成为重要的粮食集散地。中西部的谷物汇集于此,再从这里运往东部消费区。由于粮食生产特有的季节性,加之当时仓库不足,交通不便,所以粮食供求矛盾异常突出。每年谷物收获季节,农场主们用车船将谷物运送到芝加哥销售。由于那时交易的商品主要为农产品,其生产具有季节性,粮食商因此承担很大的价格风险,一旦来年粮价下跌,利润就会减少,甚至亏本。粮食商在长期的经营活动中,摸索出了一套远期交易的方式,即他们在购入谷物后,立即到芝加哥,与芝加哥的粮食加工商、销售商签订第二年春季的供货合同,事先确定销售价格,进而确保利润。1848年,芝加哥的82位商人发起组建了美国第一家交易所,即芝加哥期货交易所(Chicago Board of Trade,CBOT)。芝加哥期货交易所的发展初期主要是改进运输和储存条件,同时为会员提供价格信息等服务,促成买卖双方达成交易。1851年,芝加哥期货交易所引进了远期合同,3月13日签订了第一份玉米远期合约。

在亚洲,日本从1620年的江户时代于大阪"定屋米市"展开了远期合约的稻米交易,1697年,日本商人成立了大阪稻米交易所,专门交易一种具有较为标准的远期合约性质的栈单,掀起了日本期货发展史。

(三)商品等级的标准化为期货的产生提供了技术保证

远期交易方式在随后的交易过程中遇到了很多困难,如商品品质、价格、交货时间、交货地点等都是根据双方的具体情况达成的,当双方情况或市场价格发生变化需要转让已签订的远期合同时非常困难。另外,远期交易最终能否履约主要依赖对方的信誉,要对对方信誉状况做全面细致的调查,费时费力,成本较高,难以进行,故交易中的风险增大。

直到 18 世纪末,巴黎食糖交易所才推出了比较正规的食糖和小麦等商品分级和检测标准方法。1859 年,芝加哥商品交易所获得伊里诺伊州立法机构颁发的营业执照,并被授权制定交易规则、商品检验分级标准和仲裁商业纠纷条例。1865年芝加哥期货交易所推出了第一张玉米期货合约及有关商品的期货标准化协议,取代了原来沿用的远期合约。商品分级和检测标准的确立提高了商品的交易效率,有利于按质论价,减少了商品纠纷,更重要的是有利于合约流通和转让,是交易制度化的标志。至今在芝加哥商品交易所的陈列室里还陈列着 19 世纪芝加哥交易所使用的小麦分级分等的各种简单设备,以显示美国商品期货交易的发展阶段。芝加哥期货交易所同时实行了保证金(Margins)制度,向签约双方收取不超过合约价值 10% 的保证金作为履约保证。按保证金制度的要求,交易双方必须在交易所或其代理机构存入一笔资金,以确保合约的有效履行。这是具有历史意义的制度创新,促成了真正意义上的期货交易的诞生。

二、期货市场的发展

1874 年 5 月,一些供货商在芝加哥建立了农产品交易场所,为黄油、鸡蛋和其他农产品提供了一个有组织的交易市场。1899 年,这些供货商建立了一个独立的组织,叫做芝加哥黄油和鸡蛋交易委员会。1919 年 9 月,芝加哥黄油和鸡蛋交易委员会正式更名为芝加哥商业交易所(Chicago Mercantile Exchange,CME)。随后世界各地相继成立了期货交易所,其他谷物类、纤维类、食品饮料类、畜产品类、林产品类、油料油品类、金属和能源等大宗商品期货交易相继推出,商品期货得到迅速的发展。

20 世纪 70 年代初,国际经济形势发生急剧变化,随着第二次世界大战后布雷顿森林体系的解体,固定汇率制被浮动汇率制取代,利率管制等金融管制政策逐渐取消,汇率、利率频繁剧烈波动。在这种背景下,金融期货应运而生。率先出现的是外汇期货,1972 年 5 月,芝加哥商业交易所设立了国际货币市场分部(International Monetary Market, IMM),首次推出包括英镑、加拿大元、西德马克、法国法郎、日元和瑞士法郎等货币在内的外汇期货合约;1975 年 10 月,芝加哥期货交易所上市国民抵押协会债券期货合约,从而成为世界上第一个推出利率期货合约的交易所;1982 年 2 月,美国堪萨斯城期货交易所(KCBT)开发了价值线综合指数期货合约,使股票价格指数也成为期货交易的对象。至此,金融期货三大类别的外汇期货(Foreign Exchange Futures)、利率期货(Interest Rate Futures)和股票价格指数期货(Stock Index Futures)均上市交易。金融期货的出现,使期货市场发生了翻天覆地的变化,彻底改变了期货市场的发展格局。在当今全球期货交易量中,金融期货的交易量已经远远超过商品期货的交易量,占全部总成交量的80%以上。在欧洲,随着欧元区经济一体化过程的深化,金融期货交易量呈现出突飞猛进的发展,金融期货的交易量更是一度超过股票现货的交易量。

进入21世纪,期货交易从发达国家到发展中国家迅速发展,成为当今经济全球化发展趋势中的标志性特征之一。特别是经过2008年全球性金融危机,全球金融市场格局在跌宕起伏的行情中重新洗牌,金融衍生品市场的新秩序也在重新构建。从全球各地区期货和期权交易量来看,全球期货市场已经形成北美、亚太和欧洲三足鼎立的格局。据美国期货业协会(FIA)2011年的统计数据,亚太地区的期货和期权交易量占全球的39%;北美地区紧随其后,占全球的33%;欧洲地区位居第三,占全球的20%;拉美地区占全球的6%;其余地区(包括南非、土耳其、以色列和迪拜交易所)为2%。

三、我国期货市场的建立与发展

(一)我国期货市场的产生(1988~1992)

改革开放后,我国开始由计划经济体制向社会主义市场经济体制转轨,在这一大背景下,包括企业体制、价格体制、流通体制和外贸体制等在内的市场环境都开始发生重大变化。我国的农业生产也有了诸多变化,进入市场调节的农副产品不断增加,流通范围不断扩大,特别是农产品价格年度之间起伏不定,导致买难卖难现象交替出现,价格暴涨暴跌,生产和流通出现了互不适应的局面。

为寻求解决这一难题的有效途径,1989年10月,商业部、国务院发展研究中心、国家体改委等部委向国务院提交了《关于试办粮食中央批发市场的报告》。在国家部委和地方政府的积极支持下,经国务院批准,中国郑州商品交易所创办的粮食批发市场于1990年10月12日开业。作为我国第一个农产品交易所,该批发市场以现货远期合同交易起步,逐渐引入期货交易机制,迈出了中国期货市场发展的第一步,同时也成为中国期货市场诞生和起步的重要标志。

随后,1991年6月10日,深圳有色金属期货交易所宣告成立。它成功地借鉴了国际市场相关交易所的交易模式,并在同年9月28日推出了我国第一个商品期货标准合约——特级铝期货合约。深圳有色金属期货交易所的建立,为中国期货行业的发展奠定了坚实的基础,探索了一条中国期货市场发展的运行模式。1992年5月,上海金属交易所建立,并于1993年3月推出一号铜标准化期货合约。

中国期货史上另一个具有历史意义的重要标志是1992年9月第一家期货经纪公司——广东万通期货经纪公司成立,同年年底中国国际期货经纪公司开业。这些专业化期货经纪公司的相继成立,为中国期货市场的快速起步及发展发挥了积极的促进作用。

(二)我国期货市场的盲目发展阶段(1992~1994)

随着中国期货市场的推进,不少地区都在进行建立期货交易所的尝试,特别是外盘期货交易业务在国内悄然兴起,推动了国内期货市场的迅速膨胀。从1993年开始,标有"交易所"名称的期货市场大批出现,各地纷纷批准成立期货经纪公司。由于人们认识上的偏差,尤其是受到各部门、各行业和各地方利益的驱动,在缺乏统一管理的情况下,各地各部门纷纷创办了形式多样、名目繁多的期货交易所。到了1994年5月,自称为期货交易所的市场就约有50多家(而此时全世界的交易所还不到100家),期货经纪公司近千家,接受30 000多名客户的委托,这些公司有144家取得了国家工商行政管理局颁布的营业执照,而这144家中又有110家经国家工商行政管理局批准可从事境外期货业务。由于经验不足和相关法规政策的滞后,期货市场的过热发展带来了许多问题:管理无序,分布不均,非法交易泛滥,欺诈现象严重,内幕交易猖獗……期货市场的基本功能不仅得不到有效发挥,而且扰乱了正常的经济秩序。

(三)我国期货市场的清理整顿(1995~2002)

针对中国期货市场盲目发展的混乱状况,1993年11月4日,国务院发出《关于制止期货市场盲目发展的通知》,提出了"规范起步、加强立法、一切经过试验和从严控制"的原则,这标志着中国期货市场清理整顿时期的开始。

1995年震惊中外的"327"国债期货事件发生后,国务院关停了国债期货交易,同时展开了对期货交易所的清理,在进行了一年多的实地考察和研究论证之后,中国证监会经国务院同意,最终确定了15家商品交易所作为试点期货交易所,其余的均被取缔或合并。经过治理整顿,到1999年全国的期货交易所只剩下了大连商品交易所、上海期货交易所和郑州商品交易所三家,期货交易所上市品种已由1997年的79个下降到12个,上海期货交易所主要交易铜、铝、胶合板、天然橡胶、籼米;郑州商品交易所主要交易小麦、绿豆、红小豆、花生等;大连商品交易所主要交易大豆、豆粕、啤酒、大麦等。同时由中国证监会牵头,各期货交易所先后对期货合约和交易规则做了重新修订,三家交易所的规则趋于统一。

为了规范期货市场及其参与主体的行为,1995~1996年,中国证监会先后颁布了一系列的通知与文件,对期货经纪公司进行重新登记、审核,淘汰关闭了一大批不合格和违法违规开展期货业务的经纪公司,加强了对期货市场的监管并严厉打击投机行为。1999年6月,《期货交易管理暂行条例》和四个配套管理办法出台,同年12月25日,《中华人民共和国刑法》(修订案)将期货领域的犯罪纳入刑法中,这预示着中国期货市场将进入一个新的发展阶段。2000年12月29日,中国期货业协会正式成立,标志着中国期货市场三级监管体系的(中国证券监督管理委员会、期货交易所、期货业协会)的形成,2002年,中国证监会出台了期货业任职资格、从业资格及期货经纪公司管理办法。至此,中国的期货市场基本步入平稳发展的轨道。

(四)我国期货市场的规范发展(2003 年至今)

2003 年 10 月,十六届三中全会将"稳步发展期货市场"写入《中共中央关于完善社会主义市场经济体制的若干问题决定》。

2004 年 1 月,《国务院关于推进资本市场改革开放和稳定发展的若干意见》颁布,对期货经纪公司的性质、内部治理结构、发展方向等问题做出新的规定,成为中国期货市场的纲领性文件。

2004 年 3 月,中国证监会发布《期货经纪公司治理准则(试行)》,明确了对期货经纪公司的有关准则。

2007 年 2 月 7 日,国务院修订了《期货交易管理条例》,修订后的《期货交易管理条例》将规范的内容由商品期货扩展到金融期货和期权交易,扩大了期货公司的业务范围,进一步强化了风险控制和监督管理。新条例的修订和实施对于规范期货交易行为、维护期货市场秩序、防范风险、保护期货交易各方的合法权益和社会公共利益、促进期货市场积极稳妥发展具有重要意义。

2005 年以后,随着股权分置改革的启动和稳步推进,制约股指期货推出的制度性障碍逐渐消除,2006 年 9 月,中国金融期货交易所在上海成立,成立之初开展了沪深 300 股指期货的仿真交易。2010 年 4 月 16 日,中国金融期货交易所正式推出了沪深 300 股指期货交易。2013 年 9 月 6 日,国债期货恢复上市交易。

第二节 期货的概念及功能

一、期货的含义

(一)期货的定义

期货交易(Futures Trading)是指在期货交易所内集中买卖某种商品的标准化期货合约的交易活动。期货市场(Futures Market)就是进行期货交易的有组织的市场。期货交易运行所涉及的各种机构及参加者,如期货交易所、清算所、经纪人、投机者、套期保值者等构成了期货市场的基本要素。投资者在期货市场主要是买卖标准化和可转让的期货合约,交易者可以用交易时定的价格,在将来某一特定日期,买进或卖出某一种类一定数量的产品,或者在到期前通过相反交易了结相应的义务。在现代发达的市场经济体系中,期货市场作为重要的组成部分,与现货市场、远期市场共同构成既有分工又密切联系的多层次的市场体系。

(二)期货交易与现货交易

1.期货交易与现货交易的联系。现货交易是买卖双方根据商定的支付方式与交货方式,采取即时或在较短时间内进行实物商品交收的一种交易方式。现货交易覆盖面广,不受交易对象、交易时间、交易空间等方面制约,随机性大。由于没有特殊限制,交易灵活方便。

现货交易是期货交易产生和发展的基础,期货交易是现货交易的延伸和补充。期货交易是一种高级的交易方式,只有在现货交易发展到一定程度和社会经济发展到一定阶段才形成和发展起来。期货交易又在一定程度上促进了现货交易的发展,两者相互促进、共同发展。

2.期货交易与现货交易的区别。二者之间的区别可概括为:

(1)交易目的不同。现货交易的目的是获得或让渡商品的所有权,真实实现商品所有权转移是现货交易的基本特点。期货交易的目的一般不是为了获得实物商品,实质上是一种契约交易,买卖双方大多数情况下不是为了买卖这种商品本身,参与期货交易的套期保值者的目的是通过期货交易转移现货市场的价格风险,投机者的目的是为了从期货市场的价格波动中获得风险利润。

(2)价格决定方式不同。在现货交易中,买者与卖者一般采用一对一的谈判方式决定价格从而成交,而期货交易必须集中在期货交易所里以公开拍卖竞价的方式决定价格。

(3)交易的组织化程度不同。现货交易一般不受交易时间、地点、对象的限制,交易灵活方便,随机性强,可以在任何场所与对手交易。期货交易严格限制在高度组织化的交易所大厅内进行,交易集中,信息公开,透明度高,交易遵循固定的交易程序和规则。

(4)交易对象不同。现货交易的对象主要是实物商品,期货交易的对象是标准化合约。从这个意义上来说,期货不是货,而是关于某种商品的合同。现货交易涵盖了全部实物商品,期货合约所指的标的物则是有限的特定种类的商品,如粮食期货、金属期货等,也就是说,并不是所有的商品都能够成为期货交易的品种。

(5)交割时间不同。现货交易一般是即时成交或在很短时间内完成商品的交收活动,买卖双方一旦达成交易,实现商品所有权的让渡,商品的实体(即商品本身)便随之从出售者手中转移到购买者手中。期货交易从成交到货物收付之间存在着时间差,而且交割期限是固定的。

(6)结算方式不同。现货交易主要采用到期一次性结清的结算方式,同时也有货到付款方式和信用交易中的分期付款方式等。期货交易实行每日无负债结算制度,交易双方必须缴纳一定数额的保证金,并且在持仓期间要始终维持一定的保证金水平。

（三）期货交易与远期交易

1. 期货交易与远期交易的联系。远期交易是指买卖双方签订远期合同,规定在未来某一时间进行实物商品交收的一种交易方式。远期交易的基本功能是组织商品流通,进行的是未来生产出的、尚未出现在市场上的商品的流通,而现货交易组织的是现有商品的流通。从这个意义上来说,远期交易在本质上属于现货交易,是现货交易在时间上的延伸。

远期交易是期货交易的前身,期货交易与远期交易有许多相似之处,其中最突出的一点是两者均为买卖双方约定于未来某一特定时间以约定价格买入或卖出一定数量的商品。远期交易是期货交易的雏形,期货交易是在远期交易的基础上发展起来的。但期货交易作为在远期合约基础上发展起来的一项严格的交易方式,与远期交易相比有很大的不同。

2. 期货交易与远期交易的区别。期货交易与远期交易的区别在于:

（1）交易对象不同。远期交易代表两个交易主体的意愿,交易双方通过一对一的谈判,就交易条件达成一致意见而签订非标准化合同。远期交易对于交易商品的品质、数量、交割日期、交割地点等均由买卖双方根据需要自行决定,没有固定的规格和标准。期货交易的对象是交易所统一制定的标准化期货合约,交易所对期货合约的商品的品质、数量、交割时间、交割等级都有严格而详尽的规定,可以说,期货不是"货",而是一种合同,是一种可以反复交易的标准化合约。

（2）功能作用不同。期货交易的功能是规避风险、价格发现和风险投资。期货交易是众多的买主和卖主根据期货市场的规则,通过公开、公平、公正、集中竞价的方式进行的期货合约的买卖,易于形成一种真实而权威的期货价格,指导企业的生产经营活动,同时又为套期保值者提供了规避、转移价格波动风险的机会。远期交易尽管在一定程度上也能起到调节供求关系、减少价格波动的作用,但由于远期合同缺乏流动性,所以其价格的权威性和分散风险的作用大打折扣。

（3）履约方式不同。远期交易履约方式主要采用实物交收方式,虽然也可采用背书转让方式,但最终的履约方式是实物交收。期货交易有实物交割、对冲平仓与现金结算三种履约方式,其中绝大多数期货合约都是通过对冲平仓的方式了结的。

（4）信用风险不同。远期交易必须调查其交易另一方是否有履行合约的诚意,有无履约的能力,以减少风险,防止毁约行为的发生,加之远期合同不易转让,所以,远期交易具有较高的信用风险。在期货交易中,以保证金制度为基础,实行每日无负债结算制度,由交易所的结算公司保证双方的履约,信用风险较小。期货交易的这一强制履约机制的存在,免除了远期合约交易时个别征信的手续,并可以大大提高履约率。

（5）保证金制度不同。远期合约交易通常不缴纳保证金,合约到期后才结算盈亏。为了减少信用风险,远期交易通常由一方向另一方收取一定数量的定金,交割时定金包含在价格当中,收取定金的一方只要不违约,不退还定金。期货交易有特定的保证金制度,按照成交合约价值的一定比例向买卖双方都收取保证金,通常是合约价值的5%~10%,并由结算公司逐日进行结算,如有盈余,可以支取,如有损失,及时补足。

(6)交易的参与者不同。远期合约的交易者大多为专业化生产者、贸易商等,一般大众难以参与,而期货交易具有大众普遍意义,市场的流通性与效率性很高,除专业化生产者和贸易商外,还有大量的投资机构、基金或个人参与其中。

(四)期货交易与股票交易

1. 期货交易与股票交易的联系。期货与股票一样都属于金融投资的范畴,对于投资者而言只要能够审时度势抓住机遇便能获得利润,盲目投资则要承担风险。期货和股票的价格变动规律相同,其价格的升跌反映投资大众心态的变化,由过分悲观到过分乐观、再由过分乐观到过分悲观、周而复始。因此期货和股票的技术分析工具也基本相同,在跟踪价格走势上都采用K线图,在技术指标中也都可以利用移动平均线、随机指数、相对强弱指数、趋向指标等。

2. 期货交易与股票交易的区别。除具有一定联系外,二者的区别是:

(1)交易对象不同。股票是股份有限公司在筹集资本时向出资人发行的股份凭证。每个股东所拥有的公司所有权份额的大小,取决于其持有的股票数量占公司总股本的比重,股票是现货交易,属于原始金融工具。期货合约则是以现货为基础由期货交易所推出的具有标准化特征的交易凭证,属于金融衍生工具。

(2)期限不同。股票买入后可以一直持有,正常情况下股票数量不会减少。股票一般可以通过买卖方式有偿转让,股东能通过股票转让收回其投资,但不能要求公司返还其出资。期货合约有固定的到期日,不能无限期持有,到期就要摘牌。因此期货交易不能像买卖股票一样,交易后可以长期不管,必须注意合约到期日,以决定是提前对冲平仓还是等待合约到期交割。

(3)保证金不同。股票交易一般情况下是全额交易,即有多少钱只能买多少股票,有多少股票只能卖出多少钱。而期货采用保证金交易,即只需缴纳成交额的5%~10%,就可进行100%的交易。这一方面提高了盈利的空间,但另一方面也带来了风险,因此必须每日结算盈亏。买入股票后在卖出以前,账面盈亏都是不结算的。但股指期货不同,交易后每天要按照结算价对持有在手的合约进行结算,账面盈利可以提走,但账面亏损第二天开盘前必须补足(即追加保证金)。而且由于是保证金交易,亏损额甚至可能超过你的投资本金,这一点和股票交易不同。

(4)交易方法不同。股票是单向交易,只能先买进股票然后才能卖出。期货既可以先买进后卖出,也可以先卖出后买进,这就是双向交易。只要判断准确,熊市也可以赚钱。虽然股票融券交易也可以卖空,但难度相对较大。

（5）数量不同。一旦发行结束，股票数量基本是有限的，数量变化取决于上市公司一段时间以后是否增资扩股。期货合约则是由期货交易所推出的具有标准化特征的交易凭证，其本身并不受数量限制，也不存在所谓的发行问题，签订（买卖）的合约数量理论上是无限的。

（6）交易制度不同。股票交易在我国目前实行 T+1 交易，即当天买入的只能第二个交易日抛出，有些国家实行 T+2、T+3 甚至 T+7，股票买卖手续费也比期货高，同时还要交印花税。期货是 T+0 交易，每天可以交易数个来回，建仓后马上就可以平仓，交易手续费也比股票低，不用交印花税。

二、商品期货品种的条件

现货市场中的商品种类不计其数，但并不是所有商品都能够成为期货交易的品种，事实上，符合期货品种条件的商品并不是很多，需要满足诸多条件。

（一）储藏和保存较长时间不变质

期货合约从开始上市到实物交割经历的时间间隔比较长，一般在一年左右，在期货市场进行出售现货商品或者通过期货市场购买现货商品，商品从入库换成标准仓单，然后到标准仓单的转让、提货要经历较长时间，甚至有些交易者被迫接受实物交割而获得的现货仍希望通过期货市场进行转手，这将至少要等到下个交割月。因此只有容易储藏和保存、不易变质的商品才适合做期货品种。在期货交易初期只有小麦、玉米等易于存储的商品在期货市场上交易，随着保鲜、冷冻技术的发展，橙汁、猪五花肉这类原不适宜于期货交易的商品也加入了该市场。

（二）品质易于划分，质量可以评价

期货合约的标准化条款之一是交割等级，对商品的规格、质量能够进行量化和评级。这一点对大宗初级产品如小麦、大豆、金属等很容易做到，但对于工业制成品则很难，因为这类产品加工程度高，品质、属性等方面存在诸多差异，甚至不同的人对完全相同的产品可以有完全不同甚至相反的评价，例如时装就无法作为期货交易。

（三）商品可供量较大，不易为少数人控制和垄断

能够作为期货品种的商品在现货市场上必须有较大的供应量，否则，很容易被投机者操纵市场，即通过垄断现货市场的商品然后在期货市场进行买空交易，一直持仓到交割月，使交易对手无法通过现货市场获得商品进行交割，由此可能会引发违约风险，增加期货市场的不稳定性。若是商品的市场供应量较大，众多的购买者在想要购买某种商品的期货合约时，总有人愿意卖出；出售者在拟卖出合约时，总有人愿意买入。买卖者众多可以增强市场的流动性，促使期货市场功能的发挥。

（四）价格波动频繁

期货交易者分为保值者和投机者，保值者利用期货交易规避价格风险，投机者

利用价格波动赚取利润。没有价格波动,就没有价格风险,也就没有了规避价格风险的需要,对保值者而言也就失去了参与期货交易的动力。所以价格频繁波动既迫使保值者又刺激投机者投身于期货市场,否则期货市场便不能生存发展。

三、期货市场的功能

(一)价格发现功能

所谓价格发现是指在市场经济中,买卖双方通过交易活动,使某一特定产品在某一时间和地点的交易价格接近其均衡价格的过程。价格发现并不是期货市场所特有的功能,但期货市场的特有机制使期货市场的成交价格更能反映商品供求的实际情况,更能准确反映商品的内在价值,因而与其他市场相比具有更高的价格发现效率,价格更具有权威性,对人类经济活动有很强的导向作用。

期货市场价格发现功能具有预期性、连续性、公开性、权威性的特点。

1.预期性。在期货市场这个充分竞争的环境中,众多参与者基于利益最大化和自己对市场的预期进行公开、公平的交易。大量市场信息在场内产生、聚集、反馈、扩散,使在大量高质量信息流基础上形成的期货价格能反映供求关系的变化。这样形成的期货价格实际上反映了大多数人的预测。

2.连续性。由于期货合约是标准化的,转手非常容易便利,买卖非常频繁,这样就能不断地产生期货价格。

3.公开性。期货价格是集中在交易所内通过公开竞争达成的,依据期货市场的信息披露制度,所有在期货交易所达成的交易及其价格都必须及时向会员报告并公之于众。

4.权威性。在国际市场上,价格信息是不受国界限制的,在开放经济条件下,国内市场价格与国际市场价格有机地融为一体。

随着期货交易和期货市场的不断完善,尤其是随着期货市场国际联网的出现,期货市场的价格发现功能越来越完善,期货价格在更大范围内综合反映更多的供求影响因素,更准确地预测未来价格变化的趋势。

(二)规避风险的功能

所谓规避风险功能是指期货市场为生产经营者回避、转移或者分散价格风险提供了良好的途径。在市场经济中,商品生产经营者在生产、经营过程中,不可避免地要遇到各种各样的风险,如信用风险、经营风险、价格风险等,其中经常面临的风险就是价格波动风险。规避风险功能是期货交易发展起来的主要原因。

期货市场通过套期保值来实现规避风险的功能。套期保值的基本原理是在期货市场上买进或卖出与现货数量相等,但交易方向相反的期货合约,在期货市场和现货市场之间建立一种盈亏冲抵的机制,利用一个市场的盈利来弥补另一市场的亏损,从而达到转移价格波动风险并锁定成本、稳定收益的目的。对风险厌恶的商品生产者来说,不管是用期货市场盈利来弥补现货市场亏损,还用现货市场盈利来弥补期货市场亏损,套期保值是在这两个市场之间建立盈亏冲抵机制。商品生产经营者作为"风险厌恶者",使套期保值成为在现代市场经济条件下规避风险的有力工具。

第三节　期货市场的结构

现代期货市场是一种具有高度系统性和严密性的规范化市场。期货市场是由相互依存、相互制约的期货交易所、期货结算所、期货经纪公司和期货交易者组成的一个完整的组织结构体系。

一、期货交易所

期货交易所是指专门进行标准化期货合约买卖的场所,是一个实行会员制或公司制、按照其章程规定实行自律管理、以其全部财产承担民事责任的非营利机构。在现代市场经济条件下,期货交易所依靠自身管理严密、组织健全、设备完善和高效运作,为顾客提供良好的交易环境。期货交易所自身不参与交易活动,也不拥有合约标的商品,只为期货交易提供设施和服务。

(一)设立期货交易所的条件

期货交易所设立应该具备下列基本条件:

1. 要设在一个国家或地区的经济和金融中心城市。经济和金融中心城市具有很强的聚集和辐射作用,能够满足现代期货交易对信息传递、商品运输以及各项服务的要求,能够提供较好的工作生活条件来最大限度地吸引交易者的参与。

2. 要有良好的基础设施。期货交易所是一种大规模的集中性交易场所,无论是组织交易还是提供交易条件都需要大量的资本投入。在期货交易日益发达和技术进步不断加快的今天,交易所必须具备良好的基础设施,包括良好的物业、高效的计算机网络系统和先进的通信设备等,所有这些都要求期货交易所的组织发起者具有雄厚的资本实力。

3. 要以拥有一批高素质的期货专门人才为核心。期货交易所作为一个专业性极强的特殊市场,只有建立在严格规范管理的基础之上,才能发挥重要的功能作用,而这种高效管理行为的实施有赖于一支高素质的专业人员队伍,他们是推动期货交易所运转的核心力量。

4. 要有完善的章程和规则。期货交易的参与者数量众多、构成复杂,交易本身又是一种专业性极强和操作技术相当复杂的特殊交易。因此,期货交易所必须制定符合规范化要求的规章制度,并能付诸实施。

世界上多数国家的期货交易所由政府有关部门批准才能正式设立。中国《期货交易管理暂行条例》规定:"设立期货交易所,由中国证监会审批。未经中国证监会批准,任何单位或者个人不得设立或者变相设立期货交易所。"

(二)期货交易所的组织形式

1.会员制。会员制期货交易所由全体会员共同出资组建,缴纳一定的会员资格费作为注册资本。交纳会员资格费不是投资行为,不存在投资回报问题,只是取得会员资格的基本条件之一。期货交易所是会员制法人,以全额注册资本对其债务承担有限责任。会员制期货交易所的最高权力机构是由全体会员组成的会员大会,会员大会的常设机构是由其选举产生的理事会或董事会。因此,会员制期货交易所是实行自律性管理的非营利性的会员制法人。

期货交易所会员有普通会员和全权会员两种类型。普通会员或一般会员是指只能在期货交易所内从事与自身生产经营业务有关的买卖交易活动的会员。一般会员经期货交易所批准可以指派全权代表在期货交易所内进行交易。

会员制期货交易所的具体结构设置各不相同,但一般都设有会员大会、理事会、专业委员会和业务职能部门。会员大会由期货交易所的全体会员组成,作为期货交易所的最高权力机构,对期货交易所的重大事项做出决定。理事会是会员大会的常设机构,对会员大会负责。中国《期货交易所管理办法》规定,理事会设理事长1人、副理事长1~2人。理事长、副理事长的任免,由中国证监会提名,理事会通过。专业委员会由理事长提议并经理事会同意,在理事会下设立。各专业委员会有若干名会员参加,由理事会委派的理事主持,负责某一方面的工作。业务职能部门由交易所根据工作职能需要设置相关业务部门。一般期货交易所都设有总经理、副总经理及其相关的业务部门若干个。

2.公司制。公司制期货交易所是指由投资者以入股方式组建、经营期货市场的股份有限公司,是以盈利为目的的企业法人。公司制期货交易所不参与期货合约标的物的买卖,但按规定对参与期货合约交易者收取交易费用,投资者从中分享收益。公司制期货交易所对期货交易所内交易承担担保责任,期货交易所不参与合约买卖,并在交易中完全中立,以便于其管理以及保证交易的公正性。

公司制期货交易所一般采用公司管理体制,下设股东大会、董事会、监事会以及经理机构,各负其责,相互制约。股东大会是由全体股东共同组建的公司最高权力机构。董事会是股东大会的常设机构,对股东大会负责。监事会由股东代表和适当比例的公司员工代表组成,列席董事会会议。经理由董事会聘任或解聘,列席董事会会议,对董事会负责。

目前,世界上大多数国家的期货交易所都实行会员制。但是,近年来随着世界上许多大型证券交易所由会员制改为公司制,使得公司化已经成为全球交易所发展的一个新动向,并且这种公司化浪潮已经波及期货交易所。

(三)期货交易所的功能

期货交易所应具备下述功能:

1. 为期货合约的正常交易提供良好的环境。期货交易所必须为期货交易提供固定场所、必要的设施、先进的通信设备、现代化的信息传递和显示设备等一整套完善的硬环境。同时,期货交易所还要建立一套健全、统一的期货交易规则以及相应的业务管理细则等规范的软环境,以保证交易双方交易行为的规范化,确保期货交易有序地进行。

2. 为期货交易设计合约,并安排上市。合约的标准化是期货交易得以正常进行的前提条件。由期货交易所设计合约的标准化条款,有效地免除了交易者因合约条款纠纷使交易无法正常进行的可能性,大大提高了市场的流动性和效率;同时,期货交易所根据市场需求变化,精心设计并选择适当的时机安排新合约上市,既能保持期货市场的活力,又能充分发挥期货市场的功能。

3. 保证期货交易公开、公平、公正地进行。期货交易所是组织严密的公开和竞争的市场。期货交易所内设置的各专业委员会和各职能部门对交易活动进行严格、缜密的监督和指导,并制定一系列规章制度和交易程序规范交易行为。期货交易所对会员的交易业务必须严格监管,严厉查处会员的违法、违规行为,以确保期货交易在公开、公平、公正的环境中进行。

4. 提供交易担保和履约保证。期货交易所制定一整套严格的规章制度和交易程序,并为参加交易活动的会员在财务资信等方面提供一定程度的担保。同时,期货交易所充当交易双方的中介,为在期货交易所内达成的所有期货合约提供履约担保,并对因期货交易而产生的经济纠纷提供富有效率的调节和仲裁。

5. 监控市场风险、传递市场信息。期货市场是一个高风险的市场,期货交易所利用保证金制度、每日结算制度、涨跌停板制度、持仓限额和大户报告制度、风险准备金制度等风险管理制度,从市场运行的各个环节对风险进行控制,保证期货市场平稳运行。

6. 为期货交易所会员和社会公众提供信息服务。期货交易所内设置的先进信息系统,既能及时把本交易所内形成的期货价格以及有关信息向会员及公众公布,也能及时获得各大媒体、商品和证券交易所传播的价格及相关信息。市场信息快速而准确的传递使交易的时间差和空间距离大大缩小,交易者利用这些信息能及时调整交易行为,达到套期保值或投机图利的目的。

二、期货结算所

(一)期货结算所的组织形式

期货结算所是结算会员为了便利期货交易而组建的结算、担保的非营利机构,结算费用主要用于支付结算所业务开支。期货结算所的主要功能是结算每笔期货交易所内达成的期货合约,结算交易账户,核收履约保证金并使其维持在期货交易所需要的最低水平上,监管实物交割,报告交易数据等。对于所有期货合约的交易者来说,期货结算所是第三方。它既是每一个作为买方结算会员的卖方,又是每一个作为卖方结算会员的买方。

根据与期货交易所的关系,期货结算所一般可分为三种组织形式。

1. 作为某一期货交易所内部机构的结算所。例如,美国芝加哥商业交易所的结算所就是该交易所的一个内部机构。目前,中国的期货结算所也都是设在期货交易所的一个内部机构。这种组织形式的主要优点是:结算所作为内部业务部门直接受控于交易所,便于交易所全面掌握市场参与者的资金状况,在风险控制中可以根据交易者的资金和头寸情况及时处理。但是,这种组织形式的阶段性特点也比较明显,在分割的区域市场环境下尚能适应市场发展需求,当市场发展到一定阶段后,则不利于市场整体效率的提高。

2. 附属于某一期货交易所的相对独立的结算所。例如,美国国际结算公司就同时为纽约期货交易所和费城交易所提供结算服务。双方都是独立法人,期货交易所的结算业务全部由结算公司负责。这种组织形式在市场运作不够规范时可保持期货交易和结算的相对独立,有针对性地防止一些运作不规范的期货交易所在利益驱动下的违规行为。但是,由于两家机构分别为独立法人,利益冲突在所难免,双方关系较难协调。

3. 多家期货交易所和实力雄厚的金融机构出资组建一家全国性的结算所,即多家期货交易所共用一家结算所。例如,英国的国际商品结算公司,不仅为英国本土的数家期货交易所提供有关服务,还为大多数英联邦国家和地区的期货交易所提供结算服务。这种组织形式的主要优点是:可在很大程度上降低系统风险的发生概率,从而有利于加强风险控制;可以为市场参与者提供更高效率的金融服务,提高市场整体效率;同时,可以为新的金融衍生品的推出奠定基础。

(二)期货结算所的机构设置

无论哪一种组织形式的期货结算所,在其设立的组织方式上都采取共同的会员制。结算会员根据其能否代理非结算会员进行期货交易的结算区分为通用结算会员、普通结算会员和本户结算会员。通用结算会员既可以为自己的期货交易直接与结算所结算,也可以为非结算会员的期货交易与结算所结算;普通结算会员和本户结算会员只能为自己的期货交易直接与结算所结算,而不能为非会员代理结算。一般只有那些信誉好、资本雄厚、组织机构健全、运行状态好的大公司才可能成为通用结算会员,普通结算会员多数是拥有一定资本和承担风险能力的经纪公司,本户结算会员多数是一些资本较少的个人或散户交易商。成为结算会员的一个重要条件,就是要按结算保证金制度的规定,向结算所缴纳结算保证金,结算保证金是结算会员履行其未平仓的期货合约所必需的财力保证。

期货结算所为了处理与期货结算有关的业务,一般设有登记部、结算部、经济部、信息部等主要业务部门。登记部负责对期货交易情况进行记录,并整理和保管有关的交易登记材料。结算部进行当天交易结算。经济部根据结算部的结算情况,负责管理每一个结算会员在期货结算所内的结算账户,核算每个结算会员的资金结存、保证金水平。信息部的主要职责是收集并向客户提供期货市场的期货交易和交易结算信息,负责及时将成交情况详细地输入计算机系统,进入信息网络并迅速向外传送。

(三)期货结算的方式

1.合约对冲平仓。期货交易者重新买入或卖出与原来已经卖出或买入的未平仓合约相同的期货合约,以便与自己持有的未平仓合约对冲。例如,某交易者根据市场行情,买入5张7月到期的大豆期货合约,但为了避免发生实物交割,于是在7月大豆期货合约到期之前,选择时机卖出5张7月到期的大豆期货合约。

2.实物交割。如果某交易者买入1张7月到期的期货合约,但在该期货合约到期日之前没有以合约对冲平仓方式实现了结,他就要根据期货合约规定的商品数量、质量、时间、地点等条件,向卖方收取该期货合约所代表的实际货物,付款给卖方;对于持有到期期货合约的卖方来讲,则必须付货给买方,同时收回货款。

3.现金结算。一般是指某些不可能或很难采取实物交割方式履约的期货合约,尤其是股票价格指数、利率和债券等金融期货合约,一般采用货币进行现金结算。

(四)期货结算所的功能

1.简化交易手续,活跃期货交易,促进期货交易的规模化。期货结算所在结算合约过程中成为每笔交易的"对方",即在买方面前充当起卖方的角色,而在卖方面前充当起买方的角色。因而期货交易的买卖双方无须知道真正的交易对方是谁,因为无论怎样,期货结算所都要为每笔交易承担责任。这样期货交易者就可以随时通过期货经纪公司反向买卖同一期货合约的方式来解除其原来持有合约的到期进行实物交割的责任,而不必去征求合约交易对方同意与否。由于简化了结算手续,大大提高了结算效率,为增大期货交易规模提供了条件,促进了期货交易的规模化。

2.简化期货交易的实际货款交割,促进期货交易的规范化。按照期货交易的基本制度,只要持有的期货合约到期,就必须进行实际的货款交割,无论期货合约中间转手多少次,最后实际货款交割只涉及只卖未买和最后只买未卖的两个交易者。此时,最后只卖未买者只需将交货通知通过期货结算所转给最后只买未卖者,并由期货结算所保证双方的货款交割。这就使得原来很复杂的交易链条变得非常简便明了。同时,期货结算所建立的一整套系统和科学的结算制度,为期货交易的正常开展提供了规范化的结算条件和方式,促进了期货交易的规范化。

3.担保交易合约的履约,承担期货交易中的风险。期货合约一旦成交,期货结算所即承担起保证每笔交易按期履约的全部责任。交易双方并不发生直接联系,而只与期货结算所发生关系,期货结算所成为买卖双方的"对方"。期货结算所利用一系列的规章制度,将结算会员与非结算会员利益紧紧联系在一起,使其相互制约、彼此担保,为期货交易的正常进行奠定了坚实的基础。

三、期货经纪公司

(一)期货经纪公司的组织形式

期货经纪公司也称为期货公司,是指依法设立的、接受客户委托、按照客户的指令、以自己的名义为客户进行期货交易并收取交易手续费的中介组织。期货经纪公司可分为以下类型:

1.专业期货经纪公司。这是以专门经营期货经纪业务为主的期货经纪机构。一般规模较大,拥有众多期货交易所会员资格;有的则专营某个期货交易所的商品;有些地方性的期货经纪公司本身并没有任何一家期货交易所的会员资格,而是与大的期货经纪公司保持业务联系,通过大公司代理进行期货交易及结算业务。

2.证券商兼期货经纪商。这是一种以经营证券为主、兼营期货业务的公司,是期货经纪业中数量较多的一种。其中多数具有期货交易所的会员资格,可自行在期货交易所内进行交易和结算;少部分则与期货交易所的会员保持联系,通过其代理进行期货交易。

3.现货厂商兼期货经纪商。此类经纪商包括加工、仓储企业、中间商及出口商等,进行期货交易的主要目的是为了稳定和拓展现货业务。

(二)期货经纪公司的设立

期货经纪公司的设立,必须根据有关法规,按照有关规定程序办理手续。中国《期货交易管理条例》规定:设立期货经纪公司,必须经中国证监会批准。未经批准,任何单位和个人不得从事期货经纪业务。设立期货经纪公司,应当符合《中华人民共和国公司法》的规定,并应当具备下列条件:注册资金在3 000万元以上;有符合法律、行政法规规定的公司章程;主要股东以及实际控制人具有持续盈利能力,信誉良好,最近三年无重大违法违规记录;有合格的经营场所和业务设施;有健全的风险管理和内部控制制度。

在我国,设立期货经纪公司必须是经中国证监会批准,并在国家工商行政管理局登记注册的独立法人。期货经纪公司至少应该成为一家期货交易所的会员。按照中国证监会的规定,期货公司不得从事或者变相从事期货自营业务,只能为客户进行代理买卖期货合约、办理结算和交割手续;对客户账户进行管理,控制客户交易风险;为客户提供期货市场信息,进行期货交易咨询,充当客户的交易顾问等。

(三)期货经纪公司的职能

期货经纪公司作为场外期货交易者与期货交易所之间的桥梁和纽带,主要具有如下职能:根据客户指令代理买卖期货合约、办理结算和交割手续;对客户账户进行管理,控制客户交易风险;为客户提供期货市场信息,进行期货交易咨询,充当客户的交易顾问等。

期货经纪公司因其各自的规模大小不同,经营理念和经营方式不同,其内部机构设置也有不同。但一般期货经纪公司都设置市场部、结算部、交易部等多个业务部门并赋予相应的职责。

四、期货市场交易者

(一)套期保值者

套期保值者(Hedgers)是指那些把期货市场作为价格风险转移的场所,利用期货合约作为将来在现货市场上进行买卖的商品的临时替代物,对其现在买进(或已拥有,或将来拥有)准备以后出售或对将来需要买进商品的价格进行保值的机构和个人。这些套期保值者大多是生产商、加工商、库存商以及贸易商和金融机构,其原始动机是期望通过期货市场寻求价格保障,尽可能消除不愿意承担的现货交易的价格风险,从而能够集中精力于本行业的生产经营业务,凭此取得正常的生产经营利润。套期保值者为规避现货价格波动所带来的风险而在期货市场上进行套期保值,因此,没有套期保值者的参与,就不会有期货市场。

套期保值者是期货市场的交易主体,对期货市场的正常运行发挥着重要作用。套期保值者的交易特点主要表现为:期货合约一次交易量大;在期货市场上买卖位置相对稳定;持有期货合约时间较长。套期保值者的参与是期货市场存在的重要经济基础。

(二)期货投机者

期货投机者(Speculators)是指那些试图正确预测市场价格的未来走势,甘愿利用自己的资金去冒险,不断买入或卖出期货合约,以期从价格波动中赚取买卖价差的个人或企业。期货投机者通常没有资产、负债、劳务的价格需要保值,投机者不是买入期货就是卖出期货,但是并不使用这种商品,这主要取决于他们对这种商品价格市场变化的预期。

期货投机者是期货市场组织结构中不可缺少的组成部分。与套期保值者的交易特点相比较,期货投机者的交易特点主要表现为:每次的期货合约交易量都比较小;经常地买入或卖出期货合约,变换其在期货市场中的买卖位置;期货合约持有的时间比较短,转换也比较频繁。

在期货市场上,套期保值者与投机者相互依存,缺一不可。只有套期保值者参与的期货市场,犹如一潭死水,很快就会因失去活力而消失;只有投机者参与的期货市场,犹如一个赌场,很快会因狂热而关闭。

第四节　世界主要期货市场

一、美国的期货市场

自从1848年芝加哥期货交易所成立至今,美国期货市场的发展经历了百余年的历程,市场体系较为完善。目前美国共有期货交易所13家,交易品种几十个,其中有9个集中在芝加哥和纽约两个城市。由于美国期货市场体系比较完善,因此,参与期货交易的市场主体很丰富,结构层次合理。在国际期货交易市场中,美国就占了四个大交易所,其行情不但是美国期货行情的指标,也是国际性期货行情的指标。

(一)芝加哥期货交易所

芝加哥期货交易所是当前世界上最具代表性的农产品交易所。1848年,由82位谷物交易商发起组建了芝加哥期货交易所,1865年用标准的期货合约取代了远期合同,并实行了保证金制度。2006年10月17日美国芝加哥商业交易所(CME)和芝加哥期货交易所(CBOT)宣布已经就合并事宜达成最终协议,两家交易所合并成全球最大的衍生品交易所——芝加哥交易所集团。

CBOT第一种金融期货合约于1975年10月推出,该合约为基于政府全国抵押协会抵押担保证券的期货合约。随着第一种金融期货合约的推出,期货交易逐渐被引进到多种不同的金融工具,其中包括美国国库中长期债券、股价指数和利率互换等。

过去的百余年中,CBOT的主要交易方式为公开喊价交易,即交易者在交易场内面对面的买卖期货合约。为了满足全球经济增长的需求,CBOT于1994年成功地推出了第一个电子交易系统,而且随着电子交易使用的日益普及,该交易所将电子交易系统数次升级。

(二)芝加哥商业交易所

芝加哥商业交易所创立于1874年,其前身为农产品交易所,由一批农产品经销商创建,当时该交易所上市的主要商品为黄油、鸡蛋、家禽及其他不耐储藏的农产品。

1898年,黄油和鸡蛋经销商退出农产品交易所,组建了芝加哥黄油和鸡蛋交易所,重新调整了机构并扩大了上市商品范围后,于1919年将黄油和鸡蛋交易所定名为目前的芝加哥商业交易所。自那以后,该交易所又吸纳了许多种新商品

(如猪肚,活牛,生猪,肥牛等)的上市期货合约。1972 年该交易所为进行外汇期货贸易而组建了国际货币市场分部(IMM)。此后又增加了 90 天的短期美国国库券和 3 个月欧洲美元定期存款期货交易。1982 年该所又成立了指数和期权市场分部(Index and Option Market,IOM),主要进行股票指数期货和期权交易,最有名的指数合约为标准普尔 500 种价格综合指数及期权合约。

1984 年,芝加哥商业交易所与新加坡国际货币交易所建立了世界上第一个跨交易所期货交易联络网,交易者可以在两个交易所之间进行欧洲美元、日元、英镑和德国马克的跨交易所期货买卖业务。1987 年 9 月芝加哥商业交易所与路透社达成一项协议,共同开发期货和期权在市场收市后的一套全球性电脑交易系统(GLOBEX),这样,分布在世界各地的期货交易所就有可能联在一起,不受地区时差影响进行全球性 24 小时的交易活动。这标志着期货交易的交易商品不仅向多元化发展,而且也向国际化发展。

芝加哥商业交易所(CME)于 2004 年 1 月开始为 CBOT 的所有产品提供清算及相关业务服务。CME/CBOT 共同清算网将两个具有主导地位的金融机构结合起来,该清算网提高了业务、保证金和资本效率,使期货经纪商和期货产品的最终用户获益匪浅。

2006 年 10 月 17 日美国芝加哥商业交易所(CME)和芝加哥期货交易所(CBOT)宣布已经就合并事宜达成最终协议,两家交易所合并成全球最大的衍生品交易所——芝加哥交易所集团(Chicago Mercantile Exchange, CME Group Inc)。合并后的交易所交易品种将涉及利率、外汇、农业和工业品、能源以及诸如天气指数等其他衍生产品。合并后的公司成为世界上最活跃的交易所,平均每天将成交 900 万手合约,成交金额接近 4.2 万亿美元。

(三)纽约期货交易所

纽约期货交易所(The New York Board of Trade,NYBOT)成立于 1998 年,是由纽约棉花交易所(New York Cotton Exchange)和咖啡、糖、可可交易所(Coffee Sugar Cocoa Exchange)合并而来的。新成立的纽约期货交易所实行会员制,会员也都是原来两家交易所的会员,其中棉花会员 450 家,咖啡、糖、可可会员 500 家。目前,纽约期货交易所是世界上唯一一家交易棉花期货和期权的交易所。

(四)纽约商品交易所

纽交所(COMEX)是纽约商品交易所(New York Commodity Exchange)的简称,它和美国纽约商业交易所(New York Mercantile Exchange)于 1994 年合并组成全球最具规模的商品交易所。纽约商品交易所地处纽约曼哈顿金融中心,与纽约证券交易所相邻。根据纽约商品交易所的界定,它的期货交易分为 NYMEX 及 COMEX 两大分部。NYMEX 负责能源、铂金及钯金交易,在 NYMEX 分部,通过公开竞价来进行交易的期货和期权合约有原油、汽油、燃油、天然气、电力,有煤、丙烷、钯的期货合约,该交易所的欧洲布伦特原油和汽油也是通过公开竞价的方式来交易的。在该交易所上市的还有能源期货、部分轻质低硫原油和天然气期货合约,合约通过芝加哥商业交易所的 GLOBEX 电子贸易系统进行交易,通过纽约商业交易所的票据交换所清算。COMEX 分部负责有金、银、铜的期货和期权合约。COMEX 的黄金期货交易市场为全球最大,它的黄金交易往往可以主导全球金价的走向,黄金交收成色标准与伦敦相同。在交易场地关闭的 18 个小时里,NYMEX 分部和 COMEX 分部的能源和金属合约可以通过建立在互联网上的 NYMEX AC-CESS 电子交易系统来进行交易,这样就可以使日本、新加坡、伦敦以及瑞士的参与者们在他们的正常工作时间内积极主动地参与到能源和金属期货市场。

二、欧洲期货市场

欧洲是期货的发源地,早在古希腊和古罗马时期,就出现过中央交易场所。欧洲也是世界上金融衍生品分布最为密集的地区,期货种类比较齐全。

(一)伦敦金属交易所

伦敦金属交易所(London Metal Exchange, LME)是世界上最大的有色金属交易所,伦敦金属交易所的价格和库存对世界范围的有色金属生产和销售有着重要的影响,世界上全部铜生产量的 70% 是按照伦敦金属交易所公布的正式牌价为基准进行贸易的。在 19 世纪中期,英国曾是世界上最大的锡和铜的生产国。随着时间的推移,工业需求不断增长,英国又迫切地需要从国外的矿山大量进口工业原料。1876 年在原伦敦皇家交易所旧址成立了伦敦金属交易所,并逐步发展成为当今世界上最大、最权威的金属交易所。

LME 采用国际会员资格制,其中多达 95% 的交易来自海外市场。交易品种有铜、铝、铅、锌、镍和铝合金。交易所的交易方式是公开喊价交易,此种交易在"圈"内进行,也被称做是"圈内交易",它的运行有 24 小时电话下单市场与 LME Select 屏幕交易系统的支持。LME 每天都公布一系列官方价格,这些价格在业内被作为金属实货合同定价的依据。

(二)伦敦国际金融期货交易所

伦敦国际金融期货交易所(London International Financial Futures and Options Exchange, LIFFE)是欧洲建立最早、最大,世界第三的期货期权交易所。该所成立于 1982 年,1992 年与伦敦期权交易市场合并,1996 年收购伦敦商品交易所。2002 年 1 月 LIFFE 被欧洲交易所(Euro next)合并,合并后名称为 Euro next LIFFE。该交易所买卖的产品包括货币、债券、短期利率、股票和商品的期货和期权合约,交易品种主要有英镑、美元、日元、瑞士法郎、欧元的期货和期权合约,70 种英国股票期权、金融时报 100 种股票指数期货和期权,以及金融时报 250 种股票指数期货合约等。

三、亚太地区期货市场

(一)日本的期货市场

日本期货市场主要包括以东京工业品交易所(主要是能源和贵金属期货)、东京谷物交易所(主要是农产品期货)等为主的商品交易所,东京证券交易所(主要交易国债期货和股指期货)、大阪证券交易所(主要交易日经 225 指数期货)和东京金融期货交易所(主要交易短期利率期货)为主的金融期货交易所。

(二)新加坡交易所

1999 年 12 月 1 日,新加坡证券交易所(SES)与新加坡国际金融交易所(SIMEX)合并成立了目前的新加坡交易所(Singapore Exchange,SGX)。2000 年 11 月 23 日,新加坡交易所(SGX)挂牌上市,是亚太地区首家集证券及金融衍生产品交易于一体的股份制交易所。新加坡交易所为客户提供多种证券及衍生产品,包括短期利率期货与期权、长期利率期货与期权、股票指数期货与期权、股票期货等。

(三)香港期货交易所

香港期货交易所(Hong Kong Futures Exchange Limited,HKFE)的前身是 1977 年开始运营的香港商品交易所。香港商品交易所起初经营原糖和棉花交易,1979 年开始大豆交易,1986 年 5 月恒生指数期货合约开始交易,1984 年更名为香港期货交易所,并把恒生指数期货定为期货交易的首类合约,恒生指数期货和期权合约交易量占市场总交易量的 90% 以上。目前在香港期货交易所上市的还有红筹股票指数、个股等金融品种的期货和期权。2000 年 3 月 6 日,香港联合交易所(联交所)与香港期货交易所(期交所)实行股份化,并与香港中央结算有限公司合并为香港交易所。

(四)韩国证券期货交易所

韩国有价证券的出现始于 1899 年。1956 年 2 月,韩国证券交易所成立,起步之初,主要是国债和地产证券交易,股票交易规模较小。发展至今,韩国的证券市场已经成为充分国际化的开放性经营和投资市场。1990 年 1 月,韩国证券交易所编制了由 200 个大企业的股票组成的 KOSPI 200 指数(Korean Stock Price Index 200),1995 年 6 月开始对外发布并随即开展期货模拟交易。1996 年 5 月 3 日,韩国证券交易所正式开始 KOSPI 200 指数期货交易,次年 6 月又推出了 KOSPI 200 指数期权交易。2005 年 1 月,韩国合并原韩国证券交易所(KSE)、韩国期货交易所(KOFEX)及韩国创业板市场(KOSDAQ),正式更名为韩国证券期货交易所(Korea Exchange,KRX)。韩国证券期货交易所现已成为全球最活跃的衍生品交易所中的一大亮点。

四、中国的期货交易所

(一)上海期货交易所

上海期货交易所(Shanghai Futures Exchange,SHFE)于 1998 年 5 月由上海金属期货交易所、上海商品交易所和上海粮油交易所合并而成。上海期货交易所目前上市交易的有黄金、铜、铝、锌、铅、螺纹钢、线材、燃料油、天然橡胶 14 种期货合约。上海期货交易所现有会员 200 多家,其中期货经纪公司会员占 80% 以上,已在全国各地开通远程交易终端 250 多个。

(二)大连商品交易所

大连商品交易所(Dalian Commodity Exchange, DCE)成立于 1993 年 2 月 28 日,经中国证监会批准,目前上市交易的有玉米、黄大豆 1 号、黄大豆 2 号、豆粕、豆油、棕榈油、焦炭、线型低密度聚乙烯和聚氯乙烯等 16 个期货品种。2012 年在全球交易所期货期权交易量排名中,DCE 位列第 11 名,并是全球第二大农产品期货市场。截至 2012 年底,大连商品交易所共有会员 178 家,指定交割库 91 个。

(三)郑州商品交易所

郑州商品交易所(Zhengzhou Commodity Exchange, ZCE)成立于 1990 年 10 月 12 日,是经国务院批准成立的国内首家期货市场试点单位,于 1993 年 5 月 28 日正式推出期货交易。目前经中国证监会批准交易的品种有强麦、硬麦、棉花、白糖、精对苯二甲酸(PTA)、菜籽油、早籼稻 15 个期货品种。截至 2012 年底,郑商所(ZCE)共有会员 209 家,分布在全国 27 个省(市)、自治区,其中:期货公司会员 167 家,占会员总数的 80%;非期货公司会员 42 家,占会员总数的 20%。

(四)中国金融期货交易所

中国金融期货交易所(China Financial Futures Exchange, CFFE)是经国务院同意,中国证监会批准,由上海期货交易所、郑州商品交易所、大连商品交易所、上海证券交易所和深圳证券交易所共同发起设立的交易所,于 2006 年 9 月 8 日在上海成立。2010 年 4 月 16 日,中金所(CFFE)正式推出沪深 300 股指期货合约。

截至 2015 年 8 月底,四家交易所上市品种达到了 50 多个(见表 1-1),各上市品种期货合约的内容详见本书后续章节。

表 1-1　中国四家期货交易所上市合约

期货交易所名称	上市期货合约
上海期货交易所(SHFE)	铜、铝、锌、铅、镍、锡、黄金、白银、天然橡胶、燃料油、线材、螺纹钢、石油沥青、热轧卷板
大连商品交易所(DCE)	黄大豆 1 号、黄大豆 2 号、豆粕、玉米、玉米淀粉、豆油、鸡蛋、LLDPE(聚乙烯)、PVC(聚氯乙烯)、聚丙烯、棕榈油、焦炭、焦煤、铁矿石、纤维板、胶合板

期货交易所名称	上市期货合约
郑州商品交易所(ZCE)	普麦、强麦、棉花、白糖、PTA(精对苯二甲酸)、晚籼稻、菜籽油、早籼稻、菜籽粕、油菜籽、粳稻、甲醇、玻璃、动力煤、铁合金
中国金融期货交易所(CFFE)	沪深300股指期货、上海50指数期货、中证500指数期货、5年期国债期货、10年期国债期货

思考题与练习题

1.掌握下列名词:期货交易、套期保值者、期货投机者、期货交易所、期货结算所、期货经纪公司

2.试分析期货市场产生的基本条件。

3.期货交易、现货交易有何区别与联系?

4.期货交易、远期交易有何区别与联系?

5.期货交易、股票交易有何区别与联系?

6.期货市场的基本功能是什么?

7.期货市场的作用有哪些?

8.期货市场参与者可以分为哪两类?

第二章
期货交易的基本制度

学习要求

    本章重点包括期货交易准备、期货交易准备流程、期货合约和期货交易基本制度。熟悉和了解这些基本制度,有助于投资者提高交易水平,规范交易行为,有效防范和控制风险,更好地运用期货交易。

    This chapter focuses on futures trading preparation, futures trading preparation process, futures contract and futures trading basic system. Familiar with and understand these basic system, help investors improving trading levels and to standardize the trading behavior and effectively preventing and controlling risks, better use futures.

第一节 期货交易准备

投资者参与期货交易前应做好足够的知识准备、经验准备、资金准备和心理准备,并明确参与交易的目的。

一、选择经纪公司和经纪人

(一)选择合法的期货经纪公司

合法的期货公司应该在交易现场挂出中国证监会颁发的《期货经纪业务许可证》、《金融期货经纪业务许可证》以及国家工商总局颁发的营业执照。期货经纪公司在异地开设的合法的营业部也应该挂出中国证监会颁发的《期货经纪公司营业部经营许可证》以及当地工商局颁发的营业执照。注意无论是许可证还是营业执照,上面都标明了有效期限。此外,由于中国证监会对期货经纪公司及其营业部实行年检制,注意你所选择的期货经纪公司是否按时通过年检也很重要。

(二)考察期货经纪公司的经营场所和设备

交易者应观察期货经纪公司是否有固定经营场所,并具备进行期货交易所必须具备的通信设施及信息设备,因为这些都是进行期货交易的必备条件。例如,在我国符合法律规范的期货经纪公司在国家工商行政管理局注册时应提交公司章程,因此客户可以要求经纪公司提供规范的公司章程以及开户所需的一系列的文件,包括:《期货交易风险说明书》、《开户申请书》、《法人授权委托书》、《期货经纪合同》等。同时还要考察是否开通热线自助委托交易,是否开通网上交易,交易速度如何?

(三)考察期货经纪公司的商业信誉

正规的期货经纪公司的交易过程可以在其营业场所清楚地看到,要注意其是否设置专门的下单员,每一项指令是否进行电话录音及以书面形式留下记录,成交回报是否规范与及时。对于期货经纪公司的工作人员,除了进行相互接触了解其为人品行外,还应了解其是否取得了期货业从业人员的资格。例如,2000年起中国证监会开始对期货业的从业人员进行资格考试和认证工作,可以要求对方出示有关的证明材料。

一般说来,运作规范、严格遵守经纪与自营业务分开的期货公司的可靠程度比较高。

(四)考察期货经纪公司的服务水平

投资者要注意考察期货经纪公司或营业部的咨询服务及其他服务如何,手续费的收取标准是否合理。

二、开立交易账户

投资者在经过对比判断,选定期货经纪公司之后,即可向该期货经纪公司提出委托申请,开立账户。开立账户实质上是投资者(委托人)与期货经纪公司(代理人)之间建立的一种法律关系。一般来说,各期货经纪公司为客户开设账户的程序及所需的文件不尽相同,但基本程序及方法大致相同。

(一)风险揭示

客户委托期货经纪公司从事期货交易必须事先在期货经纪公司办理开户登记。期货经纪公司在接受客户开户申请时,需向客户提供《期货交易风险说明书》。个人客户应在仔细阅读并理解后,在该《期货交易风险说明书》上签字;单位客户应在仔细阅读并理解之后,由单位法定代表人在该《期货交易风险说明书》上签字并加盖单位公章。

(二)签署合同

期货经纪公司在接受客户开户申请时,双方须签署《期货经纪合同》。个人客户应在该合同上签字,单位客户应由法定代表人在该合同上签字并加盖公章。个人开户应提供本人身份证,留存印鉴或签名样卡。单位开户应提供《企业法人营业执照》影印件,并提供法定代表人及本单位期货交易业务执行人的姓名、联系电话、单位及其法定代表人或单位负责人印鉴等内容的书面材料及法定代表人授权期货交易业务执行人的书面授权书。交易所实行客户交易编码登记备案制度,客户开户时应由期货经纪公司按交易所统一的编码规则进行编号,一户一码,专码专用,不得混码交易。期货经纪公司注销客户的交易编码,应向交易所备案。

(三)缴纳保证金

客户在期货经纪公司签署期货经纪合同之后,应按规定缴纳开户保证金。期货经纪公司应将客户缴纳的保证金存入期货经纪合同中指定的客户账户中,供客户进行期货交易。期货经纪公司向客户收取的保证金,属于客户所有;期货经纪公司除为客户向期货交易所交存保证金进行交易结算外,严禁挪作他用。

三、入市交易准备

(一)投资有风险,入市须谨慎

期货价格无时无刻不在波动,判断正确的获利,判断失误的亏损。因此,入市前盈亏的心理准备是十分必要的。要增强风险意识,冷静、客观、理智地研究行情,时刻牢记自己在做什么、为什么要这样做。只有这样才能真正防范风险,避免不必要的损失。

1. 期货市场风险种类。期货市场是一个高风险的市场,对此一定要有清醒的认识。期货市场作为大众的投资场所之一,其风险也是复杂多样的。从不同的角度出发,可划分出不同的风险类型。根据风险的不同,可分为系统风险和非系统风险。根据风险的可控性,可分为可控制风险和不可控制风险。另外,从期货交易的环节,又可分为流动风险、结算风险、信用风险、交割风险和经纪委托风险等等。从风险产生的主体划分,可分为政府管理风险、交易所管理风险、期货经纪公司服务风险和客户交易风险。

(1)期货市场中的不可控风险。不可控制风险是指风险的形成不能由风险承担者所控制的风险。这类风险来自于期货市场之外,对期货市场相关主体可能产生的影响具体包括两类:

一类是宏观环境变化的风险。这类风险是通过影响商品供求关系进而影响相关期货品种的价格而产生的,具体可分为不可抗力的自然因素变动的风险,以及由于政治因素、经济因素和社会因素等变化的风险。这些因素的变动,影响交易者对交割的合理预期,尤其是突发或偶然事件的发生,会扰乱正常的商品供求规律,使期货市场产生剧烈震荡,带来很大风险,如异常恶劣的气候状况、突发性的自然灾害及一个国家政局的动荡等。

另一类是政策性风险。管理当局根据期货市场发展的特定阶段,通过制定、颁布、实施政策加强对期货市场的宏观管理。政策是否合理,很大程度上取决于管理当局对期货市场的认识、经验与成熟程度,因此政策的实施及变动带有很大的主观性。如果政策不合理、政策变动过频或者政策发布缺乏透明度等,都可能在不同程度上对期货市场的相关主体直接或间接地产生影响,造成不可预期的损失,进而引发风险。交易者能否有效地规避上述不可控的风险,关键在于其对时事、政治甚至天气预报的关心程度。

(2)期货市场中的可控风险。可控风险是指通过期货市场管理主体采取措施,可以控制或可以管理的风险,具体可分为期货交易所的风险、期货经纪公司的风险和客户的风险。其中,期货交易所的风险主要包括交易所的管理风险和技术风险。前者是指由于交易所的风险管理制度不健全或者执行风险管理制度不严,交易者违规操作等原因所造成的风险。后者是指由于计算机交易系统或通信信息系统出现故障而带来的风险。由于可控风险可以通过一些措施进行防范、控制和管理,与不可控风险相比具有更积极的意义,因此期货市场的监管者、市场组织者、中介机构和期货交易者都应将期货市场的风险管理重点放在可控制风险上。

2.期货市场风险的特征。期货市场的风险具有下述特征:

(1)期货市场风险是客观存在的。这种客观性一方面体现了市场风险的共性,在任何市场中,都存在由于不确定性因素而导致损失的可能性。另一方面,期货市场风险的客观性也来自期货交易内在机制的特殊性。期货交易的产生给套期保值者规避风险提供有效手段,没有风险就不会有套期保值的必要。可以说,没有风险就没有期货市场。

（2）期货市场对现货市场有风险放大的特征。参与期货交易的商品通常是价格波动频繁的商品,期货价格易与现货价格产生强烈的共振,扩大风险面,加剧风险度;期货交易具有以小搏大的特征,过度投机心理容易诱发风险行为,增加了风险产生的可能性;期货交易不同于一般的现货交易,期货交易是连续性的合约买卖活动,引发连锁反应;期货交易量大,风险集中,造成的盈亏大;期货交易具有未来不确定因素多、预测难度大的特点。

（3）风险与机会的共生性。期货交易的风险并不仅仅意味着发生损失的可能性,也存在着机会和获取高额利润的可能,即高收益与高风险并存。期货交易的这种风险与机会的共生性是产生期货投机的动力,与此同时,期货交易的高风险性也给投机者带来压力,促使交易者提高自身素质,规范交易行为,把风险降到最小限度。

（二）知识上的准备

期货交易者应掌握期货交易的基本知识和基本技巧,了解所参与交易的商品的交易规律,正确下达交易指令,使自己在期货市场上处于赢家地位。期货市场作为一个虚拟市场,充满了代码、符号、交易规则、法律法规,投资入市必须做好一定的知识准备。

1.要通晓交易基础知识。这是期货市场操作的基本功,能够解决投资者如何方便自如地买卖期货合约的问题,这是投资者入市最起码要掌握的知识,也比较容易掌握。但由于市场的不断完善,新交易规则不断出现,投资者关于交易规则的知识也要不断更新。

（1）熟悉、掌握期货交易指令。交易指令是指期货经纪公司按照客户要求在某个特定的时间内按照特定的条件买入或卖出某一期货合约。交易指令包括客户账户、客户代理人姓名、指令编号、买卖方式、交易品种名称、合约名称、合约数量、成交方式等。目前,我国期货交易所仅采取两种指令:限价指令和取消指令。

（2）了解合约规则。合约规则是期货交易所对期货合约的交易方式、方法、数量、等级、品质、规格、交易时间、涨跌停板限制等所做的规定,它是所有期货市场参与者共同遵守的规则。

（3）认读报价版面。在期货交易中,交易形成的价格、价格变化或成交数量等信息是通过国际、国内大的通讯社或信息传播机构借助卫星、光缆等现代通信手段传播到各地的。期货经纪公司和客户在报价信息系统的屏幕前可以随时查看期货交易所内的价格变化和成交数量等信息,因此,客户在进行期货交易前,应对期货经纪公司所使用的信息系统和报价版面有初步的了解,能够正确的认读。

（4）市场信息上的准备。在期货市场这个完全由供求法则决定的自由竞争的市场上,信息显得异常重要。谁能及时、准确、全面地掌握市场信息,谁就能在竞争激烈的期货交易中获胜。对所交易的期货商品及价格趋势进行研究分析,既要做好商品基本面的分析,也要对技术分析的方法有一定的了解和掌握。

（5）拟定交易计划。为了将损失控制到最小,使盈利更大,就要有节制地进行交易,入市前有必要拟定一个交易计划,作为参加交易的行为准则。

2.要对期货市场涉及的其他方面知识做出充分准备。大体来讲,包括宏观面、基本面、技术面、法律法规等等,涉及财务会计学、证券投资学、行业知识、经济法等诸多方面知识。投资者要学会从基本面和技术面来分析期货价格的走势,通过对决定期货投资价值和价格的基本要素如宏观经济背景、经济政策导向、行业现状、公司经营情况等进行分析,以及通过对期货价格的量价走势进行分析,判断其未来价格走势,做出正确的投资操作。

（三）资金上的准备

投资者入市一定要有资金保障。

1.资金来源最好是闲钱,不宜把家里等着急用或有着其他重要用途的钱投入期货市场,这样风险过大,对于入市心理的负面影响极大。

2.入市资金的数量至少要超过经纪公司规定的下限,而且每笔交易额过少,将使交易费用在交易额中所占比例相对较高,使得单位交易成本增加。

3.存入一定量的入市资金,有利于投资者合理控制仓位。半仓操作与全仓操作对于投资者的心理影响是大不相同的,而且,留存一部分资金也有利于投资者套牢时摊低成本。

（四）心理上的准备

在期货市场中,纪律和心态控制重于一切。期货投资者要具备良好的心理素质和承担风险的能力,要具有坚强的意志、较强的自我约束力,面对瞬息万变的价格行情要能够镇定和冷静地分析与观察,做出合理的决策。

第二节　期货交易流程

期货交易流程包括:下单、竞价与成交、结算和交割等。

一、下单

客户在按规定足额缴纳开户保证金后,即可开始交易,进行委托下单。所谓下单,是指客户在每笔交易前向期货经纪公司业务人员下达交易指令,说明拟买卖合约的种类、数量、价格等的行为。期货交易指令的种类很多,并且各种不同交易指令的作用也各不相同。因此,客户应先熟悉和掌握有关的交易指令,然后选择不同的期货合约进行具体交易。

无论哪一类期货交易指令,其基本内容一般包括:期货交易的品种、买入还是卖出、数量、月份、价格、日期及时间、期货交易所名称、客户名称、客户编码和账户、期货经纪公司和客户签名等。

(一)常用交易指令

国际上通用的期货交易指令有很多,主要包括:市价指令、限价指令、止损指令和取消指令等。我国期货交易所规定的交易指令有两种:限价指令和取消指令,交易指令当日有效。在指令成交前,客户可提出变更或撤销。

1.市价指令(Market Order)。市价指令是指客户通知经纪人以指令传送到期货交易所交易厅当时市场可获得的最好价格买入或卖出期货合约的指令。客户在下达这种指令时无须指明具体的价位,而是要求期货经纪公司出市代表以当时市场上可执行的最好价格达成交易。发出这种指令,一般是当市场价格连续上升时争取尽快购进,当市场价格连续下跌时争取好价卖出。这种指令的特点是成交速度快,一旦指令下达后不可更改或撤销。

2.限价指令(Limit Order)。限价指令是指执行时必须按限定价格或更好的价格成交的指令。限价指令又分为买入限价指令和卖出限价指令。买入限价指令是指当市场价格达到或低于某一价位时才执行买入期货合约的指令。卖出限价指令是指当市场价格达到或高于某一价位时才执行卖出期货合约的指令。下达限价指令时,客户必须指明具体的价位。它的特点是可以按客户的预期价格成交,成交速度相对较慢,有时甚至无法成交。限价指令对交易价格要求明确,但能否执行取决于指令有效期内价格的变动。如没有触及限价水平,该指令就没有机会执行。

3.止损指令(Stop Order)。止损指令是指客户要求在市场价格跌至某一预定限度内即以市价卖出,或在市场价格上涨至某一预定限度内即以市价买入的指令。客户利用止损指令,既可以有效地锁定利润,又可以将可能的损失降至最低限度,还可以相对较小的风险建立新的头寸。

4.阶梯价格指令(Step Price Order)。阶梯价格指令是指按指定的价格间隔,逐步购买或出售指定数量期货合约的指令。买入时采取阶梯式递减价位的方式,而卖出时采取阶梯式递增价位的方式。此种指令可以起到平均买价或卖价的作用,适合稳健型投资者采用。其主要作用是可以避免因仓促采取行动而遭受损失。

5.限时指令(Time Limit Order)。限时指令是指要求在某一时间段内执行的指令。如果在该时间段内指令未被执行,则自动取消。限时指令具体形式还包括开盘指令、收盘指令、当日指令和多日指令。

6.套利指令(Arbitrage Order)。套利指令是指客户指示经纪人同时买入和卖出两种相关期货合约进行套利投机交易的指令。要求两个指令同时执行,或一个指令执行后另一个指令也立即执行。它主要包括跨商品套利指令、跨期套利指令和跨市场套利指令等。

7. 双向指令(Double Order)。双向指令是指客户向经纪人下达两个指令,一个指令执行后,另一个指令则自动撤销。

8. 取消指令(Concealing Order)。取消指令是指客户要求将某一指定指令取消的指令。通过执行该指令,将客户以前下达的指令完全取消,并且没有新的指令取代原指令。

期货经纪公司对其代理客户的所有指令,必须通过交易所集中撮合交易,不得私下对冲,不得向客户做获利保证或者与客户分享收益。

(二)下单方式

客户在正式交易前,首先应该制订详细周密的交易计划,然后客户就可以按计划下单交易。客户通过书面、电话或者其他方式向期货经纪公司下达交易指令。可供客户选择的下达期货交易指令的方式主要有这几种:

1. 书面下单。客户亲自填写交易单,填好后签字交由期货经纪公司交易部,再由期货经纪公司交易部通过电话报单至该期货经纪公司在期货交易所场内的出市代表,由出市代表在期货交易所交易大厅进行竞价交易。

2. 电话下单。客户通过电话直接将指令下达到期货经纪公司交易部,再由交易部通知出市代表下单。期货经纪公司须将客户的指令予以录音,以备查证。事后,客户应在交易单上补签姓名。期货经纪公司在接受客户指令后,应及时通知出市代表。出市代表应及时将客户的指令输入交易席位上的计算机终端进行竞价交易。

3. 网络下单。客户利用互联网,使用经纪公司配置的网上下单系统进行网上下单。进入下单系统后,客户需输入自己的客户号与密码,经确认后即可输入下单指令。下单指令通过互联网传到经纪公司后,通过专线传到交易所主机进行撮合成交。客户可以在经纪公司的下单系统获得成交回报。

4. 自助下单。客户通过期货经纪公司营业部设置的专用委托电脑终端,凭证券交易磁卡和交易密码进入电脑交易系统委托状态,自行将委托内容输入电脑交易系统,以完成期货交易。

二、竞价与成交

(一)竞价方式

在期货交易所进行现场交易的人员,根据其职责和交易目的的不同可区分为场内经纪人和自营交易者,他们都是以公开竞价的方式买入或卖出期货合约。目前采用的场内公开竞价方式主要有两类:公开喊价方式和计算机撮合成交。我国期货交易所采用的是计算机撮合成交方式。

1. 公开喊价方式。公开喊价方式又可分为两种形式:连续竞价制和一节一价制。

连续竞价制是指在交易所交易池内由交易者面对面地公开喊价,表达各自买进或卖出合约的要求。按照规则,交易者在报价时既要发出声音,又要做出手势,以保证报价的准确性。由于价格变化一般是连续递进的,因此报价商在喊价时通常只叫出价格的一部分即可。价格和数量的喊声还要在报价人和要价人之间进行反馈,以减少误听所引起的错误。这种方式属于传统的竞价方式,在欧美期货市场较为流行,有利于活跃场内气氛,维护公开、公平、公正的定价原则。

一节一价制是指把每个交易日分为若干交易节,每个交易节只有一个成交价格的制度。每节交易由主持人最先叫价,所有场内经纪人根据其叫价申报买卖数量,直至在某一价格上买卖双方的交易数量相等时为止。由于一节一价制是在每一节交易中一种合约形成一个价格,所以没有连续不断的竞价。这种叫价方式在日本的期货交易中较为普遍。

2.计算机撮合成交方式。计算机撮合成交是根据公开喊价的原理设计而成的一种计算机自动化交易方式,是指期货交易所的计算机交易系统对交易双方的交易指令进行配对的过程。这种交易方式相对公开喊价方式来说,具有准确、连续等特点,但有时会存在交易系统故障等造成的风险。

国内期货交易所计算机交易系统的运行,一般是将买卖申报单以价格优先、时间优先的原则进行排序。当买入价大于、等于卖出价则自动撮合成交,撮合成交价等于买入价格(BP)、卖出价格(SP)和前一成交价格(CP)三者中居中的一个价格。即:当$BP \geqslant SP \geqslant CP$,最新成交价$= SP$;当$BP \geqslant CP \geqslant SP$,最新成交价$= CP$;当$CP \geqslant BP \geqslant SP$,最新成交价$= BP$。开盘价和收盘价也采用计算机交易系统以集合竞价方式产生。交易指令输入交易系统后,买卖价格一致,立即成交。这时,你就会等待价格的进一步波动,当价格变化有利时,你就可以获利平仓。

开盘价的集合竞价在某品种某月份合约每一交易日开市前5分钟内进行,其中前4分钟为期货合约买、卖价格指令申报时间,后1分钟为集合竞价撮合时间,开市时产生开盘价;收盘价的集合竞价在某品种某月份合约每一交易日收市前5分钟内进行,其中前4分钟为期货合约买、卖价格指令申报时间,后1分钟为集合竞价撮合时间,收市时产生收盘价。

集合竞价采用最大成交量原则,即以此价格成交能够得到最大成交量。高于集合竞价产生的价格的买入申报全部成交;低于集合竞价产生的价格的卖出申报全部成交;等于集合竞价产生的价格的买入或卖出申报,根据买入申报量和卖出申报量的多少,按少的一方的申报量成交。集合竞价产生价格的方法是:

(1)交易系统分别对所有有效的买入申报按申报价由高到低的顺序排列,申报价相同的按照进入系统的时间先后排列;所有有效的卖出申报按申报价由低到高的顺序排列,申报价相同的按照进入系统的时间先后排列。

（2）交易系统依此逐步将排在前面的买入申报和卖出申报配对成交,直到不能成交为止。如最后一笔成交是全部成交的,取最后一笔成交的买入申报价和卖出申报价的算术平均价为集合竞价产生的价格,该价格按各期货合约的最小变动价位取整;如最后一笔成交是部分成交的,则以部分成交的申报价为集合竞价产生的价格。开盘集合竞价中的未成交申报单自动参与开市后竞价交易。收盘集合竞价前的未成交申报单继续参与收盘集合竞价。

（二）成交回报与确认

期货经纪公司的场内经纪人收到交易指令后,在确认无误后以最快的速度将指令输入计算机内进行公开竞价交易。当计算机显示指令成交后,场内经纪人必须马上将成交的结果反馈回期货经纪公司的交易部。期货经纪公司交易部将场内经纪人反馈回来的成交结果记录在交易单上并打上时间戳记后,将记录单报告给客户,从而完成整个交易指令。成交回报记录单应包括成交价格、成交手数、成交回报时间等。

期货交易制度规定,每一笔期货交易只有通过期货结算所核定、结算并注册后才能最终成为合法有效的期货合约。客户对交易结算单记载事项有异议的,应当在下一交易日开市前向期货经纪公司提出书面异议;客户对交易结算单记载事项无异议的,应当在交易结算单上签字确认或者按照期货经纪合同约定的方式确认;客户既未对交易结算单记载事项确认,也未提出异议的,视为对交易结算单的确认。对于客户有异议的,期货经纪公司应当根据原始指令记录和交易记录予以核实。

三、结算

（一）结算程序

结算是指根据交易结果和交易所有关规定对会员交易保证金、盈亏、手续费、交割货款和其他有关款项进行的计算、划拨,其计算结果将被计入客户的保证金账户。

按照期货交易所和期货结算所的制度规定,期货交易的结算也是分级、分层的。交易所只对会员买卖的期货合约进行结算,非会员单位或个人通过其期货经纪公司会员对买卖的期货合约结算。

1.交易所对会员的结算。期货结算所在每一交易日结束后对每一会员的盈亏、交易手续费、交易保证金等款项进行结算,其核算结果是会员核对当日有关交易并对客户结算的依据。例如在我国,会员可通过会员服务系统于每交易日规定时间内获得《会员当日平仓盈亏表》、《会员当日成交合约表》、《会员当日持仓表》和《会员资金结算表》。会员每天应及时获取交易所提供的结算结果,做好核对工作,并将之妥善保存。会员如对结算结果有异议,应在第二天开市前三十分钟以书面形式通知交易所。遇特殊情况,会员可在第二天开市后两小时内以书面形式通知交易所。如在规定时间内会员没有对结算数据提出异议,视做会员已认可结算数据的准确性。

交易所在交易结算完成后,将会员资金的划转数据传递给有关结算银行。会员资金按当日盈亏进行划转,当日盈利划入会员结算准备金,当日亏损从会员结算准备金中扣划。当日结算时的交易保证金超过昨日结算时的交易保证金部分从会员结算准备金中扣划。当日结算时的交易保证金低于昨日结算时的交易保证金部分划入会员结算准备金。手续费、税金等各项费用从会员的结算准备金中直接扣划。每日结算后,当会员的结算保证金低于交易所规定的最低保证金时,交易所要按规定方式通知会员追加保证金,会员不能按时追加保证金时,交易所应对会员部分或全部持仓强行平仓,直至保证金余额能够维持其剩余头寸。

2. 期货经纪公司对客户的结算。期货结算所会员或期货经纪公司对客户的结算与结算所对结算会员的结算方法一样,即每一交易日交易结束后对每一客户的盈亏、交易手续费、交易保证金等款项进行结算。交易手续费应不低于期货合约规定的交易手续费标准的3倍,交易保证金应高于交易所收取的交易保证金比例至少3个百分点。

期货经纪公司在每日结算后向客户发出交易结算单。交易结算单一般载明下列事项:账号及户名、成交日期、成交品种、合约月份、成交数量及价格、买入或者卖出、开仓或者平仓、当日结算价、保证金占用额和保证金余额、交易手续费及其他费用、税款等需要载明的事项。每日结算后客户保证金低于期货交易所规定的交易保证金水平时,期货经纪公司按照期货经纪合同约定的方式通知客户追加保证金。客户不能按时追加保证金的,期货经纪公司应当将该客户部分或全部持仓强行平仓,直至保证金余额能够维持其剩余头寸。

（二）结算公式与应用

1. 平仓和当日结算价的含义。平仓是指期货交易者买入或卖出与其所持期货合约的品种、数量及交割月份相同但交易方向相反的期货合约,了结期货交易的行为。

当日结算价是指某一期货合约当日成交价格按照成交量的加权平均价。当日无成交价格的,以上一交易日的结算价作为当日结算价。每个期货合约均以当日结算价作为计算当日盈亏的依据。持仓量是指期货交易者所持有的未平仓合约的数量。未平仓期货合约均以当日结算价作为计算当日盈亏的依据。

2. 当日盈亏可以分项计算,分项结算公式为:

$$当日盈亏 = 平仓盈亏 + 持仓盈亏$$

其中:

$$平仓盈亏 = 平历史仓盈亏 + 平当日仓盈亏$$

$$\text{平历史仓盈亏} = \sum \left[\left(\dfrac{\text{卖出}}{\text{平仓价}} - \dfrac{\text{上一交易日}}{\text{结算价}} \right) \times \dfrac{\text{卖出}}{\text{平仓量}} \right] +$$

$$\sum \left[\left(\dfrac{\text{上一交易日}}{\text{结算价}} - \dfrac{\text{买入}}{\text{平仓价}} \right) \times \dfrac{\text{买入}}{\text{平仓量}} \right]$$

$$\text{平当日仓盈亏} = \sum \left[\left(\dfrac{\text{当日卖出}}{\text{平仓价}} - \dfrac{\text{当日买入}}{\text{开仓价}} \right) \times \dfrac{\text{卖出}}{\text{平仓量}} \right] +$$

$$\sum \left[\left(\dfrac{\text{当日卖出}}{\text{开仓价}} - \dfrac{\text{当日买入}}{\text{平仓价}} \right) \times \dfrac{\text{买入}}{\text{平仓量}} \right]$$

$$\text{持仓盈亏} = \text{历史持仓盈亏} + \text{当日开仓持仓盈亏}$$

$$\text{历史持仓盈亏} = (\text{当日结算价} - \text{上一日结算价}) \times \text{持仓量}$$

$$\text{当日开仓持仓盈亏} = \sum \left[\left(\dfrac{\text{卖出}}{\text{开仓价}} - \dfrac{\text{当日}}{\text{结算价}} \right) \times \dfrac{\text{卖出}}{\text{开仓量}} \right] +$$

$$\sum \left[\left(\dfrac{\text{当日}}{\text{结算价}} - \dfrac{\text{买入}}{\text{开仓价}} \right) \times \dfrac{\text{买入}}{\text{开仓量}} \right]$$

3. 当日盈亏可以综合成为总公式：

$$\dfrac{\text{当日}}{\text{盈亏}} = \sum \left[\left(\dfrac{\text{卖出}}{\text{成交价}} - \dfrac{\text{当日}}{\text{结算价}} \right) \times \text{卖出量} \right] + \sum \left[\left(\dfrac{\text{当日}}{\text{结算价}} - \dfrac{\text{买入}}{\text{成交价}} \right) \times \text{买入量} \right] +$$

$$\left(\dfrac{\text{上一交易日}}{\text{结算价}} - \dfrac{\text{当日}}{\text{结算价}} \right) \times \left(\dfrac{\text{上一交易日}}{\text{卖出持仓量}} - \dfrac{\text{上一交易日}}{\text{买入持仓量}} \right)$$

4. 当日盈亏在每日结算时进行划转，当日盈利划入客户结算准备金（即可用资金），当日亏损从客户结算准备金中扣划。当日结算时的交易保证金超过昨日结算时的交易保证金部分从客户结算准备金中扣划。当日结算时的交易保证金低于昨日结算时的交易保证金部分划入客户结算准备金。手续费、税金等各项费用从客户的结算准备金中直接扣划。

结算准备金余额的计算公式如下：

$$\dfrac{\text{当日结算准备金}}{\text{（即可用资金）}} = \dfrac{\text{上一交易日}}{\text{结算准备金}} + \text{入金} - \text{出金} + \dfrac{\text{上一交易日}}{\text{交易保证金}} - \dfrac{\text{当日}}{\text{交易保证金}} + \text{当日盈亏} - \text{手续费}$$

【例1】某新客户存入保证金 100 000 元，在 4 月 1 日开仓买入大豆期货合约 40 手（每手 10 吨），成交价为 4 000 元/吨，同一天该客户平仓卖出 20 手大豆合约，成交价为 4 030 元/吨，当日结算价为 4 040 元/吨，交易保证金比例为 5%，则客户的当日盈亏（不含手续费、税金等费用）情况为：

当日盈亏 = (4 030 - 4 040) × 20 × 10 + (4 040 - 4 000) × 40 × 10 = 14 000（元）

当日结算准备金余额 = 100 000 - 4 040 × 20 × 10 × 5% + 14 000 = 73 600（元）

【例2】接上例，4 月 2 日，该客户再买入 8 手大豆合约，成交价为 4 030 元/吨，当日结算价为 4 060 元/吨，则其账户情况为：

按分项公式计算：

$$当日开仓持仓盈亏 = (4\ 060 - 4\ 030) \times 8 \times 10 = 2\ 400(元)$$

$$历史持仓盈亏 = (4\ 060 - 4\ 040) \times 20 \times 10 = 4\ 000(元)$$

$$当日盈亏 = 2\ 400 + 4\ 000 = 6\ 400(元)$$

按总公式计算：

$$当日盈亏 = (4\ 060 - 4\ 030) \times 8 \times 10 + (4\ 040 - 4\ 060) \times (20 - 40) \times 10 = 6\ 400(元)$$

$$当日结算准备金余额 = 73\ 600 + 4\ 040 \times 20 \times 10 \times 5\% - 4\ 060 \times 28 \times 10 \times 5\% + 6\ 400 = 63\ 560(元)$$

【例3】接上例,4月3日,该客户将28手大豆合约全部平仓,成交价为4 070元/吨,当日结算价为4 050元/吨,则其账户情况为：

按分项公式计算：

$$平仓盈亏 = (4\ 070 - 4\ 060) \times 28 \times 10 = 2\ 800(元)$$

按总公式计算：

$$当日盈亏 = (4\ 070 - 4\ 050) \times 28 \times 10 + (4\ 060 - 4\ 050) \times (0 - 28) \times 10 = 2\ 800(元)$$

$$当日结算准备金余额 = 63\ 560 + 4\ 060 \times 28 \times 10 \times 5\% + 2\ 800 = 123\ 200(元)$$

四、交 割

(一)交割的种类

期货交易的交割方式分为实物交割和现金交割两种。实物交割是指交易双方在交割日将合约所载商品的所有权按规定进行转移、了结未平仓合约的过程。现金交割是指交易双方在交割日对合约盈亏以现金方式进行结算的过程。在期货市场中,商品期货通常都采用实物交割方式,金融期货中有的品种采用实物交割方式,有的品种则采用现金交割方式。现金交割由于不进行实物交收,只是以交割时的现货价格作为交易盈亏和资金划拨的依据,因此,实行现金交割的品种,其现货标的价格应具有可确定性特点,而且是标准的、唯一的。农产品的地域差价十分明显,不具有现金交割的条件,而股指期货的交易标的是股票指数,具有虚拟性和唯一确定性,更适合采用现金交割方式。

实物交割方式包括集中交割和滚动交割两种。集中交割,即所有到期合约在交割月份最后交易日过后一次性集中交割的交割方式;滚动交割,即除了在交割月份的最后交易日过后对所有到期合约全部配对交割外,在交割月第一交易日至最后交易日之间的规定时间也可进行交割的交割方式。

(二)实物交割的程序

由于期货合约在到期前可能已经多次转手买卖,而且期货交易者主要通过期货经纪公司进行交易,交易双方并不知道交易对手是谁。所以,最后持有到期合约的买卖双方必须通过期货结算所进行交割,并在期货交易所规定的地点进行交割。

期货合约的卖出方必须在期货交割月份的第一个交易日之前,通过期货经纪公司将交货通知书转交到期货结算所。一般由期货合约卖出方确定具体交割日期,而买入方只能按期货结算所的安排,在期货交割月份内的某日和期货交易所认可的某个交货地点收到商品。

当货物运到交货地点后,期货结算所进行抽样检查,如果检查合格,则在卖出方确定的交易日前将收货通知书交给买入方。持有到期未平仓合约的买入方,在收到收货通知书后,必须在规定的交割日之前将全部货款通过期货经纪公司交到期货结算所。这样,到交割日卖出方将提货单通过期货经纪公司转交给买入方,并收取全部货款;买入方收到提货单后,验收提货。至此,期货交易的实物交割结束。

(三)交割违约的处理

1. 交割违约的认定。期货合约的买卖双方有下列行为之一的,构成交割违约:

(1)在规定交割期限内卖方未交付有效标准仓单的;

(2)在规定交割期限内买方未交付货款或交付不足的。

2. 交割违约的处理。会员在期货合约实物交割中发生违约行为,交易所应先代为履约。交易所可采用征购和竞卖的方式处理违约事宜,违约会员应负责承担由此引起的损失和费用。交易所对违约会员还可处以支付违约金、赔偿金等处罚。

第三节　期货合约

一、期货合约的含义及种类

(一)期货合约的含义

期货合约(Futures Contract)是期货交易的买卖对象或标的物,是由期货交易所统一制定的、规定了某一特定的时间和地点交割一定数量和质量商品的标准化合约。

一般期货合约具有以下特征:

1. 期货合约的标准通常由期货交易所设计,经国家监管机构审批上市。期货合约的商品品种、数量、质量、等级、交货时间、交货地点等条款都是既定的,是标准化的,唯一的变量是价格。

2. 期货合约是在期货交易所组织下,在交易所的交易厅里通过公开竞价方式产生的,具有法律效力。

3. 期货合约的履行由交易所担保,不允许私下交易。

4.期货合约可通过交收现货或进行对冲交易来履行或解除合约义务。

（二）期货合约的种类

期货合约的种类主要包括两大类:商品期货合约和金融期货合约。

1.商品期货合约。商品期货合约主要包括农林产品期货合约、金属矿产期货合约、能源期货合约等。

农产品期货合约是1848年美国芝加哥商品交易所(CBOT)诞生后最先出现的期货品种,主要包括小麦、大豆、玉米等谷物,棉花、咖啡、可可等经济作物,木材、天胶等林产品。

金属期货合约最早出现的是伦敦金属交易所(LME)推出的铜合约,目前已发展成以铜、铝、铅、锌、镍为代表的有色金属和黄金、白银等贵金属两类。

能源期货合约产生于20世纪70年代发生的石油危机,目前市场上主要的能源品种有原油、汽油、取暖油、丙烷等。

2.金融期货合约。金融期货合约是以金融工具作为标的物的期货合约,主要包括外汇期货合约、利率期货合约、股指期货合约。

外汇期货合约是因20世纪70年代布雷顿森林体系解体后,浮动汇率制引发的外汇市场剧烈波动促使人们寻找规避风险的工具而产生。1972年5月芝加哥商业交易所率先推出外汇期货合约。

利率期货合约最早出现的是1975年10月芝加哥期货交易所上市国民抵押协会债券期货合约。

股指期货合约是因股票市场的剧烈波动,投资者迫切需要一种能规避系统性风险实现保值的工具而产生。1982年2月24日,美国堪萨斯期货交易所推出价值线综合指数期货。

二、期货合约的要素

期货合约的标准化体现在合约要素的标准化,期货合约标准化指的是除价格外,期货合约的所有条款都是交易所规定好的,具有标准化的特点。期货合约标准化给期货交易带来极大便利,交易双方不需要对交易的具体条款进行协商,节约交易时间,减少交易纠纷和交易成本。

表2-1 上海期货交易所黄金期货标准合约

交易品种	黄金
交易单位	1 000 克/手
报价单位	元(人民币)/克
最小变动价位	0.05 元/克

每日价格最大波动限制	不超过上一交易日结算价±3%
合约交割月份	最近三个连续月份的合约以及最近13个月以内的双月合约
交易时间	上午9:00－11:30,下午13:30－15:00
最后交易日	合约交割月份的十五日(遇法定假日顺延)
交割日期	最后交易日后连续五个工作日
交割品级	金含量不小于99.95%的国产金锭及经交易所认可的伦敦金银市场协会(LBMA)认定的合格供货商或精炼厂生产的标准金锭
交割地点	交易所指定交割金库
最低交易保证金	合约价值的4%
交割方式	实物交割
交易代码	AU
上市交易所	上海期货交易所

期货合约的标准条款应该包括:

交易品种(Trading Product)。期货上市品种指期货合约交易的标的物,具体交易品种由交易所推出,并不是所有的商品都适于做期货交易,在众多的实物商品中,少数商品才能作为期货合约的上市品种。根据交易品种,期货交易可分为两大类:商品期货和金融期货。以实物商品(如大豆、大米、玉米、小麦、铜、铝等)作为期货品种的属商品期货,以金融产品(如汇率、利率、股票指数等)作为期货品种的属于金融期货。

交易单位(Trading Unit)。每种商品的期货合约规定了统一的、标准化的数量和数量单位,统称"交易单位"。如上海期货交易所规定每张黄金标准合约的交易单位为每手1 000克,铜合约单位为5吨,芝加哥期货交易所(CBOT)小麦期货合约交易单位5 000蒲式耳。每个合约单位称之为1手或1口、1张,

交割等级(Delivery Grades)。交割等级是指由期货交易所统一规定的、准许在交易所上市交易的合约标的物的质量等级。在进行期货交易时,交易双方无须对标的物的质量等级进行协商,发生实物交割时按交易所期货合约规定的标准质量等级进行交割。期货交易所在制定合约标的物的质量等级时,常常采用国内或国际贸易中最通用和交易量较大的标准品的质量等级为标准交割等级。例如表2－1规定的上海期货交易所黄金期货交割等级,详细情况要参考每份期货合约的附件。一般来说,为了保证期货交易顺利进行,许多期货交易所都允许在实物交割时,实际交割的标的物的质量等级与期货合约规定的标准交割等级有所差别,即

允许用与标准品有一定等级差别的商品做替代交割品。替代品的质量等级和品种一般也由期货交易所统一规定。交货人用期货交易所认可的替代品代替标准品进行实物交割时,收货人不能拒收。用替代品进行实物交割时,价格需要升贴水。替代品的实际价格,一般可按它在质量等级上是高于还是低于标准交割等级而进行升水或者贴水。替代品与标准品之间的等级差价(即升贴水标准)也由交易所统一规定并可根据该合约标的物的市场行情适时调整。

交割地点(Delivery Points)。期货交易所在期货合约中为期货交易的实物交割确定经交易所注册的统一的交割仓库,以保证双方交割顺利进行。一个标准化的期货合约通常设有两个以上的交割地点。交割地点的选择和确定原则要便利买卖双方进行实物转移。不过,在期货交易中,只有在合约到期后需要进行实物交割时,交割地点才具有实际经济意义。一些国家法律规定,只有政府授权部门批准的仓库才能作为期货交易的合法交割地点,而且立法授权商品交易所委派自己的商品质量检查员去仓库检验商品质量,以保证每一份期货合约交易都在商品质量、数量相符的实物交收基础上进行,防止在商品储存过程中的商品损坏或诈骗事件。

交割月份(Contract Month),是指由商品交易所对某种商品期货统一规定的进行实物交割的月份,买方客户或卖方客户在期货合约到期时应按照合约规定的数量和质量交付货款接收货物或交付货物接收货款,以履行期货合约。期货合约具有不同的交割月份,交易者可自行选择,一旦选定之后,在交割月份到来之时如仍未对冲掉手中合约,就要按交易所规定的交割程序进行实物交割。

交割日期(Delivery Date)。交割日期是指合约商品所有权进行转移,以实物交割方式了结未平仓合约的时间。未平仓合约在交割日期内必须进行实物交割,否则将受到交易所的处罚。

最后交易日(Last Trading Day),指期货合约停止买卖的最后截止日期。每种期货合约都有一定的月份限制,到了合约月份的一定日期,就要停止合约的买卖,准备进行实物交割。

最小变动价位(Tick Size),是指在期货交易所的公开竞价过程中,对合约标的每单位价格报价的最小变动数值。最小变动价位乘以交易单位,就是该合约价格的最小变动值。在期货交易中,每次报价必须是其合约规定的最小变动价位的整数倍。期货合约最小变动价位的确定,通常取决于该合约标的商品的种类、性质、市场价格波动情况和商业规范等。

每日价格波动限制(Daily price Limits),也称做涨跌停板制度,是指期货合约在一个交易日中的成交价格不能高于或低于以该合约上一交易日结算价为基准的某一涨跌幅度,超过该范围的报价将视为无效,不能成交。

交易保证金(Margin)。为控制风险,期货交易所要求期货交易者在进行交易时必须缴纳保证金。买卖期货合约所要求的保证金不尽相同,但通常只占合约价值很小比例。各期货交易所根据品种风险程度制定收取的最低保证金,期货公司根据证监会规定,在期货交易所收取保证金上至少加收 2 个百分点。目前,国内期货公司收取的商品期货保证金比例介于 7% ~ 12%。交易所对于保证金随持仓量规模的调整、随最后交易日时间临近的调整、出现涨跌停板情况下的调整的相关规定,一般明确载明在交易所的风险控制文件中。长假情况下的调整则由交易所根据市场的风险情况决定。

交割方式(Trading Methods)。期货交易的交割方式分为实物交割(Physical Delivery)和现金交割(Cash Delivery)。实物交割是指期货合约的买卖双方于合约到期时,根据交易所制订的规则和程序,通过期货合约标的物的所有权转移,将到期未平仓合约进行了结的行为。商品期货交易一般采用实物交割的方式。现金交割,是指到期未平仓期货合约进行交割时,用结算价格来计算未平仓合约的盈亏,以现金支付的方式最终了结期货合约的交割方式。这种交割方式主要用于金融期货等期货标的物无法进行实物交割的期货合约,如股票指数期货合约等。近年,国外一些交易所也探索将现金交割的方式用于商品期货。我国商品期货市场不允许进行现金交割。

交易代码(Trading Symbol)。为方便管理和交易,每一期货品种都设有交易代码,一般都以期货品种的英文单词的第一个字母代表。

三、期货合约的特征

适合期货交易的应该是具备下列属性的商品:适宜贮藏;同质性;价格的波动性;供需量大。但在期货交易的实践中,有许多商品虽然符合上述条件期货合约却失败了,有些商品即使没有完全达到上述条件但期货交易仍然是成功的。因此,仅有商品特征无法解释期货合约成功与否的全部内容。

期货合约条款的设计,是影响市场参与者交易兴趣的关键因素。按交易兴趣或交易目的可以将期货市场参与者分为保值者和投机者两个基本类型,下面来分析影响这两类参与者进行期货交易的合约特征。

(一)对保值者的吸引

期货合约设计应以吸引保值者为基础,期货市场的交易量是由保值的数量决定的。现货企业参与期货交易是为了回避价格风险,而有效的套期保值需要依赖于现货价格与期货价格之间高度的相关性,这也就必须使期货交易的标的物尽可能贴近现货商品。套利者可能会同时持有期货头寸和现货实物,当期货、现货价格存在价差时,他们就有可能进行实物交割,只有期货交易的标的物与现货商品基本相符,才能保证他们顺利实现实物交割。因此,期货合约要吸引保值者,既要使期货合约的标的物尽可能与现货商品一致,同时期货合约的交割规则也要尽可能符合现货商品的流通习惯。

（二）对投机者的吸引

空头套期保值头寸和多头套期保值头寸在数量上很难达到平衡，其不平衡部分需要由投机头寸来填补，否则将会产生较大的价格偏离；一定量的套期保值头寸需要更多的投机头寸与之相适应。适度的投机有利于提高保值效率，判断保值效率的标准之一是套期保值成本。在一个成交量小、交投不活跃的市场上，套期保值交易很难寻找到合适的价位成交，也难以在合适的时候平仓结束套期保值，这无疑增加了套期保值的成本和风险，从而导致保值减少。因此，套期保值者更喜欢流动性高的市场，一个期货市场的流动性越高，套期保值者进出市场就越容易。

（三）防止操纵

合约设计在注重吸引投机者和保值者的同时，如果有受到操纵的潜在危险，也会直接影响投资者特别是保值者的参与意愿。因此，期货品种创新的另一目标是设计一种难以被操纵的期货合约。期货合约的时限性要求，当合约到期时，必须完成实物商品与资金的平衡。但是，由于现货市场中实物商品实际可供交割量通常是有限的，这样就有可能发生实物商品与资金不平衡的问题，由此引发交割风险。在合约交易的一般月份，买卖双方所处交易环境基本相近，但随着合约到期日（交割日）的临近，如一方在交易中表现出明显的资金优势或实物占有量的优势（自然原因或是蓄意操纵）而将另一方挤出，这类合约会因意外风险而影响投资者的正常交易，通常需要进行修改。

在合约设计中，防止价格受到操纵的重要方法是增加可参与交割的商品等级或交割地点。通过对与交割标准品相近的商品设置一定的质量升贴水，或对交割基准地以外的交割地点设置一定的地区升贴水来实现交割，从而增加可供交割实物量。

第四节　期货交易基本制度

目前，我国期货交易的基本制度主要包括保证金制度、涨跌停板制度、持仓限额制度、大户报告制度和强行平仓制度等。这些制度的制定、实施，是期货交易平稳、健康、高效运行的根本保证。熟悉、了解这些基本制度，有助于投资者提高交易水平，规范交易行为，更好地认识、防范和控制风险。

一、保证金制度（Margin Regulation）

在期货交易中，任何交易者必须按照所买卖期货合约价值的一定比例（通常为5%至10%）缴纳保证金，作为其履行期货合约的财力担保，然后才能参与期货合约的买卖，并视价格变动情况确定是否追加资金。这就是保证金制度，所交纳的资金就是保证金。

期货保证金按性质与作用的不同,可分为结算准备金(Settlement Margin)和交易保证金(Trading Margin)两大类。

结算准备金是指结算会员在交易所专用结算账户中预先准备的资金,是未被合约占用的保证金。结算准备金一般由会员单位按固定标准向交易所缴纳,为交易结算预先准备的资金。结算准备金最低余额须以会员自有资金缴纳。交易所有权根据市场情况调整结算会员结算准备金最低余额标准。

交易保证金是指结算会员存入交易所专用结算账户中确保合约履约的资金,是已被合约占用的保证金,其金额按合约总价值的一定比例来计算。结算会员向非结算会员和投资者收取的交易保证金不得低于交易所向结算会员收取的交易保证金。非结算会员向投资者收取的交易保证金不得低于结算会员向非结算会员收取的交易保证金。结算会员的自营业务只能通过其专用自营结算账户进行,其保证金必须与其经纪业务分账结算。当买卖双方成交后,交易所按公布标准向买卖双方、按买入和卖出的持仓量分别收取交易保证金。它又分为初始保证金和追加保证金两类。

初始保证金(Initial Margin)是交易者新开仓时所需交纳的资金。它是根据交易额和保证金比率确定的,即初始保证金 = 交易金额 × 保证金比率。我国现行的最低保证金比率为交易金额的 5% ,国际上一般在 3% 至 8% 之间。

交易者在持仓过程中,会因市场行情的不断变化而产生浮动盈亏(结算价与成交价之差),因而保证金账户中实际可用来弥补亏损和提供担保的资金就随时发生增减。浮动盈利将增加保证金账户余额,浮动亏损将减少保证金账户余额。保证金账户中必须维持的最低余额叫维持保证金,维持保证金 = 结算价 × 持仓量 × 保证金比率 × K(K 为常数,称做维持保证金比率,在我国通常为 0.75)。当保证金账面余额低于维持保证金时,交易者必须在规定时间内补充保证金,使保证金账户的余额 = 结算价 × 持仓量 × 保证金比率,否则在下一交易日,交易所或代理机构有权实施强行平仓。这部分需要新补充的保证金就称追加保证金,国际上一般称为维持保证金(Maintenance Margin)。

二、涨跌停板制度(Price Limit Regulation)

涨跌停板制度,又称每日价格的最大波动限制,指期货合约在一个交易日中的成交价格不能高于或低于以该合约上一交易日结算价为基准的某一规定涨跌幅度,超过该范围的报价将视为无效,不能成交。

涨跌停板制度规定的每日价格最大涨跌幅度,是以合约上一交易日的结算价为基准确定的:合约前一交易日结算价加上允许的最大涨幅构成当日价格上涨的上限,称为涨停板;前一交易日结算价减去允许的最大跌幅构成价格下跌的下限,称为跌停板。因此,涨跌停板又叫每日价格最大波动幅度限制。涨跌停板的幅度有百分比和固定数量两种形式。

涨跌停板有交易期间的涨跌停板和收市时的涨跌停板。在交易期间的涨跌停板,一般停板价位可以打开,当然也有收盘量一直封停板的情况。当某个上市期货合约以涨跌停板价格成交时,成交撮合原则实行平仓优先和时间优先的原则。出现涨跌停板时,交易所可以采取措施控制风险,比如提高交易保证金比例、调整涨跌停板幅度等。

涨跌停板制度与保证金制度相结合,对于保障期货市场的运转、稳定期货市场的秩序以及发挥期货市场的功能具有十分重要的作用。

三、持仓限额制度(Open Positions Limit Regulation)

持仓限额制度,是指期货交易所为了防止市场风险过度集中于少数交易者和防范操纵市场行为,对会员及客户的持仓实行限制的制度。超过限额,交易所规定可强行平仓或提高保证金比例。

交易所根据不同的期货合约、不同的交易阶段制定持仓限额制度,从而减少市场风险产生的可能性。交易所按照一般月份、交割月前一个月份、交割月份三个阶段依次对持仓数额进行限制。交易所一般规定:在一般月份一个会员对某种期货合约的单边持仓量不得超过交易所该合约持仓总量的15%;距交割月越近,会员和客户的持仓量越小,以防止合约到期日实物交割量过大而引起的大面积交割违约风险。

四、每日无负债结算制度(Day Settlement Regulation)

期货交易是"零和博弈",即市场的盈利总额与亏损总额是相等的,有盈利的交易者就必然有亏损的交易者,但盈亏结算并不直接在交易双方间进行,而是由交易所通过在双方保证金账户划转盈亏来实现。当亏损方在交易所保证金账户中的资金不能承担其亏损(在扣除亏损后保证金余额出现负数)时,交易所作为成交合约的担保者,必须代为承担这部分亏损,以保证盈利者能及时地得到全部盈利。这样,亏损方便向交易所拖欠了债务。为防止这种负债现象的发生,每日无负债结算制度(又称逐日盯市制度)便应运而生了。

每日无负债结算制度是指结算部门在每日闭市后计算、检查保证金账户余额,通过适时发出追加保证金通知,使保证金余额维持在一定水平之上,防止负债现象发生的结算制度。其具体执行过程如下:在每一交易日结束之后,交易所结算部门根据全日成交情况计算出当日结算价,据此计算每个会员持仓的浮动盈亏,调整会员保证金账户的可动用余额。若调整后的保证金余额小于维持保证金,交易所便发出通知,要求在下一交易日开市之前追加保证金,若会员单位不能按时追加保证金,交易所将有权强行平仓。

五、大户报告制度(Large Position Reporting Regulation)

大户报告制度,是与限仓制度紧密相关的另外一个控制交易风险、防止大户操纵场中行为的制度。当会员或客户的某品种持仓合约的投机头寸达到交易所对其规定的投机头寸持仓限量一定比率以上时,会员或客户应向交易所报告其资金情况、头寸情况等,客户需通过经纪会员报告。通过实施大户报告制度,可以使交易所对持仓量较大的会员或客户进行重点监控,了解其持仓动向、意图,对于有效防范市场风险有积极作用。同时交易所可以根据市场风险状况改变要求报告的持仓水平。

我国期货交易所关于大户报告制度的具体规定:当会员或客户某品种持仓合约的投机头寸达到交易所对其规定的投机头寸持仓限量80%以上时,会员或客户应向交易所报告其资金情况、头寸情况等,客户须通过经纪会员报告。达到交易所大户报告界限的会员和客户应主动在规定时间内向交易所提供相关资料,主要包括持仓情况、持仓保证金、可动用资金、持仓意向、资金来源、预报和申请的交割数量等。达到交易所大户标准的客户所提供的资料须由其经纪会员进行初审,转交期货交易所。经纪会员应保证客户所提供资料的真实性。

六、实物交割制度(Physical Delivery Regulation)

实物交割制度是指交易所规定的,期货合约到期时,交易双方将期货合约所载商品的所有权按规定进行转移,了结未平仓合约的制度。实物交割是联系期货与现货的纽带。其管理制度包括:标准仓单、定点交割、仓单交付、仓库管理、仓单转让、违约处理。商品期货交易一般采用实物交割的方式。

在期货市场上,实物交割是促使期货价格和现货价格趋向一致的制度保证。当由于过分投机,发生期货价格严重偏离现货价格时,交易者就会在期货、现货两个市场间进行套利交易:当期货价格过高而现货价格过低时,交易者在期货市场上卖出期货合约,在现货市场上买进商品,这样,现货需求增多,现货价格上升,期货合约供给增多,期货价格下降,期现价差缩小;当期货价格过低而现货价格过高时,交易者在期货市场上买进期货合约,在现货市场卖出商品,这样,期货需求增多,期货价格上升,现货供给增多,现货价格下降,使期现价差趋于正常。以上分析表明,通过实物交割,期货、现货两个市场得以实现相互联动,期货价格最终与现货价格趋于一致,使期货市场真正发挥价格晴雨表的作用。

由于期货交易不是以现货买卖为目的,而是以买卖合约赚取差价来达到保值的目的,因此,实际上在期货交易中真正进行实物交割的合约并不多。交割过多,表明场中流动性差;交割过少,表明市场投机性强。在成熟的国际商品期货市场上,交割率一般不超过5%,我国期货市场的交割率一般也在3%以下。

七、强行平仓制度(Liquidation Regulation)

强行平仓制度是指当会员或客户的交易保证金不足并且未在规定时间内补足,或者当会员或客户的持仓量超出规定的限额时,或者当会员或客户违规时,交易所为防止风险进一步扩大,实行强行平仓制度。也就是说,是交易所对违规者的有关持仓实行平仓的一种强制措施。这是交易所或期货经纪公司控制、化解市场风险的重要制度。我国交易所规定的应予强行平仓的情况包括:

1. 会员结算准备金余额小于零,并未能在规定时限内补足的。

2. 持仓量超出其限额规定的。

3. 因违规受到交易所强行平仓处罚的。

4. 根据交易所的紧急措施应予强行平仓的。

5. 其他应予强行平仓的。

强行平仓的原则:强行平仓首先由会员单位自己执行,除非交易所特别规定,一律为开市后第一交易时间内。规定时限内会员未能执行完毕的,由交易所强制执行。因交易结算保证金小于零而被强制执行的,在补足保证金之前,禁止相关会员的开仓交易。

八、风险准备金制度(Risk Reserve Regulation)

为了建立和完善风险体系,保证市场正常运行,交易所制定了风险准备金制度。风险准备金由交易所设立,从自己收取的会员交易手续费中提取一定比例的资金,用来维护期货市场正常运转而提供财务担保和弥补因不可预见的风险带来的亏损。我国的期货交易所按手续费收入的20%提取风险准备金。风险准备金必须单独核算,专户存储,除用于弥补风险损失外,不得挪作他用。准备金使用必须经过交易所理事会批准,报证监会备案。准备金的规模由证监会根据有关情况确定。

九、信息披露制度(Information Disclosure Regulation)

信息披露制度指交易所按即时、每日、每周和每月向会员、客户和社会提供期货交易信息的制度。期货交易遵循公平、公开、公正的原则,信息的公开与透明是"三公"原则的体现。它要求期货交易所应当及时公布上市品种期货合约的有关信息及其他应当公布的信息,并保证信息的真实、准确。只有这样,期货交易的所有交易者才能在公平、公开的基础上接收真实、准确的信息,从而有助于交易者根据所获信息做出正确决策,防止不法交易者利用内幕信息获取不正当利益,损害其他交易者。

十、会员管理制度(Member Management Regulation)

一般来说期货交易所实行会员制,只有具备一定条件成为交易所的会员才能进入交易厅直接进行交易,非会员必须通过作为期货交易所会员的期货经纪公司代理交易才能进行期货交易。期货经纪公司会员在整个期货市场中承担着中介交易、结算、监控和防范客户风险的重要作用。实行严格的会员管理制度,直接关系着市场规模和市场质量。作为交易所的会员,享有交易所规定的权利和义务,并且接受交易所的监督和管理。

思考题与练习题

1.掌握下列名词:期货合约、期货交易套期保值、全权会员、远期交易、期货交易所、期货交易的保证金制度、涨跌停板制度、持仓限额制度、每日结算制度、大户报告制度、强行平仓制度

2.期货市场风险种类有哪些? 如何理解期货市场风险的特征?

3.期货交易流程包括哪几个方面?

4.期货交易常用交易指令有哪些? 竞价方式有哪些? 如何进行结算和交割?

5.期货合约的种类有哪些? 其基本要素有哪些?

6.期货交易的基本制度有哪些? 全面理解各项交易制度的基本含义和内容。

第三章
期货交易的套期保值

学习要求

　　本章要求理解套期保值的含义、套期保值的原理和功能，认识基差及基差变动对套期保值效果的影响，重点掌握套期保值交易的基本形式和主要策略。

　　Learning main point in this chapter: Requires an understanding of the meaning of hedging, hedging principle and function. Understand the basis and influence of radical changes in the difference on hedging. Focus on mastering basic form and main strategies of hedging trade.

第一节 套期保值的基本原理

一、套期保值的含义

(一)套期保值的概念

套期保值(Hedging)是期货市场产生和发展的原动力,期货交易最初的动因和形式就是套期保值。套期保值源于英文Hedge,原意是用树篱围住,引申到经营管理中指将成本锁定、规避价格波动带来的风险。

套期保值是指把期货市场当做转移价格风险的场所,利用期货合约作为将来在现货市场上买卖商品的临时替代物,对其现在买进准备以后售出商品或对将来需要买进商品的价格进行保险的交易活动。具体操作方法是在期货市场上买进(卖出)与现货市场品种数量相同、交易方向相反的期货合约,以期在未来某一时间通过卖出或买进此期货合同来补偿因现货市场价格变动带来的实际价格风险。

(二)套期保值应遵循的原则

1. 商品品种相同原则。套期保值交易要求交易者在现货市场和期货市场上买卖的商品在品种上是相同的,因为只有商品品种相同,期货与现货的价格才能保持大致相同的走势。限于期货交易所交割结算制度的规定,期货交易的交割结算价以最后交易日收盘时、现货市场同种商品的市场价格为基准,在期货品种到期日临近时,现货价格与期货价格会趋于一致。

当期货市场上没有与现货市场上需要保值的商品相同的期货商品时,交易者也可选择另一种与该现货商品种类不同,但在价格走势上互相影响、大致相同的相关商品的期货合约来做套期保值,即交叉套期保值(Cross Hedging)。

2. 商品数量相等原则。套期保值交易要求交易者在相关的期货合约买卖中的资产数量与需保值的未来将在现货市场上买卖的资产数量相等,例如,200吨铜在上海期货交易所就需要40张铜期货合约来保值(5吨/张)。

3. 月份相同或相近原则。套期保值交易要求交易者所选择的商品期货合约的交割月份最好与将来在现货市场上买卖现货的时间相同或相近。例如:铜交易商准备6月份买卖铜现货,做套期保值时最好选用6月份交割的铜期货或7月份铜期货,因为越临近交割日期货与现货的价格越趋于一致,这样会保证套期保值的效果。

4. 交易方向相反的原则。在做套期保值交易时,必须在期货与现货两个市场上同时采取相反的买卖行为进行反向操作。具体做法:在现货市场中未来将要买进商品时,期货市场选择现在先买入;在现货市场中未来将要卖出商品时,期货市场选择现在先卖出。

(三)商品的价格风险

商品的价格风险是指商品市场价格的不确定性,对企业或个人物质商品资产所带来的可能受益或损失。商品价格的波动直接影响以这些商品为原料或产品的企业的正常经营,当商品价格大幅上升时,以这些商品作为原料的企业将面临巨大的损失,而生产这些商品的企业会获得额外的收益。同理,当商品的价格大幅下跌时,生产这些商品的企业将蒙受巨大损失,而以该商品为原料的企业会因此获益。商品价格的波动对企业的正常经营产生影响,使得企业经营业绩具有不确定性,不利于企业稳定经营。

商品价格风险是客观存在的,无法回避,生产商、批发商、大宗商品贸易商利用期货交易进行套期保值从而转移商品价格风险是一种务实的经营选择。

二、套期保值的经济原理

套期能保值是因为一种特定商品的期货价格与现货价格的主要差异在于交货日期的不同,但变动趋势是相同的。现货价格与期货价格随着交割日的临近逐渐趋于一致。在现货与期货两个市场中反向操作,必然有相互冲抵的效果。

(一)同一品种商品的期货价格与现货价格变动趋势基本一致

尽管期货市场与现货市场是两个不同的市场,但影响两个市场商品价格的基本因素是基本相同的。当某种特定的因素变化而引起现货市场变动时,期货价格也会同方向运动,但变动的幅度不一定一致,这样套期保值者通过现货市场等量但方向相反的期货合约的买卖可以锁定成本,当保值者在一个市场遭受亏损时,另一市场会获取盈利。因此保值者对商品价格变动有不利预测时,利用套期保值达到规避风险的效果,如图3-1所示。

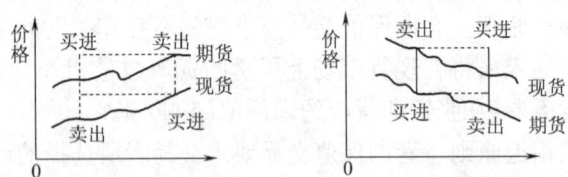

图3-1 同一商品品种期货价格与现货价格走势

(二)商品现货价格与期货价格随期货合约到期日的临近将趋于一致

期货交易的交割制度保证了现货市场与期货市场的价格随期货合约的到期日的临近,两者将趋于一致,否则会引发投机者的无风险套利,即当现货价格低于期货价格时,投机客会购进现货进行交割从而获得无风险的利益,当期货价格低于现货价格时,投机客又会在现货市场上卖出商品而在期货市场上买进,等待期货交割从而收获无风险利润。

临近期货合约到期日时,期货价格与现货价格走势如图 3 – 2 所示。

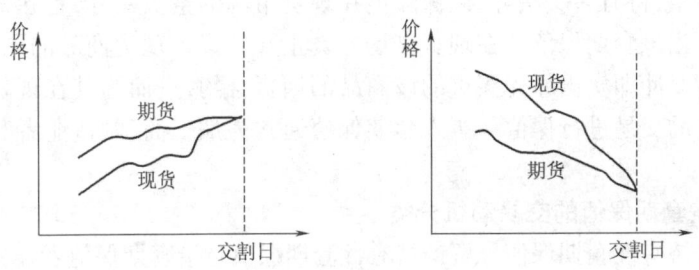

图 3 – 2　现货价格与期货价格将趋于一致

总之,套期保值的基本原理是在期货市场上买进或卖出与现货数量相等、交易方向相反的期货合约,在期货市场和现货市场之间建立一种盈亏冲抵的机制,利用一个市场的盈利来弥补另一市场的亏损,从而达到转移价格波动风险并锁定成本稳定收益的目的。对风险厌恶的商品生产者来说,套期保值是在这两个市场之间建立盈亏冲抵机制。如果生产者根据预期只进行远期交易,在其预期正确时,获得的收益要高于套期保值,但是一旦预期错误,则要承担较大的风险。商品生产经营者作为"风险厌恶者"使套期保值成为在现代市场经济条件下规避风险的有力工具,期货市场正是通过套期保值来实现规避风险的功能。

第二节　套期保值的种类及应用

一、套期保值的种类

(一)按照在期货市场上所持的头寸分类

生产经营企业面临的价格波动风险最终可分为两种:一种是担心未来某种商品的价格上涨,另外一种是担心未来某种商品的价格下跌。因此,期货市场上的套期保值可以分为两种最基本的操作方式,即卖出套期保值和买入套期保值。

1.卖出套期保值又称卖期保值或空头套期保值,是指套期保值者首先卖出期货合约即卖空,持有空头头寸,以保护他在现货市场中的多头头寸,旨在避免价格下跌的风险。当该套期保值者在现货市场上实际卖出该种现货商品的同时或前后，又在期货市场上进行对冲即买进原先所卖出的期货合约执行平仓，结束所做的套期保值交易，进而实现为其在现货市场上的商品保值。卖出套期保值通常为农场主、矿业主等生产者和经营者所采用。

2.买入套期保值又称买期保值或多头套期保值，是指套期保值者首先买进期货合约即买空，持有多头头寸，以保障他在现货市场的空头头寸，旨在避免价格上涨的风险。当该套期保值者在现货市场上真正开始买入现货商品的同时，在期货市场上进行对冲即卖出原先买进的该商品的期货合约，进而为其在现货市场上买进现货商品的交易进行保值。买入套期保值通常为加工商、制造业者和经营者所采用。

（二）按套期保值的交易动机分类

1.资产持有性套期保值。资产持有性套期保值是指套期保值者首先持有现货资产，在对基差变化趋势进行分析的基础上，以获得无风险收益为目的，在适当的时机决定是否进行套期保值交易，其实质是对基差进行投资，以期通过基差的高卖低买获得收益。因此此类套期保值也被称为期现套利型套期保值。

2.操作性套期保值。操作性套期保值的主要目的是利用套期保值操作，在期货市场上事先获得一个交易头寸，以规避交易者随后可能面临的价格风险和经营风险。例如出口商套期保值交易。

3.选择性套期保值。选择性套期保值是指保值者根据对未来价格走势的判断，在参与套期保值和不参与套期保值之间进行抉择。当预期价格下跌时，现货资产的持有者所进行的卖出套期保值，严格意义上讲套期保值目的并不是风险规避，而是损失规避；而在预期价格上涨时，现货资产的持有者完全可以选择不进行套期保值操作。

4.预期性套期保值。预期性套期保值是指保值者基于对将来的现货市场的价格预测决定是否进行套期保值交易。例如农场主在收获前，如果对将来的现货价格的预期是下跌，他们就可能在期货市场进行卖期套期保值，预期性套期保值者不仅面临着基差风险，同时还面临产量不确定的风险。

5.纯避险性套期保值。纯避险性套期保值就是传统意义上数量相等、方向相反的套期保值。

（三）按套期保值的目标分类

1.积极套期保值。积极套期保值以收益最大化为目标，通过对现货未来走势的预测，有选择地运用套期保值策略来规避系统风险。一些大型投资组合治理人在面临较大系统风险时，会采取积极的套期保值行动对冲资产组合的系统风险，但这种对冲仅是临时选择，在系统风险释放后马上期货头寸平仓，而不进行对应反向现货交易。该套期保值策略性可看做"锁仓"行动，将组合面临的系统风险临时锁定，在系统性风险释放后"解锁"。

2. 消极套期保值。消极套期保值以风险最小化为目标,不涉及对现货市场未来走势的预测,仅仅通过在期货市场和现货市场同时进行反向操作。这种套期保值者参与期货市场的目的,在于减少甚至完全规避他们在现货市场中所面对的系统风险,对他们来说,重要的不是在期货合约中获得利润,而是通过持有期货合约,以增加其对现货仓位价值的确定性。

(四)按套期保值的结果分类

1. 完全性套期保值。一个市场的损失正好被另一个市场的利润所抵消,现货和期货价格的变动,方向一致,幅度相同,现货市场上的损失(盈利)与期货市场的盈利(损失)完全相等。

2. 过度补偿性套期保值。现货市场的结果由于进行期货交易而出现了相反的情况,即现货市场的损失者(或盈利者)由于进行套期保值交易而变成最终的盈利者(或损失者)。现货与期货价格变动的方向一致,但程度不同,期货价格的变动大于现货价格,现货交易结果不仅与完全套期保值的结果相同,而且得到过度补偿,期货价格变动超过现货价格变动的部分,就是净收益或损失。

3. 不足补偿性套期保值。期货价格与现货价格变动的方向一致,但期货价格变动程度小于现货价格变动程度,现货市场上的损失者(或盈利者)在进行套期保值交易后仍然是损失者(或盈利者),但是损失(或盈利)幅度减少了,损失多少取决于价格变动的差别情况。

4. 恶化性套期保值。由于现货价格与期货价格变动的方向相反,套期保值产生了额外的损失或利润。例如,在多头套期保值时,现货价格提高,而期货价格下降,这就会从两项交易中产生损失。在这种情况下,套期保值者若不从事期货交易的话,他本来的情况会比现在更好。

5. 中性套期保值。期货价格保持不变,现货价格变动的方向决定了套期保值交易的结果。这时套期保值交易唯一要考虑的因素是交易成本。

6. 确定性套期保值。在现货价格保持不变的情况下,套期保值的结果依赖于期货价格变动的方向。例如,期货价格下降,就会给空头(或多头)套期保值者带来利润(或损失)。但如果按照是否出现盈利或亏损来划分,则在基差不变的情况下,无论买期或是卖期保值,盈亏相抵,套期保值者得到完全的保护。

(五)按套期保值的方法分类

1. 传统套期保值。传统套期保值的主要目的是通过套期保值锁定现货部位的成本或收益,投资者在两个市场上持有相同且相反的头寸,以实现风险的对冲。

2. 动态套期保值。动态套期保值的目的在于在风险既定的条件下最大地获取利润或在预期收益一定的前提下将风险降到最低,实际上是对现货市场和期货市场的资产进行组合投资。动态套期保值并不完全遵循传统套期保值的原则,套期保值者可以根据情况变化来不断调整用于保值的合约数量。

二、卖出套期保值

卖出套期保值(Selling Hedge)又称空头套期保值或卖期保值(Short Hedge),是指套期保值者预先在期货市场上卖出期货合约,当现货价格下跌时再卖出现货买入期货合约,以期货市场的盈利弥补现货市场的亏损。由于交易者首先在期货市场上以卖出方式建立空头的交易部位,故又称为空头套期保值。

(一)适用对象与范围

一般地,卖出套期保值交易通常被运用在下面这些领域,为经营者转移价格波动风险。

1.农产品生产商运用卖出套期保值交易为他将要在收获季节时售出的农产品进行保值。由于农产品生产的特殊性,大批的农产品都会集中在收获季节上市,从而使供给大于现货市场的需求,造成农产品价格下跌。所以,农产品生产商可以运用卖出套期保值交易为自己将要在收获季节时售出的农产品进行保值。

2.加工商、出口商和其他生产商等经营者担心将来出售商品时价格下跌,也可以运用卖出套期保值交易进行保值。

3.储运商、贸易商等虽然手头拥有现货商品但不想马上出售,或虽然已经订出一批现货商品但眼下无货可售而要等到将来某个时候才有货出售时,他们都会担心过一段时间后他们在现货市场上出售现货商品时价格下跌。因此,他们也可运用卖出套期保值交易来进行保值。

(二)卖出套期保值的操作方法

交易者先在期货市场上卖出期货合约,其卖出的品种、数量、交割月份都与将来在现货市场卖出的现货商品大致相同,如果以后现货市场价格真的出现下跌,他虽然在现货市场上以较低的价格卖出手中的现货商品,但是他在期货市场上买入原来卖出的期货合约进行对冲平仓,用对冲后的盈利弥补因现货价格下跌出售现货所发生的亏损,从而实现保值的目的。

【例1】东北某一农垦公司主要种植大豆,2016年9月初因中国饲料工业的发展而对大豆的需求大增,同时9月初因大豆正处在青黄不接的需求旺季,导致了现货价格一直在3 300元/吨左右的高价位上波动,此时2017年1月份到期的期货合约的价格也在3 400元/吨的价位上徘徊。该农垦公司经过充分的市场调查,认为2016年初,大豆市场因价格一直过高而导致种植面积增加,同时大豆产区天气状况良好将使本年度的大豆产量剧增,预计日后的大豆价格将要大跌。为了回避日后大豆现货价格下跌的风险,该农垦公司决定为其即将收获的50 000吨大豆进行保值,于是2016年9月初在大连商品期货交易所卖出50 000吨2017年1月份到期的大豆合约(每手10吨),价格为3 400元/吨。到了2016年年底,大豆现货价格果然下跌,该农垦公司50 000吨大豆平均的现货价格只能卖到2 700元/吨左右,同时 2017 年 1 月到期的大豆期货合约也跌至 2 800 元/吨,期货跟现货大豆都下跌了 600 元/吨,该农垦公司的经营状况如表 3-1 所示:

表 3-1 大豆卖出套期保值实例

	现货市场	期货市场
2016 年 9 月	大豆 3 300 元/吨	卖出 2017 年 1 月份大豆期货 3 400 元/吨
2017 年 1 月	大豆 2 700 元/吨	买入 2017 年 1 月份大豆期货 2 800 元/吨
变化	损失 600 元/吨	盈利 600 元/吨

由此可见,该农垦公司通过期货市场进行套期保值,用期货市场上盈利的 600 元/吨弥补了现货市场价格下跌而损失的 600 元/吨,成功地实现了原先制订的 3 300 元/吨的销售计划,也就是用现货市场上平均卖出的价格 2 700 元/吨加上期货市场盈利的 600 元/吨。

假如 2016 年底、2017 年初大豆的价格不跌反涨,平均起来,现货和期货的价格都上涨了 200 元/吨,则该农垦公司的经营状况如表 3-2 所示。

表 3-2 大豆卖出套期保值实例

	现货市场	期货市场
2016 年 9 月	大豆 3 300 元/吨	卖出 2017 年 1 月份大豆期货 3 400 元/吨
2017 年 1 月	大豆 3 500 元/吨	买入 2017 年 1 月份大豆期货 3 600 元/吨
盈亏	盈利 200 元/吨	损失 200 元/吨

由上题可见,2017 年 1 月初农垦公司虽然在期货市场上每吨亏损了 200 元,但现货市场上卖出的价格比 9 月底卖出的价格要高 200 元/吨,其实际的销售额仍然是 3 300 元/吨,即现货市场上平均卖出的价格 3 500 元/吨减去期货市场亏损的 200 元/吨。

(三)卖出套期保值的利弊分析

卖出套期保值对套期保值者的好处:

1. 卖出套期保值能够回避未来现货市场价格下跌的风险。如在上例中,该农垦公司成功地回避了大豆现货价格下跌风险。

2. 经营企业通过卖出套期保值,可以使保值者能够按照原先的经营计划,强化管理,认真组织货源,顺利地完成销售计划。如本例中,农垦公司将其销售计划定在 3 300 元/吨。

3. 有利于现货合约的顺利签订,企业由于做了卖出套期保值,就不必担心交易对手要求日后交货时,以此时的现货价为成交价,这是因为在价格下跌的市场趋势中,企业由于做了卖出套期保值,就可以用期货市场的盈利来弥补现货市场价格下跌所造成的损失,反之,如果价格上涨,企业乘机在现货市场上卖个好价钱,尽管期货市场上出现了亏损但该企业还是实现了自己的销售计划。

卖出保值所付出的代价是保值者放弃了日后出现价格上涨而获得更高利润的机会。如上例中现货市场价格上涨,如果不参与期货保值,该企业将获得3 500元/吨的销售价,但如果做了卖出套期保值,该企业必须减去期货市场损失的200 元/吨,另外还必须支付交易费用和损失一部分银行利息。

三、买入套期保值

买入套期保值(Buying Hedge)又称买期保值或多头套期保值(Long Hedge),是指套期保值者先在期货市场上买入期货合约,持有多头头寸,当价格上涨时卖出期货合约买进现货,用期货的盈利抵补现货的亏损。由于交易者首先在期货市场先以买入方式建立多头的交易部位,故又称多头套期保值。

(一)适用对象及范围

一般地,买入套期保值交易通常被运用在下面这些领域,为经营者转移价格波动风险。

1. 当经营者作为卖方已订立远期出售实物的合同(现货远期合约)而未购进货物前。此时,该经营者作为卖方的同时又是另一交易的买方,他是手头无现货商品的情况下订立卖货合同的。作为买方,他最大的担心是价格上涨,使他无利可图,甚至遭受损失。因为他原来之所以在没有现货商品的情况下订立远期卖出现货商品合约,是因为他准备以低价买进该现货商品,再以高价卖出而获利。所以,他不像那些手头有现货的经营者那样担心销售时价格下跌,而是担心价格上涨,因此,他可以买入套期保值交易。

2. 当经营者是进口商,在他认为价格适宜而准备购进实物时,或因销货对方暂无现货,或因该进口商手头无外汇或者外汇不足,只能以后购买时。此时,该进口商作为买方(将来的买方),不能以他认为最适当的当时价格买进商品,而要等一段时间才能购买,所以担心此期间价格会上涨,而出口销售一般不可能同意签订一个价格不变(以当时价格固定)的远期交货合约,那么,该进口商就可以进入期货市场,运用买入套期保值方法,为自己将来要购买的现货保值。

3. 如果经营者是生产商,在出售成品时担心以后补购原材料的价格上涨,减少前期销售成品所获的利润,他可以进入期货市场(在卖出成品时)做买入套期保值交易,买入该产品或原材料的期货合约。一般地,选择买入生产该产品的原材料的期货合约要直接得多,交割时间应与将要买入现货原材料的时间一致,数量也应相等。对于加工商也一样,他也要买入原材料进行加工,所以,也可以在出售产品时做买入套期保值,买入原材料的期货合约。

（二）买入套期保值的操作方法

交易者先在期货市场上买入期货合约,其买入的商品品种、数量、交割月都与将来在现货市场上准备买入的现货商品大致相同,以后,如果现货市场价格真的出现上涨,他虽然在现货市场上以较高的现货价格买入现货商品,但由于此时他在期货市场上卖出原来买进的期货合约进行对冲平仓从而获利,这样,用对冲后的期货盈利来弥补因现货市场价格上涨所造成的损失,从而完成了买入套期保值交易。

【例2】广东某一铝型材厂的主要原料是铝锭,2017 年 3 月铝锭的现货价格为13 000 元/吨,该厂根据市场的供求关系变化,认为两个月后铝锭的现货价格将要上涨,为了回避两个月后购进 600 吨铝锭时价格上涨的风险,该厂决定进行买入套期保值。3 月初以 13 200 元/吨的价格买入 600 吨 6 月份到期的铝锭期货合约,到5 月初该厂在现货市场上实际购买铝锭时,价格已上涨至 15 000 元/吨,而此时期货价格亦已涨至 15 200 元/吨,这样,该铝型厂的经营状况如表 3 – 3 所示。

表 3 – 3　买入套期保值实例

	现　货	期　货
2017 年 3 月	现货铝锭 13 000 元/吨	买进 2017 年 6 月份铝锭期货 13 200 元/吨
2017 年 5 月	现货铝锭 15 000 元/吨	卖出 2017 年 6 月份铝锭期货 15 200 元/吨
变化	现货市场损失 2 000 元/吨	期货市场盈利 2 000 元/吨

由此可见,该铝型材厂在过了两个月后,以 15 000 元/吨的价格购进铝锭,比先前 3 月初要购进铝锭时的价格多支付了 2 000 元/吨的成本。但由于做了套期保值,在期货交易中盈利了 2 000 元/吨的利润,用以弥补现货市场购进铝锭时多付出的价格成本,其实际购进铝锭的价格仍然是 13 000 元/吨,即实物购进价15 000元/吨减去期货盈利的 2 000 元/吨,回避了铝锭价格上涨的风险。

假如 5 月初铝锭的价格不涨反跌,现货、期货都下跌了 500 元/吨,铝型材厂的经营结果如表 3 – 4 所示。

表 3 – 4　买入套期保值实例

	现　货	期　货
2017 年 3 月	现货铝锭 13 000 元/吨	买进 2017 年 6 月份铝锭期货 13 200 元/吨
2017 年 5 月	现货铝锭 12 500 元/吨	卖出 2017 年 6 月份铝锭期货 12 700 元/吨
变化	现货市场盈利 500 元/吨	期货市场损失 500 元/吨

由此可见,该铝型材厂在两个月后买入铝锭时比 3 月初买入少支付了 500 元/吨,但由于在期货市场上做了买入套期保值,期货市场上亏损了 500 元/吨,因此,该铝型材

厂铝锭的实际进价成本仍然为 13 000 元/吨,即用现货市场上少支付的 500 元/吨弥补了期货市场上亏损的 500 元/吨。实际购进价为 12 500 + 500 = 13 000(元/吨)。

由上面的例子可知,该铝型材厂通过做买入套期保值,无论未来一段时间内价格怎样涨跌,都能使铝锭的进价成本维持在原来 3 月初认可的 13 000 元/吨的价位上,该厂在成功的回避价格上涨的风险同时,也放弃了价格下跌时获取更低的生产成本的机会。

(三)买入套期保值的利弊分析

1. 买入套期保值能够回避价格上涨所带来的风险。如在【例 2】中,铝型材厂通过买入套期保值,用期货市场上的盈利弥补了现货市场上多支付的成本,回避了价格上涨的风险。

2. 提高了企业资金的使用效率。由于期货交易是一种保证金交易,因此,只用少量的资金就可以控制大批货物,加快了资金的周转速度。如在【例 2】中,根据交易所 5% 的交易保证金规定,该铝型材厂只需运用 13 200 × 600 × 5% = 396 000(元),最多再加上 5% 的资金作为期货交易抗风险的资金,其余 90% 的资金可在两个月内加速周转,不仅降低了仓储费用,而且减少了资金占用成本。

3. 对需要库存的商品来说,节省了一些仓储费用、保险费用和损耗费。

4. 能够促使现货合同的早日签订。如在【例 2】中,面对铝锭价格上涨的趋势,供货方势必不会同意按照 3 月初的现货价格签订 5 月份供货合同,而是希望能够按照 5 月初的现货价格签约,如果买方一味坚持原先的意见,势必造成谈判破裂。如果买方做了买入套期保值,就会很顺利地同意按照供货方的意见成交,因为如果价格真的上去了,买货方可以用期货市场的盈利弥补现货市场多支付的成本。

买入套期保值的不利之处是一旦采取了买入套期保值策略,即失去了由于价格变动而可能得到的获利机会。也就是说,在回避对己不利的价格风险的同时,也放弃了可能出现对己有利的价格机会,即如果不做买入套期保值,反而能够获取更大的利润。比如铝锭价格下跌,该铝型材厂做买入套期保值反而会亏损,要拿现货市场少支付的成本来弥补期货市场的亏损,同时,必须支付交易成本(主要是佣金和银行利息)。

四、综合套期保值或双向套期保值

所谓综合套期保值,就是指同时运用买入套期保值和卖出套期保值来为将要在现货市场中买进和卖出的商品进行保值的这样一种综合性的套期保值交易。它可用于对处于买和卖两个环节上的同种商品进行保值,比如贸易商等买进一种商品又卖出该商品时,运用综合套期保值交易对自己在现货市场上的商品买卖进行保值。同时,综合性套期保值交易也可用来对经营者处于买和卖两个环节上的不同种类的商品进行保值。比如,生产商、加工商等买进一种商品,生产出另一种商品出售就可以运用综合套期保值对自己在现货市场上不同的商品买卖进行保值。

在实际生活中,大多数经营者都同时既是买方又是卖方,所以,他们既可单独进行买入套期保值交易或卖出套期保值交易,也可综合运用买入套期保值交易和卖出套期保值交易来做综合套期保值交易。

第三节　基差的含义及性质

上一节所述的几个例题都表现为现货市场的亏损都恰好被期货市场的盈利所弥补,即实现了完全的套期保值,但这只是理想状态。完全的套期保值在现实中很难实现。在套期保值交易的实践中,保值的结果经常可能出现两种情况:一种是抵补了大部分的损失略有亏损,还有一种就是实现了保值还有小部分的盈利。难以实现完全的套期保值其主要原理是存在"基差"这个因素,要深刻理解和利用套期保值、避免价格风险就必须掌握基差及其基本原理。

一、基差的含义

(一)基差概述

基差(Basis)是指某一特定的时间和地点,某种商品的现货价格与同种商品某种特定期货合约的价格之差,即:

$$基差(B) = 现货价格(S) - 期货价格(F)$$

【例3】假设12月3日美国东部一个玉米产地的玉米现货价格是每蒲式耳7.80美元,当日,下个年度3月份交割的玉米期货合约价格是每蒲式耳7.90美元,则基差为 −10美分。又如7月8日同地区小麦的现货价格为每蒲式耳8.80美元,同日,芝加哥期货交易所9月份交割的小麦期货价格为8.60美元,则基差为 +20美分。

因此可知,基差可以为正数或为负数,也可以为零,这主要取决于现货价格是高于或低于期货价格。当现货价格高于期货价格时,基差为正数,称为远期贴水或现货升水。当现货价格低于期货价格时,基差为负数,也称为远期升水或现货贴水。当现货价格等于期货价格时,基差为零。

基差的正数越大,如从1美分变为5美分,表示现货价格高于期货价格,并且相对于期货价格在上升,这种情况称为基差坚挺(基差走强);反之,当基差由5美分变动为1美分时,则称为基差疲软(基差走弱)。同样基差的负数越大如从 −1美分变为 −5美分,表示现货价格低于期货价格,并且相对于期货价格在下跌,这种情况称为基差疲软,反之,当基差由 −5美分变为 −1美分则称为基差坚挺。图

3-3 显示出上述基差变动的情况。

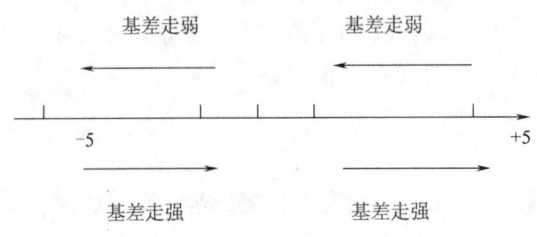

图 3-3　基差变动示意图

基差包含两个成分,即分隔现货市场与期货市场之间的"时间"与"空间"两个因素。因此,基差表明现货市场与期货市场之间的空间运输成本和时间持有成本。运输成本反映同一时间,两个市场由于地点不同而产生的运输费用。持有成本反映两个市场由于交割期时间的差异而产生的费用,包括储藏费、利息、保险费和损耗费等。持有成本随时间而变动,期货合约交割期时间越长,持有成本越大,基差与运输成本和持有成本之间的关系用图 3-4 表示。

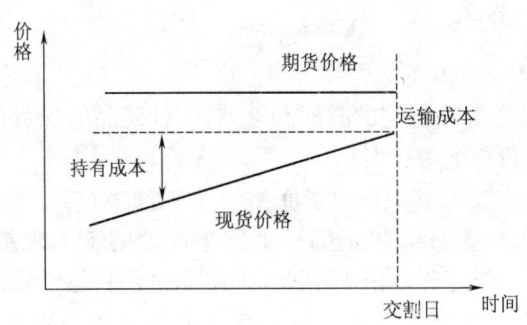

图 3-4　基差与运输成本和持有成本之间的关系

(二)正向市场与反向市场

基差可以用来表示市场所处的状态,它是期货价格与现货价格之间实际运行的动态指标,对于同种商品,现货价格与期货价格关系存在三种情况,所以基差也表现为正数、负数和零。

1. 正向市场(Normal Market)。在现货商品供应充足的正常情况下,期货价格高于现货价格,基差为负,这种情况称为正向市场。这是因为期货合约是一种远期交割合约,持有期货合约需要承担一定的风险又需要支付一定的成本。这种成本包括运输成本、持有成本。运输成本是相对固定的。持有成本指为拥有或保留某种商品有价证券等而支付的仓储费、保险费、利息等费用的总和。

假定某企业在未来 3 个月后需要某种商品,它可以有两种选择:一是立即买入 3 个月后交割的该商品的期货合约并将其持有至合约到期日,接受现货交割;二是立即买入该种商品的现货,将其储存 3 个月后使用。购买期货合约除了支付少量的保证金外,不需要更多的投资。买入现货不仅需要一次性缴足货款,还需要支付购入商品到使用商品这段时间的仓储费、保险费和可以将资金用于其他投资的利息收入。所以在市场供求关系比较正常的情况下,期货合约的买入者必须支付高于现货商品的价格以抵补持有现货的较高成本。

【例4】企业需要的商品为大豆,现货价格为每吨 4 200 元,月仓储费为 80 元,保险费为 10 元,银行贷款利息为月息 0.6% ,3 个月后交割的期货合理价格应为(假如不考虑运输成本)

$$4\ 200 + (80 + 10 + 4\ 200 \times 0.6\%) \times 3 = 4\ 545.6(元)$$

2. 反向市场(Inverted Market)。当现货市场上商品的供求出现供给短缺、暂时供不应求的情况时,现货价格常比期货价格高,基差为正,这种情况称为反向市场。因为人们认为现货现在短缺,等期货到交割期时,新季或新增的商品供给会增加,因而可能使期货价格下跌,只要他们预期供应短缺的现象会逐渐缓解,通常近期的期价会高于远期的期价,从而使基差为正数。基差为正有两个因素:一是近期对某种商品的需求非常迫切,远大于近期的产量及库存量;二是预计将来商品的供给会大幅增加。因此,反向市场的出现在于人们对现货商品的需求迫切并愿意承担更高的价格。

3. 基差为零。基差为零意味着现货价格与期货价格一致。一般情况下,当期货合约趋于到期日和交割月份临近时,期货合约中所包含的远期因素逐渐消失,期货价格中含有的持有成本趋于零,现货价格与期货价格逐渐靠拢,最终合一,基差趋近于零。期货价格与现货价格最终走向趋同,是因为决定现货商品和到期期货合约两者价格的供求因素在实际交割时几乎相同,加之期货交易所的交割结算价是以期货市场最后交易日结束时的商品现货价格为基准,这样促使基差趋零,否则,一定会出现无风险套利活动,这正是形成套期保值交易的基本原理之一。

二、基差的作用

基差在期货交易中是一个非常重要的概念,是衡量期货价格与现货价格关系的重要指标。

(一)基差是套期保值是否成功的基础

套期保值是期货市场的主要经济功能之一,其功能的实现是基于同种商品的期货价格和现货价格受相同的经济因素的影响和制约,具有同升同降的规律。这就为生产经营者提供了一条利用两个市场互相弥补的途径,也就是说,套期保值者本着"两面下注,反向操作,均等相对"的原则,同时在现货市场和期货市场上反向操作,利用一个市场的赢利来弥补另一个市场的亏损,在两个市场之间建立一种"互相冲抵"机制,从而达到转移价格风险的目的。可见套期保值是利用期货的价差来弥补现货的价差,即以基差风险取代现货市场的价差风险。

基差的变化对套期保值者来说至关重要,因为基差是现货价格与期货价格的变动幅度和变化方向不一致所引起的,所以,只要套期保值者随时观察基差的变化,并选择有利的时机完成交易,就会取得较好的保值效果,甚至获得额外收益。同时,由于基差的变动比期货价格和现货价格相对稳定一些,这就为套期保值交易创造了十分有利的条件。而且,基差的变化主要受制于持仓费,一般比观察现货价格或期货价格的变化情况要方便得多。所以,熟悉基差的变动对套期保值者来说是大有益处。

从理论上说,如果交易者在进行套期保值之初和结束套期保值之时,基差没有发生变化,结果必然是交易在这两个市场上盈亏相反且数量相等,由此实现规避价格风险的目的。但在实际的交易活动中,基差不可能保持不变,这就会给套期保值交易带来不同的影响,后面将对此做具体分析。

(二)基差是发现价格的标尺

期货价格是成千上万的交易者在分析了各种商品供求状况的基础上,在期货交易所公开竞价达成的,较之现货市场上买卖双方私下达成的现货价格,不失为公开、公平、公正的价格。同时期货价格还具有预期性、连续性、权威性等特点,使那些没有涉足期货市场的生产经营者也能根据期货价格制定正确的经营决策。在国际市场上,越来越多的有相应期货市场的商品,其现货报价就是以期货价格减去基差或下浮一定百分比的形式报出。例如,伦敦金属交易所(LME)的金属期货价格就成为国际有色金属市场的现货定价基础。这种现象的存在并非意味着期货价格决定现货价格,实际正相反,从根本上说,是现货市场的供求关系以及市场参与者对未来现货价格的预期决定着期货合约的价格,但这并不妨碍以期货价格为基础报出现货价格。

随着期货交易和期货市场的不断完善,尤其是国际性联网期货市场的出现,期货市场发现价格机制的功能就会越来越完善,期货价格就能在更大的范围内综合反映更多的影响商品供求的因素,从而进一步提高期货价格的真实性,成为现货市场商品经营活动的价格晴雨表和进行商品现货交易的依据。

(三)基差对于期现套利交易很重要

基差对于投机交易,尤其是期货、现货套利交易也很重要。如果在期货合约成交后,在正向市场上现货价格和期货价格同时上升,并一直持续到交割月份,基差的绝对值始终大于持仓费,就会出现无风险的套利机会,促使套利者在卖出期货合约的同时买入现货并持有到期货交割月,办理实物交割。同理,期货合约成交后,期货价格与现货价格同时下跌,并持续到交割月份,且基差始终小于持仓费,套利者就会采取与上述相反的无风险套利交易。在反向市场上,套利者也可利用期货价格与现货价格的价差进行套利交易。这些都有助于矫正基差与持仓费之间的相对关系,对维持期货价格与现货价格之间的同步关系、保持市场稳定均具有积极的作用。

三、影响基差的因素

导致基差变化的因素众多,所有影响现货价格和期货价格的因素都可以造成基差变化。

现货市场的供求是影响基差变化最主要的因素。当现货市场对某种商品的需求旺盛或者供应量减少时,现货价格可能会大幅上升,甚至可能会高于期货价格,基差会增强。反之,如果商品需求减少或者供应量增加,现货价格会下跌,当跌幅大于期货价格时,基差就会减弱。

其他因素如运输成本、上年转入的商品结转库存、当年产量的预测值、替代品的供求、国外同类产品的产量与需求、仓储费用、仓储设施、保险费、利率、国家的政策等都会影响基差。

第四节　基差保值交易

在商品的实际价格运动过程中,基差总是在不断变动,基差变化是判断能否实现完全套期保值的依据。由于期货合约到期时,现货价格与期货价格会趋于一致,而且基差呈现有规律的季节性变动,套期保值者利用基差的有利变动,不仅可以取得较好的保值效果,而且还可以通过套期保值交易获得额外的盈余。一旦基差出现不利变动,套期保值的效果就会受到影响,蒙受一部分损失,所以套期保值者面临着基差风险(Basis Risk)。

一、基差变化对套期保值的影响

(一)基差不变与套期保值效果

1. 基差不变与卖出套期保值。

【例5】7月份,大豆的现货价格为每吨4 010元,某农场主对该价格比较满意,但是大豆9月份才能收获并出售,估计总产量为1 000吨。为此,该农场主担心到时大豆现货价格可能下跌,从而减少收益。为避免将来大豆价格下跌带来的风险,该农场主决定在大连商品期货交易所进行大豆套期保值交易。交易情况如表3－5所示:

表 3 – 5　基差不变与套期保值实例

	现货	期货	基差
7 月	现货大豆 4 010 元/吨	卖出 9 月份大豆期货 4 080 元/吨	–70 元/吨
9 月	卖出现货大豆 3 810 元/吨	买进 9 月份大豆期货 3 880 元/吨	–70 元/吨
变化	亏损 200 元/吨	盈利 200 元/吨	
净获利 1 000 × 200 – 1 000 × 200 元 = 0 元			

　　该例是在期货市场上的交易顺序是先卖后买,是一个卖出套期保值。通过这一套期保值交易,虽然现货市场价格出现了对该农场主不利的变动,价格下跌了200 元/吨,因而少收入了 200 000 元,但是在期货市场上的交易盈利了 200 000元,从而消除了价格不利变动的影响。

　　2. 基差不变与买入套期保值。

　　【例6】7月份,某电线电缆加工厂预计11月份需要100吨阴极铜作为原料,当时铜的现货价格为每吨55 000 元,加工厂对该价格比较满意。根据预测,到11月份铜价格可能上涨,因此该加工厂为了避免将来铜价格上涨、导致原材料成本上升的风险,决定在上海期货交易所进行铜套期保值交易,交易情况如表 3 – 6 所示:

表 3 – 6　基差不变与套期保值实例

	现货	期货	基差
7 月	现货铜 55 000 元/吨	买进 11 月份铜期货 55 500 元/吨	–500 元/吨
11 月	买入现货铜 56 500 元/吨	卖出 11 月份铜期货 57 000 元/吨	–500 元/吨
变化	亏损 1 500 元/吨	盈利 1 500 元/吨	
净获利 100 × 1 500 – 100 × 1 500 = 0 元			

　　该例是在期货市场上是先买后卖,是一个买入套期保值。通过这一套期保值交易,虽然现货市场价格出现了对该加工厂不利的变动,价格上涨了 1 500 元/吨,因而原材料成本提高了 1 500 元/吨,但是在期货市场上的套期保值交易盈利了1 500元/吨,从而消除了价格不利变动的影响。如果该加工厂不做买入套期保值交易,现货市场价格下跌时可以得到更便宜的原料,而一旦现货市场价格上升,就必须承担由此造成的损失。相反,由于其在期货市场上做了买入套期保值,虽然失去了获取现货市场价格有利变动的盈利,可同时也避免了现货市场价格不利变动的损失。因此可以说,买入套期保值规避了现货市场价格变动的风险。

　　(二)基差走强与套期保值效果

　　1. 基差走强与卖出套期保值(正向市场)。

　　【例7】3月1日,小麦的现货价格为每吨 1 400 元,某经销商对该价格比较满意,买入 5 000 吨现货小麦。为了避免现货价格可能下跌,从而减少收益,经销商决定在郑州商品期货交易所进行小麦期货的套期保值交易。而此时小麦 5 月份期货合约的价格为每吨 1 440 元,基差 -40 元/吨,该经销商于是在期货市场上卖出 500 手 5 月份交割的小麦期货合约。4 月 1 日,他在现货市场上以每吨 1 370 元的价格卖出小麦 5 000 吨,同时在期货市场上以每吨 1 400 元买入 500 手 5 月份交割的小麦期货合约,来对冲 3 月 1 日建立的空头头寸。从基差的角度看,基差从 3 月 1 日的 -40 元/吨到 4 月 1 日 -30 元/吨,基差走强。交易情况如表 3 - 7 所示。

表 3 - 7　基差走强与卖出套期保值实例

	现货	期货	基差
3 月 1 日	现货买入小麦 1 400 元/吨	卖出 5 月份小麦期货 1 440 元/吨	-40 元/吨
4 月 1 日	卖出现货小麦 1 370 元/吨	买进 5 月份小麦期货 1 400 元/吨	-30 元/吨
变化	亏损 30 元/吨	盈利 40 元/吨	走强 10 元/吨
净获利 5 000 × 40 - 5 000 × 30 = 50 000 元			

在该例中,现货价格和期货价格均下降,但现货价格的下降幅度小于期货价格的下降幅度,基差走强,从而使得经销商在现货市场上因价格下跌卖出现货蒙受的损失小于在期货市场上因价格下跌买入期货合约对冲平仓的获利,盈亏相抵后净盈利 50 000 元。

如果现货价格和期货价格不降反升,经销商在现货市场获利,在期货市场损失。但是只要基差走强,现货市场的盈利不仅能弥补期货市场的全部损失,而且仍有净盈利。由此可见,进行卖出套期保值交易时,不管是正向市场还是反向市场,只要基差走强,无论现货价格和期货价格是上升或下降,均可使保值者得到完全的保值,并且会有净盈利。

2. 基差走强与买入套期保值(反向市场)。

【例 8】7 月 1 日,大豆的现货价格为每吨 4 040 元,某加工商对该价格比较满意,希望能以此价格在三个月后买进 1 000 吨现货大豆。为了避免将来大豆现货价格可能上升带来的风险,从而提高原材料的成本,决定在大连商品期货交易所进行大豆期货套期保值交易。此时,9 月份交割的大豆期货合约价格为每吨 4 010 元,基差 +30 元/吨,该加工商于是在期货市场上买入 100 手 9 月份交割的大豆期货合约。8 月 1 日,他在现货市场上以每吨 4180 元的价格买入大豆 1 000 吨,同时在期货市场上以每吨 4 140 元卖出 100 手 9 月份大豆期货合约,来对冲 7 月 1 日建立的多头头寸。从基差的角度看,基差从 7 月 1 日的 +30 元/吨增强到 8 月 1 日的 +40 元/吨。交易情况如表 3 - 8 所示。

表3-8 基差走强与买入套期保值实例

	现货市场	期货市场	基差
7月	大豆价格为4 040 元/吨	买进9月份大豆期货4 010 元/吨	+30 元/吨
8月	买入大豆4 180 元/吨	卖出9月份大豆期货4 140 元/吨	+40 元/吨
变化	亏损140 元/吨	盈利130 元/吨	走强10 元/吨
	净损失1 000×140-1 000×130=10 000 元		

在该例中,现货价格和期货价格均上升,但现货价格的上升幅度大于期货价格的上升幅度,基差走强,从而使得加工商在现货市场上因价格上升买入大豆现货蒙受的损失大于在期货市场上因价格上升卖出大豆期货合约的获利,盈亏相抵后仍亏损10 000元。

同样,如果现货价格和期货市场价格不是上升而是下降,加工商在现货市场获利,在期货市场损失。但是只要基差走强,现货市场的盈利不仅不能弥补期货市场的损失,而且会出现净亏损。

若保值者在买入期货合约后,持有更长时间,因基差最终会走弱,便可获净盈利,可见进行买入套期保值交易时,不管是正向市场还是反向市场,只要基差走强,保值者只能得到部分保护。

(三)基差走弱与套期保值效果

1. 基差走弱与卖出套期保值(正向市场)。在正向市场上,基差是由持有成本决定的,随着期货合约交割月的日益临近,持有成本逐步递减,期货价格和现货价格逐步接近,最终趋于一致,如果基差走弱,也只能是暂时的、短期的,在短期内,由于种种原因,持有成本很可能没有反映在期货合约价格中,造成期货价格对现货价格的升水额小于持有成本,但这种情况不可能长久,经过市场机制的调整,升水额就会扩大,反映全额持有成本的状况。

【例9】7月1日,大豆的现货价格为每吨4 310元,某经销商对该价格比较满意,买入500吨现货大豆。为了避免将来现货价格可能下跌,从而减少收益,决定在大连商品期货交易所进行大豆期货套期保值交易。而此时大豆9月份交割的期货合约价格为每吨4 340元,基差-30元/吨,7月到9月的持有成本为60元/吨,基差小于持有成本,该经销商于是在期货市场上卖出50手9月份大豆合约。8月1日,他在现货市场上以每吨4 180元的价格卖出大豆500吨,同时在期货市场上以每吨4 220元买入50手9月份大豆合约,来对冲7月1日建立的空头头寸。基差绝对值正好与8月到9月的持仓费(20×2=40元)相等。从基差的角度看,基差从7月1日的-30元/吨走弱到8月1日的-40元/吨。交易情况如表3-9所示。

表 3 - 9　基差走弱与卖出套期保值实例

	现货市场	期货市场	基差
7 月	现货买入大豆 4 310 元/吨	卖出 9 份大豆期货 4 340 元/吨	- 30 元/吨
8 月	卖出现货大豆 4 180 元/吨	买进 9 份大豆期货 4 220 元/吨	- 40 元/吨
变化	亏损 130 元/吨	盈利 120 元/吨	走弱 10 元/吨
	净损失 500 × 130 - 500 × 120 = 5 000(元)		

在该例中,现货价格和期货价格均下降,但现货价格的下降幅度小于期货价格的下降幅度,基差走弱,从而使得经销商在现货市场上因价格下跌卖出现货蒙受的损失大于在期货市场上因价格下跌买入期货合约对冲平仓的获利,盈亏相抵后净损失 5 000 元。

同样,如果现货价格和期货价格不是下降而是上升,经销商在现货市场获利,在期货市场损失。但是,只要基差走弱,现货市场的盈利只能弥补期货市场的部分损失,结果仍是净损失。所以,第一,在进行卖出套期保值交易时,不管是正向市场还是反向市场,只要基差走弱,无论现货和期货价格上升或下降,保值者都得到部分的保护,获利只能弥补价格变动造成的部分损失。第二,在正向市场上,基差只是暂时的现象,从长期来看,随着交割月份的来临,基差最终会走强,直到消失,因此,只要能将空头头寸保持较长时间,一旦基差走强即可获得完全保值。

2. 基差走弱与买入套期保值(反向市场)。

【例10】7 月 1 日,铝的现货价格为每吨 25 800 元,某加工商对该价格比较满意,准备在 9 月份买进 1 000 吨现货铝。为了避免将来现货价格可能上升带来的风险,从而提高原材料的成本,决定在上海期货交易所进行铝期货套期保值交易。此时,9 月份交割的铝期货合约价格为每吨 25 400 元,基差 +400 元/吨,该加工商于是在期货市场上买入 200 手 9 月份铝期货合约(5 吨/手)。8 月 1 日,他在现货市场上以每吨 27 000 元的价格买入 1 000 吨铝,同时在期货市场上以每吨26 700元卖出 200 手 9 月份铝合约来对冲 7 月 1 日建立的空头头寸。从基差的角度看,基差从 7 月 1 日到 8 月 1 日的 +400 元/吨走弱至 +300 元/吨。交易情况如表3 - 10所示。

表 3 - 10　基差走弱与买入套期保值实例

	现货市场	期货市场	基差
7 月	现货铝 25 800 元/吨	买进 9 月份铝期货 25 400 元/吨	+400 元/吨
8 月	买入现货铝 27 000 元/吨	卖出 9 月份铝期货 26 700 元/吨	+300 元/吨
变化	亏损 1 200 元/吨	盈利 1 300 元/吨	走弱 100 元/吨
	净获利 1 000 × 1 300 - 1 000 × 1 200 = 100 000(元)		

在该例中,现货价格和期货价格均上升,但现货价格的上升幅度小于期货价格的上升幅度,基差走弱,从而使得加工商在现货市场上因价格上升买入现货蒙受的损失小于在期货市场上因价格上升卖出期货合约对冲平仓的获利,盈亏相抵后仍盈利 100 000 元。

同样,如果现货价格和期货市场价格不是上升而是下降,加工商在现货市场获利,在期货市场损失。但是只要基差走弱,现货市场的盈利不仅能弥补期货市场的全部损失,而且会实现净盈利。

若保值者在买入期货合约后持有更长时间,现货价格和期货价格会逐渐趋向一致,导致基差更小,这样,便可获得更大净盈利。可见,不管是正向市场还是反向市场,进行买入套期保值交易,只要基差走弱,保值者可以实现完全的保值并略有净盈利。

套期保值的效果可以概括为表 3-11 所示。

表 3-11　基差变化与套期保值效果

基差变动情况	套期保值种类	保值效果
基差不变	卖出套期保值	盈利 = 亏损
	买入套期保值	盈利 = 亏损
基差走强(包括正向市场走强、反向市场走强、正向市场转为反向市场)	卖出套期保值	盈利 > 亏损
	买入套期保值	盈利 < 亏损
基差走弱(包括正向市场走弱、反向市场走弱、反向市场转为正向市场)	卖出套期保值	盈利 < 亏损
	买入套期保值	盈利 > 亏损

二、基差保值交易

进行卖出套期保值,只要基差坚挺,或者进行买入套期保值,只要基差疲软,那么套期保值者不仅能实现保值的目的,还能有一定的额外盈利。基差保值交易就是依据这个结论而开展的。所谓基差保值交易指的是套期保值者在结束套期保值交易时,通过基差报价来议定现货交易的成交价格。

套期保值者只要集中注意基差的变化,并致力于谋得最有利于保值目的的基差,就可以实现完全的套期保值。基差保值交易的具体方法有以下三种。

(一)买方叫价

对于卖期保值者来说,只要结束套期保值交易时的基差不大于进行套期保值交易时的基差(基差走强),就肯定能达到完全保值的目的。即使他的现货出售价格大幅度下降,也不会受损失。也可以说,最终现货商品的卖价对于他来说关系不大。但这现货的卖价对于买者而言却大有关系,基差买方叫价就是买方在一个商定的期限内通过为卖期保值者名下买进期货对冲平仓而由买方决定最终现货成交价格的交易。我们通过下面例子来一步步说明买方叫价的操作规程：

【例11】某农场主有一批8月份新入库的大豆，数量是10万蒲式耳。在这批大豆收割前的5月10日，该农场主就进行了卖期套期保值，当时他卖出的是12月份交割的大豆期货合约（5 000蒲式耳/份），卖价为每蒲式耳6美元，基差为－0.1美元，即当时农场主的目标价格为每蒲式耳5.9美元。

9月15日，有榨油厂主与该农场主协商欲购买大豆，但不愿意现在就买，因为他预计大豆价格会下跌。经协商农场主同意按照"买主选定低于12月交割的期货价格6美分"的条件出售，并可让榨油厂主50天内（或在其他任何同意的时期内，只要在12月期货到期日之前）选定任何一天的期货价格成交，榨油厂主同意接受，于是，农场主预售了大豆。

10天后，大豆价格猛跌，12月期货价格跌至每蒲式耳3美元，榨油厂主认为该价格基本满意，决定以每蒲式耳3美元买进12月大豆，同时在期货市场对冲农场主的卖期保值合约，而且电话通知农场主按商定的条件"低于12月6美分"确定大豆现货的出售价格，即按每蒲式耳2.94美元的价格付款并提货。

这样，该农场主设法改善了基差条件，使结束套期保值时的基差比开始保值时基差小4美分，因而他的实际收入是每蒲式耳5.94美元，不仅实现了保值，而且还多得4美分的盈利。

从榨油厂主一方考虑，不仅取得了生产所需的大豆原料，而且还在一定时期内选定对自己最有利的现货价格的权利，使自己的生产成本得以控制。因此，买方叫价交易对双方来说都是有利的。这种现货价格最后由买方决定的交易就叫买方叫价。计算交易结果如表3－12所示。

表3－12　买方叫价交易结果

时间	现货市场	期货市场	基差
5月10日		以每蒲式耳6美元的价格卖出20份12月交割的大豆期货合约	－0.10美元
8月份	10万蒲式耳大豆入库		
9月15日	预售10万蒲式耳大豆，价格为低于12月期价6美分		
9月25日	以2.94美元/蒲式耳的价格卖出10万蒲式耳大豆	以每蒲式耳3美元的价格平仓20份12月交割的大豆期货合约	－0.06美元
结果	亏损：296 000美元	盈利：300 000美元	
合计		净利润：4 000美元	

(二)卖方叫价

对于已进行买期保值交易者来说,只要结束保值交易时的基差不小于进行保值交易时的基差(基差走弱),就能达到完全保值的目的,而不需要关心现货和期货价格波动的幅度有多大。但对于出售者来说,希望价格越高越好。基差卖方叫价就是卖方在一个商定的期限内通过为买期保值者名下卖出期货对冲平仓而由卖方决定现货成交价格的交易。它与买方叫价交易方向相反却性质相似。我们也通过下面例子来一步步说明卖方叫价的操作规程:

【例12】某榨油厂主在 7 月份时预计 10 月份将购进 20 万蒲式耳大豆原料,为防范大豆价格波动的风险,便在期货市场做了买期套期保值,当时,大豆现货价格每蒲式耳 5.1 美元,基差 −0.05 美元,即期货价格为每蒲式耳 5.15 美元。到了9 月 5 日,他开始着手准备购进大豆,与一常做交易的农场主洽购,提出愿以"低于10 月期货 6 美分"的条件收购大豆。农场主同意成交,但预计未来大豆现货价格会上升,就提出在 30 天内他有选定任何时间、按 10 月期货价格成交的权利。榨油厂主同意了这一条件,于是,榨油厂主预购了大豆。

9 月 15 日,大豆价格果然暴涨,10 月份期货价格也涨到了每蒲式耳 9 美元,农场主认为价格已到顶点,决定出售大豆。于是他按事先约定,电话通知榨油厂主按商定的基差 −6 美分即 8.94 美元出售大豆并安排发货,同时在期货市场对冲榨油厂主的买期保值合约。

这样,榨油厂主尽管在购买大豆现货时付出了 8.94 美元的高价,但期货上的盈利也高达 3.85 美元,对冲之后,实际付出的价格是每蒲式耳 5.09 美元,比原先的目标价格还低 1 美分,从而更好地达到了控制进价的目的。对于农场主来说,能够掌握价格的主动权,在自己认为最有利的高价上成交也得到了好处。这种现货价格最终由卖方决定的交易就叫卖方叫价。计算交易结果如表 3−13 所示。

表 3−13 卖方叫价交易结果

时间	现货市场	期货市场	基差
7 月份		以每蒲式耳 5.15 美元的价格买进 40 份 10 月交割的大豆期货合约	−0.05 美元
9 月份	准备购进 20 万蒲式耳大豆		
9 月 5 日	预购 20 万蒲式耳大豆,价格为低于 10 月期价 6 美分		
9 月 15 日	以 8.94 美元/蒲式耳的价格买进 20 万蒲式耳大豆	以每蒲式耳 9 美元的价格平仓 40 份 10 月交割的大豆期货合约	−0.06 美元
结果	亏损:768 000 美元	盈利:770 000 美元	
合计		净利润:2 000 美元	

(三)双向选定叫价

对于经营商来说,低价购进、高价出售,这其中的价格差额就是利润。如果购进商品后价格下跌,就会导致亏本甚至破产,因此,也需要进行套期保值交易。有了基差交易,经营商就可同时做买方叫价和卖方叫价交易,即进行双向选定叫价。只要能确定买和卖的基差,他的经营利润就有了保证,而不必再多关心商品价格的变动了。我们也通过下面例子来说明双向选定叫价的操作方法:

【例13】某大豆经营商在9月1日与某农场主达成买进10万蒲式耳大豆的预购协议,谈妥成交条件为"低于12月期货7美分",并且在30天内由农场主选定任何时间的期货价格成交。假设这时大豆期货价格为每蒲式耳5.95美元。

9月5日,经营商找到一个买主,商定以"低于12月期货4美分",在30天内由买主选定任何时间的期货价格成交,约定最迟交货时间不超过30天,将10万蒲式耳大豆预售给买主。

9月10日,大豆价格暴涨,12月期货价格达到每蒲式耳9美元,农场主通知经营商的经纪人,为经营商卖出12月大豆期货合约20张(10万蒲式耳),同时通知经营商以原定的"低于12月期货价格7美分"的条件即每蒲式耳8.93美元的价格结算付款,并着手将大豆现货交付。

9月20日,大豆行情出人意料的暴跌,12月期货价格跌至每蒲式耳3.08美元,经营商的大豆买主电话通知经营商的经纪人,为经营商买进12月期货合约20张对冲了空头头寸,该买主同时按"低于12月4美分"的条件即每蒲式耳3.04美元向经营商付款,并等待提货。于是整个交易完成了,计算交易结果如表3-14所示。

表3-14　双向选定叫价交易结果

时间	现货市场	期货市场	基差
9月10日	以低于12月期货价格7美分的条件买进10万蒲式耳大豆,价格为8.93美元/蒲式耳,支出893 000美元	以每蒲式耳9美元的价格卖出20张12月期货合约	-0.07美元
9月20日	按低于12月期货4美分条件卖出10万蒲式耳大豆,价格为3.04美元/蒲式耳,收入304 000美元	以每蒲式耳3.08美元的价格买进20张12月期货合约对冲空头地位	-0.04美元
结果	亏:589 000美元	盈:592 000美元	
合计	净利润:3 000美元		

可见,现货市场与期货市场的交易结果两者相抵,该经营商共获利润3 000美元,这是由于他以"低于12月期货7美分"买进和"低于12月期货4美分"卖出而

产生的。

在这个案例中，即使是价格先跌后涨(即买主先成交、农场主后成交)，其价格条件不变，产生的结果也不会改变，另外，因为与买主约定30天交货，因此也不会在时间上违约。

三、套期保值应注意的问题

做套期保值时须注意下述几点：

一是坚持"均等相对"的原则。"均等"，就是进行期货交易的商品必须和现货市场上将要交易的商品在种类上相同或相关数量上一致。"相对"，就是在两个市场上采取相反的买卖行为，如在现货市场上买、在期货市场卖，或相反。

二是随时关注基差的变化，在基差有利时结束套期保值交易。灵活运用基差的变化，采取期货平仓与实物交割结合的做法，运用期货与现货套做的操作还能收到只赚不赔的效果。

三是选择有一定风险的现货交易进行套期保值。如果市场价格较为稳定，那就不需进行套期保值，因为进行保值交易需支付一定费用，所以要比较净冒险额与保值费用，最终确定是否要进行套期保值。

四是不要企图用套期保值来获取厚利。套期保值交易的目的是防御性或规避风险，所以不要企图用套期保值来获取厚利。作为套期保值者，你最大的目标是保值，是在转移价格风险后专心致力于经营，获取正常经营利润。

案例:株洲冶炼集团锌期货事件[①]

我国是世界上主要的产锌国之一，同时也是世界上锌的消费大国。20世纪90年代后受国家铅锌出口鼓励政策等因素的影响，国内锌的冶炼能力急剧扩张，使我国从锌供应不足转为供大于求，由锌的进口大国变成出口大国。

株洲冶炼集团是我国最大的铅锌生产和出口基地之一，其生产的"火炬"牌锌是中国第一个在伦敦金属交易所注册的商标，经有关部门特批，可在国外金属期货市场进行交易。1995年，株冶集团开始境外锌期货交易并获得了一定的收益。此后，操盘手的权利逐步膨胀。

1997年3月，世界金属期货市场价格上扬，锌市走俏。株冶操盘手在1 250美元/吨的价位上抛空锌期货合约，株冶的生产成本约1 100美元/吨，随后锌价继续上扬达到1 300美元/吨，株冶集团开始由套期保值转为卖空投机，即抛出远大于其年产量的合约，目的是打压锌价从期货上谋利。结果，临近交割日时遭交易对手逼仓，锌价继续走高至1 674美元/吨，株冶集团保证金告急，被迫强行平仓，最终

---

① 刘英华.期货投资经典案例.上海:远东出版社,2009.

形成 1.758 亿美元的亏损,企业因此元气大伤。

从此次事件中可以看出许多问题,总结有三点:

1. 企业内部监管松懈。从早期的交易获利,使得经办人员权力过大、越权交易、内部管理松懈、亏损后不及时汇报,反而继续加仓,最终导致巨额损失。

2. 风险意识欠缺。国际基金逼仓是导致株冶集团期货头寸损失的重要原因,对手之所以敢于逼仓,是因为掌握了株冶的内部交易信息,主办人员缺乏风险意识,结果给对手留下了可乘之机。

3. 国内期货市场欠发达。我国锌产量和消费量位居世界前列,但却缺乏相应的定价权,众多企业面临价格波动的风险却缺乏管理和规避风险的工具,经营中非常被动。

思考题与练习题

1. 掌握以下名词:套期保值、买入套期保值、卖出套期保值、基差、正向市场、反向市场

2. 套期保值应遵循的原则有哪些?

3. 套期保值的经济原理是什么?

4. 基差的作用是什么?

5. 套期保值应注意的问题有哪些?

6. 黑龙江农垦局某农场估计某年 9 月大豆的成本为 0.90 元/斤。该年 4 月,他们看到 9 月大豆期货合约以每吨 2 400 元的价格交易,就利用这个有利的价格进行套期保值。大豆价格在收割后显著下跌,该农场在当地售出 5 万吨大豆现货,每吨低于成本 100 元。但是,其期货价格为每吨 2 300 元,合约的增值帮助冲销了他出售实物大豆所得到的较低价格。试问该农场应该怎样做才能达到目的,并做财务分析。

7. 某年 6 月份,黑龙江农垦集团预计 10 月将产大豆 20 万吨,此时现货市场价格为 3 100 元/吨,而大商所 11 月大豆期货价格为 3 200 元/吨。农垦集团担心未来价格下跌,即做套保头寸。10 月收成时,现货价格下跌到 2 900 元/吨,而 11 月期货价格下跌到 3 000 元/吨。问该集团应如何操作并做财务分析(假定产量不变,忽略手续费、佣金等)。

8. 某年 5 月 10 日某公司将在 7 月份购买铜 200 吨,当时现货市场价格为 20 000 元/吨。由于害怕价格上涨,公司决定立即在上海期货交易所进行保值交易,买入 8 月铜期货 20 100 元/吨。7 月 8 日公司在现货市场买入铜,价格为 20 100 元/吨,同时将期货以 20 200 元/吨对冲平仓,请做财务分析。

9. 某年 5 月 10 日某公司得知将在 7 月下旬购买铜 300 吨。由于担心价格上

涨,决定立即在上海期货交易所进行保值交易。买入 9 月铜期货合约,价格为 19 000元/吨。7 月 28 日公司在现货市场买入铜 300 吨,价格为 20 100 元/吨,同时将期货以 20 200 元/吨对冲平仓,请做财务分析。

10.某年 5 月 10 日某公司得知将在 8 月份购买铝 20 吨。当时价格为 18 500 元/吨,由于担心价格上涨,决定立即在上海期货交易所进行保值交易,买入 9 月铝期货 19 000 元/吨。7 月 28 日公司在现货市场买入铝,价格为 19 500 元/吨,同时将期货以 20 200 元/吨对冲平仓,请做财务分析。

第四章
期货交易的投机与套利

学习要求

    本章要求认识期货价格的构成,了解期货定价的基本理论,掌握期货投机的基本方法,重点要求熟悉期货套利的基本原理和方法。

    This chapter requires that the readers should know the structure of futures prices and the basic theory of futures price system, to grasp the basic methods of futures speculation in which the basic principles and methods of futures arbitrage should be familiarized with.

第一节　期货价格的确定

一、期货价格的构成

商品期货价格是指期货合约的交易价格。商品期货合约是关于何时、何地、买卖一定数量的何种商品的交易合同。它本质上是一种商品所有权证书,因而和市场上流通的其他有价证券一样,其本身并无价值,但它却有一个交易价格,该价格是商品期货进入流通过程后在交易过程中形成的。由于到期期货合约可用实物交割,因此,商品价值就是商品期货价格形成的基础。由于期货商品具有和现货商品不同的流通形式,因而,商品期货价格与其所代表的实物商品的价值并不一致,有时甚至发生很大的背离。但这并不能改变商品期货价格以商品价值为基础的现实。因此,一般而言,商品期货价格是由商品生产成本、期货交易成本、期货商品流通费用、预期收益等部分构成。

(一)期货标的物的价格

期货标的物的价格是决定期货价格的最基本因素。对于商品期货而言,期货标的物的价格就是商品的生产成本;对于金融期货而言,就是其内在价值。商品生产成本是商品期货价格的最基本的组成部分。这是因为商品期货交易虽然只是一种"纸上交易"方式,但它还是以实质商品的生产为基础的。在期货合约所规定的时间内生产这些未来商品的生产成本同现货商品中的生产成本在价值量上不可能完全相等,甚至会出现很大的差距,但它们的生产成本结构组成是完全一致的。金融期货的价格(即其内在价值)取决于现货金融工具的收益率、融资利率及持有现货金融工具的时间。与现货成本是现货商品价格的最低经济界线的道理一样,商品生产成本是形成商品生产期货价格的最低经济界线。如果商品期货价低于商品生产成本,生产者就不会投资于商品的生产和销售,这样商品期货交易就会丧失其现实依托而无法进行交易。

(二)期货交易成本

期货交易成本是指在商品期货交易过程中必须支付的有关交易费用,主要包括佣金和保证金利息。

1. 佣金和手续费。佣金是期货交易者支付给期货经纪公司和经纪人的报酬。在欧美国家佣金一般为期货交易总额的 0.25% ,我国的期货经纪公司收取的佣金,一般由期货交易所的费率和期货公司的加点组成,不同的期货公司会略有差异,同一期货公司不同的客户也会略有差异。期货手续费是指期货交易者买卖期货成交后按成交合约总价值的一定比例通过其经纪人向期货交易所支付的费用。我国期货交易收取交易佣金和手续费的方式有两种：一种是按交易总金额的百分比收取；一种是按成交手数计算，每手缴手续费8～90元不等。在期货交易中不管期货交易是盈是亏，交易者都必须按照交易所和经纪公司的收费标准缴付佣金和手续费。

2.交易保证金的机会成本。交易者在进行期货交易时不必支付期货合约的全部价款，只需向交易所缴付已成交合约总值5%～10%的保证金，并随时准备足额缴付追加保证金，以确保每日有足够资金来弥补期货交易中可能出现的亏损。保证金是交易者进行期货交易所必要的经营性投资，所以必然存在资金的机会成本即保证金利息。保证金利息是从开仓到平仓或实物交割期间为缴付保证金所占用资金的应付银行利息。不管是自有资金还是借贷资金，这种以银行利率和占用时间、占用金额计算的保证金利息，都是期货交易者进行期货交易的成本。

（三）期货商品流通费用

期货交割费用是为了实现实物在时空上的转移而发生的各项费用。期货交易要求到期进行实物交割，虽然现实中实物交割占期货交易的比例不大，大多数通过平仓方式了解，但现实中确实存在一定比例的实物交割，有实物交割就必然有商品流通费用发生。因此，期货商品流通费用就成为期货价格的一个构成要素。期货商品流通费用主要是商品运杂费、保管费、代理结算费等。

1.商品运杂费。商品交易所规定，进行实物交割的卖方必须在到期期货的交货日前将商品运抵交易所指定的交货仓库，以便买主如期接收。运杂费的高低将影响期货价格的高低。

2.商品保管费。从商品期货交易开始到实物交割之间有相当长的时间区间，在此期间，为保管商品会发生仓储费、挑选整理费、检验管理费、商品损耗和保险费等一系列商品保管费用支出，这些费用支出也会在期货价格中得到反映和补偿。从商品生产日到实物交割日之间的时间间隔越久，保管时间越长，其保管费用越高。

3.代理结算费。期货交易者在每次交易了结后的结算环节都必须按一定的标准向商品结算所或结算行支付结算费，有的经纪公司按交易金额比例收取，有的则按交易次数收取。

（四）期货交易预期收益

期货交易收益是期货合约建仓价格与期货合约平仓价格之差，或期货合约建仓价格与实物价格交割时现货价格之差。由于期货交易是一种高风险的投资，因此，它的预期收益包括社会平均投资利润和风险报酬。预期利润虽然是期货价格的组成部分，但它并不是均匀地分布于各种商品期货价格或不同日期的商品期货价格之中的，受多种因素的影响而发生随机性转移。对于买空者来说，当期货平仓价格或实物交割时的现货价格高于开仓价格时,预期利润为正值,表明期货交易者从中盈利;当期货平仓价格或实物交割时的现货价格低于开仓价格时,预期利润为负值,表明交易者因此而亏损。对于卖空者来说,情况则正好相反。但从整个连续的交易过程来看,期货交易中的盈亏是可以互相抵补的,最终只能实现其正常合理的预期利润。

二、持有成本理论

持有成本理论(或称仓储价格理论)是早期的商品期货理论,它是由美国著名的期货研究专家沃金(Working)在其经典著作《仓储价格理论》一文中提出来的。由于期货市场早期主要是农产品期货,生产的季节性很强,而且从生产到销售要经过很长时间,在此期间价格可能会有很大的波动,给生产者和消费者带来很大的影响。由于储存商品需要支付一定的费用,且储存时间越长,成本越高。因此,沃金在此基础上提出了持有成本理论,其模型为:

$$F = P + C_t \qquad\qquad (式4-1)$$

其中:F 为期货价格;P 为商品的现货价格;C 为存储成本(或称持有成本),包括储存费用、利息支出和保险费用、损耗费等各种费用;t 为储存期。

它的含义是:期货价格等于即期现货价格加上合约到期的存储费用(即持有成本)。

沃金认为,期货交易平抑价格波动的功能是建立在仓储报酬的基础上。当仓储报酬为正时,期货价格高于现货价格,又称正向市场(Contango Market),整个社会将保持一个相当大的仓储量,持有成本较大;当仓储报酬为负时,期货价格低于现货价格,又称反向市场(Inverted Market),一般发生这种情况,主要是因为现货供给不足,仓储商减少仓储,使供给不足现象得到缓解。期货市场正是利用仓储报酬来调节不同时间的供给分配,减缓价格波动,引导市场走向均衡。

持有成本理论是期货价格理论的基础,并对后期的期货价格理论产生了重大的影响。

三、随机波动理论

保罗·萨缪尔森(Paul A. Samuelson)是当代著名的经济学家、西方新古典综合学派的主要代表人物。他认为期货市场是完全竞争的市场,并对投机者的作用给予了充分的肯定,认为投机者减少价格和消费的不稳定性,并提供了市场的流动性使套期保值者能够通过期货交易来避免价格风险,因而发挥着有益于社会的作用。

萨缪尔森把自己对于商品期货价格的随机波动理论建立了一个数学公式,他认为期货价格在理论上等于对期货合约到期日的现货价格的条件期望,公式如下:

$$F_t = E(S_{t+1}/I_t) \qquad\qquad (式 4-2)$$

其中：F_t 表示到期日为 $t+1$ 的期货合约在 t 时期的价格；S_{t+1} 表示到期日现货价格；I_t 表示 t 时期的信息。

该公式的含义是：在市场有效的情况下，期货价格反映了 t 时期所有的信息，期货价格应该是对到期日现货价格的条件期望，期货价格呈现随机波动的特征。

当 $F_t \neq E(S_{t+1}/I_t)$ 时，表明 t 时期的信息没有充分反映到期货价格上，市场参与者可以使用额外的信息来预测 S_{t+1}，可以通过买入或者卖出期货合约来获得额外的利润，直到重新恢复到相等。后来的学者根据萨缪尔森的期货价格理论，建立了与之相近的另外一种表述形式，即期货价格是对期货合约到期日的现货价格的无偏估计。公式如下：

$$S_T = a + bF_{t,T} + U_t \qquad\qquad (式 4-3)$$

其中：S_T 表示交割日的现货价格；$F_{t,T}$ 表示交割日为 T 的期货合约在 t 时刻的期货价格；U_t 表示误差项。

当随机干扰项 U 为白噪声序列，各序列相互独立且都服从正态分布 $N(0,\delta^2)$，$a=0$；$b=1$，则满足无偏估计。

这个表达式本质上与萨缪尔森提出的公式意思相同，但更具有可操作性，在对期货市场进行实证研究中最为常用。

四、理性预期定价理论

凯恩斯早在 20 世纪 30 年代已从风险补偿角度，提出过有别于传统持有成本理论的一个期货升贴水解释。他认为，如果在发现远期价格中有更多决定性作用的对冲者倾向于做空头，而提供流动性的投机者倾向于做多，期货价格将低于预期的远期现货价格，即出现期货价格较理论成本价甚至即期现货贴水的现象，这是因为投机者承担的风险需要补偿。

后来的理性预期学派运用无风险套利定价模型对期货的理论价格进行计算时发现，期货实际价格运行与计算出来的价差的分布并非一个随机数列，往往大幅偏离理论价格，理性人假设不能解释这一现象。这是因为期货市场上的价格是期货交易者根据当前现有的信息进行有理性的预期后，通过公开竞价的方式决定买进或卖出期货合约所产生的结果。当有了影响供需的新信息或实际供需状况发生变化时，交易者的观点也随之改变，价格也会跟着变动。随着交割期的临近，有关影响期货市场价格的各种不确定因素越来越少，所以据以做出的理性预期价格也就越接近现货市场价格。另外，从长期看，交易者是能够进行比较符合实际的正确预期的。如果某个交易者老是按着错误的预期来做决策，就会在期货市场上不断亏损，到头来必然被淘汰。还有，期货市场中价格机制的形成不是由哪个特定交易者的意志决定的，它是全体交易者根据一切可利用信息试图预测未来价格走势的集体智慧的结晶。

第二节　期货投机交易

一、期货投机概述

(一)期货投机的概念

期货投机(Futures Speculation)是指根据对市场的判断,把握机会,利用市场出现的价差进行买卖从中获得利润的交易行为,在期货市场上纯粹以牟取利润为目的而买卖标准化期货合约的行为,被称为期货投机。期货市场上投机者可以"买空",也可以"卖空"。投机的目的很明确,就是获得价差利润。

在我国投机往往是一个贬义词,投机者被称为投机分子而被人蔑视,在计划经济时期,我国《刑法》中还有一个罪名叫投机倒把罪。一提起投机人们往往将它与赌博相提并论。之所以这样认为是因为投机与赌博的确有相似之处,即都要冒较大的风险寻求较高的收益,但是投机与赌博的风险来源不同,投机者所面临的风险是市场经济中客观存在的风险,其主动承担着市场经济体系运作本身所蕴藏着的固有的风险。赌博者所面临的风险却是由赌博行为本身带来的,以事先建立的游戏规则为基础,其游戏规则的运行是随机的,遵循随机规律,只要没有赌博也就不会有这种风险。另外,合法适度的投机对社会经济的发展有重要的促进作用,而赌博却是一种有百害而无一利的消极行为。期货投机依靠的是分析、判断能力和聪明才智,以及对经济形势的掌握和理解。成功的投机者是那些能够根据已知的情况,运用自己的智慧去分析、判断,正确预测市场变化趋势,适时入市,适时出市的人。投机中也有运气,但更多的是机遇,仅凭运气的投机者迟早会被市场淘汰。

英文原文 Speculating 同中文对应语"投机"之间并没有语源上的延续关系,Speculating 一词原为推测之意,从这个意义上来讲投资(Investment)也是通过预测分析投入资本而谋求获取收益,与投机有相似之处。市场上通常把买入后持有较长时间的行为称为投资,而把短线客称为投机者。有"华尔街财务分析之父"之称的格雷厄姆在《证券分析》一书中,则是根据结果成败给投资下了个定义:"投资是指根据详尽的分析、本金安全和满意回报有保证地操作,不符合这一标准的操作就是投机。"并认为"投资是一次成功的投机,而投机是一次不成功的投资。"格雷厄姆在此定义的基础之上,还认为"应该把一些套利和对冲操作归于投资的范畴,即在买入某些证券的同时卖出另一些证券。在这类操作中,安全性是通过将买入和卖出结合在一起而得到保证的,这是对常规意义的投资的延伸。"因此,广义的投资包含了投机,一般的期货投资教材都包含了期货投机、套利及套期保值等交易活动。

（二）期货投机的作用

期货投机的作用可概括为下述几个方面：

1. 投机者是期货风险的承担者，是套期保值者的交易对手。期货交易最重要的功能是为套期保值者转移现货市场价格波动所带来的风险，在期货市场上价格风险的承担者主要是投机者。因为如果期货市场上只有套期保值者参与期货交易，那么只有在买入套期保值和卖出套期保值者的交易数量完全相符时，交易才能成立，风险才能转移出去。但实际上，买入套期保值和卖出套期保值之间实现完全平衡的可能性是很小的，不平衡却是经常的现象，投机交易恰好能抵消这种不平衡。如果没有投机者的参与，套期保值将难以实现，期货市场规避价格风险的功能就难以发挥。

2. 促进价格发现。期货市场把各式各样的投机者集中在交易所内进行公开竞价，买卖双方彼此竞价所产生的互动作用使得价格趋于合理。期货市场的价格发现机制正是由所有市场参与者对未来市场价格走向预测的综合反映体现的。

3. 提高市场流动性。投机者频繁地建立部位，对冲手中的合约，增加了期货市场的交易量，这既使套期保值交易容易成交，又能减少交易者进出市场所可能引起的价格波动。流动性对于期货市场来说是非常重要的，对套期保值者来说，缺乏流动性的期货市场可能不仅达不到转移风险的目的，还会使风险大大提高。

4. 保持价格体系稳定。各期货市场商品间价格和不同种商品间价格具有高度相关性。投机者的参与促进了相关市场和相关商品的价格调整，有利于改善不同地区价格的不合理状况，有利于改善商品不同时期的供求结构，使商品价格趋于合理，并且有利于调整某一商品对相关商品的价格比值，使其趋于合理化，从而保持价格体系的稳定。

期货投机除了以上积极因素以外，在某些情况下，也有其消极性的一面。比如市场上投机成分过浓，可能会造成过大的市场流动性，形成经济的虚假繁荣，即所谓的"期货泡沫"，从而可能引发现货市场的波动以及金融危机和经济危机。

（三）期货投机者类型

期货市场上的投机者可分为下述类型：

1. 从交易头寸来看，可分为多头投机者和空头投机者。在交易中，投机者根据对未来价格变动的预测来确定其交易头寸。买进期货合约投机者，拥有多头头寸，被称为多头投机者。卖出期货合约者，持有空头头寸，被称为空头投机者。

2. 从交易量大小来看，可分为大投机商和中小投机商。对大、中、小投机商的界定是相对的，一般根据其交易量的大小和拥有资金的多少。这同投机商参与交易的市场规模有关，目前尚未有绝对的量化标准。

3. 从分析预测方法区分，可分为基本分析派和技术分析派。基本分析派是通过分析商品供求因素来预测价格走势，技术分析派是通过借助图形和技术指标来分析商品的价格走势。

4.从持仓时间区分,可分为长线交易者、短线交易者、当日交易者和抢帽子者。长线交易者通常将合约持有几天、几周甚至几个月,待价格变至对其有利时再将合约对冲。短线交易者一般是当天下单,在一日或几日内了结。当日交易者一般只进行当日或某一交易节的买卖,很少将持有的头寸拖到第二天,一般为交易所的自营会员。抢帽子者又称逐小利者,这类投机在交易中十分活跃,他们利用微小的价格波动来赚取微小利润,频繁进出,一般当日了结,但交易量很大。现场炒家都喜欢采用这种办法投机。

二、期货交易中的多头投机和空头投机

(一)期货交易中的多头(Bull Position)投机

多头投机也称为买空交易,是指投机者预测某种期货合约的价格将会上涨,于是先买进某一月份的期货合约,一旦预测成为现实,价格果然上涨,就可将先前买进的合约卖出,从中赚取价差收益。

【例1】某年8月9日,某投机者甲预测国际铜价上涨将带动国内铜价走高,因此决定做多头投机,于是在上海期货交易所以55 000元/吨的期货价格买入10手Cu1011(该年11月份交割的阴极铜)合约,合约单位为每手5吨,则合约总值为2 750 000元,缴纳10%的保证金,保证金金额为275 000元。8月30日,Cu1011合约涨至59 500元/吨,卖出平仓获利225 000元,收益率高达83%。

$$(59\ 500 - 55\ 000) \times 5 \times 10 = 22\ 5000(元)$$
$$225\ 000 \div 275\ 000 = 83\%$$

但如果铜价并未如期上涨而是持续下跌,则会使投机者甲亏损。假设8月20日铜价下跌至49 500元/吨,则会亏损275 000元。

$$(49\ 500 - 55\ 000) \times 5 \times 10 = -275\ 000(元)$$

此时若平仓卖出则保证金会亏损殆尽,若继续持仓须再增加保证金,若市场行情仍不反转,亏损会进一步扩大,如图4-1所示。

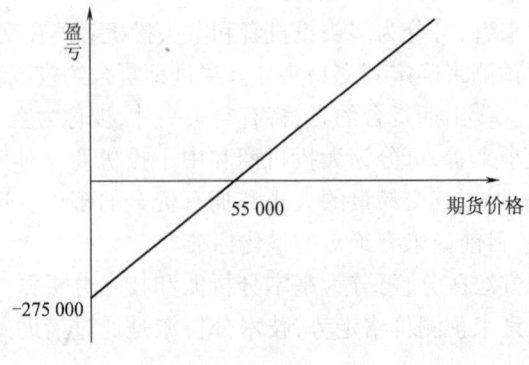

图4-1 多头投机者的盈亏图形

由此可见,投资者一旦建立了多头投机部位,其盈亏状况将完全取决于市场价格的变动方向和变动幅度。若市场价格上涨,则投机者可获利,而且市场价格上涨越多,投机者获利也越多;反之,若市场价格下跌,则投机者将受损,而且市场价格下跌越多,投机者受损也越多。

(二)期货交易中的空头(Bear Position)投机

空头投机也称为卖空交易,是指与上述相反的过程,即当投机者预测某种商品期货价格将下跌时,先售出该种商品的期货合约,一旦该种商品的期货合约果真下降了,他就可以将以前卖出的合约再买进,从中赚取差价收益。

【例2】某年8月9日,某投机者乙预测国际铜价下跌将带动国内铜价走低,因此决定做空头投机,于是在上海期货交易所以55 000元/吨的期货价格卖出10手Cu1011(该年11月份交割的阴极铜)合约,合约单位为每手5吨,则合约总值为2 750 000元,缴纳10%的保证金,保证金金额为275 000元。

假设到8月30日,预测失误,Cu1011合约涨至59 500元/吨,亏损高达225 000元,此时若平仓卖出则保证金会亏损无几,若继续持仓须再增加保证金,若市场行情仍不反转,则亏损会进一步扩大。

$$(55\,000 - 59\,500) \times 5 \times 10 = -225\,000(元)$$

但是如果铜价按其预测那样持续下跌,则会使投机者乙获利。假设8月20日铜价下跌至49 500元/吨,买进平仓则会盈利275 000元,获利高达100%。如图4-2所示。

$$(55\,000 - 49\,500) \times 5 \times 10 = 275\,000(元)$$

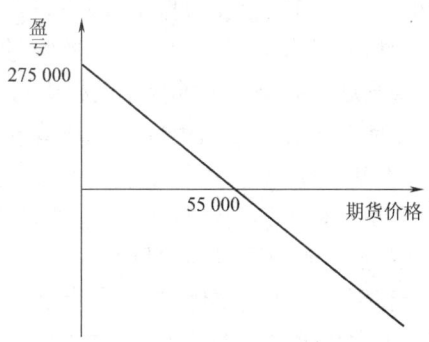

图4-2　空头投机者的盈亏图形

由此可见,投资者一旦建立了空头投机部位,其盈亏状况将完全取决于市场价格的变动方向和变动幅度。若市场价格下跌,则投机者可获利,而且市场价格下跌越多,投机者获利也越多;反之,若市场价格上涨,则投机者将受损,而且市场价格上涨越多,投机者受损也越多。

(三)多头投机者与空头投机者的关系

从理论上来讲,期货价格上涨是无限的,下跌是有限(期货价格最低为0)的,因此,期货市场上多头投机者盈利可能是无限的,而亏损是有限的;期货市场上的空头投机者的盈利是有限的,而亏损是无限的。但是由于期货市场实行每日无负债结算制度,投机者的保证金头寸是有限的,同时期货合约的到期日也是有限的,所以,无论是多头投机还是空头投机其盈亏实际上并不可能无限放大。

如果将多头投机者盈亏图形与空头投机者盈亏图形合并在一个图中,就会成为图4-3:

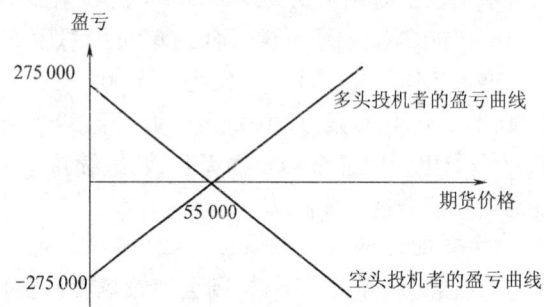

图4-3　多头投机者和空头投机者的盈亏图形

由图4-3可见,多头投机者与空头投机者对市场价格走势预测完全相反,因此成为交易对手,其结果是一个盈利另一个必然亏损,体现出期货交易零和博弈(Zero Sum Game)的特征。期货市场上在操作中,多头讨论的是需求和消费,空头讨论的是供给和投资。价格就是多空双方的投机标的物,期货价格走势可以反映多空双方力量的强弱。逼仓就是多空双方博弈中的极端行为。

逼仓(Market Corner)是指交易一方利用资金优势或仓单优势,主导市场行情向单边运动,导致另一方不断亏损,最终不得不斩仓的交易行为,一般分为多逼空和空逼多两种形式。逼仓是一种市场操纵行为,它主要通过操纵两个市场即现货市场和期货市场逼对手就范,达到获取暴利的目的。

空逼多:操纵市场者利用资金或实物优势,在期货市场上大量卖出某种期货合约,使其拥有的空头持仓大大超过多方能够承接实物的能力,从而使期货市场的价格急剧下跌,迫使投机多头以低价位卖出持有的合约认赔出局,或出于资金实力不能接货而受到违约罚款,从而牟取暴利。

多逼空:在一些小品种的期货交易中,当操纵市场者预期可供交割的现货商品不足时,即凭借资金优势在期货市场建立足够的多头持仓以拉高期货价格,同时大量收购和囤积可用于交割的实物,于是现货市场的价格同时升高。这样当合约临近交割时,迫使空头会员和客户要么以高价买回期货合约认赔平仓出局,要么以高价买入现货进行实物交割,甚至因无法交出实物而受到违约罚款,这样多头头寸持有者即可从中牟取暴利。

逼仓作为期货交易的极端行为,会给市场带来极坏影响,非但使期货正常功能难以发挥,而且使中小投资者的利益受损,应该受到严格监管,以防止此类现象的发生。

三、期货投机交易的原则

期货投机交易原则可概括为下述几点:

一是充分了解期货合约。为了尽可能准确地判断期货合约价格的将来变化趋势,在决定是否购买或卖出期货合约之前,应对其种类、数量和价格做全面、准确和谨慎的研究。只有在对合约有足够的认识,才能决定下一步准备购买的合约数量。在买卖合约时切忌贪多,即使有经验的交易者也很难同时进行三种以上不同类别的在手期货合约交易,应通过基本分析或技术分析,或将两种技巧方法加以综合地运用,始终将市场主动权掌握在自己的手中。

二是准确预测期货价格变动,慎重做出交易决策。在预测期货价格的变动时,投机者应综合利用基本分析法和技术分析法,对期货价格走势做出较为准确的判断。在对商品的价格趋势做出估计后,就要认真制订交易计划,慎重选择入市时机。在具体操作中,除非出现预先判断失误的情况,一般应注意按计划执行,切忌由于短时间的行情变化或因传闻的影响,仓促改变原定计划。

三是确定获利和亏损限度,切忌贪得无厌。在进行期货交易之前,必须认真分析研究,制订切实可行的计划,并对预期获利和潜在的风险做出较为明确的判断和估算。一般来讲,应对每一笔计划中的交易确定利润风险比,即预期利润和潜在亏损之比,通用的标准是 3:1 以上。也就是说,可能的获利应 3 倍以上于潜在的亏损。为了避免发生重大损失的风险,投机者不宜无止境地追逐可能得到的高额利润,以防遭到惨败。在期货市场上有一句格言"做多者赚钱,做空者赚钱,唯有贪得无厌者赔钱",因此投机者应正确运用停损订单,保住既得利润,避免更大损失。

另外还可以适当运用锁仓方法控制风险。锁仓一般是指投资者在买卖合约后,当市场出现与自己操作相反的走势时,开立与原先持仓相反的新仓,又称对锁、锁单。锁仓一般分为两种方式,即盈利锁仓与亏损锁仓。盈利锁仓就是投资者买卖的期货合约有一定幅度的浮动盈利,投资者感觉到原来的大势未变,但是市场可能出现短暂的回落或者反弹,投资者又不想将原来的低价买单或高价卖单轻易平仓,便在继续持有原来头寸的同时,反方向开立新仓。亏损锁仓就是投资者买卖的期货合约有了一定程度的浮动亏损,投资者看不清后市,但又不想把浮动亏损变成实际亏损,便在继续持有原来亏损头寸的同时,反方向开立新仓,企图锁定风险。

四是做好资金和风险管理。一般来讲,初期用于期货交易的资金占用比例应控制在相对较低的比例,如 10% ~ 30%,这样可以在市场走势与原有头寸方向相反时追加保证金或调整相应的交易策略,也有利于在发生亏损时保有一定的资金实力,在市场上寻找新的机会。

五是宜顺势而为,忌追涨杀跌。顺势而为是指投资要跟随大体趋势,判断趋势基本形成后,是上涨趋势就少去做空,是下降趋势就少去做多,而且不要压顶,不抄底。追涨杀跌则是不太考虑基本面,不去考虑风险度。追涨杀跌是盲目的,跟随趋势不是盲目的。

四、期货投机交易的策略

期货投机交易的策略概括如下:

第一,平均买低和平均卖高策略。如果建仓后市场行情与预料的相反,可以采取平均买低或平均卖高的策略。在买入合约后,如果价格下降则进一步买入合约,以求降低平均买入价,一旦价格反弹可在较低价格上卖出止亏盈利,这称为平均买低。在卖出合约后,如果价格上升则进一步卖出合约,以提高平均卖出价格,一旦价格回落可以在较高价格上买入止亏盈利,这就是平均卖高。某投机者预测 5 月份大豆合约价格将要上涨,故买入 1 手大豆合约,成交价格为 2 015 元。其后价格继续下跌,到 2 005 元,该投机者又买入 1 手,2 手合约的平均买入价为 2 010 元。如果后市如期反弹上升,则到 2 010 元时交易者就可止亏,如果没有第二手合约,则只能等到 2 015 元时才能避免损失。但如果继续下跌,则损失加倍。

第二,金字塔式买入卖出。如果建仓后市场行情与预料相同并已经使投机者获利,可以增加持仓。增仓应遵循以下两个原则:①只有在现有持仓已经盈利的情况下,才能增仓;②持仓的增加应渐次递减。

【例3】某投机者预测 5 月大豆合约将要上升,可操作如下:

买入价格	数量	均价
2 050 元/吨	第五次买入 1 手	2 026.33
2 040 元/吨	第四次买入 2 手	2 024.64
2 030 元/吨	第三次买入 3 手	2 022.08
2 025 元/吨	第二次买入 4 手	2 019.44
2 015 元/吨	第一次买入 5 手	2 015.00

采取金字塔式买入合约时持仓的平均价虽然有所上升,但升幅远小于合约市场价格的升幅。市场价格回落时,持仓不至于受到严重威胁,投机者可以有充足的时间卖出合约并取得相当的利润。金字塔式买入可以在行情逆转时有充分时间处理持仓。倒金字塔式建仓不值得提倡。

第三,合约交割月份的选择。当远期合约的价格大于近期月份合约的价格时,市场处于正向市场。如果市场行情上涨,在远期月份合约价格上升时,近期月份合约的价格也会同步上升,以维持远期月份合约间的价差和持仓费用的相等关系,且可能近期月份合约的价格上升更多;如果市场行情下滑,远期月份合约的跌幅不会小于近期合约,因为远期月份合约对近期月份合约的升水通常不可能大于与近期月份合约间相差的持仓费。所以,决定买入某种期货月份合约,做多头的投机者应买入近期月份合约,做空头的投机者应卖出远期月份合约。

当远期月份合约的价格低于近期月份合约的价格时,市场处于反向市场。如果市场行情上涨,在近期月份合约价格上升时,远期月份合约也上升;如果市场行情下滑,近期月份合约受的影响较大,跌幅很可能大于远期月份合约。所以,决定买入某种期货合约,做多头的投机者应买入交割月份较远的远期月份合约,行情看涨同样可以获利,行情看跌时损失较少;做空头的投机者应卖出交割月份较近的近期月份合约,行情下跌时可以获得较多的利润。

第三节　期货套利交易

一、期货套利概述

(一)期货套利的概念

期货套利(Futures Arbitrage)是指利用相关市场或者相关合约之间的价差变化,在相关市场或者相关合约上进行交易方向相反的交易,以期在价差发生有利变化而获利的交易行为。如果发生利用期货市场与现货市场之间的价差进行的套利行为,那么就称为期现套利。如果发生利用期货市场上不同合约之间的价差进行的套利行为,那么就称为价差交易套利。价差交易套利一般可分为三类:跨期套利、跨市套利和跨商品套利。

(二)期货套利与期货投机的区别

期货投机与期货套利都是冒一定风险以获利为目的的期货交易行为,而且都是通过低价买进、高价卖出以赚取其中价差收益的交易行为,因此,很多人将二者混为一谈,实际上二者存在较大的差别。

1.交易方式不同。期货投机交易是在一段时间内对单一期货合约建立多头或空头头寸,即预期价格上涨时做多,预期价格下跌时做空,在同一时点上是单方向交易。套利交易则是在相关期货合约之间、期货与现货之间同时建立多头和空头头寸,在同一时点上是双方向交易。

2.利润来源不同。期货投机交易是利用单一期货合约价格的波动赚取利润,而套利是利用相关期货合约或期货与现货之间的相对价格差异套取利润。期货投机者关心的是单一期货合约价格的涨跌,套利者则不关注期货合约绝对价格的高低,而是关注相关合约或期货与现货间价差的变化。

3. 承担的风险程度不同。期货投机交易承担单一期货合约价格变动风险,而套利交易承担价差变动风险。由于相关期货合约价格变动方向具有一致性(期现套利中,期货价格和现货价格变动方向也具有一致性),因此,价差变动幅度一般要小于单一期货合约价格波动幅度,即套利交易相对投机交易所承担的风险更小。

4. 交易成本不同。由于套利者在交易时承担的风险相对较小,而投机者在交易中却承担较大的风险。所以,国际上,期货交易所为了鼓励套利交易,通常针对套利交易收取较低的保证金,针对投机交易收取较高的保证金。

客观而言,投资方式之间没有绝对的优劣,究竟是选择投机还是套利很大程度上取决于投资者的风险偏好、投资风险和资金大小。套利交易是一种风险相对单边投机交易小、收益稳定的交易方式。在期货市场上,套利交易方式为投资者提供了对冲机会,有助于将扭曲的市场价格重新拉回至正常水平。由于套利交易的获利并不是依靠价格的单边上涨或下跌来实现的,因此在期货市场上,这种风险相对较小而且可以控制、收益相对稳定且比较优厚的操作手法备受大户和机构投资者的青睐。从国外成熟的交易经验来看,这种方式被当做大型基金获得稳定收益的一个关键。

(三)套利与套期保值的区别

套利者和套期保值者都是建立了两个方向相反的交易部位,在对冲之后,用一个交易部位的盈利弥补另外一个交易部位的亏损。但是,套利交易和套期保值有着根本的区别,主要表现在以下几个方面:

1. 两者的目的不同。套利交易的主要目的是在承担较小风险的同时,获得较为稳定的利润。套期保值的目的是转移市场风险,并不以盈利为目的。在很多套期保值的成功案例中,期货部位往往是亏损的,但只要期货与现货两个市场的盈亏基本相抵,就达到了套期保值锁定风险的目的。

2. 两者的基础不同。套期保值者一般是在现货市场上持有头寸,或者预期将持有现货头寸,因而在期货市场上建立反向的期货头寸以管理现货风险,也就是说,如果没有现货市场的交易需求,就不会持有期货部位。套利则不同,其所持有的多头部位、空头部位以及现货部位都是套利交易的一部分,套利者从这些头寸的相对价格差异中获得利润。

3. 两者涉及的市场范围不同。套期保值只涉及现货和期货两个市场。而在套利交易中,交易者既可在期货和现货市场同时操作进行期现套利,也可仅在期货市场进行套利:在同一品种不同交割月之间进行跨期套利,或在不同品种同一交割月之间进行跨品种套利,或在不同的期货市场之间进行跨市场套利。

4.两者的依据不同。套期保值依据的是期货市场和现货市场价格变动的一致性,并且变动的趋势、幅度越一致,套期保值的效果越好。套利交易者利用的期货与现货之间,或者期货合约之间的价格出现的不合理偏差来获取套利利润,并且这种不合理的价差越大,套利交易的利润就越大。

(四)期货套利的基本原则

当套利区间被确立,而当前的状态又显示出套利机会时,就可以进行套利操作了,一般而言,要遵循下述基本原则:

1.买卖方向对应的原则:即在建立买仓同时建立卖仓,而不能只建买仓,或是只建立卖仓。

2.买卖数量相等原则:在建立一定数量的买仓同时要建立同等数量的卖仓,否则,多空数量的不相配就会使头寸裸露(即出现净多头或净空头的现象)而面临较大的风险。

3.同时建仓的原则:一般来说,多空头寸的建立要在同一时间。鉴于期货价格波动的交易机会稍纵即逝,如不能在某一时刻同时建仓,其价差有可能变得不利于套利,从而失去套利机会。

4.同时对冲原则:套利头寸经过一段时间的波动之后达到了一定的所期望的利润目标时,需要通过对冲来结算利润,对冲操作也要同时进行。因为如果对冲不及时,很可能使长时间取得价差利润在顷刻之间消失。

5.合约相关性原则:套利一般要在两个相关性较强的合约间进行,而不是所有的品种(或合约)之间都可以套利。这是因为,只有合约的相关性较强,其价差才会出现回归,亦即差价扩大(或缩小)到一定的程度又会恢复到原有的平衡水平,这样,才有套利的基础,否则,在两个没有相关性的合约上进行的套利,与分别在两个不同的合约上进行单向投机没有什么两样。

二、跨期套利

跨期套利(Interdelivery Spread)是指投资者以赚取差价为目的,在同一市场(即同一交易所)同时买入、卖出同种商品不同交割月份的期货合约,以期在有利时机同时将这两个交割月份不同的合约对冲平仓获利。在进行跨期套利的价差计算时,我们统一用近期月份合约的价格减去远期月份合约的价格。

跨期套利主要基于以下几个主要的因素:近期月份合约波动一般要比远期活跃;空头的移仓使隔月的差价变大,多头的移仓会让隔月差价变小;库存是隔月价差的决定因素;合理价差是价差理性回归的重要因素。

跨期套利属于套利交易中最常用的一种,实际操作中又分为牛市套利、熊市套利和蝶式套利。

（一）牛市套利（Bull Spread）

当市场是牛市时,一般说来,较近月份的合约价格上升幅度往往要大于较远月份合约价格的上升幅度,或者近期月份合约价格的下降幅度要小于远期月份合约的下降幅度。在这种情况下,无论是正向市场还是反向市场,在买入近期月份合约的同时卖出远期月份合约进行套利赢利的可能性比较大,我们称这种套利为牛市套利。

【例4】某年5月15日,某套利者经过分析认为,铜价将处于牛市上涨时期,根据历年期铜市场5月底的8月合约与9月合约之间的价差分析发现,8月份合约的价格较低,其与9月合约之间的价差小于正常年份水平,于是决定在上海期货交易所买入1手8月份铜合约,价格为29 600元/吨,同时卖出1手9月份铜合约,价格为29 080元/吨,以期望在未来某个有利时机同时平仓获取利润。到7月5日,8月份铜合约涨至34 370元/吨,9月份铜合约涨至33 360元/吨,此时该交易者认为8月合约与9月合约之间的价差已经恢复到正常水平,决定双向平仓,卖出8月铜合约,买进9月铜合约。具体交易情况如表4－1所示。

表4－1　牛市套利交易实例

5月15日	买入1手8月份铜合约,价格为29 600元/吨	卖出1手9月份铜合约,价格为29 080元/吨	价差520元/吨
7月5日	卖出1手9月份铜合约,价格为34 370元/吨	买入1手9月份铜合约,价格为33 360元/吨	价差1 010元/吨
套利结果	获利4 770元/吨	亏损4 280元/吨	
	1手净获利:(4 770元/吨－4 280元/吨)×5吨/手×1手＝2 450元		

总之,牛市套利的操作方法就是交易者在买入近期合约的同时卖出远期合约。套利的成败取决于价差的变化,与价格的变动方向与程度无关。必须注意的是:上面的例子是针对反向市场(近期价格高于远期价格)的情况而言的,价差扩大则获利,价差缩小则亏损。在反向市场中,采用牛市套利策略,如果碰到价差迟迟不扩大,或者反而有所缩小,那么套利者就免不了白辛苦一场,甚至只能以净亏损结局收场。

如果是正向市场,则结论应该是"牛市套利获利的条件是价差缩小"。如果碰到价差迟迟不缩小,或者反而有所扩大,那么套利者就可能无法获利,甚至只能以净亏损结局收场。正向市场下,牛市套利的损失相对有限,而获利潜力巨大。这是因为在正向市场上价差变大的幅度要受到持仓费水平的制约,价差如果过大超过了持仓费,就会产生套利行为,从而限制价差扩大的幅度。但是价差缩小的幅度则不受限制,在上涨行情中很有可能出现近期合约价格大幅度上涨远远超过远期合约的可能性,使正向市场变为反向市场,价差可能从正值变为负值,价差会大幅度缩小,从而使牛市获利巨大。

(二)熊市套利(Bear Spread)

当市场是熊市时,一般说来,较近月份的合约价格下跌幅度往往要大于较远期合约价格的下跌幅度,或者近期月份合约价格的上涨幅度要小于远期月份合约价格的上涨幅度。在这种情况下,无论是正向市场还是反向市场,在卖出较近月份合约的同时买入较远月份的合约进行套利赢利的可能性比较大。我们称这种套利为熊市套利。

【例5】某年6月10日,某套利者经过分析认为,玉米价格将在近期下跌,步入熊市。当前7月份的合约价格为2 200元/吨,9月份的合约价格为2 250元/吨,两个合约之间的价差为50元,根据历年玉米期货市场6月份的7月合约与9月合约之间的价差分析,发现价差小于正常年份水平。于是决定在大连商品交易所卖出20手7月份的玉米合约,价格为2 200元/吨,同时买进20手9月份的玉米合约,价格为2 250元/吨,以期望在未来某个有利时机同时平仓获取利润。到7月5日,盘中价差出现异动,7月份的玉米期货合约价格下降为2 150元/吨,9月份的玉米期货价格下降为2 220元/吨,套利者果断决定兑现浮动赢利,以上述价格买入20手7月份的玉米合约,同时卖出20手9月份玉米合约,平仓后完成了一笔套利交易。具体交易情况如表4-2所示。

表4-2 熊市套利交易实例

6月10日	卖出20手7月份玉米合约,价格为2 200元/吨	买入20手9月份玉米合约,价格为2 250元/吨	价差50元/吨
7月5日	买入20手7月份玉米合约,价格为2 150元/吨	卖出20手9月份玉米合约,价格为2 220元/吨	价差70元/吨
套利结果	获利50元/吨	亏损30元/吨	
	净获利(50元/吨-30元/吨)×10吨/手×20手=4 000元		

总之,熊市套利的操作方法就是交易者在卖出近期合约的同时买入远期合约。套利的成败取决于价差的变化,与价格的变动方向及程度无关。必须注意的是:上面的例子是针对正向市场的情况而言的,价差扩大则获利,价差缩小则亏损。在正向市场中,采用熊市套利策略,如果碰到价差迟迟不扩大,或者反而有所缩小,那么套利者就免不了白辛苦一场,甚至只能以净亏损结局收场。

如果是反向市场,则结论应该是"熊市套利获利的条件是价差缩小"。如果碰到价差迟迟不缩小,或者反而有所扩大,那么套利者就可能无法获利,甚至只能以净亏损结局收场。

(三)蝶式套利(Butterfly Spread)

蝶式套利是跨期套利的另一种常见形式,它是利用不同交割月份的价差进行套利交易而获利,由两个方向相反、共享居中交割月份期货合约的跨期套利组成。蝶式套利交易的基本原理是,交易者认为居中的交割月份期货合约价格与两旁的交割月份合约价格之间的相互关系会出现差异。由于近期和远期月份的期货合约分居于居中月份的两侧,形同蝴蝶的两个翅膀,因此称之为蝶式套利。蝶式套利是两个跨期套利的互补平衡组合,实际上可以说是"套利的套利"。

蝶式套利在净头寸上没有开口,它在头寸的布置上,采取1份近期合约:2份中期合约:1份远期合约的方式。其中近期、远期合约的方向一致,中期合约的方向则和它们相反。即一组是:买近月、卖中间月、买远月;另一组是:卖近月、买中间月、卖远月。两组交易所跨的是三种不同的交割期,三种不同交割期的期货合约不仅品种相同,而且数量也相等,差别仅仅是价格。正是由于不同交割月份的期货合约在客观上存在着价格水平的差异,而且随着市场供求关系的变动,中间交割月份的合约与两旁交割月份的合约价格还有可能会出现更大的价差。这就造成了套利者对蝶式套利的高度兴趣,即通过操作蝶式套利,利用不同交割月份期货合约价差的变动对冲了结,平仓获利。

【例6】某年2月1日,郑州商品交易所3月份、5月份、7月份的棉花期货合约价格分别为29 500元/吨、28 000元/吨、27 500元/吨,某交易者认为3月份和5月份之间的价差过大,而5月份和7月份之间的价差过小,预计3月份和5月份的价差会缩小,而5月份与7月份的价差会扩大,于是该交易者以该价格同时卖出1手3月份合约、买入2手5月份合约、卖出1手7月份合约。到2月25日,3月份、5月份、7月份的棉花期货合约价格分别涨至30 600元/吨、30 500元/吨、29 500元/吨,于是该交易者决定反向平仓,同时以上述价格买入1手3月份合约、卖出2手5月份合约、买进1手7月份合约,完成一笔套利交易,共计获利9 500元。具体交易情况如表4-3所示。

表4-3 蝶式套利交易实例

2月1日	卖出1手3月份棉花合约,价格为29 500元/吨	买入2手5月份棉花合约,价格为28 000元/吨	卖出1手7月份棉花合约,价格为27 500元/吨
2月25日	买入1手3月份棉花合约,价格为30 600元/吨	卖出2手5月份棉花合约,价格为30 500元/吨	买入1手7月份棉花合约,价格为29 500元/吨
套利结果	(29 500元/吨-30 600元/吨)×5 吨/手×1 手=-5 500元	(30 500元/吨-28 000元/吨)×5 吨/手×2 手=25 000元	(27 500元/吨-2 950元/吨)×5 吨/手×1 手=-10 000元
	净获利:25 000-5 500-10 000=9 500(元)		

蝶式套利与普通跨期套利的相似之处在于都认为同一商品但不同交割月份之间的价差出现了不合理的情况,不同之处在于普通跨期套利只涉及两个交割月份合约的价差,而蝶式套利认为居中交割月份的期货合约价格与两旁交割月份之间的相关系数将会出现差异。总之,蝶式套利由两个方向相反、共享居中交割月份的跨期套利组成,风险、利润都较普通的跨期套利小。

由上面三个例子我们可以看出,当观察到价格上升时,就会预料到近期月份的价格上升将超过远期月份的价格上升;当预计价格下跌时,就会预期近期月份的价格下跌将超过远期月份的价格下跌。因此,可以得出一个结论:无论在正向市场还是反向市场,对商品市场的一般预期是近期月份比远期月份具有更大的价格波动性。

一般来说,跨期套利对于可储存的商品并且是在相同的作物年度最有效,如铜、小麦、大豆、糖等商品。对于不可储存的商品如活牛、生猪等,其不同交割月份的期货价格之间的相关性很低或根本不相关,进行跨期套利是没有意义的。

三、跨商品套利

跨商品套利(Interproduct Spread)是指利用两种不同但又相互关联的商品之间期货价格的差异进行套利,即买进(卖出)某一交割月份某一商品的期货合约,同时卖出(买入)另一种相同交割月份的另一关联商品的期货合约,以期在有利时机同时将这两种合约对冲平仓获利。跨商品套利必须具备以下条件:①两种商品之间应具有关联性与相互替代性;②交易受同一因素制约;③买进或卖出的期货合约通常应在相同的交割月份。跨商品套利可分为两种情况:一是相关商品间的套利,二是原料与成品间的套利。

(一)相关商品套利

如果两种期货商品在功能、播种面积、产量上存在替代性,其价格会反映出一定的相关性,当商品间相对价格(价格之差或价格之比)发生偏差时就会出现套利机会。如小麦、大豆和玉米在播种面积上具有竞争关系,豆油、菜籽油、棕榈油之间存在替代关系,铜、铝、锌等同属有色金属,价格具有高度相关性。

【例7】某年4月23日,11月份小麦合约价格为2 317元/吨,而11月玉米合约价格为1 912元/吨,前一合约价格比后者高405元/吨。套利者根据两种商品的合约间的价差分析,认为价差小于正常年份的水平,如果市场机制运行正常,这二者之间的价差会恢复正常。于是,该套利者决定以上述价格买入10手11月份小麦的同时卖出10手11月份玉米合约,以期望在未来某个有利时机同时平仓获利。交易情况见表4-4:

表4-4　小麦/玉米套利交易实例

4月23日	买入10手11月份小麦合约,价格为2 317元/吨	卖出10手11月份玉米合约,价格为1 912元/吨	价差405元/吨
9月5日	卖出10手11月份小麦合约,价格为2 297元/吨	买入10手11月份玉米合约,价格为1 882元/吨	价差415元/吨
套利结果	(2 297元/吨 - 2 317元/吨)×10吨/手×10手 = -2 000元	(1 912元/吨 - 1 882元/吨)×10吨/手×10手 = 3 000元	
	净获利:3 000 - 2 000 = 1 000(元)		

(二)原料与成品间套利

处于同一产业链上的各商品的价格因受成本和利润的约束具有一定程度的相关性,与替代性跨商品套利相比,这种相关性更加稳定。在CBOT市场中大豆、豆粕、豆油之间的套利一直很活跃,而在我国期货市场上大豆、豆粕、豆油之间的套利也是一种较为成熟的套利模式。

大豆与豆油、豆粕之间存在着"100% 大豆 = 80% 豆粕 + 17%(19%)豆油 + 3%(1%)损耗 + 其他"的关系(注:出油率的高低和损耗率的高低要受大豆的品质和提取技术的影响,因而比例关系也处在变化之中),同时也存在"100% × 大豆购进价格 + 压榨利润 = 80% × 豆粕销售价格 + 17%(19%)× 豆油销售价格 - 加工费用"的平衡关系,由于中国压榨大豆主要来自进口,一般情况下进口大豆出油率为19% ~ 22%,加工费用为100 ~ 120元,因此根据上述的平衡关系式我们给出一个粗略的压榨利润公式:

压榨利润 = 80% × 豆粕销售价格 + 20% × 豆油销售价格 - 100% × 大豆购进价格 - 100

通过统计分析,我们可以确定压榨利润的正常数值范围,若大于此数值范围,必将吸引投资者用买大豆、卖豆粕、卖豆油的方式赚取无风险的套利利润,这样,压榨收益也必将回归至合理数值范围。因此,一旦市场出现这种机会,是进行买大豆、卖豆粕和豆油的提油套利的好机会;若小于此数值范围,则是进行卖大豆、买豆粕和豆油的反向提油套利的好机会。如图4-4所示。

1. 大豆提油套利。大豆提油套利是大豆加工商在市场价格关系基本正常时进行的,目的是防止大豆价格突然上涨,或豆油、豆粕价格突然下跌引起的损失,或使损失降至最低。由于大豆加工商对大豆的购买和产品的销售不能够同时进行,因而存在着一定的价格变动风险。大豆提油套利的做法是:购买大豆期货合约的同时卖出豆油和豆粕的期货合约,并将这些期货交易头寸一直保持在现货市场上,购入大豆或将成品最终销售时才分别予以对冲。这样,大豆加工商就可以锁定产成品和原料间的价差,防止市场价格波动带来的损失。

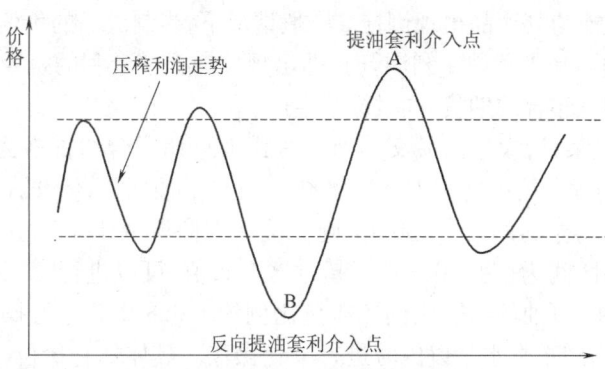

图 4 - 4 大豆压榨套利投资示意图

【例 8】假设某日,大连商品交易所 9 月份大豆期货合约价格为 3 000 元/吨,9 月份的豆粕期货合约价格为 2 700 元/吨,9 月份豆油期货合约的价格为 5 900 元/吨,按公式计算压榨利润为 240 元/吨,统计大商所两年来大豆压榨利润的数值,发现其波动区间为[- 100,100],超过这个数值,可以进行套利操作。假设套利时,大豆、豆粕、豆油的建仓比例按压榨比例约 1∶0.8∶0.2 进行操作。后市当发现压榨收益回归到正常水平以内时进行平仓操作。具体加仓价位、建仓比例以及出仓价位、盈亏情况如表 4 - 5 所示。

表 4 - 5 提油套利实例

	建仓对象	大豆	豆粕	豆油	压榨利润
	建仓价位	3 000 元/吨	2 700 元/吨	5 900 元/吨	240 元/吨
	建仓数量	买进 5 手	卖出 4 手	卖出 1 手	
后市上涨	平仓价位	3 210 元/吨	2 760 元/吨	5 980 元/吨	94 元/吨
	平仓数量	卖出 5 手	买进 4 手	买进 1 手	
	总盈利	(3 210 - 3 000)元/吨×10 吨/手×5 手 + (2 700 - 2 760)元/吨×10 吨/手×4 手 + (5 900 - 5 980)元/吨×10 吨/手×1 手 = 7 300 元			
后市下跌	平仓价位	2 910 元/吨	2 450 元/吨	5 700 元/吨	90 元/吨
	平仓数量	卖出 5 手	买进 4 手	买进 1 手	
	总盈利	(2 910 - 3 000)元/吨×10 吨/手×5 手 + (2 700 - 2 450)元/吨×10 吨/手×4 手 + (5 900 - 5 700)元/吨×10 吨/手×1 手 = 7 500(元)			

2. 大豆反向提油套利。反向大豆提油套利是投资者在市场价格反向时采用的套利方法,当大豆价格受某些因素的影响出现大幅上涨时,卖出大豆期货合约,同时买进豆油和豆粕期货合约。目的在于防范大豆价格受某些因素的影响出现大幅

上涨时,大豆可能与其产品出现倒挂。一般情况下,当制成品的价值与原料的价值差额小于正常的"加工费用＋利润"时,即出现反向提油套利的机会。卖出大豆合约、买进豆油和豆粕合约期货,同时缩减生产。

【例9】假设某日,大连商品交易所9月份大豆期货合约价格为3 000元/吨,9月份的豆粕期货合约价格为2 350元/吨,9月份豆油期货合约的价格为5 100元/吨,按公式计算压榨利润为－200元/吨。统计大商所两年来大豆压榨利润的数值,发现其波动区间为[－100,100],超过这个数值,可以进行套利操作。假设套利时,大豆、豆粕、豆油的建仓比例按压榨比例约1:0.8:0.2进行操作。后市当发现压榨收益回归到正常水平以内时进行平仓操作。具体加仓价位、建仓比例以及出仓价位、盈亏情况如表4－6所示。

表4－6　反向提油套利实例

建仓对象		大豆	豆粕	豆油	压榨利润
建仓价位		3 000元/吨	2 350元/吨	5 100元/吨	－200元/吨
建仓数量		卖出5手	买进4手	买进1手	
后市上涨	平仓价位	3 150元/吨	2 750元/吨	5 400元/吨	30元/吨
	平仓数量	买进5手	卖出4手	卖出1手	
	总盈利	(3 000－3 150)元/吨×10吨/手×5手＋(2 750－2 350)元/吨×10吨/手×4手＋(5 400－5 100)元/吨×10吨/手×1手＝11 500元			
后市下跌	平仓价位	2 710元/吨	2 270元/吨	5 040元/吨	114元/吨
	平仓数量	买进5手	卖出4手	卖出1手	
	总盈利	(3 000－2 710)元/吨×10吨/手×5手＋(2 270－2 350)元/吨×10吨/手×4手＋(5 040－5 100)元/吨×10吨/手×1手＝10 700(元)			

总之,跨商品套利中,首先要注意商品间的相关性越高,利用其套利的效果越好。毫不相关的两种商品即使在某一段时间价格差异变化上具有一定的规律性,也不能据此认定未来一定会遵循这种规律,盲目做跨商品套利具有很大的风险,比如铝和棉花,两种商品毫不相干,就不宜做两种商品的套利。其次要注意商品价格间的同向性越好,利用其套利的效果越好。跨商品套利要求商品价格的变化趋势必须相同或相近,一个单边上涨,一个单边下跌,虽然理论上可以进行套利操作,但具体操作起来难度极大。最后注意两种商品价格的变化速率差别越大,利用其套利的效果越好。

四、跨市套利

跨市套利(Intermarket Spread)指投机者利用同一商品在不同交易所的期货价

格的不同,在两个交易所同时买进和卖出期货合约以谋取利润的活动。具体操作方法是:在某一期货交易所买进某交割月份的某种期货合约的同时,在另一交易所卖出同一交割月份该种期货合约,以期在有利时机时分别在两个交易所对冲手中合约获利。当同一商品在两个交易所中的价格差额超出了将商品从一个交易所的交割仓库运送到另一交易所的交割仓库的费用时,可以预计,它们的价差将会缩小并在未来某一时期体现真正的跨市场交割成本。比如说小麦的销售价格,如果芝加哥交易所比堪萨斯城交易所高出许多而超过了运输费用和交割成本,那么就会有现货商买入堪萨斯城交易所的小麦并用船运送到芝加哥交易所去交割。在国内,三家交易所之间的上市品种都不相同,并且与国外交易所之间也无法连通,因此,跨市场套利还不能实现。

随着我国市场加速与国际市场接轨,上海期货交易所(SHFE)已成为与伦敦金属交易所(LME)、纽约商品交易所(COMEX)并驾齐驱的世界三大有色金属交易中心,引导着东西半球有色金属的价格方向及资源流向。铜作为一种高度国际化和高度市场化的商品,其价格波动与世界经济的兴衰息息相关,上海铜跨市套利作为期货市场中一种较为成熟的投资方式,更充分地显示了其存在的价值,引起了投资者的关注。

【例10】2005年7月底,人民币开始其升值进程。人民币兑美元的不断升值,使得以人民币标价的上海铜价和以美元标价的伦敦铜价之间的比值持续走低。2007年8月中旬到9月初,伦铜因为受到美国次级抵押贷款事件影响,走势相对沪铜较弱,沪铜/伦铜比值出现震荡走高,而同期人民币兑美元汇率中间价由1:7.6附近上升到1:7.54附近。比值和汇率两者之间出现背离走势。于是套利者决定在2007年9月7日,进行头伦铜抛沪铜的套利操作,买入1手伦铜,价格$7 281元/吨,卖出5手沪铜(因沪铜合约为5吨/手,伦铜合约为25吨/手),价格¥64 900元/吨,两者比值为8.91(64 900/7 281)。当比值在10月初下探至8.2,然后反弹至8.5附近时,套利者决定进行获利了结。2007年10月18日,套利者买入5手沪铜,价格¥66 600元/吨,同时卖出1手伦铜,价格$7 882元/吨,比值8.45。人民币兑美元汇率中间价为1:7.51。具体交易情况如表4-7所示。

表4-7 沪铜/伦铜套利案例

2007年9月7日	卖出5手沪铜,价格¥64 900元/吨	买入1手伦铜,价格$7 281元/吨	SHFE/LME比价8.91
2007年10月18日	买入5手沪铜,价格¥66 600元/吨	卖出1手伦铜,价格$7 882元/吨	SHFE/LME比价8.45
套利结果	(64 900元/吨 − 66 600元/吨)×5吨/手×5手 = −42 500元	(7 882元/吨 − 7 281元/吨)×25吨/手×1手 = 15 025美元	
	净获利15 025×7.51 − 42 500 = 70 337.75(元)		

总之,跨市套利的基本原理与跨期套利基本相同,其主要依据是市场间的价差。在操作中应特别注意这几方面的因素:运输费、交割等级差异、交易单位、保证金与佣金成本、汇率变动趋势。

五、期现套利

期现套利是指当期货市场与现货市场在价格上出现差距时,利用两个市场的价格差距,企图低买高卖而获利的投资行为。理论上,期货价格是商品未来的价格,现货价格是商品目前的价格,按照经济学上的同一价格理论,两者间的差距,即"基差"应该等于该商品的持有成本。一旦基差与持有成本偏离较大,就出现了期现套利的机会。其中,期货价格要高出现货价格,并且超过用于交割的各项成本,如运输成本、质检成本、仓储成本、开具发票所增加的成本等等。期现套利主要包括正向买进期现套利和反向买进期现套利两种。可以说,期现交易是跨市套利的扩展,它把套利行为发展到现货和期货两个市场。

期现套利中投资者扮演贸易商的角色来赚取正常的期现差价,适用于有现货基础的企业投资者。当同一商品的期货价格和现货价格出现巨大的差价时,投资者可以在现货市场和期货市场上同时进行反向操作,获取无风险的利润。同时,当出现期货价格低于现货价格时,投资者可在期货市场上以更低的成本买入近期合约,通过交割拿到货品后自用。这样可以减少销售环节,节省费用。

【例11】以棉花为例,棉花收购现货后注册仓单的费用在500元以内,其中包括交割费用约86元[交易手续费＋交割手续费＋入库费用＋配合公检费＋仓储费＝6＋4＋15(汽车入库费用)＋25＋18×2＝86元]、增值税207元、包装费和人工成本约200元。即每月的正常持仓成本大约为500元,期现价差只要超过500元就可以进行套利交易:2005年3月初现货市场上具有交割标准的棉花价格为12 000元/吨,郑州商品交易所CF0504期货合约的价格为13 800元/吨附近,这就为低风险的期现套利提供了交易机会。

3月5日,某投资者在现货市场以12 000元/吨的现货价格买入具有交割标准的棉花5吨,同时在郑州商品交易所以13 800元/吨期货价格卖出1手CF0504期货合约。该期货合约到期后,投资者用持有的现货交割,获利1 300元。计算如下:

(13 800元/吨 – 12 000元/吨) × 吨/手 × 1手 – 500元 = 1 300(元)

六、期货套利应注意的问题

综上所述,套利交易具有风险小回报稳定的特点。对于大资金而言,如果单边重仓介入,将面临持仓成本较高、风险较大的不足,反之,如果单边轻仓介入,虽然可能降低风险,但其机会成本、时间成本也较高。因此,大资金单边重仓或单边轻仓介入期市,均难以获得较为稳定和理想的回报。大资金如以多空双向持仓介入期市,也就是进行套利交易,则既可回避单边持仓所面临的风险,又可能获取较为稳定的回报。

任何事物都有两面性,套利交易也不例外。套利交易除了上述优点外,还应注意以下问题:

一是潜在收益受限制。在许多投资者看来,套利的最大缺点是潜在的收益受限制。这是很正常的,当你限制了交易中的风险,通常也会限制你的潜在收益。不过,最终是否选择套利交易,还得权衡套利的诸多优点和有限的潜在收益。

二是绝好的套利机会很少频繁出现。套利机会的多寡与市场的有效程度密切相关。市场的效率越低,套利机会越多;市场的效率越高,套利机会越少。就目前国内的期市而言,有效程度还不高,各个期货品种每年都会存在几次较好的套利机会。不过,相对于单边大趋势,每年的套利机会也算多的了。

三是套利也有风险。套利虽然具有有限风险、更低风险的优点,但毕竟还是有风险的。这种风险来自于:价格偏差继续错下去。合约之间的强弱关系往往在短期内保持"强者恒强,弱者恒弱"的态势。假如这种价格偏差最终会被纠正,套利者在这种交易中也不得不遭受暂时的损失。如果投资者能承受这种亏损,最终会扭亏为盈,但有时投资者无法熬过亏损期。况且,如果做空的合约遇到挤空现象且持续到该合约交割,那么价格偏差将无法纠正,套利交易必以失败告终。著名的长期资本管理公司危机的主要原因就是由于套利组合在短期内价格发生不利变动而出现的流动性危机,最终破产。

四是准确研判后市价格走势是套利能否获利的关键。单向投机交易能否获利取决于行情变化是否与持仓方向一致,也就是说,与投机者当初建仓时的判断是否正确有关。同样,套利者是否能获利也取决于当初的判断是否正确,因为价差可大可小,大了还可能更大,小了也可能更小。正确判断后市价差将变大还是变小,并不像想象中那么容易,因为影响价差的因素并不少,有些因素的判断也是很难的。

五是不要把亏损锁仓看成套利交易。有些单向投机者在发生较大亏损后,喜欢在其他合约上进行相反操作达到"锁住亏损"的目的,这种操作形式上好像与套利交易差不多,但两者实际上不是一回事。单向投机者博的是价格绝对值的变化,套利者博的是相对价格变化。单向投机者在发生较大亏损后再进行套利,很可能价差也已经变化为不适合套利了,此时转化为套利,不仅难以扭亏,极有可能在套利交易上又出现亏损。即使有了获利,由于价差变化相对较小,也无法补救单向投机的亏损。投机和套利是完全不同的两种操作方法,在分析方法、风险控制、出入市策略上有很大差异。期货市场上有一些专门从事套利交易的投资者,他们以敏锐的目光不断审视着市场上的变化,由于长期从事套利交易,积累了不少经验和方法。不具备这种经验和方法,盲目地将单向亏损头寸转化为套利头寸,很难得到预期效果,实际上不过是一种安抚自己的手段。

六是正确认识套利交易的利润水平。正确认识套利交易风险和利润的相互关系将有助于增加实际交易过程中的理性成分。套利交易是利用当前市场暂时的价差非正常分布而获取的一种"回归利润",也就是说在价差水平恢复至正常时必须果断离场,在套利交易中投资者只能赚取合理的、有限的利润,不能因为套利头寸出现盈利而一味地将持仓维持下去。套利交易只能赚取到市场超出正常水平的那一部分价差收益。

七是不要在陌生的市场做套利交易。套利者通常只关心合约之间的价差水平,而对交易品种并没有多大兴趣,因为套利者只是通过合约之间的价差变化赚取利润,而对具体是交易什么品种并不在乎,但即便如此,了解并且掌握这些品种的基本情况和影响因素仍然是必需的,因为只有这样,才能更好地理解价差变动的原因以及判断价差的后市变化。如果对一个市场很陌生,连基本规则都搞不清楚,肯定对正确理解和判断价差是很不利的,盲目进行很可能导致亏损。如果对这个市场很陌生,还是远离这个市场为好。有的套利类型需要套利者自身具备一定的条件,比如:期现套利需要套利者具备现货经营能力;在跨市套利中,如果涉及两个国家,需要具备外汇及安全的入市渠道。不具备这些条件,即使是看到有极好的套利机会,也无法进行。

案例:从 4 万到 1 450 万再到 5 万[①]

一、半年炒成千万身家

据相关期货公司知情人士介绍,万群大约 50 岁上下年纪,退休之前可能是教师。2005 年 7 月,万群拿着 6 万元开始涉足期市。此前,她已有 10 年炒股经历。步入期市的头两年,万群的保证金从 6 万元缩水至 4 万元;直到 2007 年下半年,她的交易账户才引起了期货公司的注意。2006 年,大商所豆油期货挂牌上市,当时价格在 5 000 元/吨左右,到上周一,最高已涨到 15 490 元/吨。而从 2007 年 8 月下旬起,万群开始重仓介入豆油期货合约,这也成为她期货交易的转折点。此后两三个月,豆油主力合约 0805 从 7 800 元/吨起步,一路上扬至 9 700 元/吨,截至 11 月中旬,万群已有 10 倍获利。

进入 2008 年,豆油主力合约在突破 10 000 元/吨整数大关后,不断创出历史新高。2 月底,豆油 0805 连续涨停,逼近 14 000 元/吨大关,就在那时,万群账面保证金突破 1 000 万元!万群的期市神话很快引起了媒体关注,"武昌女子半年内从 4 万做到 1 450 万"的新闻频频见报,并在网上广为转载。

---

① 选自《成都商报》2008 年 03 月 13 日。

二、全仓操作,高收益暗藏灭顶之灾

万群利用期货交易浮动盈利可以开新仓的特点,全线扑入豆油期货,越涨越买。这种操作方式最大限度地利用了杠杆,可以将利润放至最大;与此同时,风险也被放大到了顶点,一旦行情有所调整,满仓交易的万群将面临灭顶之灾。据悉,期货公司曾不止一次劝她降低仓位,但万群根本听不进去。事实上,万群之所以能够在半年内成为千万富翁,所仰仗的正是这种满仓交易,因此对她而言,这样做没有什么不对的地方。

三、风云突变,拒绝减仓财富化成水

3月4日,豆油期货达到顶点时,万群的保证金账户最高时市值一度达到2 000多万元。不过,当天行情出现剧烈震荡,油价在一个小时内从涨停快速滑落至跌停,尾盘收至平盘附近。而在3月4日的跌停中,万群的账户因为保证金不足,被强行平去了一部分合约,但这并没有引起她的重视,仍然拒绝主动减仓或主动平仓,实际上,3月6日,她的账上至少还有几百万元,要平仓还是有机会的。出于种种考虑,万群错过了最佳减仓时机。3月7日和10日,豆油无量跌停,万群就算想平仓也平不了,由于仓位过重,其巨大的账面盈利瞬间化为乌有。

3月11日上午,连续两日无量跌停的豆油期货终于打开跌停板。但由于没有能力追加保证金,万群持有的最后300手合约被强制平仓,最终,她的账户保证金只剩下了不到5万元。

思考题与练习题

1.掌握下列名词:逼仓、锁仓、跨市套利、跨期套利、跨品种套利、期现套利

2.商品期货价格主要由哪几部分构成?

3.简述期货定价的相关理论。

4.试述期货投机的含义及作用。

5.套利交易过程中应注意哪些问题?

6.4月10日,某投资者预测国内铝价将要下跌,因此做空头投机。在上海期货交易所以22 500元/吨的价格卖出6月份交割的铝合约5手。到4月28日,6月份交割的铝合约下跌至22 300元/吨,该投资者平仓获利,试计算其收益情况。

7.某交易者7月1日卖出1手堪萨斯期货交易所12月份小麦合约,价格为7.40美元/蒲式耳,同时买入1手芝加哥期货交易所12月份小麦合约,价格为7.5美元/蒲式耳。到9月10日,该交易者买入1手堪萨斯期货交易所12月份小麦合约价格为7.3美元/蒲式耳,同时卖出1手芝加哥期货交易所12月份小麦合约,价格为7.45美元/蒲式耳。1手合约均为5 000蒲式耳。请计算其套利盈亏。

第五章
商品期货之一:农产品期货

学习要求

　本章要求了解农产品的基本产销状况,农产品期货主要合约的条款设计,掌握粮食类期货、经济作物期货、畜产品期货合约的种类及内容。

　Learning purpose and requirement is understanding basic production and marketing condition on agricultural product, understanding design of main contract terms on agricultural product futures.

第一节　农产品期货概述

商品期货是指标的物为实物商品的期货合约。商品期货历史悠久，种类繁多，主要包括农产品期货、金属矿产品期货、能源产品期货等几大类。农产品期货是产生最早，影响最为广泛的期货品种。农产品主要包括粮食类、经济作物类和畜产品类等品种。在金属、能源、金融期货及期权交易出现以前，农产品在期货交易市场上占据了绝对的统治地位。

一、农产品期货的产生和发展

19 世纪中叶，作为农产品集散地的芝加哥已成为全美最大的谷物集散中心。随着农业生产的发展，农产品交易量越来越大，农产品季节性供求矛盾日益突出，使农场主和经销商经常面临价格波动的各种风险。

1848 年由美国 82 位商人在芝加哥发起组建了世界上第一个现代期货交易所——芝加哥期货交易所（Chicago Board of Trade，CBOT）。1865 年，芝加哥期货交易所推出第一张标准期货合约。标准合约反映了最普遍的商业惯例，加之交易保证金制度等一系列制度建设，促进了现代期货的诞生。

自芝加哥期货交易所（CBOT）成功推出第一张期货合约以来，农产品期货不断发展，有大豆、玉米、小麦等期货品种。1870 年，纽约棉花交易所成立并推出第一张棉花合约。1874 年 5 月，一些供应商在芝加哥又成立了一个农产品交易所，主要交易的商品为黄油、鸡蛋、家禽和其他非耐储藏的产品。1919 年，这家交易所更名为芝加哥商业交易所（Chicago Mercantile Exchang，CME），芝加哥商业交易所在期货品种的创新上奠定了它的发展地位，第二次世界大战前后，芝加哥商业交易所上市了鸡蛋、黄油、奶酪、洋葱、火鸡、苹果、家禽、冷冻鸡蛋等期货品种，到 1969 年，芝加哥商业交易所已成为世界上最大的肉类和畜类期货中心。

明尼阿波利斯谷物交易所成立于 1881 年，是美国除芝加哥斯交所和堪萨斯期交所（KCBT）外的第三大期货交易所，其交易品种与 CBOT 和 KCBT 不同。芝加哥期交所交易的是冬小麦，蛋白质含量 8% ~ 9%，适合做饼干。堪萨斯期交所交易的是红冬麦，蛋白质的含量 11% ~ 13%，适合做面包。明尼阿波利斯谷物交易所交易的是春小麦，形成全球最权威的春小麦期货交易价格。

1882 年，经营咖啡期货交易的纽约咖啡交易所应运而生，并于 1914 年增加了糖期货交易，1916 年更名为咖啡和糖交易所，1979 年与纽约可可交易所（1925 年成立）合并，共同组成咖啡、糖、可可交易所。

农产品期货产生于美国,随着交易品种和数量的增加,影响力迅速波及欧美大陆,随后欧洲和亚洲的主要国家也纷纷建立期货交易所。

二、农产品的产销特点及价格形成

(一)农产品的产销特点

农产品生产过程是人类劳动与自然生产相结合的过程,生产数量、质量、单产的地域分布等受自然条件的影响较大。以人类生理需要为满足对象是农产品消费的基本特点。农产品产销特点表现为:

1.生产的季节性与消费的常年性。与其他产品不同,在当代生产技术条件下,大多数农产品的生产还无法摆脱自然条件的约束,农业生产者必须按照自然节气安排农产品的播种与收割,农产品的供应不可避免地带有明显的季节性。近年来,随着科学技术的进步,有一些农产品突破了自然条件的限制,但在大批量生产时仍存在困难,生产成本偏高。农产品生产供应的季节性和消费的常年性,导致了产销在时间上的矛盾。在收获季节,市场可能呈现供过于求的格局,在非收获季节又可能呈现供不应求的格局。季节性的供求不平衡往往导致价格季节性的变化,而为解决产销矛盾所采取的存储措施,也必然使农产品价格呈现生产季节价低而非生产季节价高的格局,储存费用成为影响农产品现货市场与期货市场价格的重要因素。

2.生产的区域性与消费的广泛性。由于受气温、水土及传统的生产优势等因素的影响,农产品的生产具有一定的地域性,有些地区特别适合于种植或培育某类优质的农产品,也有些地区可以用相对低廉的成本生产某类农产品。农产品的消费虽然因不同地区人们的消费习惯不同而表现出一定的地区性差别,如中国北方地区的消费者偏爱面食,南方地区的消费者偏爱米食,但这些地区性差异远不如生产的地区性明显。生产的区域性和消费的广泛性导致农产品供求的地区性不平衡和价格的区域性差异。进行农产品的存储和运输、组织产品在不同地区之间的流通,成为人们社会经济生活的重要方面。

3.自然生产与稳定消费。农产品是生活必需品,在偏好一定的条件下,不仅农产品价格变动对需求影响不大(需求的价格弹性较小),而且收入变化对实际消费量的影响也不大(人们往往通过削减其他商品的消费来保证因收入下降对基本生活的影响)。因此,社会对农产品的消费具有一定稳定性。与消费不同,一定时期内农产品的生产量及其实际供应量取决于农业生产者对未来价格的预期、目前市场上农产品的价格、农产品的生产成本及自然条件等因素。在众多的因素中,尽管政府有可能通过采取一定的调控措施来保证农产品生产的稳定,但是,自然因素对农产品的影响却是难以控制的。消费的相对稳定和生产的不稳定之间的矛盾造成农产品价格的频繁波动。

4.生产的周期性与消费的非周期性。几乎所有的农产品都有一定的自然生长周期。谷物、经济作物、油料作物的生长周期相对较短，有些地区某些作物一年之中可以收获两熟甚至三熟，畜产品的生长周期往往要一年甚至几年，而林产品的生长周期长达数十年。农产品的消费是稳定的、常年性的，这样生产的周期性与消费的非周期性使得农产品在整个生产周期中的供求常处于不稳定的状态。在生产周期前期可能供不应求，在生产周期的中后期，供应紧张达到最大程度，在周期结束时又出现供过于求的格局。生产的周期性和消费的非周期性，使得农产品价格在一个周期内跟随供求做相应变化的同时，还可能以更长的一个时间跨度（几个生产周期）呈周期性的循环变动。

5. 消费的基础性与生产资源的有限性。在整个社会生产和生活中，农产品处于无争辩的基础性地位。中国有句俗语"民以食为天"，大量的农产品作为食品被人们直接消费，同时，农产品也是主要的工业原料。对整个社会而言，没有农产品是难以想象的。没有足够的农产品，社会动荡，人民生活将受到严重影响。农产品对于国民经济而言地位十分重要，可是几乎每一个国家可以用于农业生产的资源，特别是土地资源都是有限的，因此，许多农产品之间不仅存在着密切的消费替代关系，而且存在着密切的生产替代关系。消费的基础性和资源的有限性，使得各国政府都不会放任农业生产和农产品价格由市场自发调节，各国的农业生产和农产品价格都在一定程度上受到政府的宏观调控。

（二）农产品价格的形成

农产品生产和消费的特点决定了农产品价格运动的特殊性。忽视这些特点，对农产品价格变动的判断就有可能发生偏差。对农产品现货和期货交易的研究来说，充分把握这些特点，掌握农产品价格形成和变动的一般规律，是十分重要的。

一般而言，一定时期内农产品整体价格水平或某些农产品价格的高低直接取决于以下一些因素。

1. 货币币值。商品价格是其价值的货币表现，在其他因素不变的情况下，商品价格是商品价值和货币价值的比例，货币币值和商品价格呈反向变化，币值的稳定状况及其变化速度是判断一定时期内农产品整体绝对价格水平变化时必须要考虑的首要因素。

2. 农产品生产的成本。生产成本是价格的重要组成部分，其变化与农产品价格变化成正比。农产品生产成本包括生产的物质费用和活劳动消耗支出，它们的高低又取决于劳动生产率、生产的自然条件和农业生产资料的价格水平等因素。

3. 农业生产的自然条件。自然条件包括气温、降雨量、土壤等方面。某一地区或某一年度的气温、降雨量与农作物自然生长的要求相符，则该地区或该生产年度农作物就可能获得丰收，可供应农产品数量的变化自然会影响到农产品的价格。

4. 对未来市场的预期。对未来市场状况的预期会直接影响经济活动者的有关判断和决策，预期会改变当前或未来市场供求的实际情况，从而影响到现货市场和期货市场的价格。当各种影响未来商品供求的信息不断传来，人们就会有自己的预期，当这种对未来市场预期形成一致时，无论生产者或消费者均会在生产或消费时采取一定的措施，这样，市场的实际供求就会发生变化，进而影响到价格。

5. 其他相关商品品种的市场供求。对某一品种的农产品而言，其相关产品特别是可替代品的市场供求状况，会影响该产品本身的市场状况，进而影响到该品种商品的现货和期货价格。以玉米和小麦来说，这两种农产品都是谷物又是饲料，两者之间存在着典型的消费替代关系。一般认为小麦比玉米有更高的营养价值，口感更好，价格应该比玉米高 15% ~ 20%，若当年小麦丰收，小麦供应增加，价格一般会下跌，小麦价格的下跌会影响到玉米的价格跟随下跌。

6. 政府对农业生产和农产品价格的调控。农产品在社会生活中的基础地位及生产的不稳定性，是政府对农业生产和农产品价格进行调控的基本原因。20 世纪30 年代以后，随凯恩斯主义的逐步盛行，西方各国政府加强了对经济的干预，特别是在农业领域。近些年来，调控的具体措施及力度虽时有变化，但调控在总体上并未削弱。各国所采取的农业调控措施对农业生产和农产品价格产生了重大影响。

三、中国农产品期货市场

新中国成立初期，为控制农产品的价格，政府废除了农产品自由流通制度，按农产品在国计民生中的重要程度，将其划分为一、二、三等类别，分别采取统购统销和派购等购销制度。在特定的历史条件下，统购统销和派购等购销制度起到了保证基本生活必需的部分农产品的供应、支援工业和城市发展的作用。但是，该类政策长期持续结果导致了农产品价格的扭曲，制约了农业生产的发展，影响了农产品交易市场的发育。

1978 年十一届三中全会后，国家对农产品统购统销政策进行了一系列的调整和改革。

1985 年起，政府逐渐取消农产品统派购制度，为农产品价格与其供求之间相互合理调节的机制的形成创造了条件，也使我国农产品期货市场建立和发展具备了初步的条件。

20 世纪 80 年代中后期，我国的经济发展逐步为期货市场的建立准备了一些基本的条件，同时农产品生产和流通的进一步发展也迫切呼唤着期货市场。一方面，经过若干年的发展，我国农产品生产的商品率逐步提高，粮食的商品率超过 30%，油料和糖料的商品率在 70% 左右，棉花的商品率在 90% 以上。另一方面，经过 1984 年以来以放为主的农产品价格改革，农产品开放的比例不断增大。价格的开放和商品率的提高使农产品生产与市场之间的联系不断增强，生产者对市场的依附性越来越强，市场价格浮动对生产者和消费者的影响越来越大。在缺乏明晰而准确的市场信号的情况下，市场调节的盲目性也暴露无遗，价格频繁而又剧烈波动的结果是生产者的收益无法保持稳定,全社会农产品供求的结构性矛盾突出,资源浪费严重。

1988 年 10 月,商业部、国务院发展研究中心、国家体改委等向国务院提交了《关于试办粮食中央批发市场的报告》。经国务院批复后,1990 年 10 月 12 日,中国郑州粮食批发市场正式开业,由此揭开了我国农产品期货市场发展的帷幕。自郑州粮食批发市场开业后,在短短几年时间内,我国各地即出现了数十家进行商品的现货交易、远期交易或期货交易的交易所和大型交易市场。其中,进行农产品交易的交易所或交易市场有:北京商品交易所(农产品、金属、能源、化工)、上海粮油交易所(粮、油)、长春粮油交易所(谷物)、郑州商品交易所(粮食、油料、国债)、成都肉类交易所(猪肉、牛肉)、四川粮油商品交易所(粮、油)等。

针对期货市场盲目发展的状况,1994 年 5 月 30 日国务院开始对期货业进行第一次大的清理整顿,到 1998 年 8 月,将期货交易所合并为大连、郑州、上海三家期货交易所,其中大连与郑州以农产品期货交易为主。

第二节　粮食类期货

在全球范围,美国、加拿大、中国、澳大利亚、阿根廷、巴西等国是农产品生产大国,美国、中国、俄罗斯、印度等国则是农产品消费大国。农产品中的粮食类期货主要集中于生产或消费较发达的地区,美国的芝加哥是全球闻名的该类商品期货交易中心。粮食类期货主要包括谷物和油料作物。

一、谷物

(一)玉米期货

1. 玉米的性质和用途。玉米属一年生草本植物,玉米籽粒中含有 70% ~75% 的淀粉,10% 左右的蛋白质,4.5% 的脂肪,2% 的多种维生素。籽粒中的蛋白质、脂肪、维生素 A、维生素 B_1、维生素 B_2 含量比稻谷多。以玉米为原料制成的加工产品有 500 种以上。目前玉米已成为最主要的饲料作物。玉米占世界粗粮产量的 65%,占我国粗粮产量的 90%。玉米是人造复合饲料的最主要原料,一般占 65% ~70%。

在世界谷类作物中,玉米的种植范围很广,从北纬 45°到南纬 42°,从低于海面的中国新疆吐鲁番盆地到海拔 3 600 米以上的高海拔地区,都能栽种。在全球三大谷物中,玉米总产和平均单产均居世界首位。中国的玉米栽培面积和总产量均居世界第二,集中分布在从东北经华北走向西南这一斜长形地带内。

2. 玉米的供给和需求。在国际玉米市场中,美国的产量占 40% 以上,中国产量占近 20%,南美的产量大约占 10%,成为世界玉米的主产区,其产量和供应量对国际市场影响较大,特别是美国的玉米产量成为影响国际供给最为重要的因素,其他国家和地区的产量比重都较低,对国际市场影响较小。

我国是玉米生产大国,总产量居世界第二,玉米生产区域分布广泛,可分为东北春播玉米区、黄淮海平原夏播玉米区、西北灌溉玉米区、西南山地玉米区、南方丘陵玉米区、青藏高原玉米区六大玉米种植区。我国作为玉米消费大国,玉米消费主要用于饲料和工业消费,二者占到了80%以上,随着城乡居民生活水平的提高,畜牧业的发展带动了饲料加工业的发展。同时,随着技术进步和工业化水平的提高,包括玉米淀粉、酿造、医药等玉米深加工得到了快速发展,玉米消费正在逐年提高。

3. 玉米期货合约。玉米期货在世界农产品期货中占有重要地位,玉米是历史最悠久的一个期货品种,据记载,1851年3月13日,最早的一份玉米现货远期合约签订于芝加哥。玉米期货是世界各期货交易中普遍运行的品种,据不完全统计,目前包括美国的芝加哥期货交易所、日本的东京谷物交易所、英国的利物浦交易所等世界知名交易所均进行玉米期货交易。

以下为芝加哥期货交易所和我国大连商品期货交易所的玉米合约。

表5-1 芝加哥期货交易所(CBOT)玉米期货合约

合约规模	5 000 蒲式耳 (~127 公吨)	
交割等级	2号黄玉米合约价;1号黄玉米溢价1.5美分/蒲式耳;3号黄玉米折价1.5美分/蒲式耳	
定价单位	美分/蒲式耳	
刻度值(最小的价格波动值)	1/4 美分/蒲式耳 ($ 12.50/合约)	
合约月份/代码	3月 (H)、5月(K)、7月 (N)、9月 (U)、12月 (Z)	
交易时间	CME Globex (电子盘)	周日至周五下午7:00 - 上午7:45(美国中部时间)以及周一至周五上午8:30 - 下午1:15
	公开喊价(交易所)	周一至周五上午8:30 - 下午1:15(美国中部时间)
每日价格限制	当市场出价与供给有限时,涨停限制由每蒲式耳30美分提高至45美分,甚至到70美分。交割月份首日前第二个营业日当日或之后,当月合约无价格限制	
交割方式	实物交割	
最后交易日	合约月份第十五个公历日之前的营业日	
最后交割日	交割月最后一个交易日后第二个营业日	
商品代码	CME Globex (电子盘)	ZC C = 结算
	公开喊价(交易所)	C
交易规则	该等合约在CBOT上市,受制于CBOT规范和规则	

表 5 - 2　大连商品期货交易所玉米期货合约

交易品种	黄玉米
交易单位	10 吨/手
报价单位	元/吨
最小变动单位	1 元(人民币)/吨
涨跌停板幅度	上一交易日的结算价 ±4%
合约交割月份	1 月、3 月、5 月、7 月、9 月、11 月
交易时间	每周一至周五上午 9:00 - 11:30,下午 13:30 - 15:00
最后交易日	合约月份的第十个交易日
最后交割日	最后交易日后的第三个交易日(如遇法定假日顺延)
交易等级	大连商品交易所玉米交割质量标准(FC/DCE D001 - 2009)
交易地点	大连商品交易所玉米指定交割仓库
交易保证金	合约价值的 5%
交易方式	实物交割
交易代码	C
上市交易所	大连商品交易所

(二)玉米淀粉期货

1. 玉米淀粉的性质和用途。玉米淀粉(Corn Starch),又称玉蜀黍淀粉,俗名六谷粉,是白色微带淡黄色的粉末。它是将玉米用 0.3% 亚硫酸浸泡后,通过破碎、过筛、沉淀、干燥、磨细等工序而制成,普通产品中含有少量脂肪和蛋白质等。按照加工程度不同,玉米淀粉可划分为原淀粉、变性淀粉和糊精三大类,用途广泛,尤其是变性淀粉在食品、化工、纺织方面都有应用,且可以满足原淀粉天然性质无法满足的高端产品配方加工的需要。

2. 玉米淀粉的供给和需求。玉米淀粉是目前国内产量最大的淀粉品种。玉米淀粉是玉米的加工产品,是淀粉糖、啤酒、医药等众多产业的基础原料,下游产品有 3 500 余种,在国民经济中占有重要地位。我国是世界第二大玉米淀粉生产国和消费国。据中国淀粉工业协会统计,2013 年我国玉米淀粉总产量为 2 350 万吨,约占全国淀粉总产量的 94%。我国玉米淀粉产量分布主要集中在华北和东北玉米主产区。2013 年前五大生产省份依次为山东(约 1 032 万吨,占 43.9%)、吉林(约 417 万吨,占 17.7%)、河北(约 257 万吨,占 10.9%)、黑龙江(约 153 万吨,占 6.5%)和河南(约 144 万吨,占 6.1%),五省合计产量占比约为 85.3%。

我国的玉米淀粉用途较广,包括淀粉糖、啤酒、医药、造纸、化工、食品加工、变性淀粉等七大行业,其中淀粉糖是用量最大的行业,约占玉米淀粉消费总量的

55%,其后依次是啤酒(约占 10%)、医药(约占 8%)、造纸和化工(分别约占 7%)、食品加工(约占 6%)、变性淀粉(约占 5%)。

玉米淀粉的消费受季节性和假日效应影响显著,一般情况下与我国农历年度节奏契合度较高,下半年玉米淀粉需求量要高于上半年,元旦和春节、中秋、十一等重大节日前后存在较明显的销售旺季。从行业的消费周期或盈利周期上看,也存在明显的周期性特征,一般而言,玉米淀粉产业平均每 5 年为一个大周期,每 2~3 年为一个小周期,消费周期与盈利周期基本一致。

近年来,我国淀粉市场总体处于净进口状态,且呈现进口量逐年增加而出口量逐步减少的特点,净进口总量逐年递增态势明显。

3. 玉米淀粉期货合约。2014 年 12 月 20 日,玉米淀粉期货合约在大连商品交易所正式上市,下表为该所的玉米淀粉期货合约。

表 5-3 大连商品交易所玉米淀粉期货合约

交易品种	玉米淀粉
交易单位	10 吨/手
报价单位	元(人民币)/吨
最小变动价位	1 元/吨
涨跌停板幅度	上一交易日结算价的 4%
合约月份	1 月、3 月、5 月、7 月、9 月、11 月
交易时间	每周一至周五(北京时间,法定节假日除外)上午 9:00 - 11:30,下午 13:30 - 15:00
最后交易日	合约月份第十个交易日
最后交割日	最后交易日后第三个交易日
交割等级	大连商品交易所玉米淀粉交割质量标准
交割地点	大连商品交易所玉米淀粉指定交割仓库
最低交易保证金	合约价值的 5%
交割方式	实物交割
交易代码	CS
上市交易所	大连商品交易所

(三)小麦期货

1. 小麦的性质和用途。小麦是世界上种植最广泛的农作物,种植面积占谷物类总面积的 1/3,世界上大约 1/3 的人口以小麦作为主要食物。小麦主要作为加工面粉的原料,用做食物消费。小麦也是酿酒、饲料、医药、调味品等工业的主要原料。

小麦富含蛋白质,按其生长季节分为冬小麦和春小麦:冬小麦的播种季节在秋季(一般在9月初到10月底),来年夏季收获;春小麦播种期在春季(一般在4月到5月底),待夏末秋初即可收获。我国以种植冬小麦为主。依据对温度要求不同,小麦还可分为硬麦和软麦。

2. 小麦的供给和需求。小麦的主要产区在北半球,欧亚大陆和北美的种植面积约占小麦种植总面积的90%以上。我国是小麦的最大生产国,美国、加拿大、澳大利亚、印度、俄罗斯、法国、阿根廷等国的小麦产量也较高。

作为人口大国,小麦在我国主要作为加工面粉的原料,用做食物消费。我国河南、山东、河北这三个省硬冬白麦产量约占全国总产量的73%左右,春小麦主要分布在东北、西北及华北北部。自20世纪90年代中期以来,我国小麦实现了自给自足、丰年有余,但一直是小麦净进口国,出口也仅限于为数不多的饲料用小麦。随着优质小麦种植面积的扩大和品质的提升,我国小麦出口量会逐步增加。

3. 小麦期货合约。小麦期货是国际期货市场上最早开发出来的期货品种。目前国际上小麦期货交易所分布在北美、欧洲、澳洲及亚洲,其中美国芝加哥期货交易所是世界上交易量最大,影响力最广泛的小麦期货交易所,影响较大的还有名尼波利斯谷物交易所和堪萨斯期货交易所。中国的小麦期货由郑州商品期货交易所推出。下表为CBOT和郑州商品期货交易所的小麦期货合约。

表5-4　芝加哥期货交易所(CBOT)小麦期货合约

合约规模	5 000 蒲式耳(~136 公吨)
交割等级	2 号软红冬麦依合约价;1 号软红冬麦溢价 3 美分/蒲式耳;其余等级依 14104 规范
定价单位	美分/蒲式耳
刻度值(最小的价格波动值)	1/4 每分/蒲式耳($ 12.50/合约)
合约月份/代码	3 月 (H)、5 月 (K)、7 月 (N)、9 月 (U)、12 月 (Z)
交易时间	CME Globex (电子盘)	周日至周五下午 7:00 - 上午 7:45(美国中部时间)以及周一至周五上午 8:30 - 下午 1:15
	公开喊价(交易所)	周一至周五上午 8:30 - 下午 1:15(美国中部时间)
每日价格限制	当市场出价与供给有限时,涨停限制由每蒲式耳 60 美分提高至 90 美分,甚至到 1.35 美元。交割月份首日前第二个营业日当日或之后,当月合约无价格限制
交割方式	实物交割
最后交易日	合约月份第十五个公历日之前的营业日

续表

最后交割日	交割月最后交易日后第二个交易日	
商品代码	CME Globex（电子盘）	ZW W＝结算
	公开喊价（交易所）	W
交易规则	该等合约在 CBOT 上市，受制于 CBOT 规范和规则	

表 5 – 5　郑州商品期货交易所小麦合约

交易品种	普通小麦	优质强筋小麦期货合约（简称"强麦"）
交易单位	50 吨/手	20 吨/手
报价单位	元／吨	元／吨
最小变动价位	1 元/吨	1 元/吨
每日价格最大波动限制	上一交易日结算价格 ±4%	上一交易日结算价格 ±4%
合约交割月份	1 月、3 月、5 月、7 月、9 月、11 月	1 月、3 月、5 月、7 月、9 月、11 月
交易时间	每周一至周五上午 9：00 – 11：30， 下午 13：30 – 15：00	每周一至周五上午 9：00 – 11：30， 下午 13：30 – 15：00
最后交易日	合约交割月份的倒数第十个交易日	合约交割月份的倒数第十个交易日
交割日期	合约交割月份的第十二个交易日	合约交割月份的第十二个交易日
交割品级	符合《中华人民共和国国家标准小麦》（GB 1351 – 2008）的三等及以上小麦，且符合《郑州商品交易所期货交割细则》规定要求	
交割地点	交易所指定交割仓库	交易所指定交割仓库
交易保证金比例	合约价值的5%	合约价值的5%
交割方式	实物交割	实物交割
交易代码	PM	WH
上市交易所	郑州商品交易所	郑州商品交易所

（四）大米期货

　　大米分为籼米、粳米和糯米三大类。根据收获季节的不同，稻谷又可分为早稻和晚稻两大类。从物种分布来看，大约 5 万年前在中国云南地区已经出现早期的稻属植物，故推测亚洲最早种植稻谷的地区应该是云南地区。最早的种稻人应该是长江下游的中国先民，早在 7 000 年前，我国长江下游的原始居民已经掌握了水稻的种植技术，并把稻米作为主要粮食。

大米是世界上许多国家和地区人们的主食品,温暖的气候和充沛的降雨量是稻谷生长的主要条件。世界上许多地区都种植大米,亚洲是主要产区。亚洲每年大米的种植面积和产量均占全球的90%以上。中国、印度、日本等国的产量位居世界前列,泰国、美国、巴基斯坦、缅甸等国是主要的大米输出国。

大米期货主要有:芝加哥期货交易所籼稻谷期货,泰国农产品期货交易所白米期货,印度国家商品及衍生品交易所普通大米期货,中国郑州商品期货交易所的早籼稻期货、晚籼稻期货和粳稻期货。

1. 早籼稻期货合约。早籼稻是生长期较短、收获期较早的籼稻谷,一般米粒腹白较大,角质粒较少,米质疏松。由于耐贮藏,早籼稻是各级储备粮的首选品种。早籼稻用途广泛,既可食用,也可饲用,还是米粉、酒精、味精、医药等的主要加工原料。早籼米消费市场大,农民、部分低收入的城镇居民和打工者以食用早籼米为主,饲料用粮、工业用粮对早籼稻的需求量也较大。由于早籼稻是当年种植、当年收获的第一季主要粮食作物,因此早籼稻已经成为国家政策是否扶持粮食生产、农民种粮积极性高低的试金石。湖南、江西、广西、广东是全国早籼稻种植面积最大的四个省(区),播种面积占全国的80%。

表5-6 郑州商品交易所早籼稻期货合约

交易品种	早籼稻
交易单位	20 吨/手
报价单位	元(人民币)/吨
最小变动单位	1 元/吨
每日价格波动限制	上一交易日结算价±4%
合约交割月份	1 月、3 月、5 月、7 月、9 月、11 月
交易时间	每周一至周五上午9:00-11:30,下午13:30-15:00
最后交易日	合约交割月份的倒数第十个交易日
交割日	合约交割月份的第十二个交易日
交易地点	交易所指定交割仓库
最低交易保证金	合约价值的5%
交易方式	实物交割
交易代码	RI
上市交易所	郑州商品交易所
交割品级	符合《中华人民共和国国家标准稻谷》(GB 1350-2009)三等及以上等级质量指标及《郑州商品交易所期货交割细则》规定的早籼稻替代品及升贴水

2. 晚籼稻期货合约。根据种植时间和品质等方面的差异,籼稻又可分为早籼稻、中籼稻及晚籼稻。凡全生育期(播种—成熟)125 天以内的为早籼稻,125 ~ 150 天为中籼稻,150 天以上为晚籼稻。早、中、晚籼稻在生理特性、栽培特点上有一定区别。中籼稻与晚籼稻品质及用途相近、收获时间连续,一般将中籼稻与晚籼稻归为一类。晚籼稻是生长期较长、收获期较晚的籼稻谷,一般米粒腹白较小或无腹白,角质部分较多。

我国晚籼稻种植主要分布在长江流域和东南沿海的华中、华南地区。中稻和一季晚稻每年 4 ~ 5 月份开始种植,当年 9 月份底收获;双季晚稻每年 7 月份种植,当年 11 月上旬收获。晚籼稻产区包括湖南、湖北、江西、安徽、四川、福建、广东、广西等 15 个省(区)。晚籼稻由于生长期较长,品质较好,主要用做口粮,中央和地方储备粮公司按最低收购价收购的中晚稻主要用于充实中央和地方储备,其他用途较少。据中华粮网统计,2013 年我国晚籼稻消费总量为 9 970 万吨,占稻谷总消费量的 61.6%,其中口粮消费量为 8 450 万吨,占晚籼稻总消费量的 84.75%。

表5 –7   郑州商品交易所晚籼稻期货合约

交易品种	晚籼稻(简称"晚籼")
交易单位	20 吨/手
报价单位	元(人民币)/吨
最小变动价位	1 元/吨
涨跌停板幅度	上一交易日结算价 ±4% 及《郑州商品交易所风险控制管理办法》相关规定
合约月份	1 月、3 月、5 月、7 月、9 月、11 月
交易时间	每周一至周五(北京时间 法定节假日除外)上午 9:00 – 11:30,下午 13:30 – 15:00
最后交易日	合约月份的第十个交易日
最后交割日	合约交割月份的第十二个交易日
交割等级	见《郑州商品交易所期货交割细则》
交割地点	交易所指定交割地点
最低交易保证金	合约价值的 5%
交割方式	实物交割
交易代码	LR
上市交易所	郑州商品交易所

3. 粳稻期货合约。粳稻是粳型非糯性稻的果实,具有耐寒、耐弱光和忌高温

的特点,主要分布在我国北方、长江中下游地区和温度偏低的云贵高原高海拔地区及韩国、日本等。粳稻籽粒一般呈椭圆形,粒短,加工时不易产生碎米,出米率较高,米质胀性较小而粘性较大。粳稻根据其播种期、生长期和成熟期的不同,可分为早粳稻、中粳稻和晚粳稻三类。

近几年来,随着粳稻米需求量持续刚性增加,我国粳稻(尤其是优质品种)种植面积不断增加,其中东北地区增幅明显,商品量连年保持高位,品质也得到进一步提升,加工出来的粳米,米粒光洁,口感香甜,居民认可度较高,目前全国有50%以上的居民都在食用粳米,稻花香、超级稻、优质长粒等优质品种更是受到广大群体的青睐。

表5-8　郑州商品交易所粳稻期货合约

交易品种	粳稻谷(简称"粳稻")
交易单位	20 吨/手
报价单位	元(人民币)/吨
最小变动价位	1 元/吨
每日价格波动限制	上一交易日结算价 ±4% 及《郑州商品交易所风险控制管理办法》相关规定
最低交易保证金	合约价值的5%
合约交割月份	11 月、1 月、3 月、5 月、7 月、9 月
交易时间	每周一至周五(北京时间,法定节假日除外)上午 9:00 - 11:30,下午 13:30 - 15:00 最后交易日上午 9:00 - 11:30
最后交易日	合约交割月份的第十个交易日
最后交割日	合约交割月份的第十二个交易日
交割品级	见《郑州商品交易所期货交割细则》
交割地点	交易所指定交割地点
交割方式	实物交割
交易代码	JR
上市交易所	郑州商品交易所

二、油料作物

(一)大豆期货

大豆属于蝶形花科,大豆属,别名黄豆。

大豆是我国最重要的农作物之一,种植几乎遍及全国,并且我国种植的都是非转基因大豆。1995 年我国首次成为大豆净进口国并一直持续至今。美国、巴西、阿根廷是我国主要的进口大豆来源国。

美国是目前世界上最大的大豆生产国,巴西、阿根廷、中国的大豆产量居世界第 2、3、4 位。美国和南美是转基因大豆的生产区。欧洲是主要的大豆进口地区,年进口量在 1 500 万吨上下;亚太地区也是重要的世界大豆市场,其中日本每年进口约 500 万吨,中国的进口量近年来迅速增长,是世界大豆增长的原动力之一。

大豆期货交易主要集中在美国芝加哥期交所,日本的期交所也从事大豆期货交易。交易品种以进口大豆为主,除大豆外,豆粕和豆油是以大豆为原料加工而成的两种重要商品,芝加哥期货交易所除进行大豆期货和期权交易外,也进行豆粕和豆油期货交易。大豆、豆粕和豆油不仅在生产上存在密切联系,价格上也彼此关联,投入一定数量的大豆所能生产的豆粕和豆油的数量是基本稳定的。

中国的大豆期货交易集中于大连商品期货交易所。2001 年 6 月,国家颁布实施了《农业转基因生物安全管理条例》,为使期货合约标的更明确、更有针对性,大连商品期货交易所于 2004 年 12 月 22 日,原大豆合约拆分为以非转基因大豆为交割标的物的黄大豆 1 号合约和不区分是否含有转基因成分的黄大豆 2 号合约。黄大豆 2 号合约以粗脂肪含量为定等指标,使国产大豆和进口大豆不需筛选即可参与期货交割,有效降低了交割成本。黄大豆 1 号合约定位于食用大豆,黄大豆 2 号合约定位于榨油用大豆。

表 5 - 9　芝加哥期货交易所(CBOT)大豆期货合约

合约规模	5 000 蒲式耳(~136 公吨)	
交割等级	2 号大豆依合约价;1 号大豆溢价 6 美分/蒲式耳;3 号大豆折价 6 美分/蒲式耳	
定价单位	美分/蒲式耳	
刻度值(最小的价格波动值)	1/4 每分/蒲式耳($ 12.50/合约)	
合约月份/代码	1 月 (F)、3 月 (H)、5 月 (K)、7 月 (N)、8 月(Q)、9 月 (U) 、11 月 (X)	
交易时间	CME Globex (电子盘)	周日至周五下午 7:00 - 上午 7:45(美国中部时间)以及周一至周五上午 8:30 - 下午 1:15
	公开喊价(交易所)	周一至周五上午 8:30 - 下午 1:15(美国中部时间)
每日价格限制	当市场以涨停或跌停收盘时,每蒲式耳70 美分的涨跌停限制扩大至每蒲式耳1.05 美元,之后,每蒲式耳1.60 美元	
交割方式	实物交割	

续表

最后交易日	合约月份第十五个公历日之前的营业日	
最后交割日	交割月最后一个交易日后第二个营业日	
商品代码	CME Globex（电子盘）	ZS S = 结算
	公开喊价(交易所)	S
交易规则	该等合约在 CBOT 上市,受制于 CBOT 规范和规则	

表 5 - 10　大连商品期货交易所大豆期货合约

交易品种	黄大豆 1 号	黄大豆 2 号
交易单位	10 吨/手	10 吨/手
报价单位	元(人民币)/吨	元(人民币)/吨
最小变动价位	1 元/吨	1 元/吨
涨跌停板幅度	上一交易日的结算价 ±4%	上一交易日的结算价 ±4%
合约交割月份	1 月、3 月、5 月、7 月、9 月、11 月	1 月、3 月、5 月、7 月、9 月、11 月
交易时间	每周一至周五上午 9:00 - 11:30, 下午 13:30 - 15:00	每周一至周五上午 9:00 - 11:30,下午 13:30 - 15:00
最后交易日	合约月份的第十个交易日	合约月份的第十个交易日
最后交割日	最后交易日后的第三个交易日(如 遇法定假日顺延)	最后交易日后的第七个交易日(如遇法定假 日顺延)
交易等级	大连商品交易所黄大豆 1 号交割质 量标准(FA/DCE D001 - 2012)	大连商品交易所黄大豆 2 号交割质量标准 (FA/DCE D001 - 2012)
交易地点	大连商品交易所玉米指定交割仓库	大连商品交易所玉米指定交割仓库
交易保证金	合约价值的 5%	合约价值的 5%
交易方式	实物交割	实物交割
交易代码	A	B
上市交易所	大连商品交易所	大连商品交易所

(二)豆粕期货

豆粕是大豆经过提取豆油后得到的一种副产品。豆粕一般呈不规则碎片状,颜色为浅黄色至浅褐色,味道具有大豆香味。豆粕的主要成分为:蛋白质40% ~48%,赖氨酸 2.5% ~3.0% ,色氨酸 0.6% ~0.7% ,蛋氨酸0.5% ~0.7% 。

豆粕是大豆的副产品,每 1 吨大豆可以制出 0.2 吨的豆油和 0.8 吨的豆粕,豆粕的价格与大豆的价格有密切的关系,每年大豆的产量都会影响到豆粕的价格,大豆丰收则豆粕价跌,大豆歉收豆粕就会涨价。同时,豆油与豆粕之间也存在相互关联,豆油价好,豆粕就会跌价,豆油滞销,豆粕产量就将减少,豆粕价格将上涨。

因富含蛋白质,豆粕是制作牲畜与家禽饲料的主要原料,还可以用于制作糕点食品、健康食品以及化妆品和抗菌原料。

豆粕是个成熟的期货品种,豆粕期货至今有50多年的历史,位居玉米、大豆、小麦之后,是全球第四大农产品期货品种。目前世界上开展豆粕期货交易的交易所有芝加哥期货交易所、东京谷物交易所、美国中美洲商品交易所等。

表5-11 大连商品期货交易所豆粕合约

交易品种	豆粕
交易单位	10 吨/手
报价单位	元(人民币)/吨
最小变动价位	1 元/吨
涨跌停板幅度	上一交易日的结算价±4%
合约交割月份	1 月、3 月、5 月、7 月、8 月、9 月、11 月、12 月
交易时间	每周一至周五上午 9:00 - 11:30,下午 13:30 - 15:00
最后交易日	合约月份的第十个交易日
最后交割日	最后交易日后的第三个交易日(如遇法定假日顺延)
交易等级	大连商品交易所豆粕交割质量标准
交易地点	大连商品交易所玉米指定交割仓库
交易保证金	合约价值的5%
交割方式	实物交割
交易代码	M
上市交易所	大连商品交易所

(三)豆油期货

豆油是大豆加工的油脂产品的总称,豆油按其加工程度可分为大豆原油和成品大豆油。在我国,大豆原油(也称毛油)主要为工厂的中间产品,目前我国进口大豆油也全部是大豆原油。豆油主要用于烹饪、食品、工业及医药。从世界上看,豆油用于烹饪的消费量约占豆油总消费的70%。从国内看,烹饪用豆油消费约占豆油消费量的78%,约占所有油类消费的35%左右,它和菜籽油一起成为我国烹饪的两大主要用油。由于大豆原油具有贸易量大、品质均一、容易储存、与国际现货和期货市场接轨等优势,所以是比较适合进行期货交易的品种。

表5－12 大连商品期货交易所豆油合约

交易品种	大豆原油
交易单位	10 吨/手
报价单位	元(人民币)/吨
最小变动价位	2 元/吨
涨跌停板幅度	上一交易日的结算价 ±4%
合约交割月份	1 月、3 月、5 月、7 月、8 月、9 月、11 月、12 月
交易时间	每周一至周五上午 9:00－11:30,下午 13:30－15:00
最后交易日	合约月份的第十个交易日
最后交割日	最后交易日后的第三个交易日(如遇法定假日顺延)
交易等级	大连商品交易所豆油交割质量标准
交易地点	大连商品交易所玉米指定交割仓库
交易保证金	合约价值的 5%
交割方式	实物交割
交易代码	Y
上市交易所	大连商品交易所

(四)油菜籽期货

油菜籽系十字花科作物的种子,根据植物学形态特征和农艺性状,可将油菜分为白菜型、甘蓝型、芥菜型油菜及埃塞俄比亚芥菜四类。

油菜籽种植区域主要分布在印度、中国、加拿大、法国和日本等国,总产量为亚洲最大(其中中国位居首位)。油菜籽为我国主要油料作物和蜜源作物之一,种植面积约占全国油料作物总面积的40%以上,总产量约为6 000万吨。

油菜籽是加工食用油的另一种重要原料,中国和印度虽然产量大但国内消费量也大,出口规模较小。出口油菜籽较多的国家为加拿大和法国,加拿大是世界上最大的油菜籽出口国。油菜籽期货交易全球最为有名的是加拿大温尼伯商品交易所,交易单位为100 吨/手,中国的油菜籽期货为郑州商品期货交易所推出(见表5－13)。

表5－13 郑州商品交易所油菜籽期货合约

交易品种	油菜籽(简称"菜籽")
交易单位	10 吨/手
报价单位	元/吨

续表

最小变动价位	1元/吨
每日价格最大波动限制	上一交易日结算价±4%
合约交割月份	7月、8月、9月、11月
交易时间	每周一至周五(北京时间,法定节假日除外)上午9:00－11:30,下午13:30－15:00
最后交易日	合约交割月份第十个交易日
最后交割日	仓单交割:合约交割月份的第十二个交易日 车板交割:合约交割月份的次月二十日
交割品级	基准交割品:符合以下质量指标的菜籽:含油量(以8%水分计,以下同)38.0%,水分9.0%,杂质3.0%,热损伤粒2.0%,生霉粒2.0%,色泽气味正常。菜籽指标定义、卫生指标要求及检验方法等按照《中华人民共和国国家标准油菜籽》(GB/T 11762－2006)执行 替代品及升贴水:见《郑州商品交易所期货交割细则》
交割地点	交易所指定交割仓库
最低交易保证金	合约价值的5%
交割方式	实物交割
交易代码	RS
上市交易所	郑州商品交易所

(五)菜籽油期货

菜籽油俗称菜油,是以油菜籽压榨所得的透明或半透明状液体,色泽棕黄或棕褐色。菜籽含油率高,可达35%～45%,其主要用途是榨油。菜油在世界四大植物油中居第三位,是我国生产的最大的植物油,也是我国消费的第三大植物油。

菜油是最有利于人体健康的食用油之一。菜油的饱和脂肪酸含量只有7%,在所有油脂品种中含量最低,仅次于橄榄油。菜油凝固点在－10℃～－8℃,远低于其他油脂,是良好的生物柴油原料。近几年,菜油转化为生物柴油的比例逐年增加,其中,欧盟菜油消费的60%以上用于生物菜油。

我国菜油主要是食用,占我国消费量的90%以上。我国菜油的加工、贸易、储藏和消费以四级油为主,四级菜油贸易量占菜油现货贸易量的80%以上,国家储备和地方储备的菜油也都是四级油。四级菜油既可以直接消费,也可以精炼成一级菜油(原国标色拉油)消费。四级菜油的价格是现货市场菜油的基准价格。

郑州商品交易所推出的菜籽油期货合约如表5－14所示。

表 5 – 14　郑州商品交易所菜籽油期货合约

交易品种	菜籽油(简称"菜油")
交易单位	10 吨/手
报价单位	元/吨
最小变动价位	2 元/吨
每日价格最大波动限制	上一交易日结算价 ±4%
合约交割月份	1 月、3 月、5 月、7 月、9 月、11 月
交易时间	每周一至周五上午 9:00 – 11:30,下午 13:30 – 15:00
最后交易日	合约交割月份第十个交易日
最后交割日	合约交割月份第十二个交易日
交割品级	符合《中华人民共和国国家标准菜籽油》(GB 1536 – 2004)四级质量指标的菜油替代品及升贴水见《郑州商品交易所菜籽油交割细则》
交割地点	交易所指定交割仓库
最低交易保证金	合约价值的 5%
交割方式	实物交割
交易代码	OI
上市交易所	郑州商品交易所

(六)菜籽粕期货

　　油菜籽经过机械压榨提取油脂后的残渣称为菜籽饼。菜籽饼通常有两种:一种是没有浸出车间的小型油厂,使用小型或 95 型及 200 型榨油机压榨后得到的菜籽饼,含油率一般在 5% ~8%,个别可达到 10%,可直接销售给饲料养殖企业,但由于含油量过低,销售价格一般低于菜籽粕;另一种是目前国内绝大多数油厂使用 202 型或 338 型预压榨油机榨油后得到的菜籽饼,通常称做预榨菜籽饼,含油率一般在 15% ~18%。预榨菜籽饼由于含油率高,只是生产过程中的中间产品,油厂通常会直接输送到浸出车间进一步提取剩余油脂,菜籽饼浸出提油后的残渣称为菜籽粕。

　　菜籽粕是一种重要的饲料蛋白原料,菜籽粕在水产饲料中使用最为广泛,由于其蛋白质氨基酸组成合理,价格便宜,在家禽饲料、猪饲料和反刍动物饲料中都得到使用。由于菜籽粕中植酸和单宁含量较高,可以通过对菜籽粕深加工,进一步提取植酸钙和单宁等化工原料。

表 5 – 15　郑州商品交易所油菜粕期货合约

交易品种	油菜粕(菜粕)
交易单位	10 吨/手
报价单位	元/吨
最小变动价位	2 元/吨
每日价格最大波动限制	上一交易日结算价 ±4%
合约交割月份	1 月、3 月、5 月、7 月、8 月、9 月、11 月
交易时间	每周一至周五(北京时间,法定节假日除外) 上午 9:00 – 11:30,下午 13:30 – 15:00
最后交易日	合约交割月份第十个交易日
最后交割日	合约交割月份第十二个交易日
交割品级	符合《中华人民共和国国家标准饲料用菜粕》(GB/T 23736 – 2009) (以下简称《菜粕国标》)四级质量指标、氢氧化钾蛋白质溶解度不低于 35% 的菜粕,其中粗脂肪和赖氨酸指标不做要求
交割地点	交易所指定交割仓库
最低交易保证金	合约价值的 5%
交割方式	实物交割
交易代码	RM
上市交易所	郑州商品交易所

(七)棕榈油期货

棕榈油是从油棕树上的棕果中榨取出来的,它被人们当成天然食品来使用已有超过 5 000 年的历史。棕榈油的原产地在西非。棕榈油是世界油脂市场的一个重要组成部分,目前,它在世界油脂总产量中的比例超过30%。棕榈油在世界上被广泛用于烹饪和食品制造业,它被当做食用油、松脆脂油和人造奶油来使用。

棕榈油期货是我国期货市场上市的第一个纯进口品种,标志着中国期货市场的上市品种越来越开放和国际化。棕榈油、豆油和菜籽油是目前国内消费市场上三大主要植物油。棕榈油期货 2007 年 10 月份在大商所上市后,与大商所 2006 年 1 月 9 日挂牌交易的豆油期货和郑商所 2007 年 6 月 8 日挂牌交易的菜籽油期货,形成了完善的国内油脂期货市场。

表 5 - 16　大连商品交易所棕榈油期货合约

交易品种	棕榈油
交易单位	10 吨/手
报价单位	元(人民币)/吨
最小变动价位	2 元/吨
涨跌停板幅度	上一交易日结算价 ±4%
合约月份	1 月、2 月、3 月、4 月、5 月、6 月、7 月、8 月、9 月、10 月、11 月、12 月
交易时间	每周一至周五上午 9:00 - 11:30,下午 13:30 - 15:00
最后交易日	合约月份第十个交易日
最后交割日	最后交易日后第二个交易日
交割等级	大连商品交易所棕榈油交割质量标准
交割地点	大连商品交易所棕榈油指定交割仓库
最低交易保证金	合约价值的 5%
交割方式	实物交割
交易代码	P
上市交易所	大连商品交易所

第三节　经济作物及林产品期货

经济作物(又称技术作物、工业原料作物)指具有特定经济用途的农作物。经济作物通常具有地域性强、经济价值高、技术要求高和商品率高等特点,并且对自然条件要求严格,易于集中进行专门化生产。本节重点介绍下面几种国际上有代表性的经济作物期货交易品种。

一、棉花

棉花包括亚洲棉、非洲棉、陆地棉(细绒棉)、海岛棉(长绒棉)四大类。我国不是棉花原产地,棉种是从国外引进的。陆地棉是我国的主要品种,其次是长绒棉。

棉花不仅是我国农产品中最大的经济作物,而且是关系国计民生的特殊商品。棉花是涉及农业和纺织工业的重要商品,是纺织工业的主要原料。我国棉织品的规模达到 3 000 多亿元,棉纺织品出口占国内纺织品出口的 1/3 强,棉花占棉纺织品成本的 70%。由于纺织产业链较长,受棉花影响的企业众多。此外,棉花在国防、医药、汽车工业等方面也有重要的用途。

棉花年产量超过百万吨的国家有中国、美国、印度、巴基斯坦和乌兹别克斯坦，年消费量在百万吨以上的国家有中国、印度、巴基斯坦、美国和土耳其。中国棉花的产销量占世界年产销量总量的 20% 以上。

2004 年 6 月 1 日郑州商品期货交易所上市棉花期货以前，国际上权威的棉花价格有两个：一是纽约期货交易所棉花期货价格，它是各国政府制定棉花政策和各国涉棉企业生产经营时参考的主要依据；二是英国利物浦棉花展望公司整理的 COTLOOK A 和 COTLOOK B 指数，是实际棉花交易价格。自郑州商品期货交易所上市棉花期货以来，又形成了一个国际市场上有影响力的棉花价格，并成为全球棉商关注的重要指标之一。

表 5 - 17　郑州商品交易所棉花期货标准合约

交易品种	棉花
交易单位	5 吨/手(公定重量)
报价单位	元(人民币)/吨
最小变动价位	5 元/吨
涨跌停板幅度	不超过上一交易日结算价 ±4%
合约交割月份	1 月、3 月、5 月、7 月、9 月、11 月
交易时间	星期一至星期五(法定节假日除外)上午 9:00 - 11:30,下午 13:30 - 15:00
最后交易日	合约交割月份的第十个交易日
最后交割日	合约交割月份的第十二个交易日
交易等级	基准交割品:3128B 级国产锯齿细绒白棉(符合 GB 1103 - 2012)且长度整齐度为 u_3 档,断裂比强度为 S_3 档,轧工质量为 P_2 档的国产棉花 替代品及其升贴水详见交易所交割细则
交易地点	交易所指定棉花交割仓库
交易保证金	合约价值的 5%
交易方式	实物交割
交易代码	CF
上市交易所	郑州商品交易所

二、橡胶

天然橡胶是指从橡胶树上采集的天然乳胶,经过凝固、干燥等加工工序而制成的弹性固状物。天然橡胶是一种以聚异戊二烯为主要成分的天然高分子化合物,其主要成分聚异戊二烯的含量在90%以上,还含有少量的蛋白质、脂肪酸、糖分及灰分等。

由于天然橡胶具有优良的回弹性、绝缘性、耐水性及可塑性等特性,并且经过适当处理后还具有耐油、耐酸、耐碱、耐热、耐寒、耐压、耐磨等宝贵性质,所以,天然橡胶具有广泛用途。例如:日常生活中使用的雨鞋、暖水袋、松紧带;医疗卫生行业所用的外科医生手套、输血管、避孕套;交通运输上使用的各种轮胎;工业上使用的传送带、运输带、耐酸和耐碱手套;农业上使用的排灌胶管、氨水袋;气象测量用的探空气球;科学实验用的密封、防震设备;国防上使用的飞机、坦克、大炮、防毒面具……甚至成为火箭、人造地球卫星和宇宙飞船等高精尖科学技术产品不可或缺的原料。

天然橡胶树属热带雨林乔木,种植地域基本分布于南北纬15°C以内,主要集中在东南亚地区,约占世界天然橡胶种植面积的90%。

我国天然橡胶产区有海南、云南、广东、广西以及福建等地,主要集中在海南、云南两省。一般情况下,海南割胶季节从每年3月25日至12月25日,云南从每年的4月至11月25日。近几年,我国干胶年产量在40万~60万吨之间,处于世界前五位。我国是仅次于英国的天然橡胶第二大消费国。

目前,天然橡胶已经成为国际上一种典型的热带商品期货品种,从事天然橡胶期货交易的主要有东京工业品交易所(TOCOM)、大阪商品交易所(OME)、新加坡商品交易所(RAS)、吉隆坡商品交易所(KLCE)和我国的上海期货交易所。其中东京和新加坡交易所由于所占市场份额较大,因此能反映出世界胶市行情基本动态。下面是我国上海期货交易所天然橡胶期货标准合约。

表5-18　上海期货交易所天然橡胶期货标准合约

交易品种	天然橡胶
交易单位	10吨/手
报价单位	元(人民币)/吨
最小变动价位	5元/吨
最低交易保证金	合约价值的5%
每日价格最大波动限制	上一交易日结算价±4%
合约交割月份	1月、3月、4月、5月、6月、7月、8月、9月、10月、11月
交易时间	上午9:00－11:30,下午13:30－15:00
最后交易日	合约交割月份的十五日(遇法定假日顺延)
交割日期	最后交易日后连续五个工作日

续表

交割地点	交易所指定交割仓库
交割品级	国产天然橡胶(SCRWF),质量符合国家标准 GB/T 8081-2008 进口3号烟胶片(RSS3),质量符合《天然橡胶等级的品质与包装国际标准(绿皮书)》(1979年版)
交割方式	实物交割
交割地点	交易所指定交割仓库
交易代码	RU
上市交易所	上海期货交易所

三、白糖

白糖是人们日常生活中的必需品,同时也是饮料、糖果、糕点等含糖食品和制药工业中不可或缺的原料。白糖生产的基本原料是甘蔗和甜菜。甜菜生长于温带地区,菜糖约占世界糖产量的三分之一,甘蔗生长于热带地区和亚热带地区。我国蔗糖产区集中在南方的广西、云南、广东等地,菜糖产区集中在北方的黑龙江、新疆、内蒙古等地。

世界上许多国家都生产糖,独联体各国、古巴、印度、中国、美国、墨西哥、巴西、法国、菲律宾等国是主要的产糖国,其中:独联体各国、欧洲的法国和德国、中国的北方适合甜菜生长,低纬度地区的印度、古巴、菲律宾等国则是甘蔗糖的主要生产国。

世界各国都消费糖,人均收入水平和人口数量是决定一国消费量的两大基本因素。因此,糖生产大国中的许多国家也是消费大国。统计表明,每年全球糖产量中近80%供产地消费,仅有20%可在国际市场上流通。世界糖市价格受到旨在保持糖市稳定有序的国际糖组织(International Sugar Organization)的监控。

中国是主要的白糖生产国和消费国,糖料的种植在我国农业经济中占有重要地位,其产量仅次于粮食、油料、棉花位居第四位。我国白糖产量仅次于巴西、印度居世界第三位。

纽约和伦敦是世界上两个最大的糖期货交易市场所在地,并进行世界原糖期权交易。除此,日本的东京砂糖交易所和大阪砂糖交易所等也进行精糖和原糖期货交易。我国的糖期货交易于2006年1月6日由郑州商品期货交易所推出。

表5-19 郑州商品期货交易所白糖期货合约

交易品种	白砂糖
交易单位	10 吨/手
报价单位	元(人民币)/ 吨
最小变动价位	1 元 / 吨
最低交易保证金	合约价值的 6%
每日价格最大波动限制	上一个交易日结算价 ±4%
合约交割月份	1月、3月、5月、7月、9月、11月
交易时间	上午 9:00 - 11:30,下午 13:30 - 15:00
最后交易日	合约交割月份的第十个交易日
交割日期	合约交割月份的第十二个交易日
交割地点	交易所指定交割仓库
交割品级	标准品:一级白糖(符合 GB 317 - 2006) 替代品及升贴水见《郑州商品交易所期货交割细则》
交割方式	实物交割
交割地点	交易所指定交割仓库
交易代码	SR
上市交易所	郑州商品交易所

四、可可

可可树是一种热带植物,其果实可可豆经加工后可产生可可奶油,是生产巧克力不可缺少的原料。除主要用于制造巧克力糖外,可可奶油还被用于化妆、医药等多种行业。

可可主要生长于赤道南北 20° 的范围内,非洲赤道沿线国家如加纳及南美洲的巴西等国是传统的可可生产大国,其中非洲国家的可可豆总产量约占全球总产量的一半,巴西一国的产量约占全球总产量的五分之一。近年来,亚洲的马来西亚、印度尼西亚等国的产量也不断扩大,逐渐成为可可生产大国。

可可期货交易主要在伦敦的可可期货市场协会(Cocoa Terminal Market Association,CTMA)和纽约的咖啡、糖、可可交易所(Coffee Sugar Cocoa Exchange,CSCE)进行。可可期货市场协会于1928 年开始进行可可期货交易。纽约咖啡、糖、可可交易所一直以南美洲产品为主,进行可可期货交易。

表 5-20　CSCE 可可期货交易标准合约

交易单位	10 吨(22 046 磅)
交割等级	据出产国家区分三个等级
报价方式	美元/吨
最低价格变动单位	1 美元/吨
每日价格变动限制	前一交易日收盘价上下 ±88 美元/吨
合约月份	1 月、2 月、3 月、5 月、7 月、9 月
交易时间	纽约时间上午 9:30-下午 2:15
最后交易日	交割月份最后营业日前第十一个营业日
第一通知日	交割月份第一个营业日前第十个营业日
交割地点	纽约港区特许仓库,特拉华河港口或汉普顿港口;如采用码头交货或散装交货,可适当从合约价中给予折扣,但须征得收货方同意

五、咖啡

咖啡是世界上许多国家和地区的消费者所喜爱的一种饮品。咖啡可分为两类:一类生长于接近赤道、气候较为炎热潮湿的地区,名为 ROBUSTA,适于制作速溶咖啡,主要产于非洲的象牙海岸和亚洲的印度尼西亚等国。另一类称为 ARABICA,味道较好,生长于远离赤道的纬度较高、气候较冷的地区,南美洲的牙买加、巴西、哥伦比亚是重要生产国,其中牙买加南山地区的咖啡在全球享有盛誉。

由于有较为稳定的消费偏好,咖啡的需求量通常较为稳定,受价格变动影响较小。美、德、法、日、意等西方国家是咖啡市场上主要的买主,其中美国的进口量最大。

世界咖啡期货交易主要在美国的纽约和英国的伦敦进行。纽约的咖啡、糖、可可交易所进行 ARABICA 咖啡期货的交易。伦敦咖啡期货市场协会进行 ROBUSTA 咖啡期货交易。

表 5-21　CSCE 咖啡期货交易标准合约

交易单位	37 500 磅,约 250 袋
交割等级	咖啡检验主要根据咖啡豆品级和品尝测定,如符合交割要求,则发给等级、质量证书,由于咖啡品种繁多,交易所按一定的基准咖啡品级质量来衡量用于交割的咖啡,质量超过基准品级的可以按溢价交割,质量低下的须按折扣价交割
报价方式	美元/吨
最低价格变动单位	每磅 0.0001 美元(每张合约 3.75 美元)
每日价格变动限制	不得高于或低于上一交易日结算价格 6 美分(600 点),限价可扩大至 9 美分(900 点),最近的两个合约月份无限制

续表

合约月份	3月、5月、7月、9月、12月
交易时间	纽约时间上午9:30-下午2:15
最后交易日	交割月份最后营业日前第十一个营业日
第一通知日	交割月份第一个营业日前第十个营业日
交割地点	凭等级证书在纽约港和新泽西以及新奥尔良港的交易所特许仓库交割

六、胶合板

胶合板是由木段旋切成单板或由木方刨切成薄木,再用胶粘剂胶合而成的三层或多层的板状材料,通常用奇数层单板,并使相邻层单板的纤维方向互相垂直胶合而成,是家具常用材料之一,是一种人造板,常用的有三合板、五合板等。胶合板能提高木材利用率,是节约木材的一个主要途径,亦可供飞机、船舶、火车、汽车、建筑和包装箱等作为用材。通常的长宽规格是:1220mm×2440mm,而厚度规格一般有:3mm、5mm、9mm、12mm、15mm、18mm等。主要树种有:山樟、柳桉、杨木、桉木等。胶合板的主要产地是印度尼西亚和马来西亚。中国不仅是胶合板出口大国,还是世界第一大胶合板生产国。

表5-22 大连商品交易所胶合板期货合约

交易品种	细木工板
交易单位	500张/手
报价单位	元(人民币)/张
最小变动单位	0.05元/张
涨跌停板幅度	上一交易日结算价的4%
合约月份	1月、2月、3月、4月、5月、6月、7月、8月、9月、10月、11月、12月
交易时间	每周一至周五上午9:00-11:30,下午13:30-15:00
最后交易日	合约月份第十个交易日
最后交割日	最后交易日后第三个交易日
交割等级	大连商品交易所胶合板交割质量标准
交割地点	大连商品交易所胶合板指定交割仓库
最低交易保证金	合约价值的5%
交割方式	实物交割
交易代码	BB
上市交易所	大连商品交易所

七、纤维板

纤维板又名密度板,是以木质纤维或其他植物素纤维为原料,施加脲醛树脂或其他适用的胶粘剂制成的人造板,制造过程中可以施加胶粘剂和(或)添加剂。纤维板具有材质均匀、纵横强度差小、不易开裂等优点,用途广泛。制造 1 立方米纤维板需 2.5 ~ 3 立方米的木材,可代替 3 立方米锯材或 5 立方米原木。发展纤维板生产是木材资源综合利用的有效途径。

纤维板的缺点是背面有网纹,造成板材两面表面积不等,吸湿后因产生膨胀力差异而使板材翘曲变形;硬质板材表面坚硬,钉钉困难,耐水性差。干法纤维板虽然避免了某些缺点,但成本较高。

我国纤维板生产起步于 20 世纪 70 年代,发展于 80 年代,起飞于 90 年代,进入21 世纪以来,纤维板产量大幅度增长,产量最大的是河南、广西、江苏和山东等省份。

表 5 – 23　大连商品交易所纤维板期货合约

交易品种	中密度纤维板
交易单位	500 张/手
报价单位	元(人民币)/张
最小变动单位	0.05 元/张
涨跌停板幅度	上一交易日结算价的 4%
合约月份	1 月、2 月、3 月、4 月、5 月、6 月、7 月、8 月、9 月、10 月、11 月、12 月
交易时间	每周一至周五上午 9:00 – 11:30,下午 13:30 – 15:00
最后交易日	合约月份第十个交易日
最后交割日	最后交易日后第三个交易日
交割等级	大连商品交易所纤维板交割质量标准
交割地点	大连商品交易所纤维板指定交割仓库
最低交易保证金	合约价值的 5%
交割方式	实物交割
交易代码	FB
上市交易所	大连商品交易所

第四节　畜产品期货

畜产品期货交易没有谷物类期货交易历史悠久,它在 20 世纪 60 年代才发展起来,因为肉类产品的特点与其他商品有所不同,比较容易变质,如肉类需要固定的冷冻措施，生牛生猪需要喂养和清洗，而且防疫和治疗也是一笔不小的开支，直到 20 世纪 60 年代随着贮藏技术的发展，为易腐烂、易变质的商品提供了可靠的技术保障，才使得畜产品期货交易成为可能。畜产品期货交易主要集中于欧美市场。

对于畜产品期货交易这方面，国际上已经有非常成功的经验。自 20 世纪 60 年代，芝加哥商业交易所就陆续推出活牛、活猪、猪腩、育肥牛、冷冻鸡等期货和期权，运行 40 余年长盛不衰。

一、生猪和猪肚

猪肉一般分为瘦肉型和普通型两种，是世界上许多国家和地区人们肉食品的主要品种之一。近年来，由于人们收入水平提高、猪肉消费观念的变化和生猪本身品种的改良，猪肉需求的增长很快。生猪饲养需要大量的饲料，因此，谷物生产大国特别是国内谷物供求之间有较大余额的国家，往往也是生猪饲养规模较大的国家。生猪的饲养具有一定的周期性，饲养周期随饲料好坏及猪的品种各异而有所不同。一般而言，从母猪、仔猪到生猪，一般需要两到三年时间，12 月、1 月、2 月为生猪繁殖淡季，3 月、4 月、5 月则为繁殖旺季。

我国是全球猪肉生产大国，产量目前约占全球总产量的 50%，猪肉价格在消费物价指数中所占比例较高，肉价的变化对生产和消费影响较大。目前我国生猪的饲养水平仅处于世界平均水平，与养猪业发达的国家相比还有相当大的差距。

在生猪生产过程中，饲料费用是最基本的投入费用，相对于育肥猪的销售价格而言，饲料对于猪肉产量起到关键性作用。此外，饲料价格的高低还影响饲养者在何时及在何重量上销售生猪。在一般情况下，当饲料成本相对高于肉猪售价时，饲养者会减少猪的繁殖、存栏和销售头数，以降低饲料成本，待成本与销售价格发生逆转后，饲养者将重新增加其饲养猪的头数。

生猪价格受季节性因素影响的现象十分明显，七八月间是每年生猪高价期，但有时五六月间价格就一路上扬。例如，我国猪肉价格呈典型的周期性变动，生猪和猪肉价格以大约三年为一个周期上下剧烈震荡。决定这种经济现象的经济规律是猪肉需求具有较强的刚性。猪肉供给从养殖仔猪再到养殖猪，一般需要两到三年时间，本期猪肉价格决定本期养殖业者的养殖规模，本期养殖规模决定下期猪肉供给和价格，猪肉价格波动引起养猪产业链的连锁反应，导致供给价格的大起大落。

在芝加哥有两个交易所从事生猪期货交易，其中芝加哥商业交易所进行活猪和猪肚肉的期货和期权交易，芝加哥中美洲商品交易所进行活猪期货交易。下表为芝加哥商业交易所生猪期货合约。

表5－24　芝加哥商业交易所生猪期货合约

交易标的	生猪
合约规格	40 000 磅
报价单位	美分/磅
交割月份	2 月、4 月、5 月、6 月、7 月、8 月、10 月、12 月
最小变动点	0.025 美分/磅（1 000 美元/张）
涨跌停板幅度	2 美分/磅（800 美元/张）
合约符号	LH

目前,大连商品期货交易所正研究适时推出生猪期货。

二、活牛和育肥牛

牛是人们另一种重要的肉食品资源。传统的养牛业将牛区分为乳牛和肉食用牛两类,随着科学技术的发展人们逐渐趋向于选择乳肉兼用的饲养品种。印度、独联体各国、巴西、阿根廷、美国及中国等是饲养牛数量较多的国家,饲养量约占全球总饲养的一半。肉牛生产与生猪生产一样也有几个阶段:繁殖小牛犊、育肥和屠宰。牛的生产没有明显的季节性,饲养周期要比猪长的多,从繁殖牛到出栏肉牛,大约需要 54 个月。

牛肉需求、饲料的可获得性及饲料成本是影响肉牛存栏数量周期的重要因素。在周期上升阶段,饲养者通过控制母牛的繁殖,将超龄、超重肉牛消除出栏,只留下那些适龄牛只,以等待价格进一步上涨,随着大量的肉牛出栏上市,屠宰量相应增加,牛肉供应量可能会出现供过于求,价格将会下跌,受此影响,饲养者会将存栏数量减少,肉价格再次上升,至此,一个肉牛存栏周期完成。

从牛肉生产的发展趋势上看,近些年多数国家的牛存栏量和牛肉产量均呈现出上升趋势。中国的肉牛产业尚处于起步阶段,产业水平还不够高。目前,中国肉牛规模化生产的程度较低,千家万户分散饲养仍是我国肉牛生产的主要方式。

活牛的期货交易从 20 世纪 60 年代开始,1984 年才开始活牛的期权交易。美国芝加哥商业交易所进行活牛和育肥牛的期权和期货交易,中美洲商品交易所进行活牛期货交易。

CME 还进行小牛的期货和期权交易,小牛的买主大部分是畜牧场经营者,他们将小牛养肥然后出售。CME 规定合约为 4.2 万磅,交货月份为 3 月、4 月、5 月、8 月、9 月、10 月、11 月,其余规定与活牛相同。

表 5 - 25 芝加哥商业交易所活牛期货合约

交易标的	活牛
合约规格	40 000 磅
报价单位	美分/磅
交割月份	2 月、4 月、6 月、8 月、10 月、12 月
最小变动点	0.025 美分/磅(1 000 美元/张)
涨跌停板幅度	1.5 美分/磅(600 美元/张)
合约符号	LC

三、鸡蛋期货

鸡蛋是中国重要的畜牧产品,来自官方的数据显示,鸡蛋产量约占国内禽蛋总产量的 84%,人均年消费量约 18 公斤。2012 年国内鸡蛋总产量约为 2 430 万吨,约占全球总产量的 36.5%,近 5 年平均市场规模约 1 856 亿元人民币,已连续 28 年保持全球第一位。2012 年内地鸡蛋出口量为 7 万吨,主要出口港澳台地区。受饲料、季节等因素影响,国内鸡蛋价格波动幅度较大,对鸡蛋生产、贸易、加工等环节的正常经营造成较大的影响。上市鸡蛋期货有助于进一步完善鸡蛋价格体系,健全鸡蛋价格形成机制;同时能为鸡蛋生产、贸易和消费企业提供必要的避险工具,推进鸡蛋产业化、规模化经营,促进现货企业的稳健发展。

表 5 - 26 大连商品交易所鸡蛋期货合约

交易品种	鲜鸡蛋
交易单位	5 吨/手
报价单位	元(人民币)/500 千克
最小变动价位	1 元/500 千克
涨跌停板幅度	上一交易日结算价的 4%
合约月份	1 月、2 月、3 月、4 月、5 月、6 月、9 月、10 月、11 月、12 月
交易时间	每周一至周五(北京时间,法定节假日除外)上午 9:00 - 11:30,下午 13:30 - 15:00
最后交易日	合约月份第十个交易日
最后交割日	最后交易日后第三个交易日
交割等级	大连商品交易所鸡蛋交割质量标准
交割地点	大连商品交易所鸡蛋指定交割仓库
最低交易保证金	合约价值的 5%
交割方式	实物交割
交易代码	JD
上市交易所	大连商品交易所

案例:中盛粮油的大豆期货交易①

中盛粮油工业控股有限公司是一家专业从事粮油产品生产、加工、仓储、销售及贸易的大型公司,在香港主板上市。公司的基本业务是,先向国际供货商采购大豆及豆油,再转售或加工为各类精炼豆油产品以供内地市场销售,原材料大豆及豆油视国际市场而定,而终端产品精炼豆油视内地售价而定。自 2000 年开始,中盛粮油涉足国内粮油行业,成绩斐然,短短几年陆续投资兴建了多个粮油加工及仓储设施。到 2004 年底,投资总额超过 1 亿美元,从原料的国际采购、物流、生产加工到成品的销售配送建立了高效的供应链体系。成品覆盖东北、华北、长江流域和华南地区,销售总额突破 50 亿人民币,居行业领导地位。

2005 年 7 月 14 日,中盛粮油发布公告称,因为一些非常不利的市场因素,公司财务受到重大影响,预计公司上半年将出现亏损。从公司的基本业务可看出,经营主要面临两个风险:一是作为原材料的国际大豆及豆油价格;二是内地精炼油的销售价格。当时我国豆油期货还未上市,因此,中盛粮油一直利用 CBOT 大豆及豆油期货进行套期保值,即卖空 CBOT 期货合约保值。2005 年国内大豆成品油与国际大豆油走势明显背离。国内豆油价从 2005 年 2 月的 5 800 元/吨下跌到 6 月的每吨 5 000 元/吨,国际市场上,美国农业部连续 6 次下调大豆产量预测,导致大豆和豆油价格节节攀升。国内与国际市场价格的背离,使中盛粮油两边损失,致使套期保值失败。中盛粮油发布预警后,其股价暴跌 46.67%,市值缩水一半。此次事件可看出,期货合约与现货品种应该有高的相关性,否则套期保值将失去保值功效,而中盛粮油对于国际和国内两个市场的认识明显不足。再者由于国内没有相关的期货品种,国际国内两个市场的价格在技术上的走势就有可能出现背离。对此,利用国际期货市场进行套期保值者应有充分的认识。

思考题与练习题

1. 简述农产品期货的产生和发展历史。
2. 简述农产品的产销特点及价格形成。
3. 简述粮食类期货的主要品种和合约。
4. 简述经济作物期货的主要品种和合约。
5. 简述畜产品期货的主要品种和合约。

---

① 刘英华.期货投资经典案例.上海:远东出版社,2009.

第六章
商品期货之二：金属
矿产品期货

学习要求

　　本章主要介绍金属矿产品期货，重点了解和掌握金属矿产品的基本产销特点、金属矿产品期货的种类及主要金属期货交易品种的合约条款。

Learning purpose and requirement is introducing Metal mineral product futures, specially understanding basic production and Marketing condition on Metal mineral product, understanding a kind of Metal mineral product futures and design of main contract Terms on main metal futures.

第一节　金属矿产品期货概述

一、金属矿产品的含义

根据我国矿产储量统计分类,将金属矿产品分为:黑色金属矿产品、有色金属矿产品、贵重金属矿产品、稀有金属矿产品、稀土金属矿产品,以及分散元素金属矿产品。

黑色金属矿产包括:铁矿、锰矿、铬矿、钒矿、钛矿。

有色金属矿产包括:铜矿、铅矿、锌矿、铝土矿、镍矿、钨矿、镁矿、钴矿、锡矿、铋矿、钼矿、汞矿和锑矿。

贵重金属矿产包括:金矿、银矿和铂族金属(铂、钯、铱、铑、钌、锇)。

稀有金属矿产包括:铌矿、钽矿、铍矿、锂矿、锆矿、锶矿、铷矿和铯矿。

稀土金属矿产包括:钪矿、轻稀土矿(镧、铈、镨、钕、钷、钐、铕)、重稀土矿(钆、铽、镝、钬、铒、铥、镱、镥、钇)。

分散元素金属矿产包括:锗矿、镓矿、铟矿、铊矿、铪矿、铼矿、镉矿、硒矿和碲矿。

需要说明的是,金属矿产品除了上面提到的几类外,尚有放射性金属矿产,包括铀、钍等放射性元素。另外,由于我国工业部门的体制和分工,钛矿被列入有色金属。在我国有色金属产量表达上,现已规范化地表达10种常用有色金属和10类稀有金属。10种常用有色金属是指铜、铝、铅、锌、镍、锡、锑、汞、镁、钛。10类稀有金属规范化的表达方式是在1990年全国有色金属工业工作会议上确定的,其种类包括钨精矿、钼精矿、海绵钛、稀土金属及各种化合物、半导体材料、钽、铌、锂、铍、锆。

金属矿产品是国民经济、国民日常生活及国防工业、尖端技术和高科技产业必不可少的基础材料和重要的战略物资。钢铁和有色金属的产量往往被认为是一个国家国力的体现。

金属矿产品期货有着悠久的历史。伦敦金属交易所从1887年开办时起,即开始进行铜和锡的交易,矿产品在国民经济发展过程中有着十分重要的地位,其生产和消费也有别于农产品和其他工业品。

二、金属矿产品的产销特点

(一)大规模的工业化生产

与农产品分散的生产方式不同,金属矿产品的生产通常需要投入比农产品生产高得多的资金和更为严格的技术条件,一般以具有一定规模的企业为基本的生产组织,进行大规模、有组织、有计划的生产,国际上著名的矿业企业如澳大利亚的力拓集团、巴西淡水河谷集团、美国铝业、中国铝业等都是较大型的企业组织。

(二)储藏和开采条件是影响金属矿产品生产的主要自然因素

矿类产品生产也受到自然条件的影响,但与农产品不同,气候因素对产量和质量的稳定性影响较小,影响金属矿产品生产的主要自然因素是矿产的储藏和开采条件。矿产的储藏和开采条件优越,生产者即有可能以较低的生产成本获取较高品位的矿产成品,反之,则有可能投入多而产出很少。由于受到资源储藏数量的限制,金属矿产品的生产不可能像农产品那样,可以周而复始的进行,生产持续的过程可能因为某种资源的枯竭而彻底停止。农产品的生产虽然也可能因自然灾害而中断,但却可以随自然条件的变化,在不长的时间内得以恢复。

(三)消费具有较强的稳定性

金属矿产品的消费通常具有较强的稳定性,不同金属产品之间相互替代有较大的难度,除非企业改变其生产的品种或是改变生产的某些原理,否则使用一种金属原材料替代另一种金属原材料的可能性很小。在不改变生产品种和生产原理的前提下,企业的生存总要消耗一定数量的金属,因此,金属矿产品的消费需求具有较强的稳定性,需求价格弹性不大。基于此,以生产和消费金属矿产品的企业回避市场风险的要求比其他企业更为强烈。

(四)直接购销是大多数金属矿产品产销之间联系的主要方式

绝大多数金属矿产品的生产者与消费者其生产和消费规模都较大,规模效益使得产销之间主要以直接购销的方式发生联系。这既不同于农产品分销过程中宽而短的渠道特征,也不同于普通日用工业品宽而长的渠道特色。金属矿产品的产销特点决定了需求方、中间商与生产企业之间的联系要紧密得多。

三、金属矿产品的价格形成

金属矿产品价格受到多种因素的影响,是多因素作用的结果。综合考虑,影响金属矿产品价格的主要因素包括下述几项。

(一)成本水平

在其他因素不变的条件下,商品生产和流通的成本与其价格成正比变化,劳动生产率是决定成本水平的最基本的因素。决定劳动生产率水平的因素又间接决定着金属矿产品的价格水平,一般而言,决定劳动生产率水平高低的因素包括:工人的平均熟练程度;科技发展水平;工艺的先进程度;生产过程的社会结合;生产资料的规模和效能;自然条件;等,上述因素中,科技发展水平、采掘与冶炼工艺的先进程度和矿产自然条件对矿类产品成本水平的高低起着决定性的作用。每次生产技术的重大改革,都意味着产量成倍的增加和单位成本的大幅下降。金属矿产品的矿藏数量、品位、开采的难度等自然条件明显又是影响成本的重要因素。

由于矿产品资源的有限性,而经济发展对矿产资源的需求又不断增加,富矿和开采条件好的资源越来越少,人们不得不开采储藏较深、品位较低、交通条件又差的矿藏,在这种情况下,金属矿产品的开采成本不断加大,价格趋势自然看涨。

(二)货币币值

与其他产品的价格形成一样,金属矿产品的价格形成同样要受到币值变化的影响。价格变动与币值变动间的基本关系与其他产品并无差异,所不同的是金属矿产品是典型的周期性产品,当国家实行经济紧缩政策、缩紧银根、减少货币投放量时,金属矿产品往往较早受到紧缩货币的影响。

(三)市场供求状况

市场供求对矿产品价格的影响是不言而喻的。值得注意的是,一方面,金属产品的生产往往依赖于存量有限又难以再生的矿藏,这与可以复种和再生的农产品有明显的不同,矿产品的供给量对价格有更大的影响。一旦金属矿产品的主产区由于某种特定的因素(例如自然灾害、罢工等)发生了停产或减产,金属矿产品价格势必受到较大的影响。除此之外,在以后一段时间内潜在的可供量对期货价格与现货价格也会产生重大影响。另一方面,由于矿产资源的分布较农产品资源的分布要集中得多,如波斯湾地区是全球石油贮量最大的地区、黄金矿产主要分布于南非和俄罗斯等国,集中分布和规模生产为若干生产者联合操纵市场价格创造了条件。一旦这种联合影响市场价格的行为成为事实,其影响价格的能力是巨大的,石油输出国组织(OPEC)的建立及对世界石油市场价格所产生的巨大影响即说明了这一点。

(四)政府干预

金属矿产品是国民经济发展的重要基础,也是一个国家综合实力的体现,许多国家将其列为战略储备物资。对金属矿产品进行深加工可以创造更多的附加值,过低的市场价格不利于基础工业的发展,过高的价格又影响后续加工工业的发展。为保持国民经济稳健合理的发展,政府往往通过税收、产业政策、财政政策、金融政策、储备制度及价格政策来影响矿产品的生产和流通,使金属矿产品形成合理的价格,达到适度发展生产、合理引导消费的目的。

四、金属矿产品期货的产生和发展

金属矿产品期货是当今世界期货市场中比较成熟的期货品种之一,其中,有色金属期货和贵金属期货是全球最有影响力的两大系列品种。目前,金属期货交易主要集中在伦敦金属交易所、纽约商业交易所和东京工业品交易所,尤其是伦敦金属交易所期货合约的交易价格被世界各地公认为金属交易的定价标准。我国上海期货交易所的铜期货交易近年来成长迅速,目前铜单品种的成交量已超过纽约商业交易所位居全球第二位。

19世纪60~70年代,随着农产品期货市场广泛发展,金属期货市场逐步形成并得以发展。19世纪中期,英国成为世界上最大的金属铜和锡的生产国,随工业需求的不断增长,英国开始进口金属矿石到国内精炼,由于当时运输、开采等条件的制约,金属矿石价格大起大落,风险很大。当时的英国商人和消费者面对铜与锡的价格风险,采取了预约价格的方式,在金属货物未到之前就对"未来货物"签订合同,以保证大量货物运到时都可以卖出,而当数量有限时也不至于价格暴涨。

1876年伦敦金属交易所(London Metal Exchange,LME)成立,当时的名称是伦敦金属交易公司,由300名金属商人发起成立。伦敦金属交易所首先推出了铜和锡的期货交易。此后,伦敦金属交易所的交易方式迅速发展,特别是以"交易圈"方式进行的期货交易成为当时乃至现在伦敦金属交易所最主要的交易方式。当时生铁、铅和锌只是在"交易圈"外进行交易,又称"圈外交易"。1920年,铅、锌两种金属正式在"交易圈"内进行交易,同时终止了生铁的交易。在此后的几十年里,伦敦金属交易所交易的金属只有铜、锡、铅和锌四种金属。伦敦金属交易所自成立以来一直生意兴隆,随着交易所的不断发展壮大,交易规模持续增强,市场机制日趋完善,使之成为业内公认的全球第一大国际性的金属产品交易所。1978年10月伦敦金属交易所首次引进铝交易,1979年7月又引进了镍交易。如今,伦敦金属交易所交易的金属期货已从最初的铜、锡两个期货品种发展到铜、铝、铅、锌、镍、锡和铝合金七个品种,形成了以这七大金属为代表的国际金属交易市场。

美国金属期货的出现晚于英国。19世纪末至20世纪初,美国经济从以农业为主转向建立现代工业生产体系,期货合约的种类逐步从传统的农产品扩大到金属能源类商品。纽约商品交易所(Newyork Commerce Exchange,COMEX)成立于1933年,由经营皮革、生丝、橡胶和金属的交易所合并而成,现在交易的品种有黄金、白银、铜、铝等。

中国上海期货交易所(Shanghai Futures Exchange,SHFE)于1998年5月由上海金属交易所、上海商品交易所和上海粮油交易所合并而成。目前,交易的金属期货有铜、铝、锌等品种,其中铜期货交易成为世界铜交易三大定价中心和权威报价之一。目前,随着期货市场的不断国际化,伦敦金属交易所,上海期货交易所,纽约商品交易所之间投资者不断的套利交易,使得三个金属期货交易所的价格趋于一致。

第二节　有色金属期货

有色金属期货交易的品种主要是铜、铝、锌、铅、锡和镍等。

一、铜

(一)铜的性质和用途

铜是人类发现并大量使用的金属品种之一,按生产过程可分为铜精矿、粗铜、纯铜;铜精矿是冶炼之前选出的含铜量较高的矿石;粗铜是铜精矿冶炼后的产品,含铜量在95%~98%;纯铜是火炼或电解之后含量达99%以上的铜,火炼可得99%~99.9%的纯铜,电解可以使铜的纯度达到99.95%~99.99%。此外,按主要合金成分可分为黄铜(铜锌合金)、白铜(铜镍合金)、青铜(铜锡合金)等,除了锌镍外,加入其他元素的合金均称青铜。

铜在现代经济生活中有着广泛的用途,是机电行业生产发电机、马达、电线及电缆等产品的重要原料。建筑、运输等部门每年也要消耗大量的铜制品,铜也是军工行业的重要原料,在我国有色金属材料的消费中仅次于铝。铜在电气、电子工业中应用最广、用量最大,占总消费量一半以上。

(二)铜的供给和需求

世界铜矿资源比较丰富。从地区分布看,全球蕴藏铜最丰富的地区共有五个:南美洲秘鲁和智利境内的安第斯山脉,美国西部的洛杉矶和大坪谷地区,非洲的刚果和赞比亚,哈萨克斯坦共和国,加拿大东部和中部。从国家分布来看,世界铜资源主要集中在智利、美国、赞比亚和秘鲁等国。智利是世界上铜资源最丰富的国家,其铜资源储量约占世界总储量的1/4。

我国虽然铜资源贫乏,但却是世界主要的精炼铜生产国之一。目前铜生产地主要集中在华东地区。从地区分布看,我国铜的主要消费地在华东和华南地区,两者消费量约占全国消费总量的70%。从行业分布看,铜消费最大的行业是电子电气行业,建筑业、机械制造业、交通运输业等也消耗大量的铜。与发达国家相比,我国的电子、电气行业与机械制造业消费的铜占总消费的比例明显高于发达国家,而建筑业及交通运输业消费铜所占的比例却大大低于发达国家。

(三)影响铜期货价格的因素

1. 供求关系。分析铜的供求关系的一个重要指标就是库存。铜的库存分为报告库存和非报告库存。报告库存又称"显性库存",是指交易所库存,目前世界上比较有影响的进行铜期货交易的有伦敦金属交易所(LME)、纽约商业交易所(NYMEX)的COMEX分支和上海期货交易所(SHFE)。三个交易所均定期公布指定仓库库存。非报告库存,又称"隐性库存",指生产商、贸易商和消费商手中持有的库存,由于这些库存不会定期对外公布,因此难以统计,一般都以交易所库存来衡量。近年来,在社会总库存中,消费商库存的比例下降,交易所库存的比例上升,所以在分析库存水平时一定要考虑到这种趋势。

2. 国际国内经济形势。铜是重要的工业原材料,其需求量与经济形势密切相关。经济增长时,铜需求增加从而带动铜价上升,经济萧条时,铜需求萎缩从而造成铜价下跌。例如,20 世纪 90 年代初期,西方国家进入新一轮经济疲软期,铜价由 1989 年的 2 969 美元回落至 1993 年的 1 995 美元/吨;1994 年开始,美国等西方国家经济开始复苏,对铜的需求有所增加,铜价又开始攀升;1997 年亚洲经济危机爆发,整个亚洲地区(中国除外)用铜量急剧下跌,导致铜价连续下跌至 24 年来最低点;1999 年下半年亚洲地区经济出现好转,美国经济持续增长,铜价又逐步回升。

3. 进出口政策、关税。进出口政策尤其是关税政策是通过调整商品的进出口成本从而控制某一商品的进出口量来平衡国内供求状况的重要手段。2000 年之前我国在铜进出口方面一直采取"宽进严出"的政策,2000 年之后随着中国冶炼能力增强,国家逐步取消铜的出口关税,铜基本可以自由进出口。但我国铜资源仍然缺乏,因此依然是铜的净进口国。2003 年 5 月海关总署发布公告,宣布从当年 6 月 1 日起将停止执行铜矿砂、铜精矿和铜材(包括电解铜)的边境贸易进口税收的优惠政策。这一政策的取消,使得边贸铜以量大价低冲击国内市场的局面得到改变,国内铜价获得支撑。

4. 用铜行业发展趋势的变化。消费量是影响铜价的直接因素,用铜行业的发展则是影响消费量的重要因素。例如,20 世纪 80 年代中期,美国、日本和欧洲国家的精铜消费中,电气工业所占的比重最大,中国也不例外,而进入 20 世纪 90 年代后,国外在建筑行业中管道用铜增幅巨大,成为国外铜消费最大的行业,美国的住房开工率也成了影响铜价的因素之一。1994 年、1995 年铜价的上涨,部分原因来自于建筑业的发展,而在汽车行业,制造商正在倡导用铝代替铜以降低车重从而减少该行业的用铜量。此外,随着科技的日新月异,铜的应用范围不断拓宽,在医学、生物、超导及环保等领域已开始发挥作用。

5. 铜的生产成本。随着科技的发展,新的冶炼法的采用,铜的生产成本不断地下降。目前国际上火法炼铜平均成本为 1 400 ~ 1 600 美元/吨,湿法炼铜成本为 800 ~ 900 美元/吨,使用湿法炼铜的总产量迅速增加。

6. 国际对冲基金及其他投机资金的交易方向。铜是国际对冲基金投资的重要商品期货,基金的出入市对价格有一定的影响。例如 1996 年铜价的大跌,除了住友事件的推动外,美国基金大举入市抛空也是加速铜价下跌的重要因素。

7. 相关商品如石油、黄金等价格的波动。原油和铜都是国际性的重要原材料,它们需求旺盛与否最能反映经济的好坏,所以从长期来看,油价和铜价的高低与经济发展的快慢有较好的相关性。正因为原油和铜都与宏观经济密切相关,因此就出现了铜价与油价一定程度上的正相关性。但这只是趋势上的一致,短期看原油的价格与铜价正相关性并不十分突出。

8.汇率。国际外汇市场形成美元、欧元和日元三足鼎立之势,由于这三种主要货币之间的比价经常发生较大的变动,以美元标价的国际铜价当然会受到汇率变化的影响。日元和欧元汇率的变化也会影响铜价短期内的一些波动,但不会改变铜市场的大趋势。汇率对调节铜价有一些影响,但决定铜价走势的根本因素是铜的供求关系,汇率因素不能改变铜市场的基本格局,只是在涨跌幅度上可能产生影响。

(四)铜期货交易

国际铜期货市场的发展有几百年历史,而国内不过十余年。实践证明,铜是国内交易最规范、发展最稳定、最具生命力的期货品种。国内铜的期货交易始于1991年的原深圳有色金属交易所,1992年5月原上海金属交易所开业,铜是上市的主要期货品种之一,当时两个交易所进行的都是中远期合约交易。直到1993年3月上海金属交易所推出电解铜期货标准合约,铜才开始了真正的期货交易。上海铜交易起步虽然较深圳晚,但交易量大大超过了深圳。1998年,管理层再一次对期货市场进行了结构性的调整。在这次的调整中,上海期货交易所成为国内进行铜期货交易的唯一交易所。

世界上铜期货交易的主要市场是伦敦金属交易所、中国上海期货交易所和纽约商品交易所,其中伦敦金属交易所的交易对世界铜市行情影响最大,所公布的交易牌价往往作为确定国际铜贸易价格的基础。下面是伦敦金属交易所和上海金属期货交易所铜的标准合约。

表6-1 伦敦金属交易所铜期货合约

交易品种	A级电解铜
交易单位	25吨/手
报价单位	美元/吨
最小变动单位	0.5美元/吨(12.5美元/张)
每日价格最大波动限制	50美分/吨
交易时间	伦敦当地时间2:00-12:05;12:30-12:35(正式牌价);15:30-15:35;16:15-16:20
合约交割月份	最近月份加上连续两个月及未来12个月
合约交割日	3个月内为合约的任何一个交易日;3个月以上至5个月为每个月的第三个星期三
交割等级	阴极A级电解铜,所有交割的A级铜的品牌必须是LME许可的,且必须符合BS 6017-1981(1989)(即Cu-CATH-1阴极铜)的标准

表 6 – 2　上海期货交易所阴极铜期货合约

交易品种	阴极铜
交易单位	5 吨/手
报价单位	元(人民币)/吨
最小变动价位	10 元/吨
每日价格最大波动限制	上一交易日结算价的 ±3%
合约交割月份	1 – 12 月
交易时间	上午 9:00 – 11:30,下午 13:30 – 15:00
最后交易日	合约交割月份的十五日(遇法定节假日顺延)
交割日期	最后交易日后连续五个工作日
交割等级	标准品:标准阴极铜,符合国标 GB/T 467 – 2010 标准阴极铜规定,其中主成分铜加银含量不小于 99.95%
交割地点	交易所指定交割仓库
交易保证金	合约价值的 5%
交易手续费	不高于成交金额的万分之二(含风险准备金)
交割方式	实物交割
交易代码	CU

二、铝

(一)铝的性质和用途

铝是一种轻金属,其化合物在自然界中分布极广,地壳中铝的资源约为 400 亿 ~ 500 亿吨,仅次于氧和硅,占第三位。在金属品种中,铝仅次于铁,为第二大类金属。铝具有特殊的化学、物理特性,不仅重量轻、质地坚,而且具有良好的延展性、导电性、导热性、耐热性和耐辐射性,是国民经济发展的重要基础原材料。按照铝锭的主成分含量可以分成三类:高级纯铝(铝的含量 99.93% ~ 99.999%)、工业高纯铝(铝的含量 99.85% ~ 99.90%)、工业纯铝(铝的含量 98.0% ~ 99.7%)。

(二)国际市场铝的供给与需求

目前已探明的铝土矿在世界分布极不均匀,储量在 10 亿吨以上的国家有几内亚、澳大利亚、巴西、中国、牙买加及印度等,这些国家铝土矿总储量约占全球铝土矿的 73% 左右。

世界五大洲中都有氧化铝生产公司,其中南北美洲、欧洲和大洋洲占了大部分,亚洲的数量相对较少。铝锭生产主要集中在中国、英国、俄罗斯、加拿大、澳大利亚、巴西、挪威等国家,产量约占全球的 60% 以上。

近50年来,铝已成为世界上应用最为广泛的金属之一。铝消费的支柱行业主要在建筑业、交通运输业和包装业,这三大行业的消费一般占当年铝总消费量的60%左右。中国是世界十大铝土矿储量国之一,铝土矿保有储量约为22.7亿吨,占全球储量的9.1%,居世界第四位,97%分布在山西、河南、贵州、广西、四川、山东、云南七个省(区)内。中国铝工业始于20世纪50年代,经过60多年的发展,我国原铝产量和消费量虽然已跃居世界前列,但在产品品种、成本、技术、管理、环保、劳动生产率等方面与英国、加拿大、澳大利亚等国相比差距仍然很大,所以目前只能说,我国是原铝生产和消费大国,但还不是铝工业强国。

(三)影响铝锭期货价格的因素

1. 氧化铝的供给。对于氧化铝短缺而电解铝生产规模较大的国家而言,国际氧化铝价格的波动会影响其国内铝锭的生产成本。氧化铝成本约占铝锭生产成本的28%～34%,我国每年氧化铝的缺口基本都在100万～150万吨。因此,国际、国内氧化铝供应是否充足、价格的高低将直接影响铝锭的生产成本。

2. 电价。电解铝产业又称为"电老虎"行业,一吨铝平均耗电1.6万度。电量和电价是影响我国电解铝工业发展和铝锭价格的重要因素。

3. 国内经济形势。铝锭本身固有的特性和用途决定了其价格一方面要受国际、国内供求关系的影响,另一方面要受国际、国内经济发展速度和经济政策影响。比如由于受东南亚金融危机的影响,国内经济需求不足,导致铝价下跌;又如1999年国家实行积极的财政政策,扩大内需,又带动了铝的消费增长。此外国际石油价格的波动、各国产业政策的变化也会对铝价产生影响。

4. 进出口政策。由于国内铝锭的产能增长过快,使得一方面国内氧化铝供应偏紧,另一方面宏观经济环境决定了铝的需求近几年不可能有过快增长,这在一定程度上更有利于促进国内铝锭的出口。但是,国内铝锭生产能耗大、成本高,制约了我国铝锭工业的发展,因此,每年仍需进口一定数量的铝以满足国内的需求,而我国对进出口关税调整、汇率的变化都将影响国内铝价。

5. 国际市场价格。目前国际有色金属工业跨国公司和商贸公司依靠其雄厚的资本、管理及技术实力,占据了世界相当一部分有色金属资源、生产能力和市场。世界六大产铝国(美国、俄罗斯、加拿大、澳大利亚、巴西、挪威)的产量、出口量、进口价格都会对国际铝价产生影响。因此,随着我国对外开放程度的日益提高,国际市场和国内市场的流通性将更强,对国内有色行业价格的影响将更大。

6. 用铝行业发展趋势的变化。汽车制造、建筑工程、电线电缆等主要行业在铝锭使用范围和使用量的变化及产业调整,都将对铝的生产和价格产生影响。如2010年全球仅小轿车及小型载重汽车对铝的需求量就增加了80%,由以往每年的580万吨增加到1 050万吨。

7. 铝生产工艺的改进与改革。随着计算机技术在铝电解行业的迅速应用,带动了电解过程中物理场的深入研究和有关数学模型的建立,使电解槽的设计更趋合理,电解槽容量大幅度增加。可以预见,随着今后大容量、高效能的智能化铝电解槽技术的普及和广泛应用,铝生产成本还会有明显下降。

(四)铝期货交易

与铜期货合约相比,铝期货合约晚了整整 100 年,1987 年伦敦金属交易所才率先推出铝期货合约,目前已成为伦敦金属交易所交易量最大的合约。伦敦金属交易所推出了铝期货合约后,立即吸引了国际大量铝生产加工商、贸易商、投机者的广泛关注和积极参与,铝期货交易已被业内公认为成熟的大宗期货品种和国际有色金属行业规避风险、发现价格所不可缺少的投资工具。目前,国际市场上除了伦敦金属交易所外,纽约商业交易所、东京工业品交易所和上海期货交易所都上市铝期货交易品种。

中国铝的期货交易始于 1991 年,目前上海期货交易所是国内唯一一家开展铝期货交易的交易所。下面是伦敦金属交易所和上海期货交易所的标准合约。

表 6-3 伦敦金属交易所铝期货合约

交易品种	高级铝(最低 99.7% 的纯铝)
交易单位	25 吨/手
报价单位	美元/吨
最小变动单位	50 美分/吨(12.5 美元/张)
交易时间	伦敦当地时间 12:10-12:15;12:50-12:55(官方牌价);15:30-15:35;16:10-16:15
每日价格最大波动限制	50 美分/吨
合约交割月份	最近月份加上连续两个月及未来 12 个月
交割日期	3 个月以内的每个交易日(现货日前 2 个交易日可建头寸);3 个月以上、6 个月以内,每个月的星期三;7 个月以上、12 个月以内,每月第三个星期三
交割方式	实物交割。锭形有三种:铝锭(12~26 公斤);T 形锭(750 公斤);大板锭(750 公斤)

表 6-4 上海期货交易所铝期货合约

交易品种	铝
交易单位	5 吨/手
报价单位	元(人民币)/吨

最小变动价位	10 元/吨
每日价格最大波动限制	上一交易日结算价的 ±4%
合约交割月份	1 – 12 月
交易时间	上午 9:00 – 11:30,下午 13:30 – 15:00
最后交易日	合约交割月份的十五日(遇法定节假日顺延)
交割日期	最后交易日后连续五个工作日
交割等级	标准品:铝锭,符合国标 GB/T 1196 – 2008 标准中 A199.7 的规定,其中铝含量不小于 99.7%
交割地点	交易所指定交割仓库
交易保证金	合约价值的 5%
交易手续费	不高于成交金额的万分之二(含风险准备金)
交割方式	实物交割
交易代码	AL

三、锌、铅、镍、锡

(一)锌

锌是重要的有色金属原材料,在有色金属的消费中仅次于铜和铝。锌金属具有良好的压延性、耐磨性和抗腐蚀性,能与多种金属制成物理与化学性能更加优良的合金。原生锌企业的主要产品有:金属锌、锌基合金、氧化锌,产品用于以下几个方面:

镀锌:用做防腐镀层,广泛用于汽车、建筑、船舶、轻工等行业,约占锌用量的 46%。

制造铜锌合金材料:用于汽车和机械行业,约占 15%。

铸造锌合金:用于汽车、轻工等行业,约占 15%。

制造氧化锌:用于橡胶、涂料、搪瓷、医药、印刷、纤维等工业,约占 11%。

干电池:约占 13%。

我国锌资源丰富,地质储量居世界第一位,20 世纪 90 年代后,中国一直是位居前列的锌生产国,精锌产量约占全球总产量的 1/4。锌的消费大国有中国、美国、日本、德国、韩国、意大利、印度、比利时等,年消费量均在 30 万吨以上。

表6-5 伦敦金属交易所锌期货合约

交易品种	高级锌(99.995% 以上纯度锌)
交易单位	25 吨/手
报价单位	美元/吨
最小变动单位	50 美分/吨(12.5 美元/张)
交易时间	伦敦当地时间 12:10-12:15;12:50-12:55(官方牌价);15:30-15:35;16:10-16:15
每日价格最大波动限制	无
合约交割月份	最近月份加上连续两个月及未来 12 个月
交割日期	3 个月以内的每个交易日(现货日前 2 个交易日可建头寸); 3 个月以上、6 个月以内,每个月的星期三; 7 个月以上、63 个月以内,每月第三个星期三
交割方式	实物交割。有三种:板坯;锌卷;锌锭。纯度不低于 99.95% 的锌板坯,每块重量不超过 55 公斤,须有 LME 认可的牌号

表6-6 上海期货交易所锌期货合约

交易品种	锌
交易单位	5 吨/手
报价单位	元(人民币)/吨
最小变动价位	5 元/吨
每日价格最大波动限制	上一交易日结算价的 ±4%
合约交割月份	1-12 月
交易时间	上午 9:00-11:30,下午 13:30-15:00
最后交易日	合约交割月份的十五日(遇法定节假日顺延)
交割日期	最后交易日后连续五个工作日
交割等级	标准品:锌锭,符合国标 GB/T 470-2008 ZN99.995 规定,其中锌含量不小于 99.995% 替代品:锌锭,符合 BS EN 1179:2003 Z1 规定,其中锌含量不小于 99.995%
交割地点	交易所指定交割仓库
交易保证金	合约价值的 5%
交割方式	实物交割
交易代码	ZN

(二)铅

铅的主要消费领域是蓄电池、电缆护套、氧化铅和铅材,其中汽车蓄电池是铅消费的最大领域,其他消费有军工铅弹、焊料、核工业和医疗辐射防护、管道维修等。中国是铅储量较为丰富的国家,全球铅储量主要分布在中国、美国和澳大利亚。近年来全球精铅产量稳定增长,中国的铅产量约占全球产量的34%,中国已经超过美国成为全球第一大精铅生产国和全球第一大精铅消费国。

表6-7 伦敦金属交易所铅期货合约

交易品种	99.97% 以上纯度铅
交易单位	25 吨/手
报价单位	美元/吨
最小变动单位	50 美分/吨(12.5 美元/张)
交易时间	伦敦当地时间 12:10 - 12:15;12:50 - 12:55(官方牌价);15:30 - 15:35;16:10 - 16:15
每日价格最大波动限制	无
合约交割月份	最近月份加上连续两个月及未来 12 个月
交割日期	3 个月以内的每个交易日(现货日前 2 个交易日可建头寸);3 个月以上、6 个月以内,每个月的星期三;7 个月以上、63 个月以内,每月第三个星期三
交割方式	实物交割。铅锭重量最多为 55 公斤

表6-8 上海期货交易所铅期货合约

交易品种	铅
交易单位	5 吨/手
报价单位	元(人民币)/吨
最小变动价位	5 元/吨
每日价格最大波动限制	上一交易日结算价的 ±4%
合约交割月份	1 - 12 月
交易时间	上午 9:00 - 11:30,下午 13:30 - 15:00
最后交易日	合约交割月份的十五日(遇法定节假日顺延)
交割日期	最后交易日后连续五个工作日

续表

交割等级	标准品：铅锭，符合国标 GB/T 469－2005 Pb99.994 规定，其中铅含量不小于 99.994%
交割地点	交易所指定交割仓库
交易保证金	合约价值的 5%
交割方式	实物交割
交易代码	PB

（三）镍

镍是银白色金属，质地坚，具有良好磁性、可塑性和耐腐性。镍是制造镍合金的基础材料，用于特殊用途的零部件、仪器制造、机器制造、火箭、原子反应堆、蓄电池、电镀、货币等领域。镍的消费量次于铜、铝、锌、铅居有色金属第五位。全球镍的主要生产国依次为俄罗斯、加拿大、印度尼西亚、澳大利亚、中国和古巴。

表6－9　伦敦金属交易所镍期货合约

交易品种	99.80% 以上纯度镍
交易单位	6 吨/手
报价单位	美元/吨
最小变动单位	50 美分/吨
交易时间	伦敦当地时间 12：10－12：15；12：50－12：55（官方牌价）；15：30－15：35；16：10－16：15
每日价格最大波动限制	无
合约交割月份	最近月份加上连续两个月及未来 12 个月
交割日期	3 个月以内的每个交易日（现货日前 2 个交易日可建头寸）； 3 个月以上、6 个月以内，每个月的星期三； 7 个月以上、63 个月以内，每月第三个星期三
交割方式	实物交割。①整板（重量 1 低于 1.6 吨/扎）；②阴极镍；③镍粒；④镍球（150~500 公斤/卷）

表6-10 上海期货交易所镍期货标准合约

交易品种	镍
交易单位	1吨/手
报价单位	元(人民币)/吨
最小变动价位	10元/吨
每日价格最大波动限制	不超过上一交易日结算价±4%
合约交割月份	1-12月
交易时间	上午9:00-11:30,下午13:30-15:00和交易所规定的其他交易时间
最后交易日	合约交割月份的15日(遇法定假日顺延)
交割日期	最后交易日后连续五个工作日
交割等级	标准品:电解镍,符合国标 GB/T 6516—2010 Ni9996 规定,其中镍和钴的总含量不小于99.96% 替代品:电解镍,符合国标 GB/T 6516—2010 Ni9999 规定,其中镍和钴的总含量不小于99.99%;或符合 ASTM B39-79(2013)规定,其中镍的含量不小于99.8%
交割地点	交易所指定交割仓库
最低交易保证金	合约价值的5%
最小交割单位	6吨
交割方式	实物交割
交易代码	NI
上市交易所	上海期货交易所

(四) 锡

锡具有熔点低、无毒、耐腐性等特点,能与许多金属形成合金,有良好的延展性,外表美观,因而,锡的重要性和应用范围不断显现和扩大。

锡主要用于制造合金和马口铁。制造合金主要包括锡铅焊料、锡青铜、轴承合金和其他合金。其中焊料锡超过锡消费量的30%,广泛用于电子工业。马口铁主要使用电镀法,用于制造刚性容器,广泛应用于食品饮料的包装、照明工程、玩具、办公用品、模件、厨房用具、展览和广告招牌等。中国锡资源丰富,长期以来一直是锡的生产大国,储量和产量居于世界前列,云南是锡储量最丰富的地区。

表6-11　伦敦金属交易所锡期货合约

交易品种	99.85% 以上纯度锡
交易单位	5 吨/手
报价单位	美元/吨
最小变动单位	50 美分/吨
交易时间	伦敦当地时间 12:10 - 12:15;12:50 - 12:55(官方牌价);15:30 - 15:35;16:10 - 16:15
每日价格最大波动限制	无
合约交割月份	最近月份加上连续两个月及未来 12 个月
交割日期	3 个月以内的每个交易日(现货日前 2 个交易日可建头寸); 3 个月以上、6 个月以内,每个月的星期三; 7 个月以上、63 个月以内,每月第三个星期三
交割方式	实物交割。锡锭或锡板,重量 12 ~ 50 公斤

表6-12　上海期货交易所锡期货标准合约

交易品种	锡
交易单位	1 吨/手
报价单位	元(人民币)/吨
最小变动价位	10 元/吨
每日价格最大波动限制	不超过上一交易日结算价 ±4%
合约交割月份	1 - 12 月
交易时间	上午 9:00 - 11:30,下午 13:30 - 15:00 和交易所规定的其他交易时间
最后交易日	合约交割月份的 15 日(遇法定假日顺延)
交割日期	最后交易日后连续五个工作日
交割日期	标准品:锡锭,符合国标 GB/T 728 - 2010 Sn99.90A 牌号规定,其中锡含量不小于 99.90% 替代品:锡锭,符合国标 GB/T 728 - 2010 Sn99.90AA 牌号规定,其中锡含量不小于 99.90%;Sn99.95A、Sn99.95AA 牌号规定,其中锡含量不小于 99.95%;Sn99.99A 牌号规定,其中锡含量不小于 99.99%
交割地点	交易所指定交割仓库
最低交易保证金	合约价值的 5%
最小交割单位	2 吨
交割方式	实物交割
交易代码	SN
上市交易所	上海期货交易所

第三节 贵金属期货

一、黄金

(一)黄金的性质

黄金的生产和消费历史悠久,是深受人们喜爱的贵金属商品。黄金具有体积小、价值大、易储存保管、易分割、易合并等特点,使得其天然就具有货币材料及一般等价物的特性。1931 年,英国政府宣布放弃金本位制,其他国家纷纷效仿,但在相当一段时间内各国仍直接或间接地保持黄金与货币之间的联系。1974 年 12 月 31 日,美国政府宣布公众可以自由持有和买卖黄金,黄金成为可在市场上自由交易的商品,结束了黄金的货币身份,促成了纽约黄金期货市场的发育。

(二)黄金的供给和需求

黄金的供给可分为以下几种类型:

1. 新开采黄金的供给。新开采黄金占据每年黄金供给的绝大部分,南非是世界上第一产金国,独联体各国产金量位居第二,近年来美国、澳大利亚、加拿大等国的产金量增长较快,使得南非产金量在全球总产量的比重有所下降。

2. 黄金的二次供给。从黄金废料中提取的黄金,这部分供给占总供给的比例约占 20% 左右。例如,1987 年全球从首饰及工业产品中回收的黄金废料总量就达 471 吨。

3. 各国中央银行和政府黄金总量的售出。有些国家在外汇缺乏或国际收支逆差时,就可能在国际市场上抛售黄金,获取外汇,进口国内急需的商品。

黄金的需求一般分为投资性需求和工业性需求两大类:工业需求主要包括首饰用金、电子工业和医疗用金,其中首饰加工占据最大的比例。投资需求指人们购买金条、金币等需求,其目的是投机、防通胀和防纸币贬值。投资需求虽然所占比例不大,但其实际需求与投资意愿高低密切相关,对市场金价波动有很大的影响。除上述两类需求外,各国央行和国际金融机构的收储也是值得注意的因素。

(三)影响国际黄金价格的因素

黄金的保值功能和广泛用途使得其价格复杂多变,综合分析主要包括下述因素:

1. 一定时期内黄金的供求关系。一定时期内黄金的供给量大于需求量,通常会引起金价的下跌,反之,则引起金价的上扬。罢工、新采金技术、新金矿的发现、黄金投资热潮等是影响一定时期内黄金供求的重要因素,尤其值得注意的是有关国家的政府及大黄金商的行为,他们往往会在短期内改变黄金市场的供求格局。

2.通货膨胀的程度及预期。黄金的保值功能使得通胀发生或预期将要通胀时,金价就可能上升。20世纪70年代石油危机使西方国家经济出现滞涨,金价快速上扬,到80年代金价从35美元/盎司涨到超过800美元/盎司。另一个与通胀相关对金价走势影响较大的经济指标是利率,利率是各国政府抵御通胀的重要手段,利率的高低与金价变动方向是相反的。

3.美元和石油的价格走势。美元是传统的硬通货,也是自金本位崩溃后与黄金关系最为密切的一种货币,国际上黄金的价格主要是以美元标价,这样黄金的价格随美元本身币值的变化而变化。一般而言,美元升值,黄金价格通常会下跌,美元贬值,金价则可能相应上扬。石油价格的变动与黄金价格变动也有密切的关系,20世纪70年代以来,几乎每次黄金价格的重大波动都与石油价格变化有一定的联系。

4.国际经济政治形势。政治与经济有着非常密切的关系,黄金价格对国际经济政治形势变化十分敏感:一方面政治经济稳定影响人们的投资与消费,另一方面,政治经济动荡时人们会出于避险需求来买卖黄金进而影响金价。

(1)世界经济景气状况。世界经济景气与否直接影响投资者对黄金的需求,一般来说,当世界经济景气时,黄金需求上升,黄金价格得到支撑。美国作为世界上最大的经济体,对世界经济的影响也最大,因此,预测黄金价格特别是短期黄金价格,要关注各国政府(特别是美国)公布的各项经济数据,如失业率、消费者信心指数、国内生产总值等指标。

(2)国际金融危机。当国际金融出现危机时,会有大银行倒闭,人们自然会将金钱留在手头,并将资金投向避险工具(即黄金),黄金需求上升,金价自然上升。唯有在金融体系稳定的情况下,投资者对黄金的信心才会打折,卖出黄金从而影响金价。

(3)经济周期。经济周期是经济发展过程中规律性波动的反映。在经济周期增长阶段,股市、汇市、房地产等投资领域吸引了大量的资金投入,黄金相应遭冷落;在经济衰退阶段,黄金成了投资者最后的"避难所",黄金价格也倾向于上涨。

5.地缘政治和国际形势。战争和政局动荡时期,经济的发展会受到很大限制,任何当地的货币都可能会由于通货膨胀而贬值,这时,黄金的重要性就淋漓尽致地发挥出来了。由于黄金具有公认的特性,是国际公认的交易,在这种时刻人们都会把目标投向黄金,对黄金抢购也必然造成黄金价格的上涨。

6.其他因素。除上述几大因素外,其他因素如投机等也会影响黄金的价格。

(四)黄金期货市场

全球的黄金期货市场主要分布在欧洲、亚洲、北美洲三个区域。欧洲以伦敦、苏黎世黄金市场为代表;亚洲主要以香港黄金市场为代表;北美洲主要以纽约、芝加哥和加拿大的温尼伯黄金市场为代表。世界前五大黄金期货市场分别为伦敦、纽约、芝加哥、苏黎世和中国香港,其功能各有侧重。

1. 全球主要黄金市场。全球主要黄金期货市场的情况大致如下:

(1)伦敦黄金市场。伦敦黄金市场是世界上最大的黄金市场。1804 年,伦敦取代阿姆斯特丹成为世界黄金交易中心。1919 年,伦敦黄金市场正式成立,每天进行上午和下午两次黄金定价。伦敦黄金市场的黄金供应者主要是南非。1982 年以前,伦敦黄金市场经营黄金现货交易,直到 1982 年 4 月伦敦黄金期货市场开业。现在,伦敦黄金市场是全球最重要的黄金现货市场,也是世界上唯一可以成吨购买黄金的市场,该市场每日报出的黄金价格是世界黄金市场的"晴雨表"。

(2)美国黄金市场。纽约和芝加哥黄金市场是 20 世纪 70 年代中期发展起来的,主要原因是 1977 年后美元贬值,人们(主要是以法人团体为主)为了套期保值和投资增值盈利,使得黄金期货迅速发展起来。纽约黄金市场是纽约商品交易所的一部分,1974 年开始期货交易,是现今世界上最大的黄金期货交易所,其黄金期货和期权成交量居世界首位。芝加哥黄金市场是芝加哥商品交易所的一部分,其特点也是期货交易,实际到期交割的很少,绝大部分属于买多卖空的交易,交易量仅次于纽约黄金市场。

(3)苏黎世黄金市场。苏黎世黄金市场是第二次世界大战后发展起来的国际黄金市场,著名的瑞士银行、瑞士信贷银行和瑞士联合银行是这个黄金市场的主体。瑞士特殊的银行体系和辅助性的黄金交易服务体系,为黄金买卖提供了一个既自由又保密的环境。加之瑞士与南非签有优惠协议,原苏联的黄金也聚集于此,使得瑞士不仅是世界上新增黄金的最大中转站,也是世界上最大的私人黄金存储中心。苏黎世黄金市场在国际黄金市场上的地位仅次于伦敦黄金市场。

(4)香港黄金市场。香港黄金市场建立于 1909 年,已有百年的历史,最初以交易金银币为主,其形成是以香港金银贸易场的成立为标志。1974 年,香港政府撤销了对黄金进出口的管制,此后香港黄金市场发展极快。香港黄金市场在时差上刚好填补了纽约、芝加哥市场收市和伦敦开市前的空当,可以连贯亚洲、欧洲、北美洲,形成完整的世界黄金市场。其优越的地理位置引起了欧洲金商的注意,于是伦敦五大金商、瑞士三大银行等纷纷来香港设立分公司,它们将在伦敦交收的黄金买卖活动带到香港,逐步形成了一个无形的当地"伦敦黄金市场",促使香港成为世界主要的黄金市场之一。

(5)日本黄金市场。日本几乎不产黄金,它的黄金依赖进口。同纽约一样,黄金期货市场在日本起着重要作用。虽然东京的交易量只是纽约的 2/3,但它仍被认为是国际上主要的黄金期货市场之一。

2. 中国的黄金期货。经国务院同意,中国证监会于 2007 年 9 月 11 日批准上海期货交易所开办黄金期货交易。2007 年 12 月 28 日,中国证监会公布批准上海期货交易所挂牌黄金期货合约,2008 年 1 月 9 日黄金期货合约正式在上海期货交易所挂牌交易。

表 6 – 13 芝加哥期货交易所 1 公斤黄金期货合约

交易品种	黄金
交易单位	1 000 克(32.15 金盎司)
报价单位	美分/盎司
最小变动单位	10 美分/盎司(10 美元/张)
交易时间	芝加哥时间星期一至星期五上午 7:20 – 下午 1:40
合约月份	当月及紧接着的 2 个日历月份以及 2 月、4 月、6 月、8 月、10 月及 12 月
最后交易日	交付的当月倒数第三个营业日
涨跌停板幅度	75 美元/盎司(7 500 美元/张)
交割等级	一条精炼黄金(纯度 995)、重 1 000 克(32.15 金盎司)并且附有芝加哥商品交易所认可的商标
交割方式	以金库发行的黄金凭证在 CBOT 认可的芝加哥或纽约的金库交割

表 6 – 14 上海期货交易所黄金期货合约

交易品种	黄金
交易单位	1 000 克/手
报价单位	元(人民币)/克
最小变动价位	0.05 元人民币/克
每日价格最大波动限制	上一交易日结算价的 ±3%
合约交割月份	最近三个连续月份的合约以及最近 11 个月以内的双月合约
交易时间	上午 9:00 – 11:30,下午 13:30 – 15:00
最后交易日	合约交割月份的十五日(遇法定节假日顺延)
交割日期	最后交易日后连续五个工作日
交割品级	金含量不低于 99.95% 的国产金锭及经交易所认可并被伦敦金银市场协会认定合格的供货商或精炼厂生产的标准金锭
交割地点	交易所指定交割仓库
交易保证金	合约价值的 4%
交割方式	实物交割
交易代码	Au

二、白银

(一)白银的性质

与黄金一样,白银也是一种理想的货币材料。早在中国古代和古罗马时期,人们就以白银作为商品交易的一般等价物。直至今天,在一些国家白银仍是一种货币材料,用白银制作的硬币还在流通。白银也是一种广为人们喜爱的装饰材料,在古代的东方和西方都有不少的民族用白银制作各种装饰品和家用器具。白银所具有的良好延展性、可锻造性、导电导热及抗腐蚀等特征,使之在工业上具有广泛的用途。白银的需求分为工业性需求和投资性需求两类,其中工业性需求占据了绝大部分,白银可用于电子工业、电池、导体、接触器、银器、首饰加工等方面。发达国家白银的消费量远大于发展中国家,美国是最大的白银消费国。

人类很早就开始白银矿的开采和冶炼,大量银矿藏的发现是在 15 世纪的南美洲,墨西哥、秘鲁等国为全球产银大国,此外,加拿大、美国、澳大利亚的生产量也较大。

(二)影响白银价格的主要因素

1. 生产国的有关政策及政府的稳定性。白银供给的主要来源是矿山产银和废银回收,产银国政治、经济状况的变化都会影响到生产,政府采取鼓励政策时,供给量就会增加,反之,当政府限制白银的生产时,供给量就会减少。此外产银国经济实力及经济运行状况也会影响白银的供给。

2. 消费状况。消费者对白银饰品的普遍偏好会大大增加对白银的需求量,人们对用银制作的各类硬币和纪念章的收集也会增加对白银的需求。

3. 同为贵金属的黄金市场走势。白银与黄金在多方面用途的类似使得两者的价格变化呈现出替代品价格变化的特征,一般情况下金价的上升会拉动银价的上涨,银价的抬高也会刺激金价的攀升。例如 1980 年金价涨至每盎司 850 美元,同时银价也由每盎司 6 美元升至每盎司 50 美元,金银价格之间的密切关系为期货交易者提供了一种理想的套利机会。

(三)白银期货市场

进行白银期货交易的交易所主要包括美国芝加哥商品交易所、纽约商品交易所、芝加哥中美洲商品交易所及日本东京工业品交易所等。2012 年 5 月 10 日上海期货交易所推出白银期货。

表 6-15　芝加哥期货交易所 5 000 金衡盎司白银期货合约

交易品种	白银
交易单位	5 000 金衡盎司
报价单位	美分/盎司
最小变动单位	每盎司 1/10 美分(每张合约 5 美元)

续表

交易时间	芝加哥时间星期一至星期五上午 7:20 - 下午 1:40 晚场交易时间:星期日至星期四下午 5:00 - 8:30(芝加哥时间)或下午 6:00 - 9:30(中部夏时制时间)
合约月份	当月和下两个日历月份以及 2 月、4 月、6 月、8 月、10 月
最后交易日	从交割月的最后营业日往回数的第四个营业日
涨跌停板幅度	75 美元/盎司(7 500 美元/张)
交割等级	成色不低于 999 的 4~5 根纯银条,每根重量 1 000~1 100 盎司,公差度 10%;每 5 000盎司总重量公差度不得超过 6%
交割方式	凭设在芝加哥或纽约的、经 CBOT 批准的金库所签仓单(收据)交割

表 6-16 上海期货交易所白银期货标准合约

交易品种	白银
交易单位	15 千克/手
报价单位	元(人民币)/千克
最小变动价位	1 元/千克
每日价格最大波动限制	不超过上一交易日结算价 ±3%
合约交割月份	1 - 12 月
交易时间	上午 9:00 - 11:30,下午 13:30 - 15:00 和交易所规定的其他交易时间
最后交易日	合约交割月份的十五日(遇法定假日顺延)
交割日期	最后交易日后连续五个工作日
交割品级	标准品:符合国标 GB/T 4135 - 2002 IC - Ag99. 99 规定,其中银含量不低于 99.99%
交割地点	交易所指定交割仓库
最低交易保证金	合约价值的 4%
交割方式	实物交割
交割单位	30 千克
交易代码	AG
上市交易所	上海期货交易所

三、铂和钯

铂即白金,是贵金属中最为稀有昂贵的一个品种,价格比黄金还高,具有保值投资的价值,称为金属之王。钯也是一种铂族金属,铂和钯有许多共同的特性,由于具有良好的导电性和耐腐蚀功能,在现代工业中用途十分广泛。目前全球铂和钯的消费主要集中于汽车工业和化学工业等部门,珠宝行业的消耗也占一定的比例。工业发达国是这两种金属的主要消费者,日本消费量最大。铂和钯的供应来源主要有矿山新产和废旧回收两种。相对于其他金属,铂族金属的探明储藏量十分有限,全球储备仅为 6 万多吨,南非的储藏量和生产量最为丰富,其次为俄罗斯、加拿大、哥伦比亚、美国等。

铂和钯期货交易的市场主要有美国纽约商业交易所、日本东京工业品交易所等。纽约商品交易所铂期货交易单位为 50 盎司,最小价格波幅为每盎司 10 美分,每日涨跌幅以前一交易日收盘价上下 25 美元为限。钯期货的交易单位为 100 盎司,最小价格波幅为每盎司 5 美分,每日涨跌幅以前一交易日收盘价上下 6 美元为限。

第四节　钢材期货

一、钢材期货概述

钢材期货就是以钢材为标的物的期货品种,可以交易的钢材期货是螺纹钢期货和线材期货。钢铁贸易在全球商品贸易量中占据相当大的比重,开放的市场导致钢铁价格波动,供应链阻断,使交易充满不确定性,衍生品市场使企业规避这些风险成为可能。钢材期货的推出将加强钢铁价格的透明度,使企业更好地管理价格风险,管理现金流,更有效地预测利润、计划生产。钢材产业链的所有企业都可以利用线材和螺纹钢这两个期货品种进行完全或拟合的套期保值。

中国是全球最大的钢材生产和消费国,2010 年中国钢材产量已占到全球产量近三成,与此同时,中国还是钢材进口大国。对于这样一个世界钢材的生产、消费和贸易大国,2005 年 2 月 28 日宝钢“被迫”接受国际矿业巨头铁矿石大幅涨价的要求后,国内业界对恢复钢材期货交易的呼声日渐高涨。如何成为国际钢材定价中心、维护中国的经济利益,成为越来越多的人关注的焦点。

二、螺纹钢期货

螺纹钢即带肋钢筋,分为热轧带肋钢筋和冷轧带肋钢筋。螺纹钢亦称变形钢筋或异形钢筋,其与光圆钢筋的区别是表面带有纵肋和横肋,通常带有二道纵肋和沿长度方向均匀分布的横肋。螺纹钢属于小型型钢钢材,主要用于钢筋混凝土建筑构件的骨架,在使用中要求有一定的机械强度、弯曲变形性能及工艺焊接性能。生产螺纹钢的原料钢坯为经镇静熔炼处理的碳素结构钢或低合金结构钢,成品钢筋为热轧成形、正火或热轧状态交货。螺纹钢按用途可分为钢筋混凝土用普通钢筋及预应力钢筋混凝土用热处理钢筋等。

我国是螺纹钢生产大国,由于我国固定资产投资规模较大,螺纹钢基本上用于满足内需,其出口数量并不多。在钢材按品种分类的 22 个品种中螺纹钢是占钢材总量比例最大的品种,约为 16% 。

近年来,钢筋钢材的进口量很小,钢筋钢材的出口量相对比较大,且逐年快速上升,但是,净出口量占钢筋产量比例很低。

表 6 – 17　上海期货交易所螺纹钢期货合约

交易品种	螺纹钢
交易单位	10 吨/手
报价单位	元(人民币)/克
最小变动价位	1 元人民币/克
每日价格最大波动限制	上一交易日结算价的 ±5%
合约交割月份	1 – 12 月
交易时间	上午 9:00 – 11:30,下午 13:30 – 15:00
最后交易日	合约交割月份的十五日(遇法定节假日顺延)
交割日期	最后交易日后连续五个工作日
交割品级	标准品:符合国标 GB 1499.2 – 2007《钢筋混凝土用钢 第 2 部分:热轧带肋钢筋》HRB400 或 HRBF400 牌号的 φ16mm、φ18mm、φ20mm、φ22mm、φ25mm 螺纹钢 替代品:符合国标 GB 1499.2 – 2007《钢筋混凝土用钢 第 2 部分:热轧带肋钢筋》HRB335 或 HRBF335 牌号的 φ16mm、φ18mm、φ20mm、φ22mm、φ25mm 螺纹钢
交割地点	交易所指定交割仓库
交易保证金	合约价值的 5%
交割方式	实物交割
交易代码	RB

三、线材期货

线材是用量很大的钢材品种之一,轧制后可直接用于钢筋混凝土的配筋和焊接结构件,也可经再加工使用。

线材一般用普通碳素钢和优质碳素钢制成。按照钢材分配目录和用途不同,线材包括普通低碳钢热轧圆盘条、优质碳素钢盘条、碳素焊条盘条、调质螺纹盘条、制钢丝绳用盘条、琴钢丝用盘条以及不锈钢盘条等。我国是世界上最大的线材生产国,年产量占世界生产总量三分之一以上,线材也是我国第二大钢材生产品种,占国内钢铁产量比重一直较高。从线材进出口情况看,长期以来线材一直是我国主要钢材出口品种,也是我国一直保持净出口状态的钢材品种,特别是近几年出口增长特别迅速。从国内线材消费情况看,线材在建筑领域中的应用较多。

线材的钢种非常广泛,有碳素结构钢、弹簧钢、碳素工具钢、合金结构钢、轴承钢、合金工具钢、不锈钢、电热合金钢等。线材用途十分广泛,除直接用做建筑钢筋外,还可加工成各类专用钢丝,如弹簧用钢丝、焊丝、镀锌丝、钢帘线、钢绞线等,还可加工成其他金属制品,如铆钉、螺钉、铁钉等。根据资料统计,一般国家线材产量占钢材总产量的 5% ~ 15%。我国目前处在经济发展时期,城市建设和解决居民居住条件仍需要大量线材。

表6 – 18　上海期货交易所线材期货合约

交易品种	线材
交易单位	10 吨/手
报价单位	元(人民币)/克
最小变动价位	1 元人民币/克
每日价格最大波动限制	上一交易日结算价的 ±5%
合约交割月份	1 – 12 月
交易时间	上午 9:00 – 11:30,下午 13:30 – 15:00
最后交易日	合约交割月份的十五日(遇法定节假日顺延)
交割日期	最后交易日后连续五个工作日
交割品级	标准品:符合国标 GB 1499.1 – 2008《钢筋混凝土用钢 第一部分:热轧光圆钢筋》HPB235 牌号的 φ8mm 线材 替代品:符合国标 GB 1499.1 – 2008《钢筋混凝土用钢 第一部分:热轧光圆钢筋》HPB235 牌号的 φ6.5mm 线材
交割地点	交易所指定交割仓库
交易保证金	合约价值的 7%
交割方式	实物交割
交易代码	WR

四、热轧卷板期货

热轧卷板是以板坯(主要为连铸坯)为原料,经加热炉加热(或均热炉均热)后由粗轧机组及精轧机组轧制成的带钢。热轧卷板从精轧最后一架轧机出来的热钢带通过层流冷却至设定温度,由卷取机卷成热轧钢带。热轧卷板包括钢带(卷)及由其剪切而成的钢板。钢带(卷)可以分为直发卷及精整卷(分卷、平整卷及纵切卷)。

热轧卷板一般包括中厚宽钢带、热轧薄宽钢带和热轧薄板。中厚宽钢带是其中最具代表性的品种,其产量占比约为热轧卷板总产量的2/3,上海期货交易所即将上市的热轧卷板期货合约的标的物属于中厚宽钢带。

热轧卷板按其材质、性能的不同可分为普通碳素结构钢、低合金钢、合金钢。按其用途的不同可分为冷成型用钢、结构钢、汽车结构钢、耐腐蚀结构用钢、机械结构用钢、焊接气瓶及压力容器用钢、管线用钢等。热轧卷板产品具有强度高、韧性好、易于加工成型、良好的可焊接性等优良性能,被广泛应用于冷轧基板、船舶、汽车、桥梁、建筑、机械、输油管线、压力容器等制造行业。

表6-19 上海期货交易所热轧卷板期货标准合约

交易品种	热轧卷板
交易单位	10吨/手
报价单位	元(人民币)/吨
最小变动价位	1元/吨
每日价格最大波动限制	不超过上一交易日结算价±3%
合约交割月份	1-12月
交易时间	上午9:00-11:30,下午13:30-15:00和交易所规定的其他交易时间
最后交易日	合约交割月份的十五日(遇法定假日顺延)
交割日期	最后交易日后连续五个工作日
交割品级	标准品:符合GB/T 3274—2007《碳素结构钢和低合金结构钢热轧厚钢板和钢带》的Q235B或符合JIS G 3101—2010《一般结构用轧制钢材》的SS400,厚度5.75mm、宽度1500mm热轧卷板 替代品:符合GB/T 3274—2007《碳素结构钢和低合金结构钢热轧厚钢板和钢带》的Q235B或符合JIS G 3101—2010《一般结构用轧制钢材》的SS400,厚度9.75mm、9.5mm、7.75mm、7.5mm、5.80mm、5.70mm、5.60mm、5.50mm、5.25mm、4.75mm、4.50mm、4.25mm、3.75mm、3.50mm,宽度1500mm热轧卷板
交割地点	交易所指定交割仓库
最低交易保证金	合约价值的4%
交割方式	实物交割
交易代码	HC
上市交易所	上海期货交易所

五、铁矿石期货

铁矿石是钢铁生产企业的重要原材料,天然矿石(铁矿石)经过破碎、磨碎、磁选、浮选、重选等程序逐渐选出铁。世界铁矿石资源集中在澳大利亚、巴西、俄罗斯、乌克兰、哈萨克斯坦、印度、美国、加拿大、南非等国。在全球铁矿石市场上,主要出口国只有两个,即巴西、澳大利亚;南非、印度及加拿大属于第二梯队。

中国铁矿石分布主要集中在辽宁、四川、河北、北京、山西、内蒙古、山东、河南、湖北、云南、安徽、福建、江西、海南、贵州、陕西、甘肃、青海和新疆等省、市、自治区。

随着钢铁工业的新一轮发展,铁矿石的需求量越来越大,世界铁矿石贸易格局也在发生着变化。全球矿石的主要进口国开始由日本、西欧逐步转为中国。从国际铁矿石需求市场看,欧洲和北美洲市场已较成熟,进口需求比较稳定。在亚洲,中国已经成为全球最大的铁矿石消费国,进口全球60%的铁矿石。

表6-20 大连商品交易所铁矿石期货合约

交易品种	铁矿石
交易单位	100吨/手
报价单位	元(人民币)/吨
最小变动单位	1元/吨
涨跌停板幅度	上一交易日结算价的4%
合约月份	1月、2月、3月、4月、5月、6月、7月、8月、9月、10月、11月、12月
交易时间	每周一至周五上午9:00-11:30,下午13:30-15:00
最后交易日	合约月份第十个交易日
最后交割日	最后交易日后第三个交易日
交割等级	大连商品交易所铁矿石交割质量标准
交割地点	大连商品交易所铁矿石指定交割仓库及指定交割地点
最低交易保证金	合约价值的5%
交割方式	实物交割
交易代码	I
上市交易所	大连商品交易所

六、铁合金期货

铁合金是由一种或两种以上的金属或非金属元素与铁元素融合在一起的合

金。例如,硅铁是硅与铁形成的 Fe_2Si、Fe_5Si_3、$FeSi$、$FeSi_2$ 等硅化物,它们是硅铁的主要组分,硅铁中的硅主要以 $FeSi$ 和 $FeSi_2$ 形式存在,特别是 $FeSi$ 较为稳定。不同成分硅铁的熔点也不相同,例如 45% 硅铁熔点为 1 260℃,75% 硅铁为 1 340℃。锰铁是锰与铁的合金,其中也含有碳、硅、磷等少量其他元素,依其碳含量的不同,锰铁分为高碳锰铁、中碳锰铁和低碳锰铁。含有足够硅量的锰铁合金称为硅锰合金。

铁合金不是可以直接使用的金属材料,而是主要作为钢铁生产和铸造业的脱氧剂、还原剂及合金添加剂的中间原料。铁合金是钢铁工业和机械铸造行业必不可少的重要原料之一。随着我国钢铁工业的持续、快速发展,钢的品种不断扩大和质量提高,对铁合金产品提出了更高要求,铁合金工业日益成为钢铁工业的相关技术和配套工程。

表 6 - 21　郑州商品交易所硅铁期货合约

交易品种	硅铁
交易单位	5 吨/手
报价单位	元(人民币)/吨
最小变动价位	2 元/吨
每日价格波动限制	上一交易日结算价 ±4% 及《郑州商品交易所期货交易风险控制管理办法》相关规定
最低交易保证金	合约价值的 5%
合约交割月份	1 - 12 月
交易时间	每周一至周五(北京时间法定节假日除外)上午 9:00 - 11:30,下午 13:30 - 15:00 以及交易所规定的其他时间,最后交易日上午 9:00 - 11:30
最后交易日	合约交割月份的第十个交易日
最后交割日	合约交割月份的第十二个交易日
交割品级	见《郑州商品交易所期货交割细则》
交割地点	交易所指定交割地点
交割方式	实物交割
交易代码	SF
上市交易所	郑州商品交易所

表6-22 郑州商品交易所锰硅期货合约

交易品种	锰硅*
交易	5吨/手
报价单位	元(人民币)/吨
最小变动价位	2元/吨
每日价格波动限制	上一交易日结算价±4%及《郑州商品交易所期货交易风险控制管理办法》相关规定
最低交易保证金	合约价值的5%
合约交割月份	1-12月
交易时间	每周一至周五(北京时间法定节假日除外)上午9:00-11:30,下午13:30-15:00以及交易所规定的其他时间,最后交易日上午9:00-11:30
最后交易日	合约交割月份的第十个交易日
最后交割日	合约交割月份的第十二个交易日
交割品级	见《郑州商品交易所期货交割细则》
交割地点	交易所指定交割地点
交割方式	实物交割
交易代码	SM
上市交易所	郑州商品交易所

*锰硅即为现货市场上通称之"硅锰"。

案例:日本住友铜事件[1]

日本住友商社是集金融贸易、冶金,机械、石油、化工、食品和纺织为一体的超大型集团,在全球500强企业中一度排名第22位,1995年底住友商社在全球的总销售额达16万亿日元,约合1 468亿美元。

早在16世纪,住友商社家族在日本四国岛开创和经营一座铜矿,后来发展成为日本官方指定的铜供应商。住友商社还通过控股、参股等形式拥有全球包括智利、菲律宾等国的众多铜矿和冶炼厂部分和全部股份,此外,住友很早就参与伦敦金属交易所的金属交易。1987年初住友在LME铜价处于每吨1 300美元左右时,建立大量期铜多头合约,之后由于市场对铜金属的需求上升较快,住友商社期铜交易获利丰厚,并逐步建立起在LME市场上的重要地位。

滨中泰男1970年加盟住友商社,随后成为期铜首席交易员。1983年起每年

---

① 刘英华.期货投资经典案例.上海:远东出版社,2009.

铜交易量超过 1 万吨,1988 年伦敦铜价暴涨至每吨 2 500 美元,滨中泰男从 LME 期铜市场获取巨额利润。20 世纪 80 年代中期至 1996 年,住友在期铜交易中屡屡得手并控制全球 5% 以上的交易量,滨中泰男由此获得"百分之五先生"的称号。

早在 1991 年,滨中泰男就涉嫌伪造交易记录和操纵市场,但未得到及时处理,1994~1995 年滨中泰男长期控制大量的铜仓单,可交割铜出现人为短缺,导致铜价从最初的 1 600 美元/吨单边上扬至 3 082 美元/吨的高位。随着全球铜产量的增加,越来越多的卖空者入市,导致铜价下跌,致使住友多头头寸遭受损失。这时,滨中泰男认为凭借住友实力必能遏制住铜价下跌的势头,于是通过融资增持期铜合约,以此操纵期铜价格。在滨中泰男的操纵下,伦敦期铜市场长期处于现货升水状态。不合理的价格状态引起了英国金融服务管理局和美国商品期货交易委员会的共同关注,在监管层合力追查及交易大幅亏损的双重压力下,滨中泰男,操纵市场的行径败露。1996 年 6 月,住友商社解雇滨中泰男,宣布期铜交易亏损 18 亿美元。当天,铜价由 2 165 美元/吨跌至 1 860 美元/吨,不久铜价又跌至 1 740 美元/吨,这时住友商社的亏损已达 26 亿美元。

由住友铜事件,我们可以得出这样的启示:第一,市场并不是完全以资金多少来决定其长期走势;第二,住友商社内部管理机制存在漏洞,为个人权利的膨胀提供了条件;第三,LME 对市场的监控体系未能有效运行,没有对市场异常及时调查和处理。

思考题与练习题

1. 简述金属矿产品的产销特点。
2. 简述金属矿产品的价格形成。
3. 简述有色金属期货的基本合约。
4. 简述贵金属期货的基本合约。
5. 结合全球经济特别是中国经济的发展,分析未来金属矿产品的供求。

第七章
商品期货之三：能源
化工类期货

学习要求

　　本章要求了解能源化工类期货的发展历程、基本情况，在此基础上掌握能源化工类期货市场上目前较重要的轻原油、重原油、燃油、化工类以及新兴能源期货品种(气温、二氧化碳排放配额等为代表性)期货合约的基本要素。

　　This energy chemical learn demanded to know how the development course, basic futures, and based on this master energy chemical futures market at present of more important light crude oil, heavy oil, fuel oil, chemical, and emerging energy futures varieties: temperature and carbon dioxide quota etc as representative contract vindictiveness.

第一节　能源化工类期货概述

一、能源化工类期货的构成

能源化工类期货包括:石油期货;煤炭、天然气等替代能源期货;化工类期货以及新兴能源期货品种(气温、二氧化碳排放配额等期货)。它们之所以归为能源化工一类是因为化工与能源之间有着内在的逻辑关系。

能源可以分为一次能源和二次能源。一次能源系指从自然界获得、可以直接应用的热能或动力,通常包括煤、石油、天然气等化石燃料以及水能、核能等。二次能源(除电外)通常是指从一次能源(主要是化石燃料)经过各种化工过程加工制得的、使用价值更高的燃料。例如由石油炼制获得的汽油、喷气燃料、柴油、重油等液体燃料,煤加工所制成的工业煤气、民用煤气等重要的气体燃料,此外也包括从煤和油页岩制取的人造石油。

化工与能源的关系非常密切,化石燃料及其衍生的产品不仅是能源,而且还是化学工业的重要原料。以石油为基础,形成了现代化强大的石油化学工业,生产出成千上万种石油化工产品。在化工生产中,有些物料既是某种加工过程(如合成气生产)中的燃料,同时又是原料,两者合二为一,所以化工生产既是生产二次能源的部门,本身又往往是耗能的大户。

随着时间的推移,受化石燃料资源的限制,除上述常规能源外,若干非常规能源的发展将越来越受到重视。非常规能源指核能和新能源,后者包括太阳能、风能、地热能、潮汐能、波浪能、海洋能和生物能(如沼气)等。在太阳能、核能利用的研究开发和大规模应用的漫长过程中,化学工程和化工生产技术也大有用武之地。

可见,从原料出发分类的燃料化工,将其划分为石油炼制工业、石油化工、天然气化工和煤化工业,其中石油炼制工业是创造产值较高的工业部门,是国家的重要经济命脉。天然气常与石油共生,也常把天然气化工归属于石油化工。燃料化工生产的产品包括燃料和化工原料,后者主要是有机化工原料,所以,石油化工也是基本有机化工的主要组成部分。石油化工可以生产塑料、合成橡胶、合成纤维等三大合成材料,这是高分子化工的主要产品。因此,燃料化工、基本有机化工和高分子化工三者是有机联系在一起的。

二、能源期货市场

能源期货交易始于 1978 年,至今已有数十年的发展历程,随着国际石油价格的跌宕起伏,石油期货更加迅速发展,至今已成为全球期货市场最大的商品期货品种。目前推出能源期货的交易所有:美国纽约商业交易所,英国伦敦洲际交易所,新加坡交易所,日本东京工业品交易所等四大交易所,其中以纽约商业交易所及伦敦洲际交易所最为成熟,广泛得到各国投资者的认同,新加坡交易所及东京工业品交易所相对为区域性避险市场。

(一)美国纽约商业交易所(NYMEX)

NYMEX 于 1978 年推出第一个能源相关的期货商品,并陆续推出其他的期货商品,包含有:燃料油(Heating Oil),轻甜原油(Light Sweet Crude Oil),天然气(Henry Hub Nature Gas),无铅汽油(New York Harbor Unleaded Gasoline),丙烷(Propane),电力等多种期货契约,为商品种类最多的能源交易所。针对各能源商品,该交易所除了提供期货合约,亦设计有多种选择权合约可供选择。

(二)英国伦敦洲际交易所(ICE)

ICE 成立于 2000 年 5 月,2001 年 6 月购并英国伦敦国际石油交易所(IPE)开始进入能源期货领域,为欧洲最大的能源交易所。1981 年,英国伦敦国际石油交易所首先推出柴油 Gas Oil 期货商品,后于 1988 年及 1997 年推出布兰特原油 Brent 及天然气期货合约。2001 年洲际交易所购并国际石油交易所,大力推动交易电子化,并陆续推出电力期货合约(2004)及煤炭期货合约(2006),并于 2006 年推出西德州原油(WTI)期货合约,使投资者能在单一交易所同时进行两种流动性最高原油期货的交易。除了期货合约外,该交易所亦提供布兰特原油及燃料油选择权合约。

(三)新加坡期货交易所(SGX)

1999 年新加坡国际金融交易所(SIMEX)与新加坡证券交易所(SES)合并成立新加坡期货交易所。该所的 SGX Brent 原油的期货合约,推出以来市场的平均成交量小,流动性不足。

(四)日本东京工业品交易所(TOCOM)

1999 年 7 月 TOCOM 开始推出汽油及煤油期货合约,2001 年 9 月复推出中东原油期货合约。

表7-1 世界主要能源期货市场及上市合约

交易所	上市合约
纽约商业交易所（NYMEX）	1978年11月上市取暖油期货合约；1982年上市含铅汽油期货合约，1986年被无铅汽油期货合约取代；1986年上市西德克萨斯中质原油（WTI）期货合约；1990年上市天然气期货合约
英国国际石油交易所（IPE）	1981年上市轻柴油期货合约；1988年上市布伦特原油期货合约；1997年上市天然气期货合约
东京商品交易所（TOCOM）	1999年7月上市汽油、煤油期货合约；2001年9月上市原油期货合约
新加坡交易所（SGX）	1989年SIMEX上市高硫燃料油期货合约；2002年4月与TOCOM签署合作协议交易中东原油期货合约

表7-2 路透社世界主要能源期货市场种类及行情
（2011年4月1日）

石油 13:20 BJT

期 货	交易所	交易货币	到期日	最新价	涨跌	开盘	最高	最低
Crude Oil Light Sweet Apr.1	USYF	USD	04/19	106.95	+0.23	106.62	107.65	106.58
Oil, Heating New York No.2 NYMEX Apr.1	USYF	USD	04/29	3.10	-0.01	3.10	3.12	3.10
Brent Crude Oil ICE Apr.1	GBIF	USD	04/14	117.18	-0.18	117.61	117.90	117.17
Gas Oil ICE May.1	GBIF	USD	05/12	989.25	+0.00	993.00	995.75	989.25
GASOLINE TOCOM Aug.1	JPTC	JPY	08/25	69 290	+1 490	69 800	69 850	68 840
KEROSENE TOCOM Aug.1	JPTC	JPY	08/25	73 520	+1 590	74 000	74 060	73 470

天然气 13:20 BJT

期 货	交易所	交易货币	到期日	最新价	涨跌	开盘	最高	最低
Gas,Natural NYMEX Apr.1	USYF	USD	04/27	4.38	-0.01	4.41	4.43	4.37

电力 13:20 BJT

期 货	交易所	交易货币	到期日	最新价	涨跌	开盘	最高	最低
PJM ELECTRICITY NYMEX Apr.1	USYF	USD	04/28	46.22	+0.02	46.11	46.31	46.09

资料来源：http://cn.reuters.com/ 路透社中文网站。

注：行情为北京时间2011年4月1日13:20几个主要交易所的不同原油、天然气、电力合约价格。

第二节　石油期货

一、原油和油品的性质和分类

(一)原油的性质和分类

石油是由各种烃类和非烃类化合物所组成的复杂混合物。石油的性质包含物理性质和化学性质两个方面,物理性质包括颜色、密度、粘度、凝固点、溶解性、发热量、荧光性、旋光性等,化学性质包括化学组成、组分组成和杂质含量等。

原油相对密度大多数一般在 0.75 ~ 0.95 之间,相对密度在 0.9 ~ 1.0 的称为重质原油,小于 0.9 的称为轻质原油。原油粘度变化较大,粘度大的原油密度也较大。原油冷却由液体变为固体时的温度称为凝固点,原油的凝固点大约在 −50℃ ~ 35℃ 之间。凝固点的高低与石油中的组分含量有关,轻质组分含量高,凝固点低,重质组分含量高(尤其是石蜡含量高),凝固点就高。

在下列四种原油中,前两种原油对期货合约具有非常重要的意义,虽然从生产角度而言,它们加在一起只占世界产量的 3%。它们是:

1. 布伦特原油(Brent Oil)。布伦特原油出产于北大西洋北海布伦特地区,布伦特原油是其他原油进行定价的基准。布伦特是一种较轻的脱硫原油,现在已经过了其产量高峰。装货终端在休特兰岛上的萨伦乌进行,最少为 500 000 桶,所以这个终端只适应特大和超大运油船,必须在首次装货日前 7 天向装货船通报(有 3 天的伸缩性),这种现货称为定期布伦特。

在现货市场,交易者通常并不一定要购买布伦特石油,但其定价是依据公布的定期布伦特价格基础上加上溢价或减去折价的方式进行,所以,了解这些价格之间的差异非常重要。然而,许多交易商更钟情于 15 天布伦特远期市场价格,因为该市场具有更强的流动性,更容易用来对冲货物。如果交易中的一方希望使用即期布伦特价格,另一方想使用远期价格,他们之间的差异就非常重要,这种类型的安排称为差额合约(Contract For Difference,CFD)。

2. 西得克萨斯中质油(West Texas Intermediate, WTI)。WTI 是指达到一定标准的多种原油——它不是单种类型的原油。WTI 的主要运输中心在美国俄克拉荷马的库什,在那里主要是通过管道进行运输。除了阿拉斯加库克河入口地区出产的石油以外,美国法律禁止 WTI 或其他美国原油出口。纽约商业交易所的脱硫轻原油期货合约从价值和规模来讲是全世界最大的能源期货合约。WTI 被用来作为其他北美原油定价的基准,后者是通过在 WTI 价格上进行一个差额增减得到的,正如布伦特在欧洲的使用那样。

3.阿拉伯轻质原油(Arabian Light Crude Oil)。这是指沙特阿拉伯生产的 API 比重为 34 度的阿拉伯轻质原油的简称。石油输出国组织(OPEC)将此原油作为其制定价格的基准原油。

4.委内瑞拉奥里油(Venezuela the Orimulsion Oil)。奥里乳化油是以产于南美委内瑞拉奥里诺科河(Orinoco)流域的一种环烷基超重质原油(国外称之沥青)为原料,加乳化剂和水乳化而成,已探明储量约为 12 000 亿桶(相当于世界石油储量的 50%),按现在技术可开采加工的数量为 2 670 亿桶。

奥里乳化油 400 号具有更为强劲的市场竞争力,它将成功地替代最清洁矿物燃料。奥里乳化油 400 号推出后在丹麦、加拿大和巴巴多斯大规模电厂进行的燃烧试验获得了成功,效益显著。

(二)油品的性质和分类

石油产品根据生产方法和最终用途可分为燃料、溶剂和化工原料、润滑剂和有关产品、蜡、沥青、石油焦等几大类,这里简要介绍石油燃料类。

1.汽油。一般来说,汽油按研究法辛烷值分为 90 号、93 号、95 号和 97 号车用汽油四个牌号,目前日常生活中大家习惯的汽油牌号就是按研究法辛烷值分类的。航空汽油则通常用做活塞式航空发动机燃料,按研究法辛烷值分为 75 号、95 号、100 号三个牌号,目前只在小型飞机尤其是军用飞机上使用。

2.煤油。煤油旧称灯油,因为煤油一开始主要用于照明。煤油按质量分为优质品、一级品和合格品三个等级,主要用于各种喷灯、汽灯、汽化炉和煤油炉等的燃料;也可用做机械零部件的洗涤剂、橡胶和制药工业溶剂、油墨稀释剂;玻璃陶瓷工业、铝板辗轧、金属表面化学热处理等工艺用油。航空煤油则主要用做喷气式发动机燃料,目前大型客机均使用航空煤油,航空煤油分为 1 号、2 号、3 号三个等级,只有 3 号航空煤油被广泛使用。

3.轻柴油和重柴油。轻柴油按质量分为优质品、一级品和合格品三个等级,按凝点分为 10 号、0 号、-10 号、-20 号、-35 号和 -50 号六个牌号,10 号轻柴油表示其凝点不高于 10 ℃,其余类推。轻柴油用做柴油汽车、拖拉机和各种高速柴油机的燃料。根据不同气温、地区和季节,选用不同牌号的轻柴油。气温低,选用凝点较低的轻柴油,反之,则选用凝点较高的轻柴油。重柴油是中、低速柴油机的燃料,一般按凝点分为 10 号、20 号和 30 号三个牌号,转速越低,选用的重柴油凝点越高。

二、石油期货合约

(一)伦敦国际石油交易所布伦特原油期货合约

伦敦的国际石油交易所是欧洲最重要的能源期货和期权的交易场所。1981 年 4 月,伦敦国际石油交易所推出重柴油期货交易。重柴油在质量标准上与美国取暖油十分相似。该合约是欧洲第一个能源期货合约,上市后比较成功,交易量一直保持稳步上升的走势。

1988 年 6 月 23 日,伦敦国际石油交易所推出国际三种基准原油之一的布伦特原油期货合约。现在,布伦特原油期货合约是布伦特原油定价体系的一部分,包括现货及远期合约市场,美国商品交易所也有它的期货交易。

表 7 - 3　伦敦国际石油交易所(IPE)北海布伦特原油期货合约

合约单位	1 000 桶(42 000 加仑)
合约月份	12 个连续月份,一季度后扩展至最长 24 个月,半年后至最长 36 个月
报价方式	美元及美分每桶
最小价格波动	0.01 美元每桶
合约最小变动档	每张合约 10 美元
每日价格限制	无价格限幅
最后交易日	如果交割月第一天起第 15 天为伦敦的银行日,交易应于当天收盘时停止。如果当日是伦敦的非银行日(包括星期六),交易将于当天前一个工作日停止,该日期由交易所公布
交割日期	IPE 布伦特原油期货合约是可交割合同(通过期货转现货),也可以选择按最后交易日之后一天的布伦特指数价格 进行现金结算。如果需要现金交割,那么必须在交易停止后的一个小时之内通知交易所(与清算所程序相同),在交易停止后的两个工作日内通过 LCH 进行清算
期货转现货(EFP)与期货转掉期(EFS)	交割月的 EFP 及 EFS 交易,可以在交割月的交易时间内报告给交易所,并在交易停止后(停牌)的一个小时内由 LCH 登记,这样将使同时拥有场外柜台交易头寸的市场参与者具有更多规避风险的机会
持仓限额	无限制

此外,IPE 还有柴油期货合约。柴油期货合约的设计旨在为用户提供一个有效的保值与交易的工具,其相应的现货市场是在 ARA(安特卫普,鹿特丹,阿姆斯特丹)地区进行交易的燃料油驳船市场。它被用于欧洲及其他地方石油蒸馏产品定价的参考。

(二)纽约商品交易所石油期货合约

纽约商品交易所(New York Mercantile Exchange Inc,NYMEX)是目前世界上最大的商品期货交易所。目前世界市场上的能源、贵金属、铜以及铝的现货和期货价格主要以 NYMEX 的价格为参照,所以 NYMEX 在世界能源及贵金属市场中占据重要地位,在世界能源及贵金属市场上发挥了价格发现以及风险规避的重要作用。

1978 年,该交易所引进了取暖油期货合约,该合约是世界上首个成功上市交易的能源期货合约,随后于 1981 年推出了汽油期货合约,1983 年推出轻质低硫原油期货合约,1990 年推出天然气期货合约,1996 年推出电力期货合约。NYMEX 的变革过程,无论是交易品种的变革,还是交易时间、交易规则的变革,都反映了美国乃至世界经济的不断成长和对价格发现与风险管理需求不断增长的过程。

在 NYMEX 的期货合约中,轻质低硫原油期货合约是目前世界上商品期货中交投最活跃的期货品种之一。由于该合约良好的流动性以及很高的价格透明度,NYMEX 的轻质低硫原油期货价格被看做是世界石油市场上的基准价之一。该期货交易地位于俄克拉荷马州的库什,这里也是美国石油现货市场的交易地。

此外,NYMEX 还有取暖油期货合约、纽约无铅汽油期货合约、布伦特原油期货合约。

表 7 – 4　纽约商品交易所(NYMEX)轻质低硫原油期货合约

交易时间	人工喊价交易时间:10:00 – 14:30 ACCESS 系统电子交易时间:15:15 – 9:30(周一到周四);19:00 – 9:30(周日)
合约单位	21 000 美式桶(42 000 美式加仑)
合约月份	30 个连续月份,加上最初挂牌的、还未到期的 36、48、60、72 及 84 月份合约
报价方式	美元及美分每桶
最小价格波动	0.01 美元每桶
合约最小变动档	每张合约 10 美元
每日价格限制	所有月份合约最初限幅为 10.00 美元/桶
最后交易日	如果交易月份前一个月的 25 日是工作日,则该日之前倒数第三个交易日是最后交易日;如果交易月份前一个月的 25 日不是工作日,那么 25 日前倒数第四个交易日是最后交易日
交易方式	实物交易
交易期限	所有交易应当在整个交易月(即当月的第一天至最后一天)均匀安排
备用交易程序(ADP)	在当前交易月份合约交易中止之后,买卖双方在交易所为之配对之后,经协商可以以不同于合约规定的交易条件交易
期货转现货(EFP)	买卖双方可以向交易所申请互换手中的期货及现货头寸,交易所在收到申请之后会协助建立或清算其期货头寸
持仓限额	对于目前正在交易的不同月份到期的合约,其总持仓量不得超过 20 000 个净期货头寸;对于单个合约,其持仓量也不得超过 20 000 个净期货头寸;对于当前交易月份合约,在其最后三个交易日内持仓量不得超过 1 000 个净期货头寸

(三)中国上海期货交易所燃料油合约

1996年底中国石油探明储量约32.87亿吨,居世界第九位。我国燃料油主要由中国石油和中国石化两大集团公司生产,少量为地方炼油厂生产,两大集团公司燃料油产量占全国总产量的70%左右。

我国燃料油消费的主要方式是以燃烧加热为主,少量用于制气原料。我国燃料油消费主要集中在发电、冶金、化工、轻工等行业。其中:电力行业的用量最大;其次是石化行业,主要用于化肥原料和石化企业的燃料;近年来需求增加最多的是建材和轻工行业(包括平板玻璃、玻璃器皿、建筑及生活陶瓷等制造企业)。

2004年8月25日,中国首个石油期货品种——燃料油期货上市。在几年的运行中,燃料油期货不仅吸引了国内外相关行业的高度关注和积极参与,并且更重要的是,中国的燃料油期货价格已经能够与国际市场和国内现货价格形成一定的联动,更能够有效地让燃料油的"中国定价"地位初步显现出来。

表7-5　上海期货交易所燃料油合约标准合约

交易品种	燃料油
交易单位	50吨/手
报价单位	元(人民币)/吨
最小变动价位	1元/吨
每日价格最大波动限制	上一交易日结算价±5%
合约交割月份	1-12月(春节月份除外)
交易时间	上午9:00-11:30,下午13:30-15:00
最后交易日	合约交割月份前一月份的最后一个交易日
交割日期	最后交易日后连续五个工作日
交割品级	180CST燃料油(具体质量规定见附件)或质量优于该标准的其他燃料油
交割地点	交易所指定交割地点
最低交易保证金	合约价值的8%
交割方式	实物交割
交易代码	FU
上市交易所	上海期货交易所

(四)石油沥青期货

沥青主要是指由高分子的烃类和非烃类组成的黑色到暗褐色的固态或半固态黏稠状物质,它全部以固态或半固态存在于自然界或由石油炼制过程制得。按其在自然界中获得的方式可分为地沥青和焦油沥青两大类。根据用途,石油沥青可以分为道路沥青、建筑沥青、水工沥青以及其他按用途分类的各种专用沥青。

从20世纪70年代至80年代中期开始,世界石油沥青生产量不断增长,高峰期产量超过1 000万吨,进入90年代以后产量显著下降。由于大部分国家石油沥青主要用于道路建设,约占产量80%以上,因此沥青产量的增减直接反映这些国家和地区道路建设的发展和完善程度。近年来随着中国公路建设规模持续扩大,沥青消费量保持快速增长。我国沥青生产商主要为中石油、中石化、中海油三大集团和部分地方炼厂。

表7-6 上海期货交易所石油沥青期货合约

交易品种	石油沥青
交易单位	10吨/手
报价单位	元(人民币)/吨
最小变动价位	2元/吨
每日价格最大波动限制	不超过上一交易日结算价±3%
合约交割月份	24个月以内,其中最近1-6个月为连续月份合约,6个月以后为季月合约
交易时间	上午9:00-11:30,下午13:30-15:00和交易所规定的其他交易时间
最后交易日	合约交割月份的十五日(遇法定假日顺延)
交割日期	最后交易日后连续五个工作日
交割品级	70号A级道路石油沥青,具体内容见《上海期货交易所石油沥青期货交割实施细则(试行)》
交割地点	交易所指定交割地点
最低交易保证金	合约价值的4%
交割方式	实物交割
交易代码	BU
上市交易所	上海期货交易所

(五)甲醇期货

甲醇是一种无色、易燃、易挥发的有毒液体,常温下对金属无腐蚀性(铅、铝除外),略有酒精气味。甲醇大体上有工业甲醇、燃料甲醇和变性甲醇之分,目前以工业甲醇为主。凡是以煤、焦、天然气、轻油、重油等为原料合成的都是工业甲醇。粗甲醇经脱水精制、作为燃料使用的无水甲醇,称为燃料甲醇。变性甲醇是加入了甲醇变性剂的燃料甲醇或工业甲醇。

目前,欧美、中东地区国家主要采用天然气为原料生产甲醇,该工艺具备投资低、无污染的优点,且无须过多考虑副产物销路。由于我国一次能源结构具有"富煤贫油少气"特征,缺少廉价的天然气资源,同时随着石油资源紧缺、油价持续上涨,在大力发展煤炭洁净利用技术的背景下,当前并且今后较长一段时间内煤炭仍是我国甲醇生产最重要的原料。此外,我国还有部分企业采用焦炉气为原料生产甲醇。我国现在已成为世界第一大甲醇生产国和消费国,近些年产能急剧增加。

表7-7 郑州商品交易所甲醇期货合约

交易品种	甲醇
交易单位	50吨/手
报价单位	元(人民币)/吨
最小变动价位	1元/吨
每日价格最大波动限制	不超过上一交易日结算价±4%及《郑州商品交易所期货交易风险控制管理办法》相关规定
最低交易保证金	合约价值的5%
合约交割月份	1-12月
交易时间	每周一至周五(北京时间,法定节假日除外)上午9:00-11:30,下午13:30-15:00
最后交易日	合约交割月份的第十个交易日
最后交割日	合约交割月份的第十二个交易日
交割品级	见《郑州商品交易所期货交割细则》
交割地点	交易所指定交割地点
交割方式	实物交割
交易代码	ME
上市交易所	郑州商品交易所

第三节 天然气和煤炭期货

一、天然气期货

(一)天然气主要用途及分类

1. 天然气定义。从广义的定义来说,天然气是指自然界中天然存在的一切气体,包括大气圈、水圈、生物圈和岩石圈中各种自然过程形成的气体。人们长期以来通用的"天然气"的定义,是从能量角度出发的狭义定义,是指天然蕴藏于地层中的烃类和非烃类气体的混合物,主要存在于油田气、气田气、煤层气、泥火山气和生物生成气中。

与煤炭、石油等能源相比,天然气在燃烧过程中产生的能影响人类呼吸系统健康的物质极少,产生的二氧化碳仅为煤的40%左右,产生的二氧化硫也很少。天然气燃烧后无废渣、废水产生,具有使用安全、热值高、洁净等优势。但是,对于温室效应,天然气跟煤炭、石油一样会产生CO_2,因此不能把天然气当做新能源。

2. 主要用途。天然气的主要用途有:

(1)天然气发电。它是缓解能源紧缺、降低燃煤发电比例、减少环境污染的有效途径,且从经济效益看,天然气发电的单位装机容量所需投资少,建设工期短,上网电价较低,具有较强的竞争力。

(2)天然气化工工业。天然气是制造氮肥的最佳原料,具有投资少、成本低、污染少等特点。天然气占氮肥生产原料的比重世界平均为80%左右。

(3)城市燃气事业,特别是居民生活用燃料。随着人民生活水平的提高及环保意识的增强,大部分城市对天然气的需求明显增加,天然气作为民用燃料的经济效益也大于工业燃料。

(4)汽车用气。以天然气代替汽车用油,具有价格低、污染少、安全等优点。

3. 分类。天然气可分类为以下三种类型:

(1)液化天然气(Liquefied Natural Gas,LNG)。天然气与煤炭、石油并称目前世界一次能源的三大支柱。天然气的蕴藏量和开采量都很大,其基本成分是甲烷。它除了是廉价的化工原料外,主要作为燃料使用,它不仅作为居民的生活燃料,而且还被用做汽车、船舶、飞机等交通运输工具的燃料。由于天然气热值高,燃烧产物对环境污染少,被认为是优质洁净燃料。天然气用于联合发电、供冷和供热、燃料电池等方面都具有十分诱人的前途,发达国家都在竞相进行应用开发。

(2)液化石油气(LPG)。液化石油气是由炼厂气或天然气(包括油田伴生气)加压、降温、液化得到的一种无色、挥发性气体。由炼厂气所得的液化石油气,主要成分为丙烷、丙烯、丁烷、丁烯,同时含有少量戊烷、戊烯和微量硫化合物杂质。由天然气所得的液化气的成分基本不含烯烃。

(3)液化煤层气(Liquefied Coal Bed Methane)。我国是世界煤炭生产大国,煤层气相应的储藏量也很大,储藏量和天然气基本一样。其基本成分是甲烷。它除了是廉价的化工原料外,主要作为燃料使用,它不仅作为居民的生活燃料,而且还被用做汽车、船舶、飞机等交通运输工具的燃料。由于煤层气热值高,燃烧产物对环境污染少,被认为是优质洁净燃料。

(二)天然气期货合约

伦敦国际石油交易所(IPE)天然气期货合约最初于1997年1月上市,是目前很常见的金融工具。它主要用于：控制天然气现货市场的价格风险；作为一种投资工具，为英国的天然气网提供实物（交易）；为用户签订长期天然气现货合同提供价格参考；只有在到期日之前没有平仓的合约，方才进行实物交易。

表7–8　伦敦国际石油交易所（IPE）天然气期货合约

交易时间	8:00–17:00（除单日合约）；8:00–16:00（单日合约）
合约单位	合约是以天为单位计量的，最小交易量是5手，1手＝每天买或卖1 000热量单位的天然气
合约月份	半年合约：6个连续月份的合约 季合约：3个连续月份的合约 月合约：连续单日合约，具体天数取决于相关月份的日历天数 月余额合约：单个日合约的组合，具体天数取决于当前月份的剩余天数。合约的天数每天都会减少 单日合约：于一天前至七天前挂牌
最小价格波动	0.01便士/热量单位
合约最小变动档	每张合约15英镑
每日价格限制	无价格限幅
期货转现货（EFP）与期货转掉期（EFS）	EFP及EFS可以用于清算或建立期货头寸，但双方应当持有数量相等、方向相反的现货、掉期头寸或期货头寸。EFP及EFS可以在交易结束之后的30分钟内进行
持仓限额	无限制

二、焦炭期货

焦炭是由炼焦煤在焦炉中经过高温干馏转化而来，生产1吨焦炭约消耗1.33吨炼焦煤，焦炭既可以作为还原剂、能源和供炭剂用于高炉炼铁、冲天炉铸造、铁合金冶炼和有色金属冶炼，也可以应用于电石生产、气化和合成化学等领域。据统计，世界焦炭产量的90%以上用于高炉炼铁，冶金焦炭已经成为现代高炉炼铁技术所需的必备原料之一，被喻为钢铁工业的"基本食粮"，具有重要的战略价值和经济意义。

我国是传统的焦炭生产和出口大国，近年来焦炭产量一直占世界焦炭产量的50%左右，常年占世界贸易量的60%左右，焦炭是我国目前为数不多的常年排名世界第一、具有重要影响力的资源型和能源类产品。近年来，在我国所有消费焦炭的行业中，只有钢铁行业的焦炭消费量上升，化学制品行业、有色冶炼、通用设备制造业、农业、生活消费等对焦炭的消费量都呈现下降趋势。

焦炭作为钢铁工业的重要原料，在国民经济中发挥重要作用，而且价格波动较大,产业链条较长,参与企业多,影响的范围广,现货企业避险和投资需求都较为强烈。焦炭期货合约于2011年4月15日在我国大连商品交易所上市交易。

表7-9 大连商品交易所焦炭期货合约

交易品种	冶金焦炭
交易单位	100 吨/手
报价单位	元(人民币)/吨
最小变动价位	1 元/吨
涨跌停板幅度	上一交易日结算价的4%
合约月份	1月、2月、3月、4月、5月、6月、7月、8月、9月、10月、11月、12月
交易时间	每周一至周五上午9:00-11:30,下午13:30-15:00
最后交易日	合约月份第十个交易日
最后交割日	最后交易日后第三个交易日
交割等级	大连商品交易所焦炭交割质量标准
交割地点	大连商品交易所焦炭指定交割仓库
最低交易保证金	合约价值的5%
交割方式	实物交割
交易代码	J
上市交易所	大连商品交易所

三、焦煤期货

焦煤也称冶金煤,是中等及低挥发分的中等粘结性及强粘结性的一种烟煤,是一种结焦性最好的炼焦用煤,它的碳化程度高、粘结性好,加热时能产生热稳定性很高的胶质体。如用焦煤单独炼焦,能获得块度大、裂纹少、强度高、耐磨性好的优质焦炭。单独炼焦时,由于膨胀压力大,易造成推焦困难。在中国煤炭分类国家标准中,焦煤是对煤化度较高、结焦性好的烟煤的称谓,又称主焦煤。

焦煤是焦炭生产中不可或缺的基础原料配煤。焦煤作为最具有代表性的炼焦煤,连接着煤、焦、钢三个产业,在产业链上具有重要地位。煤—焦—钢三个产业是我国重要的支柱工业产业,三个领域环环相扣,互相影响。一般情况下,一吨钢铁需要0.4~0.5吨焦炭,而1吨焦炭需要1.4焦煤。因此,三者之间具备较为紧密的价格联动性。

从使用量上来看,大部分炼焦煤用于焦炭生产,而80%以上的焦炭用于生产钢材。从焦煤初级产品来看,除了焦炭,还有焦炉煤气、粗苯、煤焦油、硫胺等产品。2013 年 3 月 22 日焦煤期货在大连商品交易所上市。

表 7 - 10　大连商品交易所焦煤期货合约

交易品种	焦煤
交易单位	60 吨/手
报价单位	元(人民币)/吨
最小变动价位	1 元/吨
涨跌停板幅度	上一交易日结算价的 4%
合约月份	1 月、2 月、3 月、4 月、5 月、6 月、7 月、8 月、9 月、10 月、11 月、12 月
交易时间	每周一至周五上午 9:00 - 11:30,下午 13:30 - 15:00
最后交易日	合约月份第十个交易日
最后交割日	最后交易日后第三个交易日
交割等级	大连商品交易所焦煤交割质量标准
交割地点	大连商品交易所焦煤指定交割仓库
最低交易保证金	合约价值的 5%
交割方式	实物交割
交易代码	JM
上市交易所	大连商品交易所

四、动力煤期货

从广义上来讲,凡是以发电、机车推进、锅炉燃烧等为目的,产生动力而使用的煤炭都属于动力用煤,简称动力煤。火电厂用煤的质量是锅炉设计和生产过程控制的重要依据。动力煤主要包括有褐煤、长焰煤、不粘结煤、贫煤、气煤以及少量的无烟煤。从商品煤来说,主要有洗混煤、洗中煤、粉煤、末煤等。

我国动力煤资源主要集中在华北和西北地区。华北地区的动力煤资源储量占全国动力煤查明资源储量的 46.09%,西北地区也高达 39.98%,即“两北”地区的动力煤资源储量占全国储量的 80% 以上。而工业发达的华东地区仅占全国动力煤资源储量的 1.77%,东北和中南地区的动力煤占全国动力煤资源储量也仅为 5.02%。我国动力煤消费集中在电力、冶金、建材、化工和其他行业。近年来,电力行业用煤是动力煤消费中最主要的部分,冶金行业用煤量逐年上升,化工和建材行业动力煤需求量保持平稳。

表 7 – 11　郑州商品交易所动力煤期货合约

交易品种	动力煤
交易单位	100 吨/手
报价单位	元(人民币)/吨
最小变动价位	0.2 元/吨
每日价格波动限制	上一交易日结算价 ±4% 及《郑州商品交易所期货交易风险控制管理办法》相关规定
最低交易保证金	合约价值的 5%
合约交割月份	1 – 12 月
交易时间	每周一至周五(北京时间,法定节假日除外)上午 9:00 – 11:30,下午 13:30 – 15:00 最后交易日上午 9:00 – 11:30
最后交易日	合约交割月份的第五个交易日
最后交割日	车(船)板交割:合约交割月份的最后一个日历日 仓单交割:合约交割月份的第七个交易日
交割品级	见《郑州商品交易所期货交割细则》
交割地点	交易所指定交割地点
交割方式	实物交割
交易代码	ZC
上市交易所	郑州商品交易所

第四节　化工类期货

化工类产品种类众多,许多品种的价格变化比较频繁,但由于化工产品性质的制约,适合在交易所内作为期货品种交易的品种有限。目前世界上在商品期货交易所上市的可归类为化工类产品期货的品种有:塑料期货、替代能源、化肥期货、碳期货品种四大类。

一、塑料期货品种

塑料是以石油或天然气为原料,经过合成反应而得到的高分子树脂。1907 年美国首次成功合成了酚醛树脂,为塑料工业奠定了基础。此后塑料工业在近百年的时间里,取得了超乎想象的发展,其应用几乎涵盖了当今社会生产和生活的所有领域。

塑料虽然是产量和消费巨大的大宗工业品,但作为期货产品在交易所交易的时间不长,2005 年 5 月 27 日,伦敦金属交易所率先推出塑料期货品种,上市交易的品种有聚丙烯(PP)和聚乙烯(PE)。印度大宗商品交易所(MCX)也于 2005 年 8 月推出了塑料期货,上市的品种有聚丙烯(PP)、聚乙烯(PE)和聚氯乙烯(PVC)。

(一)聚乙烯(PE)期货

聚乙烯(Polyethylene,PE)是五大合成树脂之一,其产量占世界通用树脂总产量的 40% 以上,PE 主要分为线型低密度聚乙烯(LLDPE)、低密度聚乙烯(LDPE)、高密度聚乙烯(HDPE)三大类。目前,我国是世界最大的 PE 进口国和第二大消费国。LLDPE 产品无毒、无味、无臭,呈乳白色颗粒,主要应用领域是农膜、包装膜、电线电缆、管材、涂层制品等。LLDPE 由于具有较高的抗张强度,主要用于制造薄膜。

伴随着世界原油价格的剧烈波动,合成树脂等化工产品开始受到国际期货交易所的关注,成为新兴的期货品种。2005 年 5 月 27 日,伦敦金属交易所(LME)在全球率先推出了 LLDPE 期货合约。近年来,我国 LLDPE 产量和消费量逐年增加,市场价格变动日趋剧烈,国内塑料相关企业迫切需要利用期货机制回避风险,大连商品交易所于 2007 年上市了 LLDPE 期货合约。

表 7 - 12　大连商品交易所线型低密度聚乙烯期货合约

交易品种	线型低密度聚乙烯(简称 LLDPE)
交易单位	5 吨/手
报价单位	元(人民币)/吨
最小变动价位	5 元/吨
涨跌停板幅度	上一交易日结算价的 4%(当前暂为 6%)
合约月份	1 月、2 月、3 月、4 月、5 月、6 月、7 月、8 月、9 月、10 月、11 月、12 月
交易时间	每周一至周五上午 9:00 - 11:30,下午 13:30 - 15:00
最后交易日	合约月份第十个交易日
最后交割日	最后交易日后第三个交易日
最低交易保证金	合约价值的 5%
交割方式	实物交割
交易代码	L
上市交易所	大连商品交易所

(二)聚氯乙烯期货

聚氯乙烯(Polyvinyl Chloride,PVC)是重要的有机合成材料,其产品具有良好的物理性能和化学性能,广泛应用于工业、建筑、农业、日用生活、包装、电力、公用事业等领域。PVC 是氯乙烯在引发剂作用下聚合而成的热塑性树脂。

聚氯乙烯是一种无毒、无臭的白色粉末,化学稳定性很高,具有良好的可塑性,电绝缘性优良,一般不会燃烧,主要用于建筑门窗、排水管道、电线电缆及薄膜包装等领域。

聚氯乙烯是合成树脂中重要的品种,从世界范围内消费看,PVC 消费量仅次于聚乙烯排在 五大通用树脂中的第二位,在中国,PVC 的消费量居五大通用树脂之首,高于聚乙烯的消费量。

国民经济的快速发展带动我国 PVC 生产和消费的急剧膨胀,目前,我国已成为世界上最大的 PVC 生产国和消费国。在我国,电石法和乙烯法两种生产工艺并存,影响产业链各环节的因素众多,导致 PVC 价格短期内波动频繁且幅度剧烈,加剧了国内 PVC 生产企业、贸易商以及下游制品行业的经营风险,企业对套期保值存在较大的需求。为满足企业的需求,大连商品交易所上市了聚氯乙烯期货合约。

表 7 – 13　大连商品交易所聚氯乙烯期货合约

交易品种	聚氯乙烯
交易单位	5 吨/手
报价单位	元(人民币)/吨
最小变动价位	5 元/吨
涨跌停板幅度	上一交易日结算价的 4%
合约月份	1 月、2 月、3 月、4 月、5 月、6 月、7 月、8 月、9 月、10 月、11 月、12 月
交易时间	每周一至周五上午 9:00 – 11:30,下午 13:30 – 15:00
最后交易日	合约月份第十个交易日
最后交割日	最后交易日后第二个交易日
交割等级	质量标准符合《悬浮法通用型聚氯乙烯树脂(GB/T 5761 – 2006)》规定的 SG5 型一等品和优等品
交割地点	大连商品交易所指定交割仓库
最低交易保证金	合约价值的 5%
交割方式	实物交割
交易代码	V
上市交易所	大连商品交易所

(三)聚丙烯期货

聚丙烯是由丙烯聚合而制得的一种热塑性树脂。聚丙烯为无毒、无臭、无味的乳白色高结晶的聚合物,密度只有 $0.90 - 0.91g/cm^3$,是目前所有塑料中最轻的品种之一。聚丙烯密度小,强度、刚度、耐热性均优于低压聚乙烯,可在 100℃ 左右使用。它具有良好的介电性能和高频绝缘性,且不受湿度影响,但低温时变脆,不耐磨、易老化,适于制作一般机械零件、耐腐蚀零件和绝缘零件。聚丙烯由于晶体结构规整,具备易加工、抗冲击强度、抗挠曲性以及电绝缘性好等优点,在汽车工业、家用电器、电子、包装及建材家具等方面具有广泛的应用。

中国聚丙烯的工业生产始于 20 世纪 70 年代,经过 30 多年的发展,已经基本上形成了溶剂法、液相本体—气相法、间歇式液相本体法、气相法等多种生产工艺并举,大中小型生产规模共存的生产格局。中国的大型聚丙烯生产装置以引进技术为主,中型和小型聚丙烯生产装置以国产化技术为主。

中国聚丙烯在将来的数年里产量会有较大的增长,但生产仍然供不足需,中国已经成为全球最大的聚丙烯净进口国。但由于国内产量很快增长,进口依存度总体上呈下降趋势。中国聚丙烯未来消费量依然会保持较高增速,进口量将会增大,聚丙烯产业在中国的前景广阔。

表 7 – 14　大连商品交易所聚丙烯期货合约

交易品种	聚丙烯
交易单位	5 吨/手
报价单位	元(人民币)/吨
最小变动价位	1 元/吨
涨跌停板幅度	上一交易日结算价的4%
合约月份	1 月、2 月、3 月、4 月、5 月、6 月、7 月、8 月、9 月、10 月、11 月、12 月
交易时间	每周一至周五上午 9:00 – 11:30,下午 13:30 – 15:00
最后交易日	合约月份第十个交易日
最后交割日	最后交易日后第三个交易日
交割等级	大连商品交易所聚丙烯交割质量标准
交割地点	大连商品交易所聚丙烯指定交割仓库
最低交易保证金	合约价值的5%
交割方式	实物交割
交易代码	PP
上市交易所	大连商品交易所

(四)精对苯二甲酸期货

精对苯二甲酸(Pure Terephthalic Acid,PTA)是重要的大宗有机原料之一,其主要用途是生产聚酯纤维(涤纶)、聚酯瓶片和聚酯薄膜,广泛用于化学纤维、轻工、电子、建筑等领域。PTA 是石油的末端产品,其原料是对二甲苯(PX)。PTA 是化纤的前端产品,其下游产品主要为涤纶长丝、短纤等。

世界的 PTA 产能不断增长,新增的 PTA 产能几乎都在亚洲,而亚洲的新增产能有 80% ~ 90% 集中在中国。中国是世界上 PTA 最大的生产国、消费国和进口国。世界上四分之一强的 PTA 产自中国,有三分之一的 PTA 被中国消化。由于市场需求的扩大和石油价格的攀升,近年来 PTA 市场价格也不断上涨,由于缺乏避险工具,相关企业承受了非常大的市场风险。

目前国外尚无 PTA 期货品种,中国是世界上最大的 PTA 消费市场,目前的进口依存度约为 50%,推出 PTA 期货将有利于市场相关各方规避价格波动风险,并进一步争夺 PTA 的定价权。

表 7 - 15　郑州商品交易所精对苯二甲酸期货合约

交易品种	精对苯二甲酸(PTA)
交易单位	5 吨/手
报价单位	元(人民币)/吨
最小变动价位	2 元/吨
涨跌停板幅度	上一交易日结算价的 ±4%
合约月份	1 月、2 月、3 月、4 月、5 月、6 月、7 月、8 月、9 月、10 月、11 月、12 月
交易时间	每周一至周五上午 9:00 - 11:30,下午 13:30 - 15:00
最后交易日	合约月份第十个交易日
最后交割日	最后交易日后第十二个交易日
交割等级	符合工业用精对苯二甲酸 SH/T 1612.1 - 2005 质量标准的优等品 PTA,详见《郑州商品交易所精对苯二甲酸交割细则》
交割地点	郑州商品交易所指定交割仓库
最低交易保证金	合约价值的 5%
交割方式	实物交割
交易代码	TA
上市交易所	郑州商品交易所

二、替代能源

乙醇俗称酒精,它以玉米、甘蔗、小麦、薯类和糖蜜等为原料,经发酵、蒸馏而制成。变性燃料乙醇是按质量标准,通过专用设备、特定脱水工艺生产的含量在99.2%(V/V)以上的无水乙醇,经变性处理后,易于从外观和气味上区别于可食用酒精,用于混配车用乙醇汽油。车用乙醇汽油是指在不含甲基叔丁基醚(MT-BE)等含氧添加剂的专用汽油组分油中,按体积比加入一定比例的变性燃料乙醇,通过特定工艺混配而成的新一代清洁环保型车用燃料。

随着国际原油价格不断攀升,替代能源开发的重要性日益彰显。在诸多替代能源中,乙醇燃料优势明显,正推动着世界乙醇产业开始步入黄金发展期。美国和巴西是最大的燃料乙醇生产商,前者使用玉米,后者使用甘蔗作为原料。2005年,美国总统布什签署了一项新的能源法案,其中很重要的一项内容是可再生燃料标准(RFS)。RFS要求在汽油总组成中加入特定数量的可再生燃料,而且每年递增。

目前上市燃料乙醇期货的交易所有芝加哥期货交易所(CBOT)、芝加哥商业交易所(CME)、巴西商品期货交易所(BM&F)。

丙烷是天然气加工和石油精炼中的副产品,用途广泛,如民用及商用取暖以及对农作物进行干燥处理,其最大用途是作为石化原料。纽约商品交易所在1987年推出丙烷期货合约。

(一)燃料乙醇期货

芝加哥期货交易所上市的燃料乙醇品级为与机动车汽油混合使用的无水变性燃料乙醇(美国实验与物质标准D4806),每份合约单位为29 000美式加仑(即110吨,约一火车皮),采用实物交割,每日价格波动限制为$0.30/加仑(即每份合约8 700美元)。

芝加哥商业交易所上市的燃料乙醇品级也是美国实验与物质标准D4806,每份合约30 000美式加仑,采用实物交割,每日价格波动限制为$0.1/加仑(即每份合约3 000美元)。

巴西商品期货交易所(BM&F)2002年10月上市无水燃料乙醇,每份合约30 000升,采用实物交割,每份合约最低保证金20%。

(二)丙烷期货

纽约商品交易所推出丙烷期货合约每手42 000美式加仑(即1 000美式桶),采用实物交割方式,每日价格波动限制为0.25美元/加仑,自上市以来年交易在1万至6万手之间,价格在0.1890~0.9740美元/加仑之间变动。20世纪90年代交易基本维持在每年3万~5万手,2005年以后交易下降比较明显。

三、化肥期货品种

(一)化肥市场概况

全球化肥消费量 2010 年为 1.74 亿吨,2010 年世界氮肥消费 1.1 亿吨,磷肥消费 5 600 万吨。其中:尿素消费占氮肥总量的 51%,硝酸铵消费量占氮肥总量 10%。

世界上磷肥主要消费国是中国、印度、美国、巴西、澳大利亚等国。磷酸铵消费量中国位居第一,占世界总消费量 25%;印度位居第二,占世界总消费量 21%;美国位居第三,占世界总消费量 17%。

世界氮肥消费量中国位居第一,印度第二,美国第三,中国是尿素第一大国。

我国化肥年生产量约占世界总量的 1/3,消费量约占世界总量的 35%,我国已经成为世界上最大的化肥生产国和消费国。虽然目前我国化肥市场价格国家限制还未完全取消,但价格在不同地区、不同季节变动比较剧烈,由于流通主体分散,规模较小,市场流通效率低,许多企业、经销商经营非常困难。在适当时机推出化肥期货可以配合国家进行化肥流通体制改革,优化流通市场结构,提高化肥流通效率,为化肥生产、销售、使用者提供有效的风险管理工具。我国化肥品种期货特征日益明显,期货交易条件日渐成熟。

(二)化肥期货合约

芝加哥商业交易于 2004 年 4 月上市化肥期货,是世界上首先推出化肥期货的交易所,目前上市的品种有三个:磷酸氢二铵(DAP)、尿素硝酸铵(UAN)和尿素(Urea)。它们在美国的现货年度总销售额达 40 亿~60 亿美元。

该期货合约的单位设计为每张 100 吨,上市合约分别为 3 月,5 月,7 月,9 月,12 月,价格的最小波幅为 0.50 美元/吨,最后交易日为交割月 16 日的前一营业日。期权的最后交易日为各个交割月份第一个星期五,交易时间为周一至周四的下午 5 点至次日下午 3:15,周日和假日的交易时间为下午 5:30 至次日的 3:15,最后交易日的交易时间为中午 12 点闭市。

四、玻璃期货

玻璃,英文名称 Glass,在中国古代亦称琉璃,是一种较为透明的固体物质,在熔融时形成连续网络结构,冷却过程中粘度逐渐增大并硬化而不结晶的硅酸盐类非金属材料,主要成分是二氧化硅。

在人们的日常生活中,玻璃及其制品无处不在。最为广泛的应用是在建筑和装饰领域(门窗、幕墙、隔断、镜片等装饰)、汽车制造领域、新能源领域(太阳能制品)、家电及电子产品制造、日常生活(各种瓶罐盘)等。

近年来我国玻璃工业发展迅速,质量明显提高,品种显著增加,平板玻璃产量快速增长。我国平板玻璃总量已连续23年居世界第一,占全球总量超过50%。

表7-16 郑州商品交易所玻璃期货合约

交易品种	平板玻璃(简称"玻璃")
交易单位	20吨/手
报价单位	元(人民币)/吨
最小变动价位	1元/吨
每日价格波动限制	上一交易日结算价±4%及《郑州商品交易所期货交易风险控制管理办法》相关规定
最低交易保证金	合约价值的6%
合约交割月份	1-12月
交易时间	每周一至周五(北京时间,法定节假日除外)上午9:00-11:30,下午13:30-15:00
最后交易日	合约交割月份的第十个交易日
最后交割日	合约交割月份的第十二个交易日
交割品级	见《郑州商品交易所期货交割细则》
交割地点	交易所指定交割地点
交割方式	实物交割
交易代码	FG
上市交易所	郑州商品交易所

五、碳期货品种

为了人类免受气候变暖的威胁,1997年12月,在日本京都召开《联合国气候变化框架公约》缔约方会议,通过了旨在限制发达国家温室气体排放以抑制全球变暖的《京都议定书》。清洁发展机制(Clean Development Mechanism,CDM)是《京都议定书》中引入的三个灵活履约机制之一,它规定在2008年至2012年间,全球主要工业国家的工业二氧化碳排放量比1990年的排放量平均要低5.2%。2005年2月16日,《京都议定书》正式生效,到2009年2月,一共有183个国家通过了该条约(超过全球排放量的61%),批准国家的人口数量占全世界总人口的80%。《京都议定书》是规定控制排放气体种类及发达国家减排指标以抑制全球变暖、具有法律约束力的国际公约。

有的签约国家的某些企业无法实现减排指标或实施减排的成本太高,而有的国家另一些企业减排指标过剩,于是,这些国家或企业通过碳交易市场进行交易,以满足总量减排的要求。据世界银行统计,发达国家要在 2012 年前如期完成《京都议定书》所规定的减排义务所需要的减排量约为 50 亿~55 亿吨二氧化碳当量,其中一半由其国内行动完成,另一半约 25 亿吨要从国外购买减排量。

目前开展 CO_2 期货交易的交易所有挪威北欧电力交易所(Nord Pool)、芝加哥气候交易所(Chicago Climate Exchange,CCX)和气候期货交易所(Chicago Climate Futures Exchange,CCFX)、欧洲能源交易所(European Energy Exchange, EEX)、法国电力交易所(French Electricity Exchange,FEE)、欧洲气候交易所(Europe Climate Exchange,ECX)等。

根据世界银行的研究,国际碳市场交易额达到 220 亿美元,亚洲国家占了交易总额的 84% ,其中中国占总交易量的 60% 。正由于中国在 CDM 项目中举足轻重的地位,这一机制一度又被称为"中国发展机制"(China Development Mechanism)。因此发展二氧化碳期货品种可以形成二氧化碳排放权合理价格,有利于维护国家和企业利益,建立碳期货交易将会帮助中国建立一个有着良好的监督机制及规范的交易架构。

第五节　天气期货

天气风险管理是针对天气风险而产生的一种全新资本管理方式,天气期货是与天气风险管理相关的天气衍生品合约。

一、天气期货简介

(一)含义

天气期货本质上和其他期货的交易原理相同。每个月的开始,期货市场主管机构都会根据过去 10 年当月的气温情况,为降温度日数或升温度日数确定一个初始值。为使市场运转起来,指定的"做市商"将接着喊出"出价"和"要价",前者比初始值稍低,后者稍高。随着天气的变化和市场的反应,这些交易值在一个月中将起伏不定。到了月底,交易所根据实际温度进行结算,兑现所有期货合同。投资者所要做的,就是预测一下未来的天气变化,然后进行天气期货买卖赚取利润。

(二)天气期货由来与发展

天气衍生品合约最初由美国能源企业在 1996 年推出,并以场外交易(OTC)的方式开展起来,逐渐吸引了保险业、零售业、农业、建筑业和基金的广泛参与。随着天气衍生品合约在 OTC 市场的日益发展和成熟,期货交易所开始引入天气指数的期货和期权交易。

天气指数期货是商品期货中的新成员,在类别上它属于能源类期货交易品种。世界上很多能源企业都面临着天气变化所造成的销售量大幅变动的风险,不仅如此,由于天气风险对经济的影响是多方面的,很多行业的运营都受到天气的直接影响,比如:在农作物产区,种植季节的降雨量对作物产量的影响;年降雨量对电力企业发电成本的影响;等等。针对这些风险的管理工具在 OTC 市场都已经存在,随着风险管理工具的越加细致和规范,这些天气风险完全有可能进入期货交易所内进行交易。

目前,全球有数个交易所提供天气期货合约,包括伦敦国际金融期货期权交易所、芝加哥商业交易所和位于亚特兰大的洲际交易所等。

从 1997 年起在芝加哥商业交易所正式开始交易天气期货至今,目前已包括美国天气期货,欧洲天气期货和亚太天气期货。芝加哥商品交易所最先交易的品种是"需要升温度日数(HDDS)"和"需要降温度日数(CDDS)"。现在气温、日照小时数、降雨微毫米量、空气污染物都可以成为气象金融市场上的价格指数。

英国的伦敦国际金融期货交易所于 2001 年推出天气期货交易。该交易所推出的天气期货合约依据该交易所的每月和冬季指数结算交割。指数的计算基础是伦敦、巴黎和柏林三地日平均气温。

如今,投资天气的热潮在席卷美国、欧洲等地后,又向亚洲袭来。日本的东京国际金融期货交易也开始交易天气期货合约,价格以日本四大城市的一年前的月均气温为基础计算。

2006 年,大连商品交易所和国家气象中心合作开发的温度指数期货合约上市申请已报中国证监会。2006 年 11 月,香港特区政府及港交所也开始开展相关调研工作,研究推出气候期货(包括温度指数、降雪指数及霜冻日数的期货合约)的可行性。中国现在有农产品期货市场,今后如果让天气指数期货这样的衍生品能够发展起来,保险公司可以在这些市场上转移承保风险。

二、芝加哥商业交易所天气指数期货

芝加哥商业交易所(CME)从 1999 年开始交易天气指数期货,这是第一个与气温有关的天气衍生品。开始天气指数期货交易后,天气期货合约的流动性增强,并且合约的标准化使价格更加透明,经销商可以更好地抵消风险,获得额外收益。CME 天气指数期货虽然产生时间很短,但是发展迅速,是 CME 所有交易品种中增长最快的品种。

(一)日温度指数

温度指数是衡量一天的平均温度与华氏 65 度(相当于摄氏 18.3 度)偏离程度的。日平均温度是从午夜到午夜的日最高温度与最低温度的平均值。工业以华氏 65 度作为启动熔炉的标准温度,这一温度通常出现在采暖通风和空气调节的技术标准中,现在这一温度用来假设当气温低于华氏 65 度时消费者会使用更多的能源来保持房间的温度,当气温高于华氏 65 度时会耗费更多的能源运行空调来降温。CME 的温度指数包括制热日指数(HDD)和制冷日指数(CDD),温度为城市温度。选择的城市标准有两种:一是城市人口密度大,二是城市为能源中心。

制热日指数(HDD)通过日平均温度与华氏 65 度的比较来测量寒冷程度,也就是需要采暖的指数。

$$HDD = 最大数(华氏 65 度 - 日平均温度)$$

CME 的 HDD 指数是一个月的日 HDD 指数的累积,在最后结算日每一指数点为 100 美元。例如,假设某一城市 11 月份的日均 HDD 为 25,在 11 月份的 30 天内,HDD 指数为 750(25HDD × 30),则期货合约的名义价值就为 75 000 美元(750HDD 指数 × 100)。

制冷日指数(CDD)通过日平均温度与华氏 65 度的比较来测量温暖程度,也就是需要运行空调降温的指数。

$$CDD = 最大数(日平均温度 - 华氏 65 度)$$

(二)制热日指数期货(HDD)与制冷日指数期货(CDD)

CME 的 HDD 和 CDD 期货合约是在规定的期货交易日买入或卖出 HDD 和 CDD 指数价值的法定协议,HDD 和 CDD 采用现金交割。CME 选择了亚特兰大、芝加哥、辛辛那提、纽约、达拉斯、费城等十个城市的温度作为交易标的,每个城市用不同的符号表示,比如 H2HDD 表示芝加哥制热日温度指数。

1.合约规格。HDD 和 CDD 期货合约的名义价值为 100 倍 HDD 或 CDD 指数,合约以 HDD、CDD 指数点报价。最小价格波动为 1.00HDD 或 CDD 指数点,价值为 100 美元。

2.合约月份。在任意交易时间,分别有 7 个连续的 HDD 和 CDD 期货合约和 5 个连续的 HDD 和 CDD 期权合约上市交易。

3.结算。每一月份合约的结算价格依据 HDD 和 CDD 指数得出。

4.交易系统。HDD 和 CDD 期货采用 CME 的 GLOBEX 电子交易系统进行全天交易。

5.数据来源。地球卫星有限公司。

(三)季节性天气期货合约

CME 在推出日温度指数期货以后,于 2003 年 5 月上市交易季节性天气产品。季节性天气指数期货以制热日指数和制冷日指数为基础,是日温度指数期货的延伸,它包括制冷季节指数期货(SCDD)和制热季节指数期货(SHDD)。季节性天气期货的长度为 5 个月,夏季合约从 5 月到 9 月,冬季合约从 11 月到 3 月,所选择的城市为芝加哥、辛辛那提和纽约。季节性合约可以使交易者在一个价格上交易整个季节的温度指数,而不需要把每个月份的合约分别进行交易,从而提高交易效率并减少交易者的交易成本。

三、伦敦国际金融期货期权交易所天气指数期货

伦敦国际金融期货期权交易所天气期货合约于2001年7月推出,是以欧洲三个地区(伦敦、巴黎和柏林)的月度和冬季的日平均温度(DAT)为基础设计的。通过天气期货合约来化解天气风险的使用者包括:供给和需求与天气变化高度相关的能源公司;需要对组合风险进行分散的保险和分保险公司;客户的购买行为受天气变化影响的零售企业;农业生产者、农产品的经营者、食品制造商和农产品贸易商。

(一)日平均温度

欧洲天气市场与美国有所不同。美国市场主要表现为很强的季节性需求,即冬季取暖和夏季降温,因此以制热日和制冷日为交易标的。欧洲夏季没有相应的降温需求,因此欧洲市场开展天气指数交易就需要一种不同的方法。伦敦国际金融期货期权交易所选择了日平均温度和冬季温度指数作为标的,这两种温度指数在OTC市场都有交易,因此这种选择比较简单和直接,能迎合更广泛的需求。

(二)期货合约

天气期货合约包括月度指数合约和冬季指数合约,温度为欧洲三个不同地区的温度,因此,在同一月份有三个月度指数合约在交易,即伦敦、巴黎和柏林。

月度指数合约要素:

1.合约规格。月度指数合约和冬季指数合约以摄氏度为计价单位,一摄氏度为3 000英镑或欧元(伦敦温度以英镑计价,巴黎和柏林温度以欧元计价)。

2.合约月份。月度指数合约的合约月份包括全年的12个月,冬季指数合约的合约月份从11月到次年3月。

3.最小波动。最小波动为0.01摄氏度,相当于30英镑或欧元。

4.结算。每一合约月份的结算价格(EDSP)在相关交割月份的最后一个自然日根据月度指数值和季节指数值得出,三个地区的温度分别由所在国的气象管理部门提供。交易结算比较特殊,结算价格公布日和结算日是相邻的两天,受时差影响,三个地区的结算日有所差别,其中伦敦和柏林的结算价格公布日为最后交易日后的第一个交易日,巴黎的结算价格公布日为最后交易日后的第二个交易日,结算日相应在其后一天。

5.交易时间。交易日10:00 - 17:00。

案例:焦炭现货生产商的卖出套期保值案例分析①

焦炭生产企业最担心其产品价格不断下跌,导致利润受损,因此企业通常采用卖出焦炭期货的方式来规避价格风险。

2010 年 12 月 11 日,某地一级冶金焦炭现货价格为 2 200 元/吨,当地某焦化厂每月产焦炭 2 000 吨。由于焦炭价格已处于历史高价区,该焦化厂担心未来数月焦炭销售价格可能难以维持高位。为了规避后期现货价格下跌的风险,该厂决定在焦炭期货市场进行套期保值交易。当日,焦炭 2011 年 6 月份期货合约价格在 2 200 元/吨附近波动,该厂当天即以 2 200 元/吨卖出 2 000 吨,对明年 6 月产出的焦炭进行卖出套期保值。

正如焦化厂所料,随着炼焦煤厂加快炼焦煤生产速度和焦炭的大量上市,焦炭价格开始下滑。2011 年 6 月 11 日焦炭中远期 1106 合约和现货市场价均跌到 2 000 元/吨,此时该厂在现货市场上以 2 000 元/吨的价格抛售了 2 000 吨焦炭,同时在期货市场上以 2 000 元/吨的价格买入 2 000 吨 6 月焦炭合约平仓。虽然现货价格出现了下跌,焦化厂的销售价格降低,但由于该厂已经在期货市场进行了套期保值,企业的销售利润在焦炭价格下跌中受到了保护。

表 7 - 17　焦炭企业套期保值效果

	现货价格	期货价格
2010 年 12 月 11 日	现货焦炭 2 200 元/吨,该厂计划每月生产 2 000 吨,担心明年价格下滑	期货市场上 1106 期货合约价格 2 200 元/吨,在期货市场抛出 2 000 吨,也就是 200 手
2011 年 6 月 11 日	现货市场价格下跌到 2 000 元/吨,顺价销售	期货市场下跌到 2 000 元/吨,买入平仓了结
结果	现货销售盈亏 = (2 000 - 2 200) × 2 000 吨 = -40(万元)	期货平仓盈亏 = (2 200 - 2 000) × 2 000 吨 = 40(万元)
	期现货头寸盈亏相抵,套期保值保证了企业经营利润的稳定	

其实还可以以现货交割的方式来了结期货头寸,就是拿自己持有的现货焦炭注册仓单,期货头寸不平仓,在期货市场上把现货卖出去。

---

① 选自焦炭期货网 http://www.jiaotanqihuo.com.

思考题与练习题

1. 能源化工类期货的构成有哪些? 如何理解它们之间的逻辑关系。

2. 熟悉伦敦国际石油交易所(IPE)北海布伦特原油期货合约。

3. 熟悉上海期货交易燃油合约的基本要素。

4. 熟悉大连商品交易所焦炭期货合约的基本要素。

5. 化工类期货一般可以分为几大类? 每一类别中又包含哪些期货种类?

6. 我国现阶段开展能源化工类期货的期货市场有哪些? 分别有哪些期货品种?

7. 熟悉大连商品交易所。

8. 如何理解天气期货的含义?

9. 熟悉芝加哥商业交易所(CME)天气指数期货合约。

10. 简述伦敦国际金融期货期权交易所天气指数期货合约。

第八章
金融期货之一:外汇期货

学习要求

本章要求了解外汇期货的发展历程,以及外汇期货与远期外汇合约的区别和联系,在此基础上掌握以 IMM 外汇合约为代表的外汇合约的基本要素,掌握外汇期货在套期保值、套利和投机中的运用。

This learn demands to know the development of foreign currency futures and the difference and relationship between, foreign futures contract and forward exchange based on this master of foreign exchange contracts with IMM represented the basic elements of foreign exchange contracts; Master in foreign currency futures hedging and arbitrage, the application and speculation.

第一节　外汇期货概述

一、汇率风险

汇率风险(Exchange Risk)又称外汇风险,指经济主体持有或运用外汇的经济活动中,以外币计价的收付款项、资产与负债,由于汇率变动而蒙受损失的可能性。由于各国货币汇率的经常波动,公司和企业在对外经济、贸易、投资和金融活动以及国家在外汇储备的管理与营运中收付的外汇、持有的外汇资产与负债都会产生汇率风险。由于外汇风险直接关系到交易双方的经济利益,各国金融机构和涉外企业都把防范汇率风险作为经营管理外汇资产与负债的一个重要问题。汇率风险主要有交易汇率风险、折算汇率风险、经济汇率风险。

(一)交易汇率风险

这是指运用外币进行计价收付的交易中,经济主体因外汇汇率的变动而蒙受损失的可能性。交易风险主要发生在以下几种场合:①商品劳务进口和出口交易中的风险;②资本输入和输出的风险;③外汇银行所持有的外汇头寸的风险。

(二)折算汇率风险

它又称会计风险,指经济主体对资产负债表的会计处理中,将功能货币转换成记账货币时,因汇率变动而导致账面损失的可能性。功能货币指经济主体与经营活动中流转使用的各种货币。记账货币指在编制综合财务报表时使用的报告货币,通常是本国货币。

(三)经济汇率风险

它又称经营风险,指意料之外的汇率变动通过影响企业的生产销售数量、价格、成本,引起企业未来一定期间收益或现金流量减少的一种潜在损失。

要准确地理解上述各种汇率风险类型,还必须弄清外汇风险暴露的含义。所谓外汇风险暴露有三层意义:一是转换暴露或称记账暴露,指以外币计值的资产同以外币计值的负债之间的差额;二是交易暴露,它产生于以外币计值的交易折合成本币价值时的不确定性,这种交易是在将来某一日期完成的;三是经济暴露,指公司价值对汇率变化的暴露,如果公司价值是按未来的税后现金流量的现值来衡量的,那么经济暴露就与长期现金流量的实际国内货币值对汇率变化的敏感性有关。对企业来讲,经济暴露是最重要的。外汇期货是规避汇率风险、控制风险暴露的重要工具。

二、影响汇率变动的因素

影响汇率变动的因素是多方面的,总的来说,一国经济实力的变化与宏观经济政策的选择,是决定汇率长期发展趋势的根本原因。我们经常可以看到在外汇市场中,市场人士都十分关注各国的各种经济数据,如国民经济总产值、消费者物价指数、利率变化等。在外汇期货市场中,我们应该清楚地认识和了解各种数据、指标与汇率变动的关系和影响,才能进一步掌握汇率变动的规律,主动地在外汇市场寻找投资机会和防范外汇风险。

在经济活动中有许多因素影响汇率变动,列举如下。

(一)国际收支

国际收支状况是决定汇率变动趋势的主导因素。国际收支是一国对外经济活动中的各种收支的总和。一般情况下,国际收支逆差表明外汇供不应求。在浮动汇率制下,市场供求决定汇率的变动,因此国际收支逆差将引起本币贬值,外币升值,即外汇汇率上升。反之,国际收支顺差则引起外汇汇率下降。要注意的是,一般情况下,国际收支变动决定汇率的中长期走势。

(二)经济增长

一方面,当一国处于经济高速增长期,该国对外汇的需求往往超过供给,会促使本国货币汇率出现下跌趋势。另一方面,经济增长率较高意味着生产率高,由此可通过生产成本的降低提高本国产品的国际竞争力和改善贸易收支状况;同时,经济增长率高会给国际投资者较稳定或较高的投资回报,由此增加对外资的吸引力,从而改善资本与金融账户收支状况。因此,经济增长对汇率的影响较复杂。一般来说,一国在经济高速增长初期,会引起本国货币贬值,而长期稳定的经济高速增长,则会支持本国货币稳步升值。

(三)国民收入

一般讲,国民收入增加,促使消费水平提高,对本币的需求也相应增加。如果货币供给不变,对本币的额外需求将提高本币价值,造成外汇贬值。当然,国民收入的变动引起汇率是贬是升,要取决于国民收入变动的原因。如果国民收入是因增加商品供给而提高,则在一个较长时间内该国货币的购买力得以增强,外汇汇率就会下跌。如果国民收入因扩大政府开支或扩大总需求而提高,在供给不变的情况下,超额的需求必然要通过扩大进口来满足,这就使外汇需求增加,外汇汇率就会上涨。

(四)通货膨胀率

物价是一国货币价值在商品市场的表现,通货膨胀意味着该国货币所代表的价值量下降。通货膨胀会扩大进口,形成贸易收支逆差和国际收支逆差。通货膨胀会促使本国货币资金的持有者进行货币替换,以求货币保值,因而增大外汇需求。所以,通货膨胀较严重国家的货币汇率会下跌,通货膨胀程度较轻国家的货币汇率会上升。

(五)利率

利率是金融市场上资产的价格。国际上利率的差距将会引起短期资本在国际流动:一国利率高于他国,将引起国际资本流入,由此改善资本与金融账户收支,提高该国货币汇率;反之,如果一国利率水平低于他国,将导致资本流出,引起外汇市场上对外汇的需求增加,即该国货币的供应增加,这种供求关系的变化会引起该国货币汇率下降。

(六)货币供给

货币供给是决定货币价值、货币购买力的首要因素。如果本国货币供给减少,本币由于稀少而更有价值。通常货币供给减少与银根紧缩、信贷紧缩相伴而行,从而造成总需求、产量和就业下降,商品价格也下降,本币价值提高,外汇汇率相应下跌。如果货币供给增加,超额货币以通货膨胀形式表现出来,本国商品价格上涨,购买力下降,这将会促进相对低廉的外国商品大量进口,外汇汇率将上涨。

(七)财政收支

一国的财政收支状况对国际收支有很大影响。财政赤字扩大,将增加总需求,常常导致国际收支逆差及通货膨胀加剧,结果本币购买力下降,外汇需求增加,进而推动汇率上涨。当然,如果财政赤字扩大时,在货币政策方面辅之以严格控制货币量、提高利率的举措,反而会吸引外资流入,使本币升值,外汇汇率下跌。

(八)政治与突发因素

资本首先具有追求安全的特性,因此,政治及突发性因素对外汇市场的影响是直接和迅速的,包括政局的稳定性、政策的连续性、外交政策以及战争、经济制裁和自然灾害等。政治与突发事件因其突发性及临时性,使市场难以预测,所以容易对市场构成冲击波,一旦市场对消息做出反应并将其消化后,原有消息的影响力就大为削弱。

(九)各国汇率政策和对市场的干预

各国汇率政策和对市场的干预在一定程度上影响汇率的变动。在浮动汇率制下,各国央行都尽力协调各国间的货币政策和汇率政策,力图通过影响外汇市场中的供求关系来达到支持本国货币稳定的目的。中央银行影响外汇市场的主要手段是:调整本国的货币政策,通过利率变动影响汇率;直接干预外汇市场;对资本流动实行外汇管制。

(十)市场预期

市场预期主要是对某国国际收支状况、相对物价水平、相对利率水平或相对资产收益率以及对汇率本身变化的预期,它是市场变化的信号。只要市场上预期某国货币不久会下跌,那么市场上就可能立即出现抛售该国货币的活动,造成该国货币的市场价格立即下降。国际金融市场的短期性资金十分庞大，它们对各国政治、经济、军事等因素高度敏感，在预期因素的支配下，为满足保值或获利需要，一有风吹草动就到处流动，常常给外汇市场带来巨大冲击，成为各国货币汇率频繁起伏的重要根源。

同时，在众多因素中，由于国家不同、时间不同、各影响因素的重要程度不同，所以分析汇率变动还要与一定的社会经济条件和特定的时间相联系，以保证分析的客观性和全面性。总之，影响汇率的因素是多种多样的，这些因素的关系错综复杂，有时这些因素同时起作用，有时个别因素起作用，有时不同因素起互相抵消的作用，有时这个因素起主要作用，另一因素起次要作用。但是从较长时间来观察，汇率变化的规律是受国际收支状况和通货膨胀所制约，因而它们是决定汇率变化的基本因素。利率因素和汇率政策只起从属作用，即助长或削弱基本因素所起的作用。一国的财政货币政策对汇率的变动起着决定性作用。

三、外汇期货的产生与发展

外汇期货是金融期货中出现最早的品种。1972 年 5 月芝加哥商业交易所的国际货币市场推出了包括英镑、西德马克在内的七张外汇期货合约，标志着金融期货这一新的期货类别的产生。

外汇期货产生的原因在于固定汇率制的瓦解和浮动汇率制的出现，它是世界经济格局发生变化的产物。1944 年，为恢复经济和重建战后金融秩序，西方主要国家首脑聚会于美国新罕布什尔州的布雷顿森林，创建了国际货币基金组织。根据该组织的规定，各国采取固定汇率制，即每一美元币值相当于 1/35 盎司的黄金含量，各国中央银行将本国的货币汇率与美元含金量挂钩，汇率波动范围也限制在 ±1% 的范围之内。采取固定汇率后，国际货币金融秩序相对稳定，各成员国之间的贸易往来不会受到因汇率变动而带来的损害，有力地促进了战后世界各国经济的发展。在固定汇率制下，由于汇率的波动极为有限，各经济主体的外汇风险也相当有限，所以对外汇期货等避险工具的需求自然不大。

到了 20 世纪 60 年代，美国经济实力相对下降，国际收支逆差却不断扩大，造成美元不断贬值。由于各成员国都承担稳定外汇汇率的义务，因此各国中央银行通过出售本国货币，购入美元，进行市场干预。各国收购的美元都向美国政府出售，兑换黄金，使美国黄金大量外流，黄金储备急剧下降，对美国货币政策产生了很大影响。1971 年 8 月，美国政府宣布实行若干项措施，并将黄金官价提高至每盎司 38 美元，但这一措施仍无法阻挡美元的继续贬值，至 1973 年，当石油危机和欧洲货币危机再次冲击美元时，美国不得不宣布美元再度贬值，从而引发各国政府纷纷宣布其货币与美元脱钩，西方主要工业化国家开始重新调整汇率，德国马克、加拿大元、日元以及其他货币纷纷采取浮动汇率制，至此，布雷顿森林体系确定的固定汇率制彻底瓦解。浮动汇率制的实施使得外汇风险大大增加,同时,国际上的商品与劳务贸易也迅速增长,使越来越多的交易商面对汇率变动剧烈的市场,利用期货进行套期保值成了市场优先的选择。美国芝加哥商业交易所在诺贝尔经济学奖得主弗里德曼博士的鼓励下,于1972年5月正式成立国际货币市场分部,其国际货币市场分部成功推出了包括英镑、加拿大元、德国马克、意大利里拉、日元、瑞士法郎及墨西哥比索在内的七种外汇期货合约交易,从而揭开了期货市场创新发展的序幕。

从1976年以来,外汇期货市场迅速发展,交易量激增了数十倍。1978年纽约商品交易所也增加了外汇期货业务,1979年,纽约证券交易所也宣布设立一个新的交易所来专门从事外币和金融期货。1981年2月,芝加哥商业交易所首次开设了欧洲美元期货交易。随后,澳大利亚、加拿大、荷兰、新加坡等国家和地区也开设了外汇期货交易市场,从此,外汇期货市场蓬勃发展起来。

外汇期货的主要市场在美国,其中又基本上集中在芝加哥商业交易所的国际货币市场(IMM)、中美洲商品交易所(MCE)和费城期货交易所(PBOT)。

此外,外汇期货的主要交易所还有:伦敦国际金融期货交易所(LIFFE)、新加坡国际货币交易所(SIMEX)、东京国际金融期货交易所(TIFFE)、法国国际期货交易所(MATIF)等,每个交易所基本都有本国货币与其他主要货币交易的期货合约。

四、外汇期货的概念

(一)外汇期货概念

外汇期货(Foreign Exchange Futures)是指在期货交易所内以公开竞价方式进行的外汇期货合约的集中性交易。外汇期货合约是指由期货交易所制定的一种标准化合约,合约中对交易币种、合约金额、交易时间、交割月份、交割方式、交割地点等都有统一规定。在外汇期货交易中交易双方买卖的就是这种标准化的合约。外汇期货交易实际上就是买卖双方在接受外汇期货合约既定内容的前提下,双方通过公开竞价的方式按照交易所规定的报价方式和报价范围而进行的外汇期货的买卖。

(二)外汇期货交易与远期外汇交易的区别

实际上,在外汇市场上还存在着一种传统的远期交易方式,它与外汇期货交易在许多方面有着相同或相似之处,被许多人误认为就是外汇期货交易。所谓远期外汇交易是指交易双方在成交时约定于未来某日期、按确定的汇率交收一定数量某种外汇的交易方式。

期货交易是在现货交易与远期交易的基础上发展起来的,它使市场体系得以完善,使市场变得更加有序。期货交易的产生在很大程度上促进了现货交易的发展:首先,期货交易为现货交易和远期交易提供了保险,有利于现货交易和远期交易的扩大；其次，期货价格为现货价格提供了一个基准价格，引导着现货市场价格的波动趋势；最后，期货市场的国际化功能也促进了现货市场的国际化发展。

外汇期货交易与远期外汇交易有许多共同之处，但同时它有自己的显著特征。

第一，外汇期货交易是在期货交易所内通过公开竞价方式、就标准化合约进行的交易；外汇远期交易多数是在银行同业市场中以电话、电传等通信工具，由交易双方协商成交价格和成交数量。

第二，外汇期货交易的参加者比较广泛，有商业银行、公司、财务机构以及个人；外汇远期交易主要在商业银行间进行，或者大公司委托商业银行进行买卖，个人或小公司参与买卖的很少。

第三，外汇期货交易买卖双方都必须交纳一定比例的保证金；外汇远期交易中由于参与者都是实力雄厚、信誉卓著的大公司、大银行等，均凭借其自身的信用作为履约的保证，不必缴纳保证金。

第四，外汇期货交易中结算业务统一由专门的结算单位办理，并由清算所按结算价格每日结算盈亏；远期外汇交易的结算业务一般由经办银行同经纪人直接进行，没有专门的结算单位。

第五，外汇期货交易中无论是买方还是卖方面对的都是结算机构，即结算单位充当了交易双方的中间人，结算单位既是所有外汇期货买者的卖方又同时是所有卖者的买方，所以交易双方实际上并不知道也无须知道对方是谁；在外汇远期交易中，买卖双方均明确地知道对方是谁以及交易对方的有关情况。

第六，外汇期货交易一般并不以实际交割为目的，在成交的期货合约中，绝大部分都通过对冲交易来结清自己的义务，实际到期交割的往往不足 1%～2%；外汇远期交易中买卖双方一般都以实际交割为目的，在成交的远期合约中，绝大部分都会在到期日实际交割，履行买卖双方各自的义务。

总之，外汇期货交易与远期外汇交易的区别是明显的，是两种不同的交易形式，但二者也有相同之处，如两种交易形式的原理基本相同，而且两种形式的作用在许多方面一致。

第二节　外汇期货合约

外汇期货合约(Foreign Futures Contracts)是一种交易所制定的标准化的法律契约。它是指在交易所达成的、标准化的、受法律约束并规定在将来某一特定地点和时间交收某一特定外汇的合约。该合约规定交易双方各自支付一定的保证金和佣金，并按照交易币种、数量、交割月份与地点等买卖一定数量的外汇，即期货合约的币种、数量、质量、等级、交货时间、交货地点等条款都是既定的,是标准化的,唯一的变量是价格。

一、外汇期货合约要素

外汇期货,是一种规定在将来某一指定月份买进或卖出规定金额外币的外汇交易形式。外汇期货合约的内容一般包括交易币种、交易单位、交割月份、交割日期、交割地点、报价、价格波幅、初始保证金的数额等。在外汇期货市场上交易的货币一般是国际上可以自由兑换的货币。目前,全球仅有三家期货交易所提供标准的外汇期货合约,即芝加哥商业交易所(CME)的国际货币市场(IMM)、新加坡国际货币交易所(SIM－EX)和伦敦国际金融期货交易所(LIFFE)。不同期货交易所的外汇期货合约的规格不尽相同,但基本要素都相同。美国芝加哥商业交易所国际货币市场(IMM)是世界上最早、最有影响的外汇期货市场。下面以 IMM 的外汇期货交易为例,对外汇期货合约的规格做一些具体说明。

(一)币种

币种,是指 IMM 期货合约的货币种类,包括:英镑(BP)、加拿大元(CD)、澳元(AD)、欧元(EC)、日元(JY)和瑞士法郎(SF)。

(二)交易单位

外汇期货合约的交易单位是指每一张合约所包含的外汇数量。外汇期货合约的各个交易单位是固定的、规范的,但不同交易所每份合约中的交易单位的规定不尽相同。芝加哥商业交易所国际货币市场分部交易外汇期货合约的交易单位规定如下:澳元期货合约的交易单位为 100 000 澳元,英镑期货合约的交易单位为 62 500 英镑,加元期货合约的交易单位为 100 000 加元,欧元期货合约的交易单位为 125 000 欧元,日元期货合约的交易单位为 12 500 000 日元,瑞士法郎期货合约的交易单位为 125 000 瑞士法郎。

(三)最小变动价位

外汇期货的最小变动价位通常以一定的"点"来表示,所谓点,是指外汇市场所报出的外汇汇率中小数点之后的最后一位数字。每个点为万分之一,即0.0001,称为 1 个点。在 IMM 上市交易的澳元、英镑、加元、欧元、瑞士法郎这五种货币同美元的汇率均报至小数点以后的第 4 位数,只有日元同美元的汇率报至小数点以后第 6 位数。外汇期货的最小变动价位,是指每一单位标的货币的汇率变动一次的幅度。这一最小幅度与交易单位的乘积就是每份外汇期货合约的变动价位。就欧元而言,IMM 规定其最小变动价位为 1 个点,即 0.000 1 美元,而欧元期货合约的交易单位为 125 000 欧元,因此,每份欧元期货合约的每一次的最小变动价位应为 12.5 美元(125 000 ×0.000 1 美元)。

在交易所内经纪人所做的出价或叫价只能是最小变动价位的倍数。由于各种货币的汇率在小数点以后的位数不同,同为一个点,不同的货币有不同的含义。如英镑期货合约的价格最小波幅为每1英镑的美元汇价的5个基点,每份合约的美元价值为12.5美元;加拿大元期货合约的价格最小波幅为每1加拿大元的美元汇价的1个基点,每份合约的美元价值为10美元等。

(四)每日价格波动限制

外汇期货价格是在竞争中形成的,但波动幅度有一定限度。每日价格最大波动限制,即每种外汇当日的价格波动幅度不能高于或低于前一交易日结算价的限度,也叫停板额,其目的在于保持市场基本稳定而不剧烈波动。如果突破了停板额,要暂时停止交易,缓和市场情绪。在不同的交易所,对于不同的上市币种每日价格最大波动限制有不同的规定。外汇期货合约的每日价格波动限制也是以一定的点数来表示。IMM对上市交易的六种货币期货分别规定了每日价格波动限制,其中澳元为150点($1 500),英镑为400点($2 500),加元为100点($1 000),欧元为150点($1 875),日元为150点($1 875),瑞士法郎为150点($1 875)。但IMM对各种货币期货所规定的每日价格波动限制只适用于开市后的15分钟,15分钟以后则不再有任何限制。

(五)合约月份

交割月份是外汇期货合约规定的期货合约的期限,一般有3个月、6个月、9个月、12个月,12个月是最长的合约期限。由于绝大部分合约在到期前已经对冲,所以到期实际交割的合约只占很少的一部分。

(六)交易时间

交易时间,是指IMM规定的外汇期货合约在每一交易日(营业日)可交易的时间。最后交易日是指IMM规定的外汇期货合约在到期月份中的最后一个交易日,即从合约月份第三个星期三往回数的第二个交易日上午9:16。交割日期是指规定的因到期而未平仓的外汇期货合约进行实际交割清算的日期——合约月份的第三个星期三。

(七)交割地点

交割地点,是结算所指定的货币发行国的某个银行。

美国芝加哥商业交易所国际货币市场对其上市的各种货币的期货合约都有九个方面的规定。其中:币种、交易单位、最小变动价位和每日价格波动限制这四个方面,因货币的不同而做了不同的规定。合约月份、交易时间、最后交易日、交割日期和交割地点这五个方面的内容均未因货币的不同而有不同的规定。从IMM外汇期货合约规格的基本内容可以看出外汇期货合约的标准化性质和外汇期货合约交易的严格规则。

表 8 - 1 外汇期货行情表认读

CAD/USD Futures Trade Date：3/31/2011

Open Outcry FuturesTurn Auto – refresh ON

Month	Charts	Last	Change	PriorSettle	Open	High	Low	Volume	Updated
Jun 2011	略	1.0285	+ 0.0006	1.0279	1.0276	1.0287	1.0269	1 737	9：17：42 PM CST 3/30/2011
Sep 2011	略	1.0259 b	+ 0.0006	1.0253	–	1.0259 b	1.0245 a	0	9：14：23 PM CST 3/30/2011
Dec 2011	略	1.0225 b	0.00000	1.0225	–	1.0225 b	1.0220 a	0	7：36：06 PM CST 3/30/2011
Mar 2012	略	–	–	1.0193	–	–	–	0	6：54：24 PM CST 3/30/2011
Jun 2012	略	–	–	1.0164	–	–	–	0	6：58：32 PM CST 3/30/2011
Sep 2012	略	–	–	1.0135	–	–	–	0	6：54：08 PM CST 3/30/2011

注：

1. 上表是美国芝加哥商业交易所(CME)2011 年 3 月 31 日加拿大元期货行情部分截图。

2. 左侧第一列 Month 指交割月份；第二列 Charts 是行情走势图表(略)；Last 上一交易日价格；Change 指同前一交易日的结算价相比该日价格的变化；Open(开盘)，是指 CME 开盘时交割的加元合美元的价格；High 指交易的加元期货最高曾达的美元；Low 表示加元期货该日最低的美元；Volume 成交量。

3. 资料来源：http://www.cmegroup.com/ 3/31/2011。

表 8 - 2 外汇期货合约要素（以美国芝加哥商业交易所 IMM 为例）

合约类型	英镑	加拿大元	澳元	欧元	日元	瑞士法郎
交易代码	BP	CD	AD	EC	JY	SF
交易单位	6.25 万英镑	10 万加拿大元	10 万澳元	12.5 万欧元	1 250 万日元	12.5 万瑞士法郎
最小变动价位	0.000 1	0.000 1	0.000 1	0.000 1	0.000 001	0.000 1
最小变动值	$ 6.25	$ 10	$ 10	$ 12.5	$ 12.5	$ 12.5
合约月份	3 月、6 月、9 月、12 月					
交易时间	芝加哥时间上午 7：20 – 下午 2：00，到期合约在最后交易日于上午 9：16 收盘。在假日或假日前，市场将提早收盘，具体细节可与交易所联系					
最后交易日	交割日前第二个营业日的上午 9：16					
交割日期	合约月份的第三个星期三					
交割地点	清算所指定的货币发行国银行					

二、外汇期货合约交易的主要规章制度

为保证外汇期货交易正常有序地进行,美国芝加哥商业交易所国际货币市场(IMM)制定了一套规章制度。

(一)外汇期货合约交易的保证金制度

期货交易的参与者在进行外汇期货交易时必须存入一定数额的履约保证金。期货交易所之所以能够为在交易所内达成的外汇期货合约提供担保,正是因为它要求所有进入市场交易的会员必须开立保证金账户,向交易所缴纳履约保证金。

外汇期货交易中的保证金分为初始保证金和追加保证金。初始保证金,是指外汇期货交易开始时(即交易者下单时),按交易所规定的比例存入其保证金账户的那部分资金。追加保证金,是指交易者在持仓期间因价格变动而发生亏损,使其保证金账户的余额减少到规定的维持保证金以下时所必须补交的保证金。维持保证金,是指期货交易所规定的交易者在其保证金账户中所必须保有的最低余额的保证金。

当外汇期货交易者按规定缴足初始保证金,并买进或卖出一定数量的外汇期货合约后,期货市场的结算单位将根据每日结算价格,计算每一交易者未平仓部位(即交易者手头持有的多头或空头的合约)的盈亏金额,并增减其保证金账户的余额。若有盈利,使保证金账户的余额超过规定的初始保证金,交易者可提走盈余部分;若有亏损,使保证金账户的余额减少到维持保证金以下,交易者就必须按交易所要求追加保证金,否则,期货结算所将强行处置其未平仓部位。这是因为,长期以来期货结算所实行的是无负债结算制度,外汇期货市场正是通过这一制度来确保外汇期货交易双方的履约和控制投机活动。

外汇期货交易的初始保证金和维持保证金的额度一般只占外汇期货合约总值的很小比例,通常不足10%。保证金制度的这一特点决定了外汇期货交易是一种以小博大的投资形式,只要外汇期货市场价格出现微小波动,交易者就有可能获得较高的投资收益,也有可能遭受较大的资本损失。正因为外汇期货交易是一种高收益和高风险并存的交易形式,所以期货交易所规定,所有参与外汇期货交易的买方和卖方在进入外汇期货市场时必须开立保证金账户,按规定比例交纳保证金。这种保证金制度的作用有三个:可以防止交易者违约;可控制交易者投机;它是期货市场每日结算制度的基础。

(二)外汇期货合约的价格制度和报价方式

1.外汇期货合约交易价格制度。外汇期货合约交易的价格制度,主要是指公开喊价制度和价格报告制度。

(1)公开喊价制度。为了确保外汇期货合约交易的公开、确保期货市场的竞争性,期货交易所实行公开喊价制度。

所谓公开喊价制度,是指外汇期货合约的价格,由交易双方在期货交易所内通过公开叫价的方式决定。这就保证了在场的交易者能够获得公平竞争的买卖机会,保证了外汇期货合约的价格是通过公平竞争形成的。其具体做法是,由代表众多买方和卖方的场内经纪人围聚在期货交易所大厅的各个交易场上,以公开喊价的方式,喊出自己要买和要卖的外汇期货合约的数量和价格,寻找交易对象并进行竞价、讨价还价,一旦买卖双方在交易数量和价格上达成一致,就可以在外汇期货交易场上成交,然后传到外汇期货交易场外。

(2)价格报告制度。所谓价格报告制度,是指在期货交易所内达成的外汇期货合约的价格必须向期货交易所的会员报告,并公之于众。同时,期货交易所也向其会员提供其他期货交易所最新达成的外汇期货合约的价格。另外场内经纪人也有义务提醒期货交易所内的价格报告员及时准确地记录场内达成的外汇期货合约的交易及价格。所有这些报告制度,为参与外汇期货交易的人提供了公开了解各种外汇期货合约价格的机会,从而有效地防止了在期货交易所通过公开竞争形成的价格成为少数人掌握的秘密信息。

2. 外汇期货合约的报价方式与行情表识读。外汇期货合约的交易者在下单交易前,一般都得根据当时当地外汇期货市场的行情做出自己的决策,这就需要密切关注外汇期货交易的行情表。为了看懂外汇期货交易的行情表,首先必须了解外汇期货合约的报价方法。

外汇期货合约的价格一般是用美元来表示,即用每一单位外币折合多少美元来报价(通常被称为美元标价法),并采取小数的形式,小数点后一般是四位数(日元期货虽以四位数形式报价,实际上省略了两位数,如报价为 0.924 1,则实际价格为 0.009 241)。

第三节　外汇期货交易的套期保值

外汇期货的套期保值主要有两种:一种是多头套期保值,是指进口商或需要支付外汇的人,因担心自己所拥有的货币对所需支付的外汇贬值,在外汇期货市场买进所需支付的外汇期货合约的行为。另一种是空头套期保值,是指出口商或将来有外汇收入的人,为避免外汇对本币贬值而可能造成的损失,先行卖出外汇的行为。除此之外还有一种外汇期货交叉套期保值。

一、外汇期货的多头套期保值

多头套期保值(Long Hedge)又称买入套期保值(Buying Hedge),是指套期保值者首先买进外汇期货合约,即买多,持有多头头寸,来保护他在外汇现货市场的空头头寸,以避免汇价上涨所带来的风险。如果买进外汇期货合约后,汇价下跌,虽然外汇期货交易受到损失,但相应的外汇现货交易却可以获得盈利,如果卖出外汇期货合约后,汇价上涨,外汇现货交易虽然发生亏损,但外汇期货交易却可获得盈利,从而对冲了外汇现货交易的亏损。这种多头套期保值一般应用于在未来某日期将发生外汇支出的场合,如从国外进口商品、出国旅游、跨国公司的母公司向其设在外国的子公司供应资金以及债务人到期偿还贷款等。

【例1】假设6月8日,美国某公司从德国进口价值125 000欧元的货物,3个月后支付货款。为防止3个月后欧元升值而使进口成本增加,该公司便买入1份9月份到期的欧元期货合约,面值为125 000欧元,价格为1.230 0美元/欧元,则其交易过程和结果如表8-3所示。

表8-3　外汇期货多头套期保值

	现货市场	期货市场
6月8日	现汇汇率:1.220 0美元/欧元,125 000欧元折合152 500美元(125 000×1.220 0)	买入1份9月份到期的欧元期货合约(开仓) 价格:1.2300美元/欧元 总价值:153 750美元(1×125 000×1.230 0)
9月9日	现汇汇率:1.230 0美元/欧元 125 000欧元折合153 750美元(125 000×1.230 0)	卖出1份9月份到期的欧元期货合约(平仓) 价格:1.245 0美元/欧元 总价值:155 625美元(1×125 000×1.245 0)
结果	损失:-1 250美元(153 750-152 500)	盈利:1 875美元(155 625-153 750)

即在现货市场上成本增加了1 250美元,但由于做了套期保值,在期货市场上盈利1 875美元,减去其在现货市场上的损失1 250美元,净盈利625美元。

二、外汇期货的空头套期保值

空头套期保值(Short Hedge)又称卖出套期保值(Selling Hedge),是指套期保值者首先卖出外汇期货合约,即卖空,持有空头头寸,来保护其在现货市场的多头头寸,以避免汇率下跌所带来的损失。如果卖出外汇期货合约后,汇价下跌,虽然外汇现货交易会受到损失,但相应的外汇期货合约可获得盈利。如果卖出外汇期货合约后,汇价上涨,外汇期货合约发生亏损,但外汇现货交易却可以获得盈利。这就使得套期保值者可以利用外汇期货市场的价格锁定外汇现货市场价格的变化,从而将外汇市场的汇价风险转移给外汇期货交易的投机者身上。这种空头套期保值一般应用于在未来某个日期有外汇收入的公司、银行和个人,如向国外出口商品、提供服务、收回到期对外贷款等。

【例2】假设6月12日,美国某公司向加拿大出口价值1 000 000加元的货物,

3 个月后以加元结算货款。为了防止 3 个月后加元贬值带来损失,于是该公司便以 0.7582 美元/加元的价格卖出 10 份 9 月份到期的加元期货合约(每份100 000 加元)避险。如果到期加元贬值,则其交易过程和结果如表 8 - 4 所示。

表 8 - 4 外汇期货空头套期保值

	现货市场	期货市场
6 月 12 日	现汇汇率:0.758 3 美元/加元 1 000 000 加元折合 758 300 美元 (1 000 000 ×0.758 3)	卖出 10 份 9 月份到期加元期货合约 (开仓)价格:0.758 2 美元/加元 总价值:758 200 美元(1 000 000 × 0.758 2)
9 月 12 日	现汇汇率:0.756 0 美元/加元 1 000 000 加元折合 756 000 美元(1 000 000 × 0.756)	买入 10 份 9 月份到期加元期货合约(平仓) 平仓价格:0.756 0 美元/加元 总价值:756 000美元(1 000 000 ×0.756 0)
结果	损失: - 2 300 美元(756 000 - 758 300)	盈利:2 200 美元(758 200 - 756 000)

该公司由于加元贬值在现货市场上损失了 2 300 美元,但由于做了套期保值,在期货市场上却盈利了 2 200 美元,净损失 100 美元。

三、交叉套期保值

交叉套期保值(Cross Hedge)是指相关的两种外汇(外币)期货合约为一种外汇现货保值。当外汇期货市场上只有各种外币对美元的合约时,在发生两种非美元货币收付的情况下,就要用到交叉货币保值。也就是说,当要为某种外汇现货标的物进行保值时,没有相对应的同一品种的外汇期货合约的情况下,就可以用两种相关的外汇期货合约为外汇现货标的物进行交叉套期保值,从而避免或减少由于汇率的变动所带来的损失。

【例3】假设德国某公司向英国出口一批货物,预计 3 个月后将收进 50 万英镑的货款。如果在这 3 个月中,英镑对欧元汇率下跌,该德国公司收到这 50 万英镑后,只能兑换到较少的欧元。为了避免这种英镑贬值风险,这家出口公司应利用外汇期货交易进行套期保值。可是,在目前的外汇期货市场上,一般只有各种外币对美元的期货合约,很少有两种非美元货币之间的外汇期货合约,也就没有以英镑兑换欧元或以欧元兑换英镑的期货合约可供该公司用来进行直接的套期保值。这样,这家德国公司只有通过英镑期货合约和欧元期货合约实行交叉套期保值。作为一种套期保值的策略,交叉套期保值可使交易者灵活地选择外汇期货合约,为与其相对应的外汇现货交易进行套期保值,回避外汇风险。

首先,分析汇率走势和该出口商面临的风险。

假设,3月10日,欧元(EUR)1 = 美元(USD)1.458 5,英镑(GBP)1 = 美元(USD)1.631 5,那么,交叉汇率为英镑(GBP)1 = 欧元(EUR)1.118 6。据预测,3个月后,欧元(EUR)1 = 美元(USD)1.498 5,英镑(GBP)1 = 美元(USD)1.613 5,那么,交叉汇率为英镑(GBP)1 = 欧元(EUR)1.076 7。英镑将贬值,欧元将升值,3个月后,该德国公司收到这50万英镑后,只能兑换到较少的欧元。

汇率及现货市场的损失如下:

表8-5 外汇期货交叉套期保值(1)

	现货市场
3月10日	欧元(EUR)1 = 美元(USD)1.458 5,英镑(GBP)1 = 1.631 5 美元(USD) 那么,交叉汇率为英镑(GBP)1 = 欧元(EUR)1.118 6 预计收益500 000英镑 = 500 000 × 1.118 6 = 559 300 欧元
6月10日	欧元(EUR)1 = 美元(USD)1.498 5,英镑(GBP)1 = 美元(USD)1.613 5, 那么,交叉汇率为英镑(GBP)1 = 欧元(EUR)1.076 7 实际收益500 000英镑 = 500 000 × 1.076 7 = 538 350 欧元
损益	−20 950欧元(538 350 − 559 300)

这家德国公司只有通过英镑期货合约和欧元期货合约实行交叉套期保值:做英镑空头和欧元的多头,3个月后,如果市场汇率如预期一样,该出口商可以从英镑期货的空头交易和欧元期货的多头交易中获利,弥补现货市场的损失。

表8-6 外汇期货交叉套期保值(2)

	欧元期货	英镑期货
3月10日	买入4份6月份到期欧元合约,期货汇率为EUR1 = USD1.459 0,共计USD 729 500 = 4 × 125 000 × 1.459 0	卖出8份6月份到期英镑合约,期货汇率为GBP1 = USD1.632 0,共计USD 816 000 = 8 × 62 500 × 1.632 0
6月10日	卖出4份6月份到期欧元合约,期货汇率为EUR1 = USD1.499 8,共计USD 749 900 = 4 × 125 000 × 1.499 8	买入8份6月份到期英镑合约,期货汇率为GBP1 = USD1.614 8,共计USD 807 400 = 8 × 62 500 × 1.614 8
损益	USD 20 400	USD 8 600

通过在期货市场上交易,共获利29 000美元(20 400 + 8 600),以当日现货汇率EUR1 = USD1.498 5折算为19 353欧元(29 000 ÷ 1.498 5)。由于在现货市场损失20 950欧元,所以通过交叉套期保值,基本弥补了现货市场损失。

四、外汇期货套期保值应注意的问题

上述三种套期保值策略,就它们的实质而言,都是要通过外汇期货交易而以一个市场的盈利弥补另一个市场的亏损,从而避免或减少由于汇率的变动给交易者所带来的损失。但要达到避险和减少外汇风险的目的,在外汇期货的套期保值交易中,对冲操作很重要,基差风险不可忽视。

(一)对冲

所谓对冲(Hedge),是指交易者在相同或类似的外汇风险中采取相反的交易,以抵消现有风险的方法。它有买入对冲和卖出对冲之分。买入对冲,是指交易者在期货市场买入外汇期货合约,持有多头,以保障其在现货市场的空头,避免汇率上涨的风险。卖出对冲,是指交易者在期货市场卖出外汇期货合约,持有空头,以保护其在现货市场的多头,避免汇率下跌的风险。在外汇期货交易中,特别是在套期保值交易中,对冲是一种很重要的操作方法。可以说,没有对冲套期保值不可能实现。

(二)基差

所谓基差(Bass),是指现货价格与期货价格之间的差额。在外汇期货交易中的基差,是指某种外汇(外币)的现货价格与以该种外汇(外币)为标的物的期货合约价格之间的差额。用公式表示为:

$$基差 = 外汇现货价格 - 外汇期货价格$$

基差有理论基差与价值基差之分。所谓理论基差(Theory Basis),是指外汇现货价格与外汇期货理论价格(即在市场均衡的条件下所形成的均衡价格)之间的差额。它来自于持有成本(即外汇交易者为持有外汇现货至外汇期货合约到期日所必须支付的净成本。它实际上等于交易者因持有外汇现货而取得的收益减去因购买外汇现货而付出的融资成本后的差额)。所谓价值基差(Value Basis),是指外汇期货市场价格与外汇期货理论价格之间的差额。基差数值的高低主要取决于外汇现货价格是高于还是低于外汇期货价格。基差的数值可以是正值,也可能是负值,一般地说很少等于零。在外汇期货交易中,影响基差数值变化的因素很多,影响外汇现货价格和期货价格变化的各种因素都会影响到基差数值的变化。基差的变化使套期保值承担着一定的基差风险,套期保值并不能完全将风险转移出去。

(三)套期保值决策

在任何一个套期保值决策中,经理都要从以下几个方面去考虑:

1. 净风险暴露(Net Risk Exposure)数量。所谓净风险暴露,是指由于一种货币的汇率发生变动而损失的货币数量,它是衡量货币贬值(升值)对企业资产(负债)价值影响程度的客观尺度。如果一种货币贬值,一个企业以该种货币表示的负债能以更便宜的货币偿付;反之,如果该货币升值,偿付那笔债务则需要付出更高的代价。在计算净风险暴露时,必须采纳会计师的建议,并透彻了解会计法规和税法的有关规定。

2. 净风险暴露的损失概率。这是一个以经济和政治信息为基础的主观评价,经理不仅要估计汇率变化即贬值或升值的可能性有多大,是50%还是60%,而且要估计汇率变化规模的概率,是10%、20%抑或是30%。

3. 可以提供最适度套期保值的风险处理方法,以便估计套期保值成本。对于投资经理来讲,其目的是以最低的代价提供最完善的风险保护。为此,他有许多可供选择的方案,如通过各种管理技术进行自我保护,或者以远期合约进行套期保值,或者使用国际货币市场(IMM)或纽约期货交易所的期货合约进行套期保值等,但是他必须检验各种方案的成本。对于外汇交易人而言,套期保值成本不仅包括佣金、期货合约的利息差额、出价与要价间差额,而且包括期货价格与现货价格之间反映的任何升水或贴水。例如,预期现货价格低于6个月远期价格3%,那么多头套期保值包括3%升水。有了净风险暴露、损失概率、损失多少概率等信息,就可以计算出损失的数学期望,将预期损失价值和套期保值成本进行比较。如果套期保值成本小于估计成本,则进行套期保值;如果套期保值成本大于估计成本,则不做套期保值。上述决策过程可以列表如下:

表 8－7 套期保值决策模型

a. 净风险暴露	$1 000 000
b. 损失概率	50%
c. 损失多少概率	10%
d. 损失的数学期望(b×c)	5%
e. 套期保值成本	4%
f. 决策结果(比较 d 和 e)	d > e 时套期保值 d < e 时不做套期保值

综上所述,外汇期货市场的存在为许多经济主体提供了一个规避风险的场所。外汇期货虽然不可能完全消除各种贸易和金融交易的全部风险,但至少减少了大部分风险,增加了经济主体在经营上的稳定性。同时,外汇期货交易因为合约条款的标准化而具有很好的流动性,交易手续简便,费用低廉,且只需付少量保证金即可达到规避风险的目的,节约了成本。凡是由于从事国际贸易和对外经济往来而拥有债权或债务者,都可以利用外汇期货市场进行套期保值,以避免或减少汇率波动带来的风险。

第四节　外汇期货交易的套利与投机

一、外汇期货交易的套利策略

外汇期货交易的套利是指套利者利用暂时存在的不合理的价格关系,通过买进和卖出相同或相关的期货合约而赚取价差的交易策略。这里所说的不合理的价格关系大体上有三种情况:同一市场同种外汇期货合约在不同交割月份之间的不合理价格关系;同种外汇期货合约在不同市场之间的不合理价格关系;同一市场同一交割月份的不同外汇期货合约之间的不合理价格关系。这些不合理的价格关系,一般只存在于一个较短的时间之中,通过套利者的套利活动会得到矫正。

套利也是一种投机,但与单纯的投机者不同,套利者是利用外汇期货市场本身出现的机会,在不同时间、不同空间、不同币种之间寻求价差(相对价格的差异)获利的一种投机行为。

外汇期货交易中的套利有跨月份套利、跨市场套利、跨币种套利这样三种做法。

(一)跨月份套利

跨月份套利,是指套利者在同一交易所,同时买进和卖出不同月份的同种外汇期货合约而获取价差利润的一种套利策略。它是外汇期货交易中最普遍的一种套利形式。同一币种、不同到期日的外汇期货价格在不同的时间区间中可能会有不同走势,这为外汇期货的跨月份套利带来了可能。套利者可以买入某月到期的一种外币的期货合约,同时再卖出交割月份不同的同种外币的期货合约,并在到期日之前的某个时点同时平仓离场。

【例4】2015年12月10日,芝加哥的国际货币市场(IMM)2016年6月到期英镑期货价格是1.474 1(USD/GBP),即1英镑的美元价格是1.474 1。同时,2016年9月到期的英镑期货价格是1.510 3(USD/GBP)。套利者可以在芝加哥的国际货币市场(IMM)买入一份明年6月到期的英镑期货合约,同时,卖出一份明年9月到期的英镑期货合约。假设2016年6月到期前(6月3日),套利者分别以1.522 3(USD/GBP)和1.540 3(USD/GBP)对6月和9月的英镑期货合约同时平仓。套利结果如下:

表 8－8　外汇期货跨月份套利

	IMM 市场英镑期货	IMM 市场英镑期货
12 月 10 日	买入 1 份 2016 年 6 月份的英镑合约 支出美元 = 1.474 1 × 62 500 = 92 131.25	卖出 1 份 2016 年 9 月份的英镑合约 收入美元 = 1.510 3 × 62 500 = 94 393.75
6 月 3 日	卖出 1 份 2016 年 6 月份的英镑合约 收入美元 = 1.522 3 × 62 500 = 95 143.75	买入 1 份 2016 年 9 月份的英镑合约 支出美元 = 1.540 3 × 62 500 = 96 268.75
盈　利	3 012.50	－ 1 875
	净盈利 1 137.5 美元(3 012.5 － 1 875)	

(二)跨市场套利

跨市场套利,是指套利者在不同的外汇期货交易所,同时买进和卖出相同交割月份的同种外汇期货合约,以赚取市场之间差价利润的一种套利策略。不同期货市场同一外汇币种期货合约价格可能发生短暂扭曲,套利者利用这种差异,在一个交易所买入某种外币期货合约,与此同时,在另一个交易所卖出某种外币期货合约,通过将来的平仓或交割以获得收益。这种套利又叫空间套利,市场空间价差套利可以在同一个国家的不同外汇期货市场进行,也可以在不同国家的外汇期货市场进行。如果在不同国家的外汇期货市场进行价差套利交易,应注意外汇期货合约的报价差异。

【例 5】2015 年 12 月 10 日,芝加哥国际货币市场(IMM)2016 年 6 月到期的英镑合约价格是 1.4741(USD/BP),即 1 英镑的美元价格是 1.4741。同时,伦敦国际金融期货交易所(LIFFE)2016 年 6 月到期的英镑合约价格 1.4899(USD/BP)。根据以上信息,套利者可以在芝加哥国际货币市场(IMM)买入 4 份英镑合约,在伦敦国际金融期货交易所(LIFFE)卖出 10 份英镑期货合约。假设到期前(2016 年 6 月 3 日),套汇者在两个市场同时平仓,平仓价格是 1.5223(USD/BP)。套利结果如下:

表 8－9　外汇期货跨市场套利

	IMM 市场英镑期货	LIFFE 市场英镑期货
12 月 10 日	买入 4 份英镑合约 支出美元 = 1.474 1 × 62 500 × 4 = 368 525	卖出 10 份英镑合约 收入美元 = 1.489 9 × 25 000 × 10 = 372 475
6 月 3 日	卖出 4 份英镑合约 收入美元 = 1.522 3 × 62 500 × 4 = 380 575	买入 10 份英镑合约 支出美元 = 1.522 3 × 25 000 × 10 = 380 575
盈　利	12 050	－ 8 100
	净盈利 3 950 美元(12 050 － 8 100)	

(三)跨币种套利

跨币种套利,是指套利者根据自己对交割月份相同但币种不同的期货合约(在某一期货交易所)的价格走势的预测,买进某一币种的期货合约,同时卖出另一币种的期货合约,从而赚取不同币种之间的价差的一种套利策略。

两种不同币种的外汇期货相对于美元价格在未来可能出现相反的走势,也可能出现变化方向相同但变化幅度不同的走势,这为套利者跨币种套利带来机会,套利者可以买入一种外币的期货合约,同时再卖出交割月份相同的另外一种外币的期货合约,在到期以前同时平仓离场。

【例6】2013 年 12 月 10 日,芝加哥国际货币市场(IMM)2016 年 6 月到期的英镑合约价格是 1.474 1(USD/GBP),即 1 英镑的美元价格是 1.474 1。同时,2016 年 6 月到期的加元期货价格是 0.806 3(USD/CAD),加元与英镑的交叉汇率是 0.547 0(GBP/CAD)。根据以上信息,套利者在 IMM 市场买入 8 份英镑期货合约,同时卖出 9 份加元期货合约。假设套利者在 2016 年 6 月合约到期前,分别以 1.522 3(USD/GBP)和 0.819 0(USD/GBP)同时平仓。套利结果如下:

表 8 - 10   外汇期货跨币种套利

	IMM 市场英镑期货	LIFFE 市场加元期货
12 月 10 日	买入 8 份英镑合约 支出美元 = 1.474 1 × 62 500 × 8 = 737 050	卖出 9 份加元合约 收入美元 = 0.806 3 × 100 000 × 9 = 72 5670
6 月 3 日	卖出 8 份英镑合约 收入美元 = 1.522 3 × 62 500 × 8 = 761 150	买入 9 份加元合约 支出美元 = 0.819 0 × 100 000 × 9 = 737 100
盈 利	24 100	- 11 430
	净盈利 12 670 美元(24 100 - 11 430)	

二、外汇期货交易的投机

外汇期货投机交易就是通过买卖外汇期货合约,从外汇期货价格的变动中获取利润并同时承担风险的交易行为。外汇期货投机交易从投机者的持仓头寸方向上可区分为多头投机和空头投机。外汇期货的投机交易,主要是通过买空卖空交易方式进行的。

(一)外汇期货的多头投机

多头投机也称为买空交易,是指投机者预测某种外币期货合约的价格将会上涨,于是先买进某一月份的外币期货合约,一旦预测成为现实,汇率果然上涨,就可将先前买进的合约卖出,从中赚取价差收益;反之,若汇率下跌会造成损失。

【例7】假设某年7月8日,IMM 交易的9月份英镑期货的价格为1GBP = 1.841 0USD。某投机者预期该英镑期货价格将在近期内上涨,于是便以 USD1.841 0 的价格买进30份9月份到期的英镑期货合约,待价格上涨后卖出平仓获利。

在该英镑期货合约到期前,该投机者将面临三种不同的情况:英镑期货的价格上涨、不变、下跌。

如果9月8日,9月份到期的英镑期货的价格涨到 USD1.851 0,该投机者通过平仓可获利。其计算方法如下:

$$(1.851\ 0 - 1.841\ 0) \times 30 \times 62\ 500 = USD18\ 750$$

如果9月8日,9月份到期的英镑期货的价格不涨不跌,仍为 USD1.841 0,则该投机者在平仓时将既无盈利,也无亏损。

如果9月8日,9月份到期的英镑期货的价格跌到 USD1.8310,则该投机者在平仓时将亏损,其计算方法如下:

$$(1.831\ 0 - 1.841\ 0) \times 30 \times 62\ 500 = - USD18\ 750$$

这个例子表明,一旦投机者处于多头地位,其盈亏将取决于外汇期货价格。期货价格上涨越多,投机者获利也越多,反之,要是外汇期货价格下跌,投机者将蒙受损失,外汇期货价格下跌得越多,投机者蒙受的损失就越大。

(二)外汇期货的空头投机

空头投机也称为卖空交易,是指与多头投机相反的过程,即当投机者预测某种货币将贬值时,先售出该种货币的期货合约,一旦该种货币真的贬值了(汇率下降),他就可以将以前卖出的合约再买进,从中赚取差价收益。反之,若汇率上升则会遭受损失。

【例8】假设某年7月9日,IMM 交易的9月份加元期货的价格为1CAD = 0.758 2USD。某投机者预期该加元期货价格将在近期内下跌,于是便以 0.758 2 的价格卖出30份9月份到期的加元期货,待价格下跌后买入平仓获利。

在该加元期货合约到期前,该投机者同样将面临三种不同的情况,即加元期货的价格下跌、不变、上涨。

如果9月10日,9月份到期的加元期货的价格跌至 0.748 2,该投机者通过平仓可获利,其计算方法如下:

$$(0.758\ 2 - 0.748\ 2) \times 30 \times 100\ 000 = USD300\ 00$$

如果9月10日,9月份到期的加元期货的价格不变,则该投机者既无盈利也无亏损。

如果9月10日,9月份到期的加元期货的价格涨到 0.768 2,该投机者在平仓时将亏损,其计算方法如下:

$$(0.7582 - 0.7682) \times 30 \times 100\ 000 = - USD30\ 000$$

这个例子表明,空头投机与多头投机的盈亏特征正好相反。当投机者处于空头地位后,如果外汇期货市场的价格下跌,投机者将获利,外汇期货市场的价格下跌得越多,投机者获利就越多。反之,要是外汇期货市场的价格上涨,投机者将遭受损失,外汇期货市场的价格上涨得越多,投机者的损失越大。

案例:索罗斯再度狙击,英镑汇率急速下滑[①]

据海外媒体报道,目前期货交易者所持英镑兑美元的空头仓位触及有史以来高位,净空头头寸比1992年"英镑危机"还要多8倍。今年几个月刚过,英镑目前已经贬值近7%。1992年,"金融大鳄"索罗斯狙击英镑,卖空约10亿美元的英镑,点燃了货币战争的焰火,使当时的英国政府不得不退出欧洲汇率机制,英镑在1992年累计贬值约19%。

因希腊深陷债务危机泥潭,英国赤字同样严重又恰逢政府改选,英镑和欧元的不稳定给对冲基金带来了进一步的盈利空间。

根据彭博资讯的调查,部分分析师认为,到2010年末,欧元兑美元汇率将由当前的1.36下跌至1.16的水平,英镑兑美元则会由当前的1.50跌至1.31的水平。

美国对冲基金狙击欧元英镑。近日,美国司法部向18家对冲基金发出了公函,要求这些对冲基金必须保留与欧元交易的相关文件,甚至包括所有的电子通信信息与涉及外汇交易协议的各类通信。自去年底欧洲爆发主权债务危机以来,索罗斯旗下的基金再次出手,大肆做空欧元。欧元在短短的4个月时间里大幅下滑9.6%。截至昨日纽约市场收盘,欧元兑美元收盘于1.3684。

然而,看空欧元的不止索罗斯,据摩根士丹利数据显示,1999年以来的最高纪录——6万份做空欧元的期货合约集中在2月初的一周内产生,欧元遭遇大量抛售,欧元兑美元汇率跌至1.36下方,下挫126个基点。此外,2月24日索罗斯又撰文表示,如果欧盟不解决其财政问题,欧元的命运将是土崩瓦解。在随后的一个月内,赌欧元下跌的欧元空头头寸规模从70亿美元迅速增长了73%,达到近121亿美元。

2月末,索罗斯的好友、世界著名投资人比尔·格罗斯又将战火引至英镑。格罗斯表示"英镑可能在几周之内出现暴跌",市场再一次应验了这样的预期。在不到两个月的时间里,英镑跌幅接近7%,大量的空头仓位聚守在英镑中。

英镑遭遇信心危机。根据英国政府的预计,今年赤字规模将达到GDP的12.6%,离深陷主权债务危机的希腊的12.7%仅差一步。英国财政大臣去年提出了削减赤字的计划,承诺在2014~2015年将财政赤字削减一半,占国内生产总值的4.4%,但目前市场对此并不乐观。

---

① 南方日报,黄倩蔚,2010年3月17日。

思考题与练习题

1. 掌握下列名词：外汇期货多头套期保值、外汇期货空头套期保值、外汇期货交叉套期保值、外汇期货跨月份套利、外汇期货跨市场套利、外汇期货跨币种套利、外汇期货多头投机、外汇期货空头投机

2. 如何理解外汇期货交易与外汇远期交易的区别？

3. 外汇期货交易特征主要表现在哪些方面？

4. 如何理解以 IMM 的外汇合约为代表的外汇合约的基本要素？

5. 如何理解外汇期货市场的套期保值、价格发现和投机三大经济功能？

6. 如何理解外汇期货合约交易的保证金制度、外汇期货交易的价格制度与报价方式、外汇期货交易的委托书制度和无负债结算制度？

7. 假设 3 月 7 日，美国某公司从德国进口价值 250 000 欧元的货物，6 个月后支付货款。为防止 6 个月后欧元升值而使进口成本增加，该公司如何在期货市场上操作？列出其交易过程和结果（3 月 7 日现汇汇率：1.210 0 美元/欧元，9 月 8 日现汇汇率：1.220 0 美元/欧元，3 月 7 日开仓价格：1.245 0 美元/欧元，9 月 8 日平仓价格 1.245 0 美元/欧元）。

8. 假设 2011 年 3 月 10 日芝加哥的国际货币市场。2011 年 9 月到期英镑期货价格是 1.325 0（USD/GBP），同时，2011 年 12 月到期的英镑期货价格是1.425 0（USD/GBP）。套利者可以在芝加哥的国际货币市场（IMM）买入一份 9 月到期的英镑期货合约，同时，卖出一份 12 月到期的英镑期货合约。假设 2011 年 9 月到期前一日同时平仓，平仓价格分别为 1.522 3（USD/GBP）和 1.531 0（USD/GBP）。试列出其交易过程并计算其套利结果。

9. 假设某年 6 月，IMM 交易的 12 月份加元期货的价格为 1CAD = 0.697 0USD，某投机者预期该加元期货价格将在近期内下跌，于是卖出 12 份 9 月份到期的加元期货，待价格下跌后买入平仓获利。如果 9 月 10 日，9 月份到期的加元期货的价格跌至 0.687 0，该投机者平仓，试计算其投机结果。

第九章
金融期货之二：利率期货

学习要求

　　熟悉利率期货的概念，了解利率期货交易的操作机制，掌握利率期货的套期保值、投机和套利等交易策略。

　　Learning points in this chapter: Familiar with the meaning of interest rate futures. Understand operating mechanism about interest rate futures. Master interest rate futures hedging, speculation and arbitrage trading strategies.

第一节　利率期货概述

一、债务凭证

为了更好地理解利率期货的性质、特点、交易规则和交易策略,有必要先对利率风险及利率期货交易的标的物(即各种债务凭证)做一概述。

(一)债务凭证的种类

债券的种类繁多,按发行主体不同可分为政府债券、公司债券和金融债券三大类,各类债券根据其要素组合的不同又可细分为不同的种类。

1.政府债券。政府债券包括下述品种:

(1)中央政府债券。中央政府债券是中央政府财政部发行的以国家财政收入为保证的债券,也称为国家公债。其特点是:首先表现为一般不存在违约风险,故又称为"金边债券";其次是可享受税收优惠,其利息收入可豁免所得税。在美国,国债按期限可分为1年以内的短期国库券、1~10年的中期国债和10~30年长期国债,前者属货币市场工具,是一种贴现证券,后两个属资本市场工具,是一种息票证券,通常每六个月付一次息,到期偿还本金。

(2)政府机构债券。在美国、日本等不少国家,除了财政部外,一些政府机构也可发行债券。这些债券的收支偿付均不列入政府预算,由发行单位自行负责。有权发行债券的政府机构有两种:一种是政府部门机构和直属企事业单位,如美国联邦住宅和城市发展部下属的政府全国抵押协会;另一种是虽然由政府主办却属于私营的机构,如联邦全国抵押贷款协会和联邦住宅抵押贷款公司。

(3)地方政府债券。在多数国家,地方政府都可以发行债券,这些债券也由政府担保,其信用风险仅次于国债及政府机构债券,同时也具有税收豁免特征。若按偿还的资金来源可分为普通债券和收益债券两大类。

2.公司债券。公司债券是公司为筹措营运资本而发行的债券。该债券要求不管公司业绩如何都应优先偿还其固定收益,否则将在相应破产法的裁决下寻求解决,因而风险小于股票,但高于政府债券。公司债券的种类很多,按抵押担保状况分为信用债券、抵押债券、担保信托债券和设备信托证等。

3.金融债券。金融债券是银行等金融机构为筹集信贷资金而发行的债券。在西方国家,由于金融机构大多属于股份公司组织,所以金融债券也可纳入公司债券的范围。金融债券的发行通常被看做银行资产负债管理的重要手段,而且,由于银行的资信度比一般公司要高,金融债券的信用风险也较公司债券低。

上述各种债务凭证中,目前被作为利率期货交易标的物在世界各大金融期货市场上交易的主要有:

一是国库券(Treasury Bills,T-Bills)。美国的国库券是由美国财政部发行的一种短期债券,期限有 3 个月期、6 个月期及 1 年期等三个品种。其中 3 个月期和 6 个月期的国库券一般每月发行,1 年期的国库券每月发行。

二是欧洲美元定期存单（Eurodollar CDs）。欧洲美元定期存单指一切被存放于美国境外的非美国银行或美国银行设在境外的分支机构的美元存款。自从欧洲美元产生以来,欧洲美元市场迅速扩大。欧洲美元出现的早期,还存在欧洲的地理概念,现在早已泛指存放于美国境外任何地区的银行存款。欧洲美元市场是一种"离岸金融市场",它既不受货币发行国的货币管制,又不受市场所在国的管制。银行吸收这种存款可免交存款准备金,故其成本较低,能以较高的利率吸收存款,而以较低的利率发放贷款。目前,欧洲美元存款已成为国际金融市场上最重要的融资形式之一。

三是美国中长期公债券。美国的中长期公债券与国库券一样,由美国财政部发行,期限都超过 1 年以上。10 年期以下的称为中期债券(Treasury Notes,T-Notes),期限在 10 年以上的被称为长期债券(Treasury Bonds,T-Bonds)。

(二)债务凭证的价格与收益

1. 国库券是以贴现方式发行的,财政部以低于面值的价格发行国库券,投资者以低于国库券面值的价格买进国库券后,到期按面值得到偿还,期间的差额便是投资者取得的收益。国库券价格的计算公式为:

$$P = F \times (1 - r \times \frac{t}{360})$$ （式9-1）

式中:P 为国库券价格;

F 为国库券面值;

r 为年贴现率;

t 为现在距到期日的天数。

【例1】假定国库券面值为 1 000 000 美元,贴现率为 6%,期限为 90 天,则国库券价格计算如下:

$$P = F \times (1 - r \times \frac{t}{360})$$
$$= 1\ 000\ 000 \times (1 - 6\% \times 90/360)$$
$$= 985\ 000(美元)$$

由公式(9-1)可知,若已知国库券的面值和价格,我们也可以计算出它的贴现率,其公式如下:

$$r = \frac{F - P}{F} \times \frac{360}{t}$$ （式9-2）

【例2】设国库券面值为 100 万美元,价格为 98.8 万美元,到期的天数为 50 天,代入公式,可算出国库券的贴现率如下:

$$r = \frac{F-P}{F} \times \frac{360}{t} = \frac{100-98.8}{100} \times \frac{360}{50} = 8.64\%$$

由于国库券是以贴现形式发行,国库券的实际收益率一定高于贴现率,国库券的实际收益率可用下述公式计算:

$$R = \frac{F-P}{P} \times \frac{360}{t} \qquad\qquad (式9-3)$$

R 为国库券的收益率。

【例3】某投资者以 977 500 美元的价格买进一张面值为 100 万美元,期限为 90 天的国库券。

贴现率:
$$r = \frac{F-P}{F} \times \frac{360}{t} = \frac{100-97.75}{100} \times \frac{360}{90} = 9\%$$

收益率:
$$R = \frac{F-P}{P} \times \frac{360}{t} = \frac{100-97.75}{97.75} \times \frac{360}{90} = 9.21\%$$

在货币市场上,国库券通常以贴现率报价,而此贴现率并不是实际收益率;在利率期货交易中,国库券期货与欧洲美元定期存款期货等其他短期利率期货均以指数方式报价,此指数都是以 100 减去一定的年利率来表示的。由于国库券的年利率(即年贴现率)与其他债务凭证的年利率有着不同的性质,因此,即使指数相同,其实际的价格也不同。

为了进一步明确说明这些区别,我们把国库券等以贴现方式发行的债务凭证称为"贴现式证券"(Discount Securities),而把欧洲美元等以面值发行的债券凭证称为"加息式证券"(Add-on Interest Type Securities)。相应地,我们把贴现式证券的年贴现率称为"贴现收益率"(Discount Yield),而把加息式证券的年利率称为"加息收益率"(Add-on Interest Yield)。

2. 欧洲美元定期存款的价格与收益。欧洲美元定期存款是以面值发行的债务凭证,属于一种加息式证券,投资者(即存款人)必须先以一定面值的美元存入银行,在到期日时收回本金,并取得相应利息,利息率就是存款人的实际收益率。与国库券不同,欧洲美元定期存款是一种不可转让的债务凭证,因此,只有发行价格而没有转让价格。由于国库券的收益在投资者购买国库券时即已取得,而欧洲美元定期存款的收益必须于到期日才能取得,因此,在国库券的贴现率与欧洲美元定期存款的利息率相等时,投资者投资于国库券的实际收益率必然高于投资于欧洲美元定期存款的实际收益率。

3. 中长期公债券的价格与收益。美国的中长期公债券与国库券一样,也是由财政部发行的。但是,中长期公债券不仅在期限上不同于国库券,而且在发行方式和利息支付方式等方面也不同于国库券。中长期公债券是一种附有息票的债券,投资者购进这种债券后,可凭息票在债券期满之前定期的收取利息,美国的中长期公债券都有规定,每半年支付一次利息,最后一期利息则于债券期满时随本金一同支付。

这种特定的发行方式与利息支付方式决定了其特定的价格方式。一般而言,中长期公债券的价格,是包括债券期满时收取的本金在内的各期收益的现值之和。这一价格取决于如下四个因素:债券的面值、债券的剩余期限、债券的息票利率、当时的市场利率。其计算公式如下

$$P = \sum_{t=1}^{s} \frac{R}{(1 + r/2)^t} + \frac{F}{(1 + r)^n} \qquad (式9-4)$$

式中:P 为中长期债券的市场价格;

$\quad R$ 为各期利息收入(等于债券面值与息票利率的乘积);

$\quad F$ 为中长期债券的面值(即本金);

$\quad r$ 为市场利率;

$\quad s$ 为付息次数(每半年付息一次,剩余 10 年,付息 20 次);

$\quad n$ 为债券剩余年限($S = 2n$)。

【例4】某债券的面值为 100 000 美元,距到期日还剩 5 年,息票利率为年利率 10%,利息每半年支付一次,市场利率为 8%,则该债券的市场价格可计算如下

$$P = \sum_{t=1}^{10} \frac{5\,000}{(1 + 8\%/2)^t} + \frac{100\,000}{(1 + 8\%)^5}$$

$$= 40\,554.48 + 68\,058.32$$

$$= 108\,612.8(美元)$$

需要指出的是,以式(9-4)计算出来的中长期债券价格还只是一种市场理论价格,不是实际交易价格,债券的实际交易价格除了受上述各因素的制约外,还要受其他多种复杂因素的影响。

债券的市场价格与投资者的实际收益率有着密切的关系,因为对投资者而言,他投资于中长期债券的收益来自于两个方面:一是凭息票所得的利息;二是因债券的市场价格变动而产生的资本利得。在计算中长期公债券的收益率时,可根据不同的需要,从不同的角度计算出不同的收益率,其中最常见的收益率有如下几种:

(1)名义收益率。名义收益率(Nominal Yield)是债券的年利息收入与债券的票面值的比率,实际上就是债券的票面利率(Coupon Rate)。用公式表示为:

$$名义收益率 = \frac{债券年利息收入}{债券票面值} \times 100\% \qquad (式9-5)$$

【例5】某 10 年期国债的票面值为 1 000 元,每年的利息为 50 元,则名义收益率为:

$$名义收益率 = \frac{50}{1\,000} \times 100\% = 5\%$$

(2)持有期收益率。持有期收益率(Holding Period Return, HPR)是指投资者

在一个持有期内的收益率。持有期收益包括买卖价差收益和持有期内利息所得。用公式表示如下:

$$持有期收益率 = \frac{卖出价格 - 买入价格 + 债券利息收入}{买入价格} \times 100\% \qquad (式9-6)$$

【例6】某投资者以9 800元的价格买入一张票面值为10 000元、票面年利率为6.5%的国债。持有半年后,以9 900元的价格卖出,则投资者的持有期收益率为:

$$持有期收益率 = \frac{9\,900 - 9\,800 + (650/2)}{9\,800} \times 100\% = 4.34\%$$

(3)本期收益率。本期收益率(Current Yield)指债券的年均利息收入与债券的市场价格的比率。用公式表示如下:

$$本期收益率 = \frac{债券年均利息收入}{债券市场价格} \times 100\% \qquad (式9-7)$$

【例7】某投资者以9 000美元的价格购进一张面值为10 000美元、息票利率为10%的债券,则本期收益率为:

$$本期收益率 = \frac{1\,000}{9\,000} \times 100\% = 11.11\%$$

本期收益率反映债券的年均利息收入与债券市场价格对投资者收益的影响,未反映债券的期限及到期收回的本金对投资者收益的影响。因此,在债券投资中,尤其是中长期债券投资中,投资者有必要通过到期收益率的计算来解决在这一问题。

(4)到期收益率(Yield to maturity)。到期收益率也称"期满收益率",指投资者以市场价格买进债券后,将债券持有至到期日,从而得到本金偿还时所取得的实际年收益率。决定这一收益率的包括债券的市场价格、利息收入、到期时收回的本金及购买日至期满日之间的年限等因素。到期收益率的实质是贴现率,用此贴现率将债券在购买日至期满日的现金流量折成现值,此现值恰为债券的市场价格。用公式表示如下:

$$P = \sum_{t=0}^{n} \frac{i \times F}{(1+r)^t} + \frac{F}{(1+r)^n} \qquad (式9-8)$$

式中:P 为债券的市场价格;

　　i 为息票利率(利息每年支付一次);

　　F 为债券的面值;

　　n 为债券购买日至期满日的年限;

　　r 为到期收益率。

由式(9-8)计算到期收益率 r 相当困难,因此,在现实生活中,人们常用一个近似公式来代替:

$$r = \frac{i \times F + (F-P)/n}{(F+P)/2} \times 100\% \qquad (式9-9)$$

【例8】某投资者以9 600美元的价格购进一张面值为10 000美元的美国长期公债券,息票利率为10%,剩余期限为20年,每年付息一次,则到期收益率计算如下:

$$r = \frac{10\% \times 10\ 000 + (10\ 000 - 9\ 600)/20}{(10\ 000 + 9\ 600)/20} \times 100\%$$

$$= \frac{1\ 000 + 20}{9\ 800} \times 100\%$$

$$= 10.41\%$$

由上述例题可见,无论是本期收益率还是到期收益率,均未必等于债券的息票利率。在中长期国债期货交易中,这种收益率之间的关系十分重要。

二、利率风险

利率风险是指利率的变动导致债券价格与收益率发生变动的风险。债券是一种法定的契约,大多数债券的票面利率是固定不变的(浮动利率债券与保值债券例外),当市场利率上升时,债券价格下跌,使债券持有者的资本遭受损失。因此,投资者购买的债券离到期日越长,利率变动的可能性越大,其利率风险也相对越大。固定票面利率的债券价格受市场利率变动的影响表现在,当市场利率上升时,债券价值下降,反之则债券价格上升。这是由于当市场利率上升时,固定票面利率的债券原票面利率较低,因此现金流量对投资者的吸引力下降,从而导致债券价值下降。反之当市场利率下降时,固定票面利率就相对上升,带来的现金流量就显得比较有吸引力,因此债券价值上升。对投资者来说,以某种投资金额购买债券,当市场利率变动时,其投资的债券价值也会变动,造成不确定的风险。此种利率风险属于市场风险,即市场利率变动造成债券市场价格不确定的风险。

三、利率期货的产生与发展

20世纪70年代中期以来,为了治理国内经济和在汇率自由浮动后稳定汇率,西方各国纷纷推行金融自由化政策,以往的利率管制得以放松甚至取消,导致利率波动日益频繁而剧烈。面对日趋严重的利率风险,各类金融商品持有者,尤其是各类金融机构迫切需要一种既简便可行、又切实有效的管理利率风险的工具,利率期货正是在这种背景下应运而生的。

1975年10月芝加哥期货交易所推出第一张利率期货合约——政府全国抵押协会(GNMA)抵押凭证期货合约,并获得了成功。这在当时是一个比较重大的金融创新。1976年1月,为了满足人们管理短期利率风险的需要,国际货币市场推出了3个月期的美国国库券期货合约。该期货合约一经推出,就立即得到迅速的发展,在整个70年代后半期,它一直是交易最活跃的短期利率期货。1977年8月,芝加哥期货交易所又推出了美国长期国债期货合约,同样获得了空前的成功。如今,该期货合约不仅在芝加哥期货交易所是成交量最大的一个品种,在美国的其他交易所以及其他国家的金融期货市场它也同样是交易活跃的一个品种。

继美国推出国债期货之后，其他国家和地区也纷纷以其本国的长期公债为标的，推出各自的长期国债期货，其中比较成功的有英国、法国、德国、日本等。

1981年12月，国际货币市场推出了3个月期的欧洲美元定期存款期货合约。这一品种发展很快，其交易量现已超过短期国库券期货合约，成为短期利率期货中交易最活跃的一个品种。欧洲美元定期存款期货之所以能够取代短期国库券期货的地位，其直接原因在于后者自身的局限性。短期国库券的发行量受到期债券数量、当时的利率水平、财政部短期资金需求和政府法定债务等多种因素影响，在整个短期利率工具中，所占总量的比例较小。许多持有者只是将短期国库券视为现金的安全替代品，对通过期货交易进行套期保值的需求并不大。

虽然利率期货的产生较外汇期货晚了三年多，但其发展速度却比外汇期货快得多，应用范围也远较外汇期货广泛。目前，在期货交易比较发达的国家和地区，利率期货都已超过农产品期货而成为成交量最大的一个类别。在美国，利率期货的成交甚至已占到整个期货交易总量的一半以上。

我国在1995年因"327"国债期货事件后，暂停了国债期货交易。2013年9月6日中国金融期货交易所恢复了国债期货交易。

四、利率期货的概念及种类

利率期货（Interest Rate Futures）是指交易双方在集中性的市场、以公开竞价的方式所进行的利率期货合约的交易。利率期货合约是指由交易双方订立的，约定在未来某日期以成交时确定的价格交收一定数量的某种利率相关产品（即各种金融债务凭证）的标准化契约。

利率期货种类繁多，分类方法也很多。通常人们按照合约标的物的期限，将利率期货分为短期利率期货和长期利率期货两大类。短期利率期货是指期货合约标的物的期限在一年以内的各种利率期货，即以货币市场的各类债务凭证为标的物的利率期货，包括各种期限的商业票据期货、短期国库券期货及欧洲美元定期存款期货；长期利率期货是指期货合约标的物的期限在一年以上的各种利率期货，即以资本市场的各类债务凭证为标的物的利率期货，包括各种期限的中长期国债期货。

由于品种设计、市场需求等各方面的因素，并非所有推出的利率期货合约都能获得成功。在现存的众多利率期货品种中，交易呈现出集中的趋势。以美国为例，目前几乎所有重要的交易合约的利率期货都集中在两个交易所：芝加哥期货交易所和芝加哥商业交易所（国际货币市场分部），这两个交易所分别以长期利率期货和短期利率期货为主。在长期利率期货中，最有代表性的是美国长期国库券期货和10年期美国中期国库券期货，短期利率期货的代表品种则是3个月期的美国国库券期货和3个月的欧洲美元定期存款期货。

第二节　利率期货的交易规则

一、短期利率期货的交易规则

在短期利率期货中,比较典型的品种是在 IMM 交易的 3 个月期美国国库券期货及 3 个月期欧洲美元定期存款期货。我们仅以这两个品种为例,说明短期利率期货的交易规则。

(一)国库券期货的交易规则

在现货市场上,国库券是以贴现方式发行的,发行价格为国库券面值减去按一定的贴现率和一定的期限算出的利息。在期限一定时,贴现率越高,价格就越低;贴现率越低,则价格越高。

在期货市场上,国库券期货的价格是以指数方式报出的。所谓"指数",是指 100 减去国库券的年贴现率。例如,当国库券的贴现率为 6% 时,期货市场即以 94 报出国库券期货的价格;当国库券的贴现率为 5.5% 时,期货市场就以 94.5 报出国库券期货的价格。期货市场之所以用指数方式报价,是为了使国库券期货的买入价格低于卖出价格,以符合交易者低价买进、高价卖出的报价习惯。同时也使这一指数的变动方向与国库券期货价格的变动方向相一致,以便投资者或投机者在预期指数上升时买入,在预期指数下跌时卖出。

在 IMM 上市的国库券期货合约有如下七个方面的规定:

(1)交易单位:面值为 1 000 000 美元的 3 个月期(13 周)美国国库券。

(2)最小变动价位:1 个基本点。所谓"一个基本点",是指 1 个百分点的百分之一。所以,国库券期货的最小变动价位为 1 个基本点,即表示其年贴现率变动的最小幅度是 0.01%,故通常用指数表示为 0.01。由于一张国库券期货合约的交易单位是面值为 1 000 000 美元的 3 个月期国库券,因此,其每 1 基本点的价值应为 25 美元。

(3)每日价格波动限制:无。

(4)合约月份:3 月,6 月,9 月,12 月。

(5)交易时间:芝加哥时间上午 7∶20 至下午 2∶00,到期合约在最后交易日于上午 10∶00 收市。

(6)最后交易日:各到期期货合约于该月份的第一交割日前的那个营业日停止交易。交割将于连续三个营业日内进行。第一交割日是现货月份的第一天,那天正是新的 13 周国库券发行而原来发行的 1 年国库券尚有 13 周到期的一天。

(7)国库券期货的交割。3 个月期国库券期货合约是以 90 天期国库券为标的物,但在合约到期时,国库券期货的卖方用于交割的却不限于 90 天期国库券。根据 IMM 的规定,可用于交割的既可以是新发行的 3 个月期国库券,也可以是尚余 90 天的其他期限的国库券。

(二)欧洲美元定期存款期货的交易规则

欧洲美元定期存款期货通常被简称为"欧洲美元期货"。这是因为欧洲美元本身即是一种存款,一种被存在美国境外的美元存款。但这一简称常常使人误解这一期货的性质,常常有人错误地将它列为外汇期货的一种。实际上外汇期货是管理外汇风险的工具,欧洲美元期货是管理利率风险的工具,二者是两种截然不同的金融期货种类。

在 IMM 上市的欧洲美元定期存款期货的合约规格如下:

(1)交易单位。欧洲美元定期存款期货以 3 个月期的欧洲美元定期存款为标的物,每张合约的单位是本金 1 000 000 美元。必须注意的是欧洲美元是泛指一切存放于美国境外银行的美元存款,但是被作为期货合约标的物的欧洲美元定期存款却只是其中的 3 个月期的短期存款。

(2)报价方式。欧洲美元定期存款期货的报价方式与国库券期货的报价方式类似,也采取指数报价的形式,其指数为 100 减去 3 个月期欧洲美元定期存款的年利率。

贴现收益率与加息收益率的换算,对交易者合理地选择合约和准确地做出交易决策是很重要的。由上可知,利率越高,两种收益率之间的差异越大,从而这种换算越重要。为了便于交易者查对,IMM 专门编制了"收益率换算表"。在该表中,各种加息收益率均被换算为等值的贴现收益率,从而各种加息式指数均被换算成贴现式指数。同时,该表还列出了与各种加息收益率及贴现率相对应的"债券等值收益率",从而使短期利率期货的价格与长期利率的价格具有可比性,以使投资者更为方便地做出投资决策。

(3)最小变动价位。与国库券期货一样,欧洲美元定期存款期货的最小变动价位也是 1 个基本点,即其收益率的 0.01 个百分点。

(4)最后交易日。欧洲美元定期存款期货的最后一个交易日为合约月份的第三个星期三之前的第二个伦敦银行营业日。

(5)交易时间。欧洲美元定期存款期货交易时间为每一交易日的芝加哥时间上午 7:20 至下午 2:00,到期合约于最后交易日的交易时间则为上午 7:20 至上午9:30。

(6)结算方式。金融期货的最后结算有两种方式:一是实物交割;二是现金结算。欧洲美元定期存款期货是第一个实行现金结算方式的期货品种。在现金结算方式下,所有到期而未平仓的欧洲美元定期存款期货部位都将自动地以最后结算价格冲销。也就是说,交易所的结算单位将根据最后结算价格算出交易双方的盈亏金额,通过贷记或借记他们的保证金账户,将保证金账户的余额予以退还。这就说明,在结清部位时,亏损的一方需向盈利的一方支付价格变动的差额。

需要指出的是,欧洲美元定期存款期货的最后结算价格并不是由期货市场决定的,而由现货市场决定,这一最后结算价格等于100减去合约之最后交易日的3个月期伦敦银行同业拆放利率。所谓"伦敦银行同业拆放利率"(London InterBank Offered Rate,LIBOR),是指在伦敦金融市场上的第一流银行之间的短期放款利率。这一利率是欧洲货币市场广泛使用的关键利率。一般的贷款利率均是在这一利率基础上,根据贷款的金额、期限及客户的资信等级等因素,酌收一定的加息而确定的。在现货市场LIBOR的确定方式与期货市场不同。

二、长期利率期货的交易规则

所谓长期利率期货,主要是指各国的中长期国债期货。在这些中长期国债期货中,最有代表性的是美国的长期国债期货及10年期的中期国债期货。仅就交易规则而言,这两种国债期货大同小异。因此,此处主要以美国长期国债期货为例,简要介绍长期利率期货的基本交易规则。

(一)报价方式及合约单位

与国库券期货的指数报价法不同,长期国债期货的报价方式采取价格报价法。长期国债期货以合约所规定的标的债券为基础,报出其每100美元面值的价格,且以1/32为最小报价单位。例如,美国长期国债期货合约是以标准化的期限为20年、息票利率为6%(2000年以前为8%)的美国长期公债券作为其标的物。因此,若期货市场报出的价格为97-18,则表示每100美元面值的该种公债券的期货价格为97+18/32美元,若以小数点来表示,则为97.5625美元。由于在芝加哥期货交易所上市的美国长期国债期货合约的交易单位是面值100 000美元,因此,当期货市场报价为97-18时,合约总值即为97 562.5美元。也就意味着在该期货合约的交割日,期货合约的买方为取得这种面值为100 000美元、期限为20年、息票利率为6%的美国长期公债券,必须向期货合约的卖方支付97 562.5美元。

(二)最小变动价位与每日价格波动限制

美国长期国债期货的最小变动价位及每日价格波动限制均以"点"来表示。所谓1个点是指交易单位(面值的)1%。因此,美国长期国债期货的1个点即代表面值1 000美元。

(三)交割日

美国长期国债期货的交割日为合约月份的任一营业日。在长达一个月的交割期中,具体在哪一日交割由期货合约的卖方决定。一旦卖方做出交割的决定,他必须比实际交割日提前两个营业日向交易所的结算单位发出交割通知。与交割期相对应,交割通知期也是一个月。也就是说,对每一准备交割期合约而言,其第一通知日比第一交割日早两个营业日。

(四)交割等级

美国长期国债期货的标的债券是期限为20年、息票利率为6%的美国长期公债券。但是在现货市场上,实际存在的债券往往并不符合这一标准化的要求。因此,这种标准化的国债期货合约到期时,卖方可用于交割的债券并不限于这一标准化的债券。根据芝加哥期货交易所的规定,美国长期国债期货合约的卖方可用于交割的债券是剩余期限不少于15年的美国长期公债券。具体地说,卖方可用于交割的债券在期限上只要满足如下条件:该债券是不可提前赎回的债券,即从期货合约的第一交割日至债券到期日,它必须有至少15年的剩余期限;如该债券为可提前赎回的债券,自期货合约的第一交割日至该债券的第一个赎回日,它必须有至少15年的剩余期限。另外,期货合约的卖方可用于交割的债券,其息票利率也未必是6%,即只要在期限上满足上述条件,任何息票利率的美国长期公债券均可用于交割。当然交割时必须进行等价转换,转换时利用交易所按一定公式计算的转换系数进行。

(五)转换系数与发票金额

1.转换系数。由于国债期货的标的是名义债券,实际上并没有完全相同的债券,因此在实物交割中采用指定一揽子近似的国债来交割的方式,符合条件的交割券通过转换系数,进行发票金额计算,并由卖方选择最便宜可交割债,通过有关债券托管结算系统进行。由于这种交割制度在实践中操作便捷,在一定程度上不仅推动了国债期货交易的发展,也提高了现货市场的流动性。

所谓转换系数(Conversion Factor,CF)也称为转换因子,是指可使中长期国债期货合约的价格与各种不同息票利率的可用于交割的现货债券价格具有可比性的折算比率,其实质是将面值1美元的可交割债券在其剩余期限内的现金流量,用6%的标准息票利率所折成的现值。

转换系数是长期利率期货中一个十分重要的概念。在中长期国债期货交易中,转换系数是确定各种可交割债券发票价格的一个必不可少的因素。通过转换系数的调整,各种不同期限和不同息票利率的可交割债券的价格均可折算成期货合约所规定的标准化债券价格的一定倍数,因此,确切地说,所谓转换系数,实际是一种"价格转换系数"。

转换系数一般有两种方法,设:CF 为转换系数,i 为以年率表示的息票利率,s 为债券在剩余期限内的付息次数,n 为可交割债券剩余期限的整数年数,不足一年而按季取整的月数以 x 表示。

方法一:

当 s 为偶数时,

$$CF = \sum_{t=1}^{s} \frac{\frac{i}{2}}{(1 + \frac{6\%}{2})^t} + \frac{1}{(1 + \frac{6\%}{2})^s} - \sum_{t=1}^{s} \frac{\frac{i}{2}}{1.03^t} + \frac{1}{1.03^s} \qquad (\text{式}9-10)$$

当 s 为奇数时,

$$CF = \frac{1}{1.03^{1/2}}\left[\sum_{t=1}^{s} \frac{\frac{i}{2}}{1.03^t} + \frac{1}{1.03^t} + \frac{i}{2}\right] - \frac{1}{2} \times \frac{i}{2} \qquad (\text{式}9-11)$$

方法二:

当 $x = 0,3,6$ 时,

$$CF = \frac{1}{1.03^{x/6}}\left\{\frac{i}{2} + \frac{i}{0.06}\left[1 - \frac{1}{1.03^{2n}}\right] + \frac{1}{1.03^{2n}}\right\} - \frac{i}{2} \times \frac{6-x}{6} \qquad (\text{式}9-12)$$

当 $x = 9$ 时,

$$CF = \frac{1}{1.03^{3/6}}\left\{\frac{i}{2} + \frac{i}{0.06}\left[1 - \frac{1}{1.03^{2n+1}}\right] + \frac{1}{1.03^{2n+1}}\right\} - \frac{i}{2} \times \frac{6-3}{6} \qquad (\text{式}9-13)$$

在国际期货市场上,转换系数一般由期货交易所定期公布,投资者无须自己计算,只要查询交易所公告即可得到。

2. 发票金额(Invoice Amount)。这是指在中长期国债期货的交割日,由买方向卖方实际支付的金额。这一金额由期货交易所的结算单位根据卖方交付的债券、实际交割日及交割结算价格算得。其计算公式如下:

$$A_i = N(P_s \times \$\ 1\ 000 \times CF + I_a) \qquad (\text{式}9-14)$$

式中:A_i 为发票金额;

　　N 为交割的合约数;

　　P 为交割结算价格;

　　CF 为转换系数;

　　I_a 为每一合约的应计利息,其公式是:

$$I_a = 100\ 000 \times \frac{r \times \frac{1}{2} \times t}{T} \qquad (\text{式}9-15)$$

r 为实际用于交割的债券的息票利率,t 为上次付息日至期货合约交割日的天数,T 为半年的天数。

【例9】某交易者于2001年6月20日向CBOT的结算单位发出交割通知,准备以2015年1月15日到期、息票利率为9.25%美国长期公债券,交割其2001年6月份到期的美国长期国债期货合约一张,则发票金额计算过程如下:

从2001年6月1日(期货合约的第一交割日)到2016年2月25日(债券到期日)共有15年7.5个月。按照整数季度计算是15年6个月,$x=6$,则用公式9-12计算转换系数如下:

$$CF = \frac{1}{1.03^{6/6}}\left\{\frac{0.092\ 5}{2} + \frac{0.092\ 5}{0.06}\left[1 - \frac{1}{1.03^{2 \times 15}}\right] + \frac{1}{1.03^{2 \times 15}}\right\} - \frac{0.092\ 5}{2} \times \frac{6-6}{6}$$

$$= 1.325\ 006\ 963$$

上次付息日 1 月 15 日至 6 月 22 日(期货合约交割日)共 158 天,$t = 158$;半年天数为 184 天(7 月 15 日至 1 月 15 日),$T = 184$。则用公式计算 9 - 15 应计利息如下:

$$应计利息\ I_a = 100\ 000 \times \frac{0.092\ 5 \times \frac{1}{2} \times 158}{184} = 3\ 971.47$$

假设交割结算价格为 96 - 16,则用公式 9 - 14 计算发票金额如下:

$$A_i = 1 \times \left[\left(96 + \frac{16}{32} \right) \times \$\ 1\ 000 \times 1.325\ 006\ 963 + 3\ 971.47 \right]$$

$$= \$\ 131\ 834.64$$

3. 最便宜交割债券(Cheapest To Deliver Bond, CTD Bond)。转换因子公式的一个重要假设是,在交割日时市场收益率曲线呈水平状态,并且收益率同期货合约的名义息票利率相同。基于该假设,一揽子可交割债券在交割时完全相同。但是,在大多数时候,实际的收益率曲线和名义息票率的水平绝少相同,而且收益率曲线也不是转换因子公式中所假设的水平直线。因此,在转换因子公式中,使用名义息票率作为贴现率并不符合真实的收益率曲线结构。在这种情况下,转换因子就不能准确地调整交割价格,由此造成的偏差会使得某些可交割债券的价格在交割时相对优于其他债券。

显然,债券的卖方一般总是选择能产生最大利润或最小损失的债券进行交割,这种债券称为最便宜交割债券。

【例10】假设有三种可交割债券,其现货报价和转换因子如表 9 - 1 所示,目前的债券期货报价为 92.50 美元,我们可根据交割差距的大小确定最便宜可交割债券。

表 9 - 1　可交割债券的现货报价及其转换因子举例

债券	现货报价(美元)	转换系数
1	141.5	1.502
2	119.5	1.274
3	97.5	1.022

根据表 9 - 1 数据,我们可以求出三种债券的交割差距。

债券 1:141.5 - (92.5 × 1.502) = 2.565 美元

债券 2:119.5 - (92.5 × 1.274) = 1.655 美元

债券 3:97.5 - (92.5 × 1.022) = 2.965 美元

由此可知,债券 2 的交割差距最小,为最便宜交割债券。

近年来,国外一些交易所也探索将现金交割的方式用于国债期货,不过采用现金交割方式的国家目前只有澳大利亚、韩国和马来西亚等,而且合约交易量并不大。现金交割制度的主要成功条件在于现货指导价格的客观性,因为期货合约最后结算损益时是按照现货指导价格计算,交易者有可能操纵现货价格以达到影响现金结算价格的目的,因此如何设计最后结算价的采样及计算非常重要。

三、我国的国债期货

1992 年 12 月,上海证券交易所最先开放了国债期货交易,共推出 12 个品种的国债期货合约,只对机构投资者。1993 年 10 月 25 日,上海证券交易所向个人投资者开放国债期货交易。但是由于"327"国债期货事件的发生,国债期货被暂停。2013 年 9 月 6 日,国债期货重新在中国金融期货交易所上市交易,合约标准见表 9 - 2、表 9 - 3。

表 9 - 2   中国金融期货交易所 5 年期国债期货合约

合约标的	面值为 100 万元人民币、票面利率为 3% 的 5 年期名义中期国债
可交割国债	合约到期月首日剩余期限为 4 - 5.25 年的记账式附息国债
报价方式	百元净价报价
最小变动价位	0.005 元
合约月份	最近的三个季月(3 月、6 月、9 月、12 月中的最近三个月循环)
交易时间	09:15 - 11:30,13:00 - 15:15
最后交易日交易时间	09:15 - 11:30
每日价格最大波动限制	上一交易日结算价的 ±1.2%
最低交易保证金	合约价值的 1%
最后交易日	合约到期月份的第二个星期五
最后交割日	最后交易日后的第三个交易日
交割方式	实物交割
交易代码	TF
上市交易所	中国金融期货交易所

表 9 - 3   中国金融期货交易所 10 年期国债期货合约

合约标的	面值为 100 万元人民币、票面利率为 3% 的名义长期国债
可交割国债	合约到期月份首日剩余期限为 6.5 - 10.25 年的记账式附息国债
报价方式	百元净价报价
最小变动价位	0.005 元
合约月份	最近的三个季月(3 月、6 月、9 月、12 月中的最近三个月循环)

续表

交易时间	9:15 - 11:30,13:00 - 15:15
最后交易日交易时间	9:15 - 11:30
每日价格最大波动限制	上一交易日结算价的 ±2%
最低交易保证金	合约价值的 2%
最后交易日	合约到期月份的第二个星期五
最后交割日	最后交易日后的第三个交易日
交割方式	实物交割
交易代码	T
上市交易所	中国金融期货交易所

根据中国金融期货交易所的规定,5 年期和 10 年期国债期货合约的可交割国债应当满足以下条件:

(1)中华人民共和国财政部在境内发行的记账式国债。

(2)同时在全国银行间债券市场、上海证券交易所和深圳证券交易所上市交易。

(3)固定利率且定期付息。

(4)5 年期国债必须是合约到期月份首日剩余期限为 4 - 5.25 年的记账式附息国债,10 年期国债是合约到期月份首日剩余期限为 6.5 - 10.25 年的记账式附息国债。

(5)符合国债转托管的相关规定。

(6)交易所规定的其他条件。

根据财政部和托管机构关于国债转托管的相关规定,为保证国债期货交割的顺利进行,因付息导致合约交割期间暂停转托管的国债不纳入该合约可交割国债范围。

5 年期国债期货转换因子计算公式如下:

$$CF = \frac{1}{\left(1 + \frac{r}{f}\right)^{\frac{xf}{12}}} \times \left[\frac{c}{f} + \frac{c}{r} + \left(1 - \frac{c}{r}\right) \times \frac{1}{\left(1 + \frac{r}{f}\right)^{n-1}} \right] - \frac{c}{f} \times \left(1 - \frac{xf}{12}\right)$$

其中,r:5 年期国债期货合约票面利率 3%;

x:交割月到下一付息月的月份数;

n:剩余付息次数;

c:可交割国债的票面利率;

f:可交割国债每年的付息次数。

计算结果四舍五入至小数点后 4 位。

5 年期和 10 年期国债期货应计利息的日计数基准为"实际天数/实际天数",

每100元可交割国债的应计利息计算公式如下：

$$应计利息 = \frac{可交割国债票面利率 \times 100}{每年付息次数} \times \frac{配对缴款日 - 上一付息日}{当前付息周期实际天数}$$

计算结果四舍五入至小数点后7位。

可交割国债及其转换因子数值由交易所确定并向市场公布。

第三节　利率期货的套期保值

与其他金融期货及各种商品期货的套期保值相比，利率期货的套期保值要复杂一些，因此我们仅对利率期货中套期保值的一些最基本的方法做一概述。

一、利率期货套期保值的基本步骤

（一）确定利率风险地位

在进行套期保值前，先对保值者实际的和预期的现货市场状况进行分析，分析具体的利率变动对保值者收入及支出的潜在影响。保值者必须经常性地预测利率的走势，比较不同的利率变化给自己带来的损失，以便相机做出相应的决策。

（二）预测现货市场交易中的货币流量

保值者应合理估计现货市场交易中的现金流量规模，包括可投资资金量、贷款承诺规模、发行债券的数量等内容，以便确定期货合约的数量。

（三）选择适当的期货合约

一般来说，当某种合约的利率与被套期保值的现货资产或负债的利率相关度较高时，这种合约被认为是合适的期货合约。这一点可以从基差上证明，如果现货有价证券与期货有价证券的基差在保值期内保持不变，套期保值就是完美的。举例来说，某现货债券在套期保值开始时价格值是95，期货债券价格是80，则在套期保值开始时，基差为15。在套期保值结束时，现货债券价格升为100，期货债券价格升为85，基差仍为15，现货市场与期货市场的损益恰好全部相抵。如果基差在保值期内发生变化，保值者就要承担基差风险。期货与现货利率的相关度越高，基差风险就越小。

（四）准确确定套期保值的比例

当现货和期货的利率变化一致，基差在套期保值期保持不变，通过1∶1的比例就可以实现完美的保值。但多数情况下，现货和期货的利率变化并不一致，这种情况下的套期保值称为交叉套期保值（Cross Hedging）。交叉套期保值存在基差风险，需要确定一个期货和现货合约数量的比率来消除基差风险。

(五)决定套期保值的适宜时机

保值者要使套期保值的资产或负债的现金流量的时机搭配得当。例如,3 个月后有资金可用于投资,那么就运用 3 个月的期货合约。假如预计可得到连续的现金流量,如中长期贷款本利的分期偿还,就可根据现金流量的状况进行不同时限的期货合约来进行套期保值。

(六)随时管理监控套期保值交易的执行过程

在套期保值头寸建立后,不能置之不理,必须监控利率变化或资产、负债头寸的变化,以检查套期保值交易是否正确。有两种变化可能:一种是预期的头寸会发生变动;另一种是基差变动与现货的利率变动方向相反,使保值者在现货市场和期货市场上都蒙受损失。保值者应根据实际情况,做出正确的调整,最大限度地减少损失。

二、短期利率期货的套期保值

(一)国库券期货的套期保值

1.国库券期货的多头套期保值。此处我们举例说明。

【例11】某投资者在 4 月初预测 7 月份市场利率将降低,他目前手持的面值 2 000 万美元的国库券将于 7 月 5 日到期,他打算到时候将这笔钱再继续投资于国库券。由于 4 月初利率较高,国库券指数因而较低。若 7 月份真如他所料市场利率下降,他投资国库券将由于利率降低、收益减少而受损,这表明他将以较高的价格购买国库券。为避免这种风险,他可以现在在期货市场上以较低指数买进一批国库券合约,7 月份再以较高指数卖出,以期货市场的盈利来弥补市场的损失,具体操作见表9 4。

表9-4　国库券期货的多头套期保值

现货市场	期货市场
4 月 5 日 拥有 7 月 5 日到期的面值 2 000 万美元国库券,当时的国库券贴现率为 9%,相当于 IMM 指数 91.00 点,即到 7 月 5 日有一笔 1 955 万美元款项 $2\ 000 \times (1 - 9\% \times 3 \div 12) = 1\ 955$ 万美元	4 月 5 日 购入 20 张 9 月份到期的国库券期货合约,成交价为 IMM 指数 91.00 点。合约总值: $100 \times (1 - 9\% \times 3 \times 12) \times 20$
7 月 5 日 兑换到期的 2 000 万美元国库券,再购买面值为2 000 万美元 3 个月到期国库券,IMM 指数 92.00 点(贴现率降为 8%),支出 1 960 万美元 $2\ 000 \times (1 - 8\% \times 3 \div 12) = 1\ 960$	7 月 5 日 卖出 20 张 9 月份到期的国库券期货合约,成交价为 IMM 指数 92.00 点。合约总值: $100 \times (1 - 8\% \times 3 \div 12) \times 20$
购买国库券的成本增加了 5 万美元 $1\ 955 - 1\ 960 = -5$	期货市场盈利 5 万美元 $100 \times (9\% - 8\%) \times 3 \div 12 \times 20 = 5$

7月5日实际购买国库券成本:1 960万 - 5万 = 1 955万美元

购买国库券的实际贴现率(2 000万 - 1 955万) ÷ 2 000万 × 12/3 × 100% = 9%

可见,当国库券的贴现率从4月初9%(IMM 指数为91.00点)跌到7月初的8%(IMM 指数为92.00)时,由于投资者在期货市场做了多头套期保值交易,期货市场的盈利弥补了现货市场的损失,使其实际贴现率仍可达9%。反过来,如果7月初利率没有降低,反而升高了,IMM 指数为90.00点,贴现率为10%,这时虽然期货市场亏损了,但现货市场有了盈利,相互抵消后实际收益还是没有下降,仍锁定在9%左右。

2.国库券期货的空头套期保值。利率期货的空头套期保值是指当投资者在某一期间内持有现货国债时,为规避市场利率上升、国库券价格下跌的风险,他们可在利率期货市场上卖出相当面值的国库券期货合约,以实现空头套期保值。

【例12】4月3日,某投资者买进价值总额为1亿美元的3个月期美国国库券,买进价格为93(以 IMM 指数表示),他准备在20天后将这批国库券售出。为防止这20天内市场利率上升、国库券价格下跌而遭到损失,该投资者便在买进国库券现货的同时卖出面值相同的国库券期货,以实现保值。其具体过程如下表。

表9 - 5　国库券期货的空头套期保值

现货市场	期货市场
4月3日 以93的价格买进面值总额为1亿美元的3个月期国库券,共支付价款98 250 000美元	4月3日 以92.6的价格卖出100张9月份到期的国库券合约,合约总值为98 150 000美元
4月23日 以92.4的价格卖出面值总额为1亿美元的3个月期国库券,共收取价款98 100 000美元	4月23日 以92的价格买进100张9月份到期的国库券期货合约,合约总值为98 000 000美元
- 150 000美元	+ 150 000美元

从上述两个例子可以看出,投资者通过国库券期货的套期保值将现货市场的全部损失都抵消了,实现了"完全的套期保值"。在这一过程中有三点值得注意:一是他卖出的期货与他持有的现货有着正好相同的面值;二是在套期保值过程中,期货价格与现货价格变动的方向相同;三是期货价格与现货价格变动幅度也相同,即基差没有变动。正是在这样的前提条件下,套期保值者在现货市场的损失与期货市场的利润正好相抵,从而实现完全的套期保值。当然在实际金融期货的套期保值中,这样的条件不一定能经常遇见。

3.国库券期货的交叉套期保值。在上述两个例子中,我们假设套期保值的现货金融工具与期货标的物都是 3 个月期的美国国库券,这样的套期保值,我们称之为"直接套期保值"(Direct Hedging)。在直接套期保值中,因套期保值对象与套期保值工具有着相同的价格变动性,所以在计算套期保值比率时,我们实际上采用了"面值朴素模型"。该模型假设人们可用 1 美元面值的期货合约来对 1 美元面值的现货金融工具实施套期保值。于是,在套期保值时,人们只要以现货部位的面值除以期货合约的交易单位即可得到套期保值所需的合约数。直接套期保值是一种最简单的套期保值,但在现实生活中,这种直接套期保值并不多,更多的是形形色色的各种交叉套期保值。国库券的期货套期保值主要有两种不同的情况:一种情况是用 3 个月期的国库券期货来对期限不是 3 个月期的现货国库券实行套期保值;另一种情况是用国库券期货来对不是国库券的其他短期金融工具实行套期保值。对于前一种情况,我们可用到期日调整系数来调整套期保值所需的合约数来解决,而后一种情况,我们必须采用回归分析法,算出被作为套期保值对象的其他短期金融工具与国库券期货合约的利率相关性,以此来调整套期保值所需的合约数,这里分别举例说明。

【例13】6 月 10 日,某投资者预期将在 3 个月后收到一笔金额为 20 000 000 美元的款项,当时 6 个月期国库券的贴现率为6%,该投资者认为这是一个比较满意的收益率,故准备在收到上述款项后立即买进 6 个月期的美国国库券。为避免市场利率下跌导致国库券价格上升风险,该投资者决定以 3 个月期的国库券期货来做套期保值。

在这一案例中,如只按面值计算,则该投资者只需要买进 20 张 9 月份到期的国库券期货合约即可。然而,在市场利率变动 1 个基本点时,面值为 1 000 000 美元的 6 个月期国库券的价值将变动 50 美元,而面值同样 1 000 000 美元的 1 张 3 个月期国库券期货合约的价值却只变动 25 美元,这样,在市场利率变动时,现货部位的风险还有一半没有抵消。为此,套期保值者必须根据公式算出到期日调整系数,以此调整买进的期货合约数。根据调整系数计算公式,本例中的到期日调整系数为 2,这说明,该投资者必须买进两倍于现货部位面值的期货合约面值(即 40 份合约)才能实现套期保值。其具体过程如表 9 - 6 所示。

表 9 - 6　国库券期货的交叉套期保值(一)

日期	现货市场	期货市场
6 月 10 日	6 个月期国库券贴现率为6%,投资者准备 3 个月后将 2 000 万美元投资于该国库券	买进 40 张 9 月份到期的 3 个月期国库券利率期货,价格为 94.25
9 月 10 日	6 个月期国库券贴现率下降至 4.5%,投资者收到 2 000 万美元,并以此价格买进该品种国库券	卖出 40 张 9 月份到期的 3 个月期国库券利率期货,价格为 95.78

续表

日期	现货市场	期货市场
损益	$2\ 000\ 万 \times (4.5\% - 6\%) \times \dfrac{180}{360}$ $= -15(万美元)$	$\dfrac{95.78 - 94.25}{0.01} \times 25 \times 40$ $= 15.3(万美元)$
结果	15.3 - 15 = 0.3(万美元)	

投资者不仅抵补了现货市场的损失,还盈利了 3 000 美元。

【例14】4 月 7 日,某公司决定在一个月后通过发行 90 天期商业票据来筹措 98 000 000 美元资金,以用于短期周转。如当时商业票据的贴现收益率为 8%,该公司发行 1 亿美元面值的 90 天期商业票据即可筹足所需的资金。为防范一个月后市场利率上升的风险,该公司决定用 3 个月期国库券期货来做套期保值,根据回归分析,90 天国库券与商业票据的利率相关系数为 0.86。该套期保值所需的期货合约数可计算如下:

套期保值所需合约数 = 100 000 000/1 000 000 × 0.86 = 86(张)

具体的套期保值过程如表 9 - 7 所示。

表 9 - 7 国库券期货的交叉套期保值(二)

日期	现货市场	期货市场
4 月 7 日	90 天期商业票据贴现率为 8%,公司准备在 1 个月后发行面值总额为 1 亿美元的 90 天期商业票据,以筹措短期周转资金 9 800 万美元	卖出 86 手 6 月份到期的 3 个月期国库券利率期货,价格为 93.25
5 月 7 日	90 天期商业票据贴现率升至 9.8%,公司发行面值总额为 1 亿美元的 90 天期商业票据	买进 86 手 6 月份到期的 3 个月期国库券利率期货,价格为 91.18
损益	$1\ 亿 \times (8\% - 9.8\%) \times \dfrac{90}{360}$ $= -45(万美元)$	$\dfrac{93.25 - 91.18}{0.01} \times 25 \times 86$ $= 445\ 050(美元)$
结果	445 050 - 450 000 = -4 950(美元)	

由于公司进行了商业票据的交叉套期保值,商业票据发行中的大部分损失被抵补,仅损失 4 950 美元,取得了较好的套期保值效果。

(二)欧洲美元期货的套期保值

在许多场合,欧洲美元期货合约均可替代国库券期货而为各种短期金融工具实施套期保值,而且其操作方法也基本一致。然而,由于欧洲美元期货是以伦敦银行同业拆放利率(LIBOR)作为报价基础,因此,它更适用于对那些以浮动利率计息的资产、负债或投资组合的套期保值。

1. 欧洲美元期货的多头套期保值。欧洲美元期货的多头套期保值主要适用于投资者规避市场利率下跌、减少利率收入的风险。通过买进一定数量的欧洲美元期货合约,投资者可在市场利率下跌时从期货市场获得利润,以弥补现货市场利率收入减少的损失。

【例15】某一出口公司于3月15日同外国进口公司签订合同。根据合同规定,该出口公司将于6月10日向外国进口公司收取10 000 000美元的款项,出口公司的财务经理准备将此款项投资于3个月期欧洲美元定期存款,当时存款利率为5.62%。但该财务经理预期欧洲美元定期存款利率将在近期下降,于是他通过买进6月份欧洲美元期货合约来锁定未来的收益率。其具体过程如表9-8所示。

从表9-8可看出,由于存款利率从5.62%跌至3.75%,该出口公司减少了利息收入46 750美元,但由于事先做了套期保值,所以他们可在期货市场获利47 250美元,最后不仅抵补了现货市场所减少的利息收入,还盈利了500美元。

表9-8 欧洲美元期货的多头套期保值

日期	现货市场	期货市场
3月15日	预期6月10日可收取1 000万美元,并准备将它存入3个月期欧洲美元定期存款,当时利率为5.62%	以94.35的价格买进10手6月份到期的欧洲美元定期存款期货合约
6月10日	收到1 000万美元,并以3.75%的利率将此款项存入3个月期欧洲美元定期存款	以96.24的价格卖出10手6月份到期的欧洲美元定期存款期货合约
损益	$1\,000万 \times (3.75\% - 5.62\%) \times \dfrac{90}{360}$ $= -46\,750(美元)$	$\dfrac{96.24 - 94.35}{0.01} \times 25 \times 10$ $= 47\,250(美元)$
结果	$47\,250 - 46\,750 = 500(美元)$	

2. 欧洲美元期货的空头套期保值。欧洲美元期货的空头套期保值主要适用于借款者规避市场利率上升、增加利息支出的风险。通过卖出一定数量的欧洲美元期货合约,借款者可在市场利率上升时从期货市场获取利润,以弥补现货市场增加利息支出的损失。

【例16】在某年4月1日,某公司预计在第四季度需借入1亿美元资金,该公司的融资利率一般为LIBOR+0.5%。现在该公司所面临的问题不是届时能否借到这笔资金,而是届时以什么利率借入这笔资金。为避免利率上升而加重利息负

担的风险,该公司决定以欧洲美元期货做套期保值。假定在 4 月 1 日时,CME 欧洲美元期货有如下行情:

表 9 – 9　CME 欧洲美元期货行情(4 月 1 日)

合约月份	期货价格	收益率(%)
当年 6 月	91.55	8.45
当年 9 月	91.50	8.50
当年 12 月	91.45	8.55
次年 3 月	91.40	8.60
次年 6 月	91.35	8.65

从表 9 – 9 可看到,当年 9 月份欧洲美元期货合约的价格为 91.50,相应地,期货收益率为 8.50%。如果该公司认为 9% 的借款利率是可以接受的,那么,它只要卖出当年 9 月份到期的欧洲美元期货合约,即可将此利率锁定。

在计算套期保值所需合约数时,我们应注意这样一个问题,即 3 个月期欧洲美元期货的价值变动系数是根据实际天数(如 91 天)计算。于是,当利率变动 1 个基本点时,一张欧洲美元期货合约的价值将变动 25 美元,而本金为 1 000 000 美元、期限为 91 天的借款成本将变动 25.28 美元。在这种情况下,借款者需卖出较多欧洲美元期货合约,才能将利率变动所导致的借款成本的增减数抵消。在这里为简化分析,我们权将 3 个月期借款的天数以 90 天计算。这样,我们在前面所设的那个公司只要卖出 100 张当年 9 月份到期的欧洲美元期货合约,便可实现有效的套期保值。

在利率为 9% 时,该公司为借入本金 1 亿美元、期限 3 个月(以 90 天计算)的资金需支付利息 2 250 000 美元(= 100 000 000 美元 × 9% × 90 ÷ 360)。现在,我们来看一下,当该公司以 91.50 的价格卖出 100 张当年 9 月份交割的欧洲美元期货合约后,能否有效地将实际利率锁定于 9% 的水平,见表 9 – 10。

表 9 – 10　欧洲美元期货的空头套期保值

情况	A	B	C
建仓时期货价格	91.50	91.50	91.50
期货部位	卖出 100 手	卖出 100 手	卖出 100 手
平仓时期货价格	92.00	91.50	90.50
现货市场利率	8.50%	9.00%	10.00%
利息总支出(美元)	2 125 000	2 250 000	2 500 000
期货损益(美元)	– 125 000	0	250 000
利息净支出(美元)	2 250 000	2 250 000	2 250 000

在表 9 - 10 中,我们分别列出了 A、B、C 这三种可能的情况。我们可以清楚地看到,当该公司利用欧洲美元期货做了空头套期保值后,无论市场利率上升还是下降,其利息净支出将稳定于 2 250 000 美元这一水平,而这一水平正是该公司愿意接受的9%的利率水平。之所以如此,是因为当市场利率下降时(如情况 A),实际利息支出的减少将被期货市场的损失所抵消;在市场利率上升时(如情况 C),实际利息支出的增加将由期货市场的利润所弥补。

3. 欧洲美元期货的滚动套期保值。欧洲美元期货是当前交易最活跃的短期利率期货。与其他期货不同,欧洲美元期货不仅其近期月份的合约有很高的流动性,即使是那些远期月份的合约也有较高的流动性。对这一特征,我们可从各月份合约的未平仓数中看出来。由于欧洲美元期货如此高的流动性,特别是其中的远期月份的合约很高的流动性,所以它不仅可做各种简单的多头套期保值和空头套期保值,而且还可做其他比较复杂的套期保值。在这些较为复杂的套期保值策略中,比较重要和常用的主要有"滚动套期保值"(Rolling Hedging)和"条式套期保值"(Strip Hedging)。限于篇幅,在这里我们只对滚动套期保值做一简述。

所谓"滚动套期保值",是指投资者在建立某种部位后,在整个套期保值期间内,随着时间的推移,不断以新合约替换旧合约,逐次向前滚动以实现套期保值的形式。这种套期保值形式可适用于多种不同的场合。例如,通过四个连续月份的欧洲美元期货合约的滚动,投资者可将套期保值的时间延长至 1 年。又如,当现货市场的敞口部位随着时间的推移而增减时,投资者也可利用滚动套期保值的办法来达到其特定的套期保值目的。

【例 17】某投资者于 2015 年 2 月 15 日计划从欧洲美元市场借入一笔分期偿还的贷款,总额为 1 亿美元,期限为 1 年,从 2015 年 5 月 16 日起,至 2016 年 5 月 15 日为止。贷款分四次偿还,每 3 个月偿还本金的四分之一(即 2 500 万美元),利息以 LI-BOR +0.5% 计算,每三个月重订一次。为防范市场利率上升而加重利息负担的风险,该投资者决定用欧洲美元期货合约来做滚动套期保值。其具体过程如表 9 - 11 所示。

表 9 - 11　欧洲美元期货的滚动套期保值

需保值的未清偿贷款本金(美元)	日期	2015 年 6 月份合约	2015 年 9 月份合约	2015 年 12 月份合约	2016 年 3 月份合约
100 000 000	2015.2.15	卖出 100 手			
75 000 000	2015.5.15	买进 100 手	卖出 75 手		
50 000 000	2015.8.15		买进 75 手	卖出 50 手	
25 000 000	2015.11.15			买进 50 手	卖出 25 手
0	2016.2.15				买进 25 手

由表 9 – 11 可看出,随着贷款的偿还,投资者的敞口部位渐次缩小,故套期保值所需的合约数也渐次减少。这种滚动套期保值实际上是将整个套期保值期分为相互连续的四个阶段,每一阶段都做一个空头套期保值。很显然,这种方法比单一的空头套期保值更为有效,套期保值的成本也更为低廉。

三、长期利率期货的套期保值

长期利率期货的套期保值与短期利率期货的套期保值在基本原理上是一致的,但在具体操作上却有着很大的不同。这种不同主要是由长期利率风险管理的特点和长期利率期货特定的交易规则所决定的。

在长期利率期货的套期保值中,人们使用得最多的套期保值工具是各种中长期国债期货。而在中长期国债期货的套期保值中,最重要而又最复杂的一个环节就是套期保值比率的确定,即在套期保值中,人们究竟应该如何确定所需买进或卖出的期货合约数。在这里,我们将以美国长期国债期货(简称"T – bond 期货")为例,通过对几种常用的套期保值比率确定模型的介绍,说明长期利率期货套期保值的一些基本策略。

目前,可供人们选择的套期保值比率的确定模型很多,其中适用于长期利率期货套期保值的主要有如下几种模型:一是转换系数模型;二是回归模型;三是存续期模型。

(一)转换系数模型

在中长期国债期货的套期保值中,转换系数模型(Conversion Factor Model)是一个最常用的模型。该模型以最便宜可交割债券的转换系数作为套期保值比率,以此来计算套期保值所需的合约数。其计算公式为:

$$套期保值所需合约数 = \frac{现货部位的面值总额}{期货合约的交易单位} \times 转换系数$$

【例18】某投资者持有面值总额为 500 万美元的美国长期国债券,准备用 2019 年 9 月份到期的美国长期国债期货合约来套期保值。假设该投资者所持有的现货债券对 2019 年 9 月份交割的合约而言恰为最便宜可交割债券,其转换系数为1.38,则在套期保值时,该投资者所需卖出的合约数为 69 张(= 5 000 000/100 000 × 1.38)。

在对不是最便宜可交割债券的其他现货债券的套期保值中,尤其是对不可交割的其他债务凭证的套期保值中,转换系数模型就存在着明显的局限性。

(二)回归模型

回归模型(Regression Model)系由资本资产定价模型(Capital Asset Pricing Model,CAPM)发展而来,由此模型所得出的套期保值比率类似于资本资产定价模型中的贝塔系数(Beta Coefficient,常用 β 表示)。套期保值对象的收益与套期保值工具的收益率并非完全一致地变动,因此,当收益率发生变动时,现货部位的价值变动与期货部位的价值变动也并非完全相同。但是,该模型假设,在套期保值期间,此两部位的价值变动关系是不变的。这种不变的价值变动关系,我们可用 β 系数来加以表示。在套期保值中,投资者可根据历史资料,利用回归方法求得这一 β 系数。

在长期利率期货的套期保值中,回归模型是一个不常用的确定套期保值比率的模型。但是,它通常被套期保值者用做其他模型的补充,以修正其套期保值比率,从而提高其套期保值的效率。

(三) 存续期模型

在对不是最便宜可交割债券的其他现货债券的套期保值中,存续期模型(Duration Model)是一个比较常用的确定套期保值比率的模型。

所谓"存续期"(Duration),一般以年来表示,它指债券的到期收益率变动一定幅度时,债券价格因此而变动的比例。例如,根据计算,某债券的到期收益率若变动一个基本点(0.01%)则该债券的价格变动 0.095%,这样,该债券的存续期即为 9.5 年。用公式表示,即,

$$\frac{\Delta P}{P} = -D \times \Delta r \qquad \text{(式 9 – 16)}$$

或:
$$D = \frac{-\dfrac{\Delta P}{P}}{\Delta r} \qquad \text{(式 9 – 17)}$$

其中:D 为存续期;P 为债券价格;r 为债券的到期收益率。在这里,负号通常被省略。可见,存续期与债券的期限(Maturity)不同,它反映着债券价格的利率敏感性。

我们知道,一种有效的套期保值,应使现货部位的价格变动恰为期货部位的价格变动所抵消。如果我们以 ΔP_c 表示每一美元面值的现货部位的价格变动额,以 ΔP_f 表示每一美元面值的期货合约的价格变动额,以 HR 表示套期保值比率(它是计算套期保值所需的期货合约数的一个乘数),则:

$$\Delta P_c = \Delta P_f \times HR \qquad \text{(式 9 – 18)}$$

根据式 9 – 16,我们可得现货部位的价格变动额:

$$\Delta P_c = D_c \times P_c \times \Delta r \qquad \text{(式 9 – 19)}$$

其中,D_c 为现货债券(即套期保值对象)的存续期,P_c 为现货债券的价格。

同样,我们也可得期货合约的价格变动额:

$$\Delta P_f = D_f \times P_f \times \Delta r \qquad \text{(式 9 – 20)}$$

其中,D_f 为期货合约的存续期,P_f 为期货价格。值得指出的是,在这里,所谓"期货合约的存续期",实际是指最便宜可交割债券从交割日至到期日的存续期。

以式 9 – 19 和式 9 – 20 代入式 9 – 18,得:

$$D_c \times P_c \times \Delta r = D_f \times P_f \times \Delta r \times HR \qquad \text{(式 9 – 21)}$$

假设现货利率与期货利率同时、同向且同幅度变动,则在式 9 - 21 两边同除以 Δr,得:

$$D_c \times P_c = D_f \times P_f \times HR \qquad\qquad (式\ 9-22)$$

因此,

$$HR = \frac{D_c \times P_c}{D_f \times P_f} \qquad\qquad (式\ 9-23)$$

现在,我们用一简单的例子来说明存续期模型的应用。

假设某投资者持有面值总额为 10 000 000 美元、2016 年到期、息票利率为 9.25% 的美国长期国债券,准备用美国长期国债期货来套期保值。根据计算,该投资者所持有的现货有 9.50 年的存续期,价格为 116。与此同时,期货的存续期为 10.45 年,期货价格为 91 - 12。根据式 9 - 23 我们可算得:

$$HR = (9.5 \times 116)/(10.45 \times 91.375) \approx 1.15$$

套期保值比率为 1.15,说明套期保值工具(期货合约)的面值应为套期保值对象的 1.15 倍。在本例中,因现货债券的面值总额为 10 000 000 美元,而美国长期国债期货合约的交易单位为面值 100 000 美元,因此,该投资者必须卖出 115 张美国长期国债期货合约,方可实现比较有效的套期保值。

通过以上分析,我们不难看到,与转换系数模型相比,存续期模型的适用范围比较广泛。它既适用于最便宜可交割债券的套期保值,也适用于非最便宜可交割债券的套期保值,甚至还适用于那些不可交割债券(如不可交割等级的中长期国债券或欧洲债券、公司债券)的套期保值。但是,存续期模型假设各种债务凭证在收益率的变动上,不仅有着相同方向,而且有相同的幅度,这样套期保值对象的收益率与套期保值工具的收益率是按照完全平行的形式变动的。除直接套期保值以外,这种假设通常与现实不符。所以在运用存续期模型确定套期保值比率时,就必须注意套期保值对象的收益率与套期保值工具的收益率在变动方向和变动幅度上是否基本一致。如果两者的变动有较大的差异,存续期模型的运用就有局限性。

第四节 利率期货的投机与套利

一、利率期货的投机

由于利率期货合约的价格经常变动,不同时期同质的期货合约的买和卖之间总是有一个差价,因此投机者可以在期货市场上利用不同时期的价差来追逐利润。由于利率期货合约的交易是一种买卖保证金的交易,因此投机者可以较少的成本获取较高的收益。当投机者预测利率可能下跌,即固定收益证券的价格上升时,他就会购进利率期货合约,当利率下降时再以较高的价格售出,从一买一卖的差额中牟取利益。当投机者预测利率可能上升,即固定收益证券价格下跌时,他就会先出售利率期货合约,等到利率上升,即固定收益证券价格下跌时,他又可重新购回期货合约,从中赚取差额利润。正是由于投机者参与利率期货交易,保证了利率期货市场的流动性和活跃性。

利用市场利率波动进行投机交易的关键是对市场价格趋势的分析和预测是否正确,如果看准了趋势就可以投机获利,反之,看错了趋势就会蒙受损失。由于市场价格趋势受到多种因素的影响,包括一些难以预料的突发性、偶然性和心理因素等,要做到正确判断未来价格走势是一项非常困难的工作。因此,投机的风险相对较大。

(一)利率期货的多头投机

【例19】某投机商预测国库券的贴现率将会下降,于是在7月8日以95.46的指数点买进50手9月份到期的3个月期美国国库券利率期货。到8月5日国库券贴现率果然下降,于是投机商决定在96.84的指数点上卖出对冲平仓。具体交易过程见表9-12。

表9-12　国库券利率期货的多头投机

7月8日	8月5日
买进50手9月份到期的3个月国库券利率期货,价格为95.46,贴现率为:4.54%	卖出50手9月份到期的3个月国库券利率期货,价格为96.84,贴现率为:3.16%
结果:总盈亏 $= \dfrac{96.84 - 95.46}{0.01} \times 25 \times 50 = 172\ 500$(美元)	

投机商由于判断准确,盈利17.25万美元。如果投机商判断失误,短期利率的实际走向正好与预期相反,那么他在交易中就会出现亏损。

(二)利率期货的空头投机

【例20】假定目前市场上3个月期的国库券的贴现率为6%(期货市场上的报价显示为94),某交易商预测短期内利率会上涨,于是,他在期货市场内以94的价格卖出一份同质国库券期货。如果过了几天,贴现率上涨到了8%,期货市场上的价格跌到了92,那么,他就可以92的价格买进一份同质的国库券期货,与前期的卖出合约对冲。这当中的差价是:

以94的期货价格出售一份3个月期的国库券期货合约,其价值为:

$$1\ 000\ 000 - 1\ 000\ 000 \times 6\% \times (90 \div 360) = 985\ 000(美元)$$

以92的期货价格买进一份3个月期的国库券期货合约,其价值为:

$$1\,000\,000 - 1\,000\,000 \times 8\% \times (90 \div 360) = 980\,000(美元)$$
$$差价:985\,000 - 980\,000 = 5\,000(美元)$$

该交易商获利 5 000 美元(未扣除佣金)。

如果过了几天,事与愿违,贴现率下降到了 4%,期货市场上的价格升到了 96,如果以 96 的价格买进一份同质的国库券期货对冲平仓,则会亏损 5 000 美元。

二、利率期货的套利

(一)跨期套利

利率期货的跨期套利是指在同一交易所对同一商品但不同交割月份的利率期货做空头交易和多头交易。当市场看涨时(牛市),交易者买入近期利率期货合约,并卖出远期利率期货合约(牛市"买近卖远"),希望近期利率期货涨势快于远期利率期货,待这种情况出现时,再卖出近期利率期货合约,买回远期利率期货,从中赚取差价。

【例21】某投资者估计未来几个月利率下降,债券价格上涨,于是它决定做跨期限利率期货套利交易。具体交易过程如下:

表 9 - 13　利率期货的跨期套利

3 月 20 日 买入一份 6 月份到期的 3 个月利率期货合约,年利率7% 价值 100 万美元 × (1 - 7% ÷ 12 × 3) = 982 500 美元	3 月 20 日 卖出一份 9 月份到期的 3 个月利率期货合约,年利率7.2% 价值 100 万美元 × (1 - 7.2% ÷ 12 × 3) = 982 000 美元
4 月 20 日 卖出一份 6 月份到期的 3 利率期货合约,年利率6.2% 价值 100 万美元 × (1 - 6.2% ÷ 12 × 3) = 984 500 美元	4 月 20 日 买入一份 9 月份到期的 3 月利率期货合约,年利率6.8% 价值 100 万美元 × (1 - 6.8% ÷ 12 × 3) = 983 000 美元
获利:2 000 美元	损失:1 000 美元

最终该投资者获利 1 000 美元。当然如果出现近期期货涨幅小于远期期货涨幅的现象时,则会造成亏损。

反之,当市场看跌时(熊市),利率期货投机交易者应做相反的操作,即买入远期利率期货合约,卖出近期利率期货(熊市"买远卖近"),希望近期利率期货跌幅大于远期期货跌幅,待这种情况出现时,再卖出远期利率期货合约,买入近期利率期货合约以赚取差价。

(二)跨品种套利

跨品种套利是指在买进某种期货合约的同时,卖出另一不同种类但相互关联的期货合约的交易活动。

【例22】在某年1月5日,同在 CBOT 交易的美国长期国债期货与10年期美国中期国债期货有如下行情:

表9－14　CBOT 利率期货行情(1月5日)

合约月份	T－Bonds 期货	10 年期 T－Notes 期货	价差
3 月	99－12	100－02	0－22
6 月	99－04	99－21	0－17
9 月	98－29	99－14	0－15

从表9－14可看出,T－Bond 期货与 T－Note 期货的价差以3月份合约之间的价差为最大。某投资者认为这一价差为一不合理的价差。因此,他预期经过一段时间后,这一价差将被缩小。于是,他买进3月份 T－Bond 期货合约,同时卖出3月份的 T－Note 期货合约。

假如到3月10日,T－Bonds 期货合约的价格涨至99－23(上涨了0－11),而 T－Note 期货的价格涨到100－09(上涨了0－07)。投资者通过对冲 T－Bond 期货而获利343.75 美元(＝31.25 美元×11),同时他通过对冲 T－Notes 期货而损失了218.75 美元(＝31.25 美元×7)。两相抵消后,该投资者还可在此交易中获净利125 美元(忽略交易成本和其他支出)。

假如到3月10日时,T－Bonds 期货的价格跌至99－09(跌了0－03),而 T－Note 期货的价格跌至99－26(跌了0－08)。那么,他通过对冲 T－Bond 期货将损失93.75 美元,但通过对冲 T－Note 期货,他可获利250 美元。两相抵消后,他可获净利156.25 美元。

可见,在跨品种套利中,如果投资者发现两种金融期货合约之间的价差大于其正常的价差,预期此价差将缩小时,他只要买进被低估的合约,卖出被高估的合约,随着价差的缩小和两部位的对冲,他总可获取相应的利润。相反,如果投资者发现两种金融期货合约之间的价差小于其正常的价差,从而预期此价差将扩大时,他也只要买进被低估的合约,卖出被高估的合约,随着价差的扩大和部位的对冲,他也总可获取相应的利润。在此两种情况下,无论价格是上涨还是下跌,只要投资者对价差的预期准确,他都可获利。因此,在跨品种套利中,投资者所要关心的只是价格相对变动的情况,而不是绝对价格的变动情况。

(三)跨市套利

跨市套利是指同时在两个不同的交易所进行两种类似的商品、但交易方向相反的期货交易,以赚钱价差利润的套利行为。

【例23】5月8日,欧洲美元定期存款期货有如下行情:

表9-15　欧洲美元定期存款期货行情

合约月份＼交易所	IMM	LIFFE	价差
6 月	87.20	87.21	1 个基本点
9 月	87.30	87.32	2 个基本点
12 月	87.32	87.40	8 个基本点

由表9-15可见,同样是12月份交割的欧洲美元定期存款期货合约,在 LIFFE 的价格高8个基本点,于是投资者纷纷在 IMM 买进而在 LIFFE 卖出。这种套利行为使 IMM 的需求增加,LIFFE 的供给增加。因此,IMM 的价格上升,LIFFE 的价格下跌,两市场的价差被缩小。投资者通过对冲可在两个市场上同时获利。如果这种套利活动使两个市场的价格趋于一致,即原有的价差全部消除,套利者在这两个市场上共可获利200美元(25美元×8)。

在跨市套利中,两个不同的市场既可在同一国家,也可在不同国家。如果市场在不同国家,合约又以不同货币计价,这种套利就比较复杂。因为在这种套利中,投资者既要考虑两种合约间的价差及其变动,又要考虑两种货币间的汇率及其变动。

案例:"327"国债期货事件[①]

1981年,为了弥补国家财政赤字和抑制通货膨胀,我国重新开始发行国债。当时国债发行十分困难,一个很重要的原因是还没有建立国债流通市场。直到1989年,我国才逐步建立国债流通市场。1990年初步形成全国性的国债二级市场。从国际成熟市场的情况来看,建立国债期货市场可以大大促进现货市场的发展,从而带动国债的发行。1992年12月28日,上海证券交易所首次设计并试行推出了12个品种的国债期货合约。然而国债期货面世之初,交投十分清淡,市场很不活跃。1993年10月,上海证券所重新设计了国债期货合约的品种和交易机制,并向社会公众开放国债期货交易。从此我国的国债期货开始了飞速发展。

"327"国债期货,指的是在上海证券交易所上市交易的"310327"国债期货合约,其标的券种是1992年发行的三年期国库券,该券发行总量为246.79亿元,1995年6月到期兑付,利率为9.5%的票面利息加保值贴补率。1995年春节后,国债期货交易变得异常紧张。"327"国债期货合约的价格一直在147.80元和148.30元之间徘徊,未平仓量持续上升,多空双方剑拔弩张,双方呈现胶着状态,

---

① 刘英华.期货投资经典案例.上海:远东出版社,2009.

空头主力以万国证券和辽宁国发集团为代表,多方主力则以中国经济开发信托投资公司为主。

1995 年 2 月 23 日,财政部发布公告,1992 年向社会发行的三年期国库券在 1995 年 7 月 1 日到期还本付息,利息分两段计算:1992 年 7 月 1 日至 1993 年 6 月 30 日,按年利率 9.5% 计算不实行保值贴补;1993 年 7 月 1 日至 1995 年 6 月 30 日,按年利率 12.24% 加人民银行公布的当年 7 月保值贴补率计息。这样国债现货就增加了 5.48 元的价值,事实上宣告 327 合约的空方败局已定。

1995 年 2 月 23 日,327 合约一开盘,万国证券在 148.50 价位的压盘很快被攻破,下午价格达到 151.98 元。空方主力之一辽宁国发翻空为多,将万国证券推入深渊,一旦合约到期交割,万国证券将亏损 60 多亿元而面临破产。无奈之下,16 时 22 分万国证券连续用几十万手的抛盘将 327 合约的价位从 151.30 元打到 148 元,最后以 700 多万手的巨大卖单将价位压在 147.50 收盘。最后 8 分钟 327 合约暴跌 3.86 元,万国共砸出 1 056 万手卖单,对应现券面值 2 112 亿元,是现券发行总额的 8.6 倍,这意味着当日开仓的大部分多头爆仓。

327 国债期货的交易异常震惊了市场,事发当晚上海证券交易所召集有关各方紧急磋商后宣布,确认空方主力恶意违规,23 日 16 时 22 分 13 秒之后的所有 327 品种的交易无效,收盘价为违规前最后一笔交易价格 151.30 元。万国证券遭遇查处,最终破产。1995 年 5 月 17 日,证监会鉴于我国当时不具备开展国债期货交易的基本条件,发出关于暂停全国范围内国债期货交易试点的紧急通知,至此,开市仅两年零六个月的国债期货宣告暂停。

327 事件及国债期货试点的失败原因体现在这样几个方面:①国债现货规模不足以支撑当时的国债期货市场;②利率的浮动未市场化;③缺乏统一的法规和监管体系;④交易机制和风险管理制度不健全。

思考题与练习题

1. 掌握下列名词:利率期货、贴现率、转换系数、发票金额、最便宜交割债券
2. 简述短期利率期货的报价方式。
3. 简述长期利率期货的报价方式。
4. 简述利率期货产生的背景。
5. 举例说明如何进行利率套期保值。
6. 某投资者以 9 800 美元的价格买进一张面值为 10 000 美元的美国长期公债券,息票利率为 8%,剩余期限为 10 年,试计算该债券的到期收益率。
7. 某美国投机商在芝加哥交易所以 92 的报价卖出了 1 份 3 月期的面值 100 万美元的短期国库券合约,次日又以 90 的报价将其买进,试计算其盈亏状况。

8.某一交易商以 92 的报价购买了 1 份 3 月份交货的为期 3 个月短期国库券期货合约,而后以 94 的报价将其出售,合约面值为 100 万美元。保证金比率为 10%,交易费忽略不计,试计算其盈亏状况及收益率。

9.某基金经理 2 月 10 日预计,一个月后可收到一笔总额为 100 万美元的款项,他准备将这笔投资用于 3 个月期的美国国库券。此时,现货市场 3 个月期国库贴现率为 10%,但据预测近一个月内市场利率将下降,3 个月国库券期货价格为 91。一个月后,3 个月期国库券价格为 92、期货价格为 93。试问应如何操作,并做出有关财务分析。

第十章
金融期货之三:股指期货

学习要求

本章学习中,应在掌握股价指数编制原理的基础上,重点理解股指期货原理及其交易策略,特别是对我国股指期货——沪深300有全面了解并能在实践中去运用。

We should learn in stock index compiling principle, on the basis of mastering key understand stock – index futures trading strategies, especially principle and on China's stock index futures ——Shanghai or shenzhen, to have an overall understanding of 300 in practice to use.

第一节　股价指数的编制

一、股票价格指数的含义

股票价格指数(Stock Price Index)是由证券交易所或金融服务机构编制的表明股票行市变动的一种供参考的指示数字。由于股票价格起伏无常,投资者必然面临市场价格风险。对于具体某一种股票的价格变化,投资者容易了解,而对于多种股票的价格变化,要逐一了解,既不容易,也不胜其烦。为了适应这种情况和需要,一些金融服务机构就利用自己的业务知识和熟悉市场的优势,编制出股票价格指数,公开发布,作为市场价格变动的指标。投资者据此可以检验自己投资的效果,并用以预测股票市场的动向。同时,新闻界、公司乃至政界领导人等也以此为参考指标,来观察、预测社会政治、经济发展形势。

二、股票价格指数的编制

股票价格指数也就是表明股票行市变动情况的价格平均数。编制股票价格指数通常以某年某月为基础,以这个基期的股票价格作为 100 或 1000,用以后各时期的股票价格和基期价格比较,计算出升降的幅度,就是该时期的股票指数。投资者根据指数的升降,可以判断出股票价格的变动趋势。为了能实时地向投资者反映股市的动向,所有的股市几乎都是在股价变化的同时即公布股票价格指数。

(一)简单算术平均法

这种方法是在计算出股票个别价格指数的基础上加总计算其算术平均数。

$$I = \frac{1}{n} \sum_{i=1}^{n} \frac{P_{1i}}{P_{0i}} \times I_0 \qquad\qquad (式 10-1)$$

式中:I 为报告期股价指数;P_{0i} 为基期第 i 种股票股价;P_{1i} 为报告期第 i 种股票股价;n 为股票样本数量;I_0 为基期股价指数。

【例1】某股票市场选择四种股票作为样本股票,如表 10-1,基期股价指数 I_0 为 100。

表 10-1　样本股票股价

股票	A	B	C	D
基期股价(元)	10	12	15	18
报告期股价(元)	12	14	16	25

则报告期股价指数计算如下:

$$I = \frac{1}{4}\left(\frac{12}{10} + \frac{14}{12} + \frac{16}{15} + \frac{25}{18}\right) \times 100 = 120.56$$

该计算结果表示该市场报告期的股票价格水平比基期上升了 20.56 点。

(二)综合平均法

这种方法是分别将基期和报告期的股价加总后,用报告期股价总额与基期股价总额相比较。

$$I = \frac{\frac{1}{n}\sum_{i=1}^{n}P_{1i}}{\frac{1}{n}\sum_{i=1}^{n}P_{0i}} \times I_0 = \frac{\sum_{i=1}^{n}P_{1i}}{\sum_{i=1}^{n}P_{0i}} \times I_0 \qquad\qquad (式10-2)$$

【例2】仍以上例中的表 10-1 样本股票为例计算如下:

$$I = \frac{12 + 14 + 16 + 25}{10 + 12 + 15 + 18} \times 100 = 121.82$$

该计算结果表示该市场报告期的股票价格水平比基期上升了 21.82 点。

(三)加权平均法

各种股票的流通量或交易量存在着差异,对整个股市的影响程度也不尽相同,而上述两种方法都未考虑各种股票的权数的大小。加权平均法就是以股票的发行量、流通量或交易量为权数计算。

加权平均法又有两种方法。

若选择基期的同度量因素作为权数,则为式 10-3,被称为拉斯贝尔公式(Laspeyres Formula)。

$$I = \frac{\sum_{i=1}^{n}P_{1i}Q_{0i}}{\sum_{i=1}^{n}P_{0i}Q_{0i}} \times I_0 \qquad\qquad (式10-3)$$

其中:Q_{0i}为基期第 i 种股票的发行量、流通量或交易量。

若选择报告期的同度量因素作为权数,则为式 10-4,被称为派许公式(Paasche Formula)。

$$I = \frac{\sum_{i=1}^{n}P_{1i}Q_{1t}}{\sum_{i=1}^{n}P_{0i}Q_{1t}} \times I_0 \qquad\qquad (式10-4)$$

其中:Q_{1t}为报告期第 i 种股票的发行量、流通量或交易量。

【例3】仍以表 10-1 的股票为例,增加权数后如表 10-2 所示。

表 10 - 2   样本股票股价及权数

股票	A	B	C	D
基期股价(元)	10	12	15	18
基期股票数量(千万股)	5	10	50	10
报告期股价(元)	12	14	16	25
计算期股票数量(千万股)	10	12	50	10

则按拉斯贝尔公式计算报告期股价指数如下:

$$I = \frac{12 \times 5 + 14 \times 10 + 16 \times 50 + 25 \times 10}{10 \times 5 + 12 \times 10 + 15 \times 50 + 18 \times 10} \times 100 = 113.64$$

按派许公式计算报告期股价指数如下:

$$I = \frac{12 \times 10 + 14 \times 12 + 16 \times 50 + 25 \times 10}{10 \times 10 + 12 \times 12 + 15 \times 50 + 18 \times 10} \times 100 = 113.97$$

目前大多数国家在编制股价指数时一般都以各种股票的上市流通数作为权数,选用派许公式计算。

(四)几何平均法

几何平均法在编制股价指数时运用的不多,公式如下:

$$I = \sqrt[n]{\frac{P_{11}}{P_{01}} \times \frac{P_{12}}{P_{02}} \times \frac{P_{13}}{P_{03}} \times \cdots\cdots \frac{P_{1n}}{P_{0n}}} \times I_0 \qquad (式10-5)$$

【例4】仍以表 10 - 1 的中的股票计算报告期的股价指数如下:

$$I = \sqrt[4]{\frac{12}{10} \times \frac{14}{12} \times \frac{16}{15} \times \frac{25}{18}} \times 100 = 120.01$$

由于上市股票种类繁多,计算全部上市股票的价格平均数或指数的工作是艰巨而复杂的,所以人们常常从上市股票中选择若干种富有代表性的样本股票,并计算这些样本股票的价格平均数或指数,用以表示整个市场的股票价格总趋势及涨跌幅度。计算股价平均数或指数时经常考虑以下四点:①样本股票必须具有典型性、普遍性,为此,选择样本要综合考虑其行业分布、市场影响力、股票等级、适当数量等因素。②计算方法应具有高度的适应性,能对不断变化的股市行情做出相应的调整或修正,使股票指数或平均数有较好的敏感性。③要有科学的计算依据和手段,计算依据的口径必须统一。④基期应有较好的均衡性和代表性。

以全部上市股票作为样本计算的股价指数称为综合指数,选取一些具有代表性的样本股票计算的股价指数一般称为成分指数。

三、世界上几种著名的股票价格指数

(一)道·琼斯股票价格指数

道·琼斯股票价格指数(Dow Jones Stock Price Indexes)是世界上历史最为悠

久、目前影响最大、最有权威性的一种股票价格指数,它是在 1884 年由道·琼斯公司的创始人查理斯·道开始编制的。其计算方法几经修正,现在的道·琼斯股票价格平均指数是以 1928 年 10 月 1 日为基期,因为这一天收盘时的道·琼斯股票价格平均数恰好约为 100 美元,所以就将其定为基准日。以后股票价格同基期相比计算出的百分数,就成为各期的股票价格指数,所以现在的股票价格指数普遍用点来做单位,而股票价格指数每一点的涨跌就是相对于基准日的涨跌百分数。

目前,道·琼斯股票价格平均指数共分四组:

第一组是工业股票价格平均指数。它由 30 种有代表性的大工商业公司的股票组成,大致可以反映美国整个工商业股票的价格水平,这也就是人们通常所引用的道·琼斯工业股票价格平均数。

第二组是运输业股票价格平均指数。它包括 20 种有代表性的运输业公司的股票,即 8 家铁路运输公司、8 家航空公司和 4 家公路货运公司。

第三组是公用事业股票价格平均指数,是由代表着美国公用事业的 15 家煤气公司和电力公司的股票所组成。

第四组是平均价格综合指数。它是综合前三组股票价格指数的 65 种股票而得出的综合指数,这组综合指数虽然为优等股票提供了直接的股票市场状况,但现在通常引用的仍是第一组工业股票价格平均指数。

(二)标准·普尔股票价格指数

除了道·琼斯股票价格指数外,标准·普尔股票价格指数(Standard&Poors Stock Price Index)在美国也很有影响,它是美国最大的证券研究机构标准·普尔公司编制的股票价格指数。该公司于 1923 年开始编制发表股票价格指数,最初采选了 230 种股票,编制两种股票价格指数。到 1957 年,这一股票价格指数的范围扩大到 500 种股票,其中最重要的四种组合是工业股票组、铁路股票组、公用事业股票组和 500 种股票混合组。从 1976 年开始,改为 400 种工业股票,20 种运输业股票,40 种公用事业股票和 40 种金融业股票。几十年来,虽然有股票更迭,但始终保持为 500 种。标准·普尔公司股票价格指数以 1941 年至 1943 年抽样股票的平均市价为基期,以上市股票数为权数,按基期进行加权计算,其基点数为 10。以目前的股票市场价格乘以股票市场上发行的股票数量为分子,用基期的股票市场价格乘以基期股票数为分母,相除之数再乘以 10 就是股票价格指数。

(三)纽约证券交易所股票价格指数

纽约证券交易所股票价格指数(NYSE Stock Price Index)是由纽约证券交易所编制的股票价格指数。它起自 1966 年 6 月,先是普通股股票价格指数,后来改为混合指数,包括在纽约证券交易所上市的 1 500 家公司的 1 570 种股票。具体计算方法是将这些股票按价格高低分开排列,分别计算工业股票、金融业股票、公用事业股票、运输业股票的价格指数。其中:最大和最广泛的是工业股票价格指数;金融业股票价格指数包括投资公司、储蓄贷款协会、分期付款融资公司、商业银行、保险公司和不动产公司;运输业股票价格指数包括铁路、航空、轮船、汽车等公司;公用事业股票价格指数则有电话电报公司、煤气公司、电力公司和邮电公司。

纽约股票价格指数是以 1965 年 12 月 31 日确定的 50 点为基数,采用的是综合指数形式。纽约证券交易所每半个小时公布一次指数的变动情况。虽然纽约证券交易所编制股票价格指数的时间不长,但是因它可以全面及时地反映股票市场活动的综合状况,较为受投资者欢迎。

(四)美国股票交易所主要市场指数

美国股票交易所主要市场指数(AMEX Major Market Index)是 20 家蓝筹工业股的价格加权平均数。其计算方法是:将所包含的股票价格相加后再除以股票数,即得出该指数。它由美国股票交易所制作,构成该指数的股票是在纽约股票交易所挂牌的股票,其中 15 种股票也是道·琼斯工业平均数的组成部分,因此,两种指数的关系比较密切,相关系数在 1986 ~ 1990 年达到 0.97 左右。

(五)日经股票价格指数

日经指数(Nikkei Stock Average Index)系由日本经济新闻社编制并公布的反映日本股票市场价格变动的股票价格平均数。该指数从 1950 年 9 月开始编制,最初根据东京证券交易所第一市场上市的 225 家公司的股票算出修正平均股价,当时称为"东证修正平均股价"。1975 年 5 月 1 日,日本经济新闻社向道·琼斯公司买进商标,采用美国道·琼斯公司的修正法计算,这种股票指数也就改称"日经道·琼斯平均股价"。1985 年 5 月 1 日在合同期满 10 年时,经两家商议,将名称改为"日经平均股价"。

按计算对象的采样数目不同,该指数分为两种:一种是日经 225 指数(Nikkei 225 Stock Index),其所选样本均为在东京证券交易所第一市场上市的股票,样本选定后原则上不再更改。由于日经 225 种平均股价从 1950 年一直延续下来,因而其连续性及可比性较好,成为考察和分析日本股票市场长期演变及动态的最常用和最可靠指标。另一种是日经 500 种指数(Nikkei 500 Stock Index),这是从 1982 年 1 月 4 日起开始编制的,由于其采样包括有 500 种股票,所以代表性相对更为广泛,但样本并不固定,每年 4 月份要根据上市公司的经营状况、成交量和成交金额、市价总值等因素对样本进行更新。

(六)《金融时报》股票价格指数

《金融时报》股票价格指数(London Financial Times Index)的全称是"伦敦《金融时报》工商业普通股股票价格指数",是由英国《金融时报》公布发表的。该股票价格指数包括在英国工商业中挑选出来的具有代表性的 30 家公开挂牌的普通股股票。它以 1935 年 7 月 1 日作为基期,其基点为 100 点。该股票价格指数以能够及时显示伦敦股票市场情况而闻名于世。

(七)香港恒生指数

香港恒生指数(Hang Seng Index)是香港股票市场上历史最久、影响最大的股票价格指数,由香港恒生银行于1969年11月24日开始发表。

恒生股票价格指数是从香港500多家上市公司中挑选出来的33家有代表性且经济实力雄厚的大公司股票作为成分股,分为四大类:金融业股票、公用事业股票、地产业股票和其他工商业(包括航空和酒店)股票。这些股票占香港股票市值的63.8%。该股票指数涉及香港的各个行业,具有较强的代表性。

恒生股票价格指数的编制是以1964年7月31日为基期,基点确定为100点。其计算方法是将33种股票按每天的收盘价乘以各自的发行股数为计算日的市值,再与基期的市值相比较,乘以100就得出当天的股票价格指数。1986年5月,香港期货交易所推出恒生指数期货。

2013年8月12日,香港交易所推出中华120指数期货。中华120指数分别从内地A股和香港H股市场选择80只和40只市值最大和流通性最好的股票构成,由中华证券交易服务有限公司编制。

四、我国的股票价格指数

上证指数(SSE Composite Index)全称是上海证券交易所股票价格综合指数(简称上证综指、上证综合、沪综指或沪指),系由上海证券交易所编制的股票指数,1990年12月19日正式开始发布。该股票指数的样本为所有在上海证券交易所挂牌上市的股票,其中新上市的股票在挂牌的第二天纳入股票指数的计算范围。该股票指数的权数为上市公司的总股本。上证指数于1992年2月21日增设上证A股指数与上证B股指数,1993年6月1日,又增设了上证分类指数,即工业类指数、商业类指数、地产业类指数、公用事业类指数、综合业类指数,以反映不同行业股票的各自走势。上海证券交易所股票指数的发布几乎是和股市行情的变化同步,是我国股民和证券从业人员研判股票价格变化趋势必不可少的参考依据。

深圳综合股票指数(SZE Composite Index)系由深圳证券交易所编制的股票指数,以1991年4月3日为基期。该股票指数的计算方法基本与上证指数相同,其样本为所有在深圳证券交易所挂牌上市的股票,权数为股票的总股本。由于以所有挂牌的上市公司为样本,其代表性非常广泛,且它与深圳股市的行情同步发布,是股民和证券从业人员研判深圳股市股票价格变化趋势必不可少的参考依据。

上海证券交易所和深圳证券交易所还编制了上证180指数和深证成分股指数。上证180指数是在上海证券交易所所有A股股票中抽取最具市场代表性的180种样本股票,基数为1 000点,自2002年7月1日起正式发布。深圳证券交易所成分股价指数(简称深成指)是深圳证券交易所的主要股指,它是按一定标准选出40家有代表性的上市公司作为成分股,用成分股的可流通数作为权数,采用综合法编制而成的股价指标,从 1995 年 5 月 1 日起开始计算,基数为 1 000 点。在我国市场上知名度最高的两只指数是上证指数与深成指。

为了适应我国证券市场快速发展,满足市场对金融衍生品创新的内在需求,近年来,我国指数体系也发生着急剧的变化。目前,国内的主要指数系列有:交易所指数系列、国际指数商通过合资或独立编制的中国股市指数、券商或中介机构开发的指数,如表 10 - 3 所示。

表 10 - 3 我国国内主要指数系列

	交易所指数系列		国际指数商通过合资或 独立编制的中国股市指数				券商或中 介机构开 发的指数
编制 机构	深圳证券 信息公司	上海证券 交易所	中证指数公司	新华富时公司	中信标普公司	道琼斯公司	申银万国指 数系列、君 安指数及指 南针指数等
主要 指数	深成指 深综指 深证 100 巨潮 100	上证综指 上证 180 上证 50	沪深 300 指数 中证 500 指数	新华富时 A 200 指数 新华富时 A 50 指数	中信标普 300 中信标普 50	道中 88 指数	

五、我国的股指期货标的指数

(一)沪深 300 指数

为配合中国股指期货的推出,2005 年 4 月 8 日,沪深两交易所正式向市场发布沪深 300 指数。沪深 300 指数以 2004 年 12 月 31 日为基期,基点为 1 000 点。2005 年 8 月 25 日由沪深两交易所共同出资的中证指数有限公司成立,沪深 300 指数由中证指数有限公司管理。

沪深 300 指数选取规模大、流动性好的股票作为样本股,以流通股作为权数。对样本空间股票在最近一年(新股为上市以来)的日均成交金额由高到低排名,剔除排名后 50% 的股票,然后对剩余股票按照日均总市值由高到低进行排名,选取排名在前 300 名的股票作为样本股。

指数以调整股本为权重,采用派许加权综合价格指数公式进行计算。其中,调整股本根据分级靠档方法获得。指数成分股原则上每半年调整一次,一般为 1 月初和 7 月初实施调整,调整方案提前两周公布。每次调整的比例不超过 10%。样本调整设置缓冲区,排名在 240 名内的新样本优先进入,排名在 360 名之前的老样本优先保留。

沪深 300 指数市场覆盖率高,主要成分股权重比较分散,能有效防止市场可能出现的指数操纵行为。据统计，截至 2009 年 12 月 31 日，沪深 300 指数的总市值覆盖率和流通市值覆盖率约为 72%，前十大成分股累计权重约为 25%，前 20 大成分股累计权重约为 37%。高市场覆盖率与成分股权重分散的特点决定了该指数有比较好的抗操纵性。

沪深 300 指数成分股行业分布相对均衡，抗行业周期性波动较强，以此为标的的指数期货有较好的套期保值效果，可以满足客户的风险管理需求。沪深 300 指数成分股涵盖能源、原材料、工业、金融等多个行业，各行业公司流通市值覆盖率相对均衡。这种特点使该指数能够抵抗行业的周期性波动，并且有较好的套期保值效果。

2010 年 4 月 16 日，中国金融期货交易所正式推出沪深 300 指数期货。

(二) 上证 50 指数

上证 50 指数是根据科学客观的方法，挑选上海证券市场规模大、流动性好的最具代表性的 50 只股票组成样本股，以便综合反映上海证券市场最具市场影响力的一批龙头企业的整体状况。上证 50 指数自 2004 年 1 月 2 日起正式发布，指数基期为 2003 年 12 月 31 日，基期指数为 1 000 点。编制发布上证 50 指数的目标是建立一个成交活跃、规模较大、主要作为衍生金融工具基础的投资指数。

上证 50 指数样本数量为 50 只股票。选样标准考虑规模和流动性，根据总市值、成交金额对股票进行综合排名，取排名前 50 位的股票组成样本，但市场表现异常并经专家委员会认定不宜作为样本的股票除外。同时依据样本稳定性和动态跟踪相结合的原则，每半年调整一次成分股，调整时间与上证 180 指数一致，特殊情况时也可能对样本进行临时调整，每次调整的比例一般情况不超过 10%。样本调整设置缓冲区，排名在 40 名之前的新样本优先进入，排名在 60 名之前的老样本优先保留。

整体相比而言，上证 50 成分股较上证 180 成分股具有更好的流动性，并且能够更准确地反映优质大盘蓝筹股的市场表现。

2015 年 4 月 16 日，上证 50 股指期货在中国金融期货交易所上市交易。

(三) 中证 500 指数

中证 500 指数是中证指数有限公司开发的指数中的一种，其样本空间内股票是扣除沪深 300 指数样本股及最近一年日均总市值排名前 300 名的股票，剩余股票按照最近一年(新股为上市以来)的日均成交金额由高到低排名，剔除排名后 20% 的股票，然后将剩余股票按照日均总市值由高到低进行排名，选取排名在前 500 名的股票作为中证 500 指数样本股。中证 500 指数综合反映沪深证券市场内小市值公司的整体状况。

中证指数有限公司于 2007 年 1 月 15 日发布中证 500 指数，基期为 2004 年 12 月 31 日，基期指数为 1 000 点。中证 500 指数的样本股原则上每半年调整一次，每次调整的样本比例一般不超过10%。样本调整设置缓冲区，排名在400名内的新样本优先进入，排名在600名之前的老样本优先保留。特殊情况下将对中证500指数样本进行临时调整，发生临时调整时，由过去最近一次指数定期调整时备选名单中排名最高的股票替代被剔除的股票。

2015年4月16日，中证500股指期货在中国金融期货交易所上市交易。

第二节　股指期货概述

一、股指期货的概念

(一)股指期货

股指期货(Stock Index Futures)的全称是股票价格指数期货，也可称为股价指数期货、期指，是指以股价指数为标的物的标准化期货合约，双方约定在未来的某个特定日期，按照事先确定的股价指数的大小，进行标的指数的买卖。作为期货交易的一种类型，股指期货交易与普通商品期货交易具有基本相同的特征和流程。

股价指数期货合约的主要作用表现在它能帮助股票投资者避免股票投资的系统性风险。股票投资的主要风险是股票价格的波动。这一风险可以归纳为两类：一类是系统风险，另一类为非系统风险。

所谓系统风险指的是由于错综复杂的各类因素对市场上所有的股票带来损失的风险，也是整个股票市场上各种股票的持有人所普遍面临的风险，它与一国的总体经济状况和指标(如利率水平的变化及市场环境的整体变化)等因素密切相关。非系统风险指的是某些因素给某种或某类股票带来损失的风险，它与股票所代表公司所处的行业状况和公司的经营状况相联系。长期以来，投资者为了避免非系统的风险可以通过投资分散化的方法，即分散投资于几种不同的股票，如果一种股票的价格下跌了，其损失还有可能用另一种股票价格的上升来弥补，这就是所谓风险分散化的原则，也就是通过所谓的投资组合来回避非系统性风险。然而，如果一国总的经济状况恶化，或者某些因素对所有股票价格都产生影响，致使大部分股票价格下跌，出现系统风险，那么，利用风险分散化原则进行股票分散投资就不能减少或消除这一系统化的风险。传统的投资理论也一直没有找出克服系统风险的有效手段，股价指数期货合约的出现则解决了这一长期性难题。股价指数期货合约以有代表性的权威股票指数作为合约计价的基础，期货合约的价格随着股票指数的涨跌而相应地变化。股票投资者在投资股市时，可利用套期保值的方式使股票投资的损失由股价指数期货交易的盈利所弥补。因此，股价指数期货合约的产生为股票投资者提供了避免系统风险的保值手段,对股票市场的稳定和发展具有非常重要的积极作用。

研究表明,股票市场系统风险占整个市场风险的 35%(有些股票的系统风险可达 50% ~70%),非系统风险占 65%。如果能充分有效地运用期权交易和股票多样化,可使这 65% 的非系统风险降到零,但 35% 的系统风险运用上述做法无论如何是行不通的,这就需要创新性的金融工具。股票指数期货业务和股票指数期权交易就是应这种需要而产生的。

(二)股指期货与股票交易的不同

股指期货与股票相比,有几个非常鲜明的特点,这对股票投资者来说尤为重要:

1. 期货合约有到期日,不能无限期持有。股票买入后可以一直持有,正常情况下股票数量不会减少。但股指期货都有固定的到期日,到期就要摘牌。因此交易股指期货不能像买卖股票一样,交易后就不管了,必须注意合约到期日,以决定是提前了结头寸,还是等待合约到期(好在股指期货是现金结算交割,不需要实际交割股票),或者将头寸转到下一个月。

2. 期货合约是保证金交易,必须每天结算。股指期货合约采用保证金交易,一般只要付出合约面值约 10% ~15% 的资金就可以买卖一张合约,这一方面提高了盈利的空间,但另一方面也带来了风险,因此必须每日结算盈亏。买入股票后在卖出以前,账面盈亏都是不结算的。但股指期货不同,交易后每天要按照结算价对持有在手的合约进行结算,账面盈利可以提走,但账面亏损第二天开盘前必须补足(即追加保证金),而且由于是保证金交易,亏损额甚至可能超过你的投资本金,这一点和股票交易不同。

3. 期货合约可以卖空。股指期货合约可以十分方便地卖空,等价格回落后再买回。股票融券交易也可以卖空,但难度相对较大。当然一旦卖空后价格不跌反涨,投资者会面临损失。

4. 股指期货实行现金交割方式。期指市场虽然是建立在股票市场基础之上的衍生市场,但期指交割以现金形式进行,即在交割时只计算盈亏而不转移实物,在期指合约的交割期投资者完全不必购买或者抛出相应的股票来履行合约义务,这就避免了在交割期股票市场出现"挤市"的现象。

5. 一般说来,股指期货市场是专注于根据宏观经济资料进行的买卖,现货市场则专注于根据个别公司状况进行的买卖。

二、我国的股指期货合约

截至 2016 年 12 月 31 日,在中国金融期货交易所上市的股指期货合约有以下三种:

表 10 - 4　沪深 300 股指期货合约

合约标的	沪深 300 指数
合约乘数	每点 300 元
报价单位	指数点
最小变动价位	0.2 点
涨跌停板幅度	上一个交易日结算价的 ±10%
合约月份	当月、下月及随后两个季月
交易时间	上午 9:30 - 11:30,下午 13:00 - 15:00
最后交易日	合约到期月份的第三个周五,遇国家法定假日顺延
最后交割日	同最后交易日
最低交易保证金	合约价值的 8%
交割方式	现金交割
交易代码	IF
上市交易所	中国金融期货交易所

表 10 - 5　上证 50 股指期货合约

合约标的	上证 50 指数
合约乘数	每点 300 元
报价单位	指数点
最小变动价位	0.2 点
涨跌停板幅度	上一个交易日结算价的 ±10%
合约月份	当月、下月及随后两个季月
交易时间	上午 9:30 - 11:30,下午 13:00 - 15:00
最后交易日	合约到期月份的第三个周五,遇国家法定假日顺延
最后交割日	同最后交易日
最低交易保证金	合约价值的 8%
交割方式	现金交割
交易代码	IH
上市交易所	中国金融期货交易所

表 10 - 6　中证 500 股指期货合约

合约标的	中证 500 指数
合约乘数	每点 200 元
报价单位	指数点
最小变动价位	0.2 点
涨跌停板幅度	上一个交易日结算价的 ± 10%
合约月份	当月、下月及随后两个季月
交易时间	上午 9:30 - 11:30,下午 13:00 - 15:00
最后交易日	合约到期月份的第三个周五,遇国家法定假日顺延
最后交割日	同最后交易日
最低交易保证金	合约价值的 8%
交割方式	现金交割
交易代码	IH
上市交易所	中国金融期货交易所

三、股指期货交易的基本制度

为了叙述方便,在这里我们以中国金融期货交易所推出的沪深 300 股指期货为例来说明股指期货交易的基本制度。

(一)保证金制度

投资者在进行期货交易时,必须按照其买卖期货合约价值的一定比例来缴纳资金作为履行期货合约的财力保证,然后才能参与期货合约的买卖。这笔资金就是我们常说的保证金。

【例 5】假设股指期货价位现为 3 000 点,一手合约相应面值为:

$$3\ 000 \times 300 = 90(万元)$$

按 8% 保证金比率计算,买卖一手合约需用保证金为:

$$90 \times 8\% = 7.2(万元)$$

若价位上涨或上调保证金率,所需保证金将更多。

合约价位每变动 ± 10%,买卖一手合约盈亏为:

$$3\ 000 \times (\pm 10\%) \times 300 = \pm 9(万元)$$

如果只有不足 10 万元资金入市交易,若亏损,其保证金几乎损失殆尽,所以按维持保证金经验值(4 倍)计算,入市总资金宜为:

$$7.2\ 万元 \times 4 = 28.2(万元)$$

建议投资沪深 300 股指期货的投资者最低入市资金量在 50 万元以上。

(二)每日无负债结算制度

当日无负债结算制度,其原则是当日交易结束后,交易所按当日结算价对结算会员结算所有合约的盈亏、交易保证金及手续费、税金等费用,对应收应付的款项实行净额一次划转,相应增加或减少结算准备金。结算完毕后,结算会员的结算准备金余额低于最低余额标准时,该结算结果即视为交易所向结算会员发出的追加保证金通知,两者的差额即为追加保证金金额。

(三)涨跌停板制度

涨跌停板是指期货合约在一个交易日中的交易价格波动不得高于或者低于规定的涨跌幅度,超过该涨跌幅度的报价将视为无效。通过制定涨跌停板制度,能够锁定会员和投资者每一交易日所持有合约的最大盈亏;能够有效地减缓、抑制一些突发性事件和过度投机行为对期货价格的冲击。

《沪深300股指期货合约》中规定沪深300股指期货合约的涨跌停幅度为前一交易日结算价的±10%,股指期货合约最后交易日涨跌停板幅度为上一交易日结算价的±20%。

(四)"熔断"制度

"熔断"机制对于股指期货乃至整个期货市场的风险控制都是非常有效的。事实上,自从1988年美国股市引入"熔断"机制之后,已经有18年没有发生股灾,其作用可谓功不可没。"熔断"制度对于股指期货的作用主要表现在:对股指期货市场的交易风险提供预警作用,有效防止风险的突发性和风险发生的严重性。沪深300股指期货合约规定:

1. 启动熔断机制后的连续5分钟内,该合约买卖申报在熔断价格区间内继续撮合成交。5分钟后,熔断机制终止,涨(跌)停板幅度生效。

2. 熔断机制启动后不足5分钟第一节交易结束的,熔断机制终止,恢复交易后,涨(跌)停板幅度生效。

3. 收市前30分钟内,不设熔断机制。熔断机制已经启动的,终止继续执行。

4. 每日只启动一次熔断机制。

从我国股指期货"熔断"机制的设计来看,在市场波动达到10%的涨跌停板之前,引入了一个6%的"熔断"点,这不仅给股指期货的交易者提出了一种警示,也为期货交易的各级风险管理提出了一种警示。这时,对股指期货的交易者、代理会员、结算会员和交易所都有一种强烈的提示,使他们都意识到后面的交易将是一种什么状态,并采取相应的防范措施,从而使交易风险不会在无任何征兆的情况下突然发生。正因为有了风险的集体意识,使大家有机会积极应对操作,就会降低风险发生的严重性。

(五)强行平仓制度

强行平仓制度是与持仓限制制度和涨跌停板制度等相互配合的风险管理制度。

当交易所会员或客户的交易保证金不足并且未在规定时间内补足,或当会员或客户的持仓量超出规定的限额,或当会员或客户违规时,交易所为了防止风险进一步扩大,将对其持有的未平仓合约进行强制性平仓处理,这就是强行平仓制度。《中国金融期货交易所风险控制管理办法》规定在下列五种情况下会出现强行平仓:

1. 结算会员结算准备金余额小于零,且未能在规定时限内补足。

2. 客户、从事自营业务的交易会员持仓超出持仓限额标准,且未能在规定时限内平仓。

3. 因违规、违约受到交易所强行平仓处罚。

4. 根据交易所的紧急措施应予强行平仓。

5. 其他应予强行平仓。

(六)持仓限额制度

中国金融期货交易所实行持仓限额制度。持仓限额是指交易所规定的会员或者客户对某一合约单边持仓的最大数量。

中国金融期货交易所规定:同一客户在不同会员处开仓交易,其在某一合约单边持仓合计不得超出该客户的持仓限额;进行投机交易的客户号某一合约单边持仓限额为100手;某一合约结算后单边总持仓量超过10万手的,结算会员下一交易日该合约单边持仓量不得超过该合约单边总持仓量的25%;会员、客户持仓达到或者超过持仓限额的,不得同方向开仓交易。

(七)大户报告制度

大户报告制度是指当投资者的持仓量达到交易所规定的持仓限额时,应通过结算会员或交易会员向交易所或监管机构报告其资金和持仓情况。

(八)强制减仓制度

强制减仓是指交易所将当日以涨跌停板价格申报的未成交平仓报单,以当日涨跌停板价格与该合约净持仓盈利客户按照持仓比例自动撮合成交。即申报平仓数量是指在当日交易日收市后,已在交易所系统中以涨跌停板价格申报无法成交的、客户合约的单位净持仓亏损大于等于当日交易日结算价10%的所有持仓。同一客户双向持仓的,其净持仓部分的平仓报单参与强制减仓计算,其余平仓报单与其反向持仓自动对冲平仓。强制减仓造成的经济损失由会员及其客户承担。

(九)结算担保金制度

结算担保金是指由结算会员依交易所的规定缴存的,用于应对结算会员违约风险的共同担保资金。当个别结算会员出现违约时,在动用完该违约结算会员缴纳的结算担保金之后,可要求其他会员的结算担保金要按比例共同承担该会员的履约责任。结算会员联保机制的建立确保了市场在极端行情下的正常运作。

(十)风险警示制度

风险警示制度是指交易所认为必要时可以分别或同时采取要求报告情况、谈话提醒、书面警示、公开谴责、发布风险警示公告等措施中的一种或多种,以警示和化解风险。

中国金融期货交易所规定出现下列情形之一的,交易所有权约见指定的会员高管人员或客户谈话提醒风险,或要求会员或客户报告情况:期货价格出现异常;会员或客户交易异常;会员或客户持仓异常;会员资金异常;会员或客户涉嫌违规、违约;交易所接到涉及会员或客户的投诉;会员涉及司法调查;交易所认定的其他情况。

表 10-7　香港恒生指数期货

相关指数	恒生指数
合约价值	成交指数 ×50 港元
合约月份	当月、下月及最近两个季月
最小变动价位	一个指数点(每张合约 50 港元)
价格波动限制	无
持仓限额	持有的多头或空头合约经调整后不能超过 10 000 张
大额持仓申报	超过 500 张须申报
交易时间	上午 9:45－12:00;下午 2:30－4:15;夜市下午 5:00－11:00
最后交易日交易时间	上午 9:45－12:00;下午 14:30－16:00
最后交易日	该月最后第二个营业日
最后结算日	最后交易日之后的第一个营业日
结算方法	现金结算
最后结算价	最后交易日恒指每 5 分钟报价的平均值
保证金	由交易所制定并公布

表 10-8　国外常见指数期货合约介绍(1)

标的名称	SP500 标准普尔 500 指数期货	Dow Jones Industrial Average 道琼斯平均工业指数期货	NASDAQ 100 纳斯达克 100 指数期货	FTSE－100 英国金融时报指数期货
交易所	CME	CBOT	CME	LIFFE
商品代码	SP	DJ	ND	FTSE－100
最小变动价位	0.1 点($ 25)	1 点($ 10)	0.5 点($ 50)	0.5 (5 英镑)
契约价值	$ 250 * SP	$ 10 * DJ	$ 100 * ND	10 英镑 * FTSE－100
交易月份	三,六,九,十二	三,六,九,十二	三,六,九,十二	三,六,九,十二
最后交易日	合约月份第三个星期四	合约月份第三个星期四	合约月份第三个星期四	合约月份第三个星期四

表 10 - 9 国外常见指数期货合约介绍(2)

标的名称	E - mini SP500	E - mini DJ	E - mini NASDAQ 100	Nikkei - 225
	迷你标普 500 指数期货	迷你道指期货	迷你纳斯达克指数期货	日经 225 指数
交易所	CME	CBOT	CME	SIMEX
商品代码	ES	YM	NQ	SSI
最小变动价位	0.25 点($ 12.5)	1 点($ 5)	0.5 点($ 10)	5 点(￥2 500)
契约价值	$ 50 * SP	$ 5 * YM	$ 20 * NQ	￥500 * SSI
交易月份	三,六,九,十二	三,六,九,十二	三,六,九,十二	三,六,九,十二
最后交易日	合约月份第三个星期四	合约月份第三个星期四	合约月份第三个星期四	合约月份第二个周五的前一个营业日

四、股指期货的结算

股指期货的结算可以大致分为两个层次:首先是结算所或交易所的结算部门对会员结算,然后是会员对投资者结算。不管哪个层次,都需要做三件事情:

一是交易处理和头寸管理,就是每天交易后要登记做了哪几笔交易,头寸是多少。

二是财务管理,就是每天要对头寸进行盈亏结算,盈利部分退回保证金,亏损的部分追缴保证金。

三是风险管理,对结算对象评估风险,计算保证金。

其中第二部分工作中,需要明确结算的基准价(即所谓的结算价),一般是指期货合约当天临收盘附近一段时间的均价(也有直接用收盘价作为结算价的)。持仓合约用其持有成本价与结算价比较来计算盈亏,而平仓合约则用平仓价与持有成本价比较计算盈亏。对于当天开仓的合约,持有成本价等于开仓价,对于当天以前开仓的历史合约,其持有成本价等于前一天的结算价。因为每天把账面盈亏都已经结算给投资者了,因此当天结算后的持仓合约的成本价就变成当天的结算价了,因此和股票的成本价计算不同,股指期货的持仓成本价每天都在变。

有了结算所,从法律关系上说,股指期货不是在买卖双方之间直接进行,而是由结算所成为中央对手方,即成为所有买方的唯一卖方和所有卖方的唯一买方。结算所以自有资产担保交易履约。

五、股指期货的交割

股指期货合约到期的时候和其他期货一样,都需要进行交割。不过一般的商品期货和国债期货、外汇期货等采用的是实物交割,而股指期货和短期利率期货等采用的是现金交割。所谓现金交割,就是不需要交割一揽子股票指数成分股,而是用到期日或第二天的现货指数作为最后结算价,通过与该最后结算价进行盈亏结算来了结头寸。

第三节 股指期货套期保值

一、股指期货套期保值的原理

股指期货套期保值和其他期货套期保值一样,其基本原理是利用股指期货与股票现货之间的类似走势,通过在期货市场进行相应的操作来管理现货市场的头寸风险。

(一)股指期货的空头套期保值

由于股指期货的套利操作,股指期货的价格和股票现货(股票指数)之间的走势是基本一致的,如果两者步调不一致到足够程度,就会引发套利盘入市。这种情况下,如果保值者持有一揽子股票现货,他认为目前股票市场可能会出现下跌,但如果直接卖出股票,他的成本会很高,于是他可以在股指期货市场建立空头,在股票市场出现下跌的时候,股指期货可以获利,以此可以弥补股票现货出现的损失。这就是所谓的股指期货的空头套期保值。

【例6】5月4日某投资者现持有价值1 080万元的股票组合,由于他认为近期股市前景看淡,于是便卖出沪深300指数期货IF1005,价格为3 000点。

$$卖出份数 = 10\ 800\ 000 \div (3\ 000 \times 300) = 12\ 份$$

到5月15日,股市真的下降,他持有的股票价值下降到972万元,跌幅10%,这样他在股票市值损失为972 – 1080 = – 108万元。

但由于他事前做了空头套期保值交易,期货市场指数此时为2700点,做买进平仓,期货市场上的盈利为(3 000 – 2 700)×300×12 = 108万元。买卖相抵后,股票市场损失的108万元就由期货市场盈利的108万元弥补,达到了保值的目的。具体操作见表10 – 10。

表10 – 10 股指期货的空头套期保值

	股票市场	期货市场
5月4日	持有价值约1 080万元的股票组合	卖出12份沪深300指数期货IF1005,价格为3 000点,总值1 080万元
5月15日	持有的股票价值下降到972万元,跌幅10%	期货市场指数此时为2 700点,做买进平仓,合约价值为2 700×300×12 =972万元
盈亏	972 – 1 080 = – 108(万元)	1 080 – 972 = 108(万元)

(二)股价指数期货的多头套期保值

股价指数期货的多头套期保值也称为买入套期保值,其参与者主要是因种种原因未持有股票的个人或机构,为避免股价上涨可能出现的损失或投资成本的增加,他们就会采用买进股价指数期货的套期保值方式防范风险。这样,一旦股市真的上升,他们就可以用在期货市场上的获利来弥补由于股市上升在股票现货交易中所受的损失。

【例7】某证券公司在4月15日预计3个月后将会收到一笔360万元的资金,并计划收到这笔资金后投资买入某银行的股票。目前该股价格为12元/股。经综合分析后该公司认为大盘正处于上涨趋势,该银行的股票作为蓝筹股股价可能会上涨许多,使届时的投资成本大增,为规避此种风险的产生,该公司在利用沪深300指数期货进行多头套期保值后,使其购买某银行股票成本锁定在每股12元。具体操作过程见表10－11。

表10－11　股价指数期货的多头套期保值

	现货市场	期货市场
4月15日	预计1个月后将收到一笔360万元的资金,若当天以12元/股买进某银行的股票,可买进30万股	买入4份5月份到期的沪深300股指期货,期货指数为3000点,总价值: $3\,000 \times 300 \times 4 = 3\,600\,000$
5月15日	股市上涨,某银行股价升至13.2元/股,买入30万股某银行需要396万元	股市上涨导致股指期货上涨,期货指数为3 300点,卖出平仓 总价值为$3\,300 \times 300 \times 4 = 3\,960\,000$
盈亏	$360 - 396 = -36$(万元)	$396 - 360 = 36$(万元)

二、贝塔系数与股指期货套期保值

在上述各例中,为方便起见,我们实际上已做了这样的假设:现货市场上由投资者所持有发行或购买的股票同股价指数所包含的一揽子股票有着完全相同的价格变动特性,现货价格与期货价格有着完全相同的价格变动幅度,投机者通过套期保值可将全部风险予以回避,从而实现完全的套期保值。但现实中,这样的假设并不正好存在。

在一般情况下,各投资者所持有的证券组合的风险与整个股市的风险是不一致的,某证券组合的风险,特别是某个别股票的风险通常大于整个股市的风险。因此,在套期保值时,如果人们不考虑这一因素,则在现货市场上所存在的全部风险中,至少有一部分风险在实际上根本没有得到应有的防范。为了避免上述情况的发生,以尽可能实现完全的套期保值,在利用股价指数期货进行套期保值时,人们通常用贝塔系数来调整套期保值所需的期货合约数,以尽可能地使全部风险都得到防范。

(一)贝塔系数概述

贝塔系数(Beta Coefficient)是一种评估证券系统性风险的工具,用以度量一种证券或一个投资证券组合相对总体市场的波动性,在股票、基金等投资术语中常见。

贝塔系数利用回归的方法计算。贝塔系数为1,即证券的价格与市场一同变动;贝塔系数高于1,即证券价格比总体市场更波动;贝塔系数低于1(大于0),即证券价格的波动性较市场为低。

贝塔系数的计算公式如下:

$$\beta_a = \frac{\text{Cov}(r_a, r_m)}{\sigma_m^2} \qquad (式10-6)$$

其中:$\text{Cov}(r_a, r_m)$是证券 a 的收益与市场收益的协方差;σ_m^2 是市场收益的方差。

因为:

$$\text{Cov}(r_a, r_m) = \rho_{am} \cdot \sigma_a \cdot \sigma_m \qquad (式10-7)$$

所以公式也可以写成:

$$\beta_a = \rho_{am} \cdot \frac{\sigma_a}{\sigma_m} \qquad (式10-8)$$

其中:ρ_{am} 为证券 a 与市场的相关系数;σ_a 为证券 a 的标准差;σ_m 为市场的标准差。

贝塔系数并不代表证券价格波动与总体市场波动的直接联系。不能绝对地说,β 越大,证券价格波动(σ_a)相对于总体市场波动(σ_m)越大;同样,β 越小,也不完全代表 σ_a 相对于 σ_m 越小。甚至即使 $\beta=0$ 也不能代表证券无风险,而有可能是证券价格波动与市场价格波动无关($\rho_{am}=0$)。但是可以确定,如果证券无风险(σ_a),β 一定为零。

贝塔系数反映了个股对市场(或大盘)变化的敏感性,也就是个股与大盘的相关性,反映了市场系统性风险的大小。为避免非系统风险,可以在相应的市场走势下选择那些相同或相近贝塔系数的证券进行投资组合。比如:一只个股贝塔系数为1(【例6】和【例7】的 β 为1),说明当大盘涨 10% 时,它可能涨 10%,反之亦然;一只个股贝塔系数为 1.3,说明当大盘涨 10% 时,它可能涨 13%,反之亦然;但如果一只个股贝塔系数为 -1.3 时,说明当大盘涨 10% 时,它可能跌 13%,同理,大盘如果跌 10%,它有可能涨 13%。在利用股票指数期货来对一组有价证券进行保值时,贝塔系数是确定套期保值比率的重要因素。

$$套期保值所需的合约数 = \frac{现货股票或证券组合的总值}{一张期货合约的价值} \times 贝塔系数$$

(二)贝塔系数与空头套期保值

【例8】国内某证券投资基金,在 2010 年 6 月 2 日时,其股票组合的收益达到了40%，总市值为5亿元。该基金预期银行可能加息，一些大盘股要相继上市，股票可能出现短期深幅下调，但对后市还是看好，决定用沪深300指数期货进行保值。

假设其股票组合与沪深300指数的贝塔系数β为0.9。

2010年6月2日的现货指数为2 700点，2010年9月到期的沪深300期货合约为2 850点。则该基金的套期保值数量为：

$$\frac{5亿元}{2\,850 \times 300} \times 0.9 = 526\ 手$$

2010年7月10日，股票市场企稳，现货指数为2 650点，9月到期的期货合约为2 797点。该基金认为后市继续看涨，决定继续持有股票。具体操作见下表：

表10－12　贝塔系数与空头套期保值

	现货市场	期货市场
6月2日	股票市值为5亿元，上证综合指数2 700点	以2 850点卖出526手9月到期的沪深300指数期货，合约总值为526×2 850×300＝4.497 3亿元
7月10日	上证综合指数2650点（跌幅1.85%）该基金持有的股票价值减少1.67%（1.85%×0.9），市值为4.916 5亿元	以2 797点买入平仓526手9月到期的沪深300指数期货，合约价值为：526×2 797×300＝4.413 666亿元
损益	损失835万元	盈利836.34万元
	盈利1.34万元	
状态	继续持有5亿股票	没有持仓

这里必须指出的是，要转移持有股票的风险为什么非要在指数期货市场上做空头保值，而不是简单地卖掉股票？这可以从两方面加以说明：①运用一个高度灵活的指数期货合约做套期保值，并不会引起期货价格的显著波动，但在股票市场上抛出同等价值的股票则会引起股票价格大幅度下跌。除非适时抛出所有股票，否则会遭受严重的损失。②很多基金经理人认为抛出股票并不是一种可行的选择，因为他们受持有特定种类股票的限制，售出股票以后，所获得的现金并不能立即投资于其他领域，但期货市场却给基金经理人以机会和灵活性，即在无须完全抛出全部股票的情况下，可以对手中持有的一组股票进行潜在的调整。可以从现有总投资中抽出部分资金（其数额相当于买卖指数期货的保证金）进行股票指数期货交易，从而使其成为股票市场组合全面管理的有机组成部分。

（三）贝塔系数与多头套期保值

【例9】某国内投资者在3月22日已经知道在当年5月30日有300万资金到

账可以投资股票。他看中了 A,B,C 三只股票,当时的价格为 10 元、20 元和 25 元,准备每只股票投资 100 万,可以分别买 10 万股、5 万股和 4 万股。由于对未来行情看涨,担心到 5 月底股票价格上涨,该投资者决定采取股票指数期货锁定成本。假设经统计分析三只股票与沪深 300 指数的相关系数 β 分别为 1.3、1.2 和 0.8,则其组合 β 系数 = 1.3 × 1/3 + 1.2 × 1/3 + 0.8 × 1/3 = 1.1。

3 月 22 日现货指数为 2 910 点,假设 5 月 30 日现货指数为 3 150 点。3 月 22 日 6 月份到期的沪深 300 指数期货合约为 3 200 点,假设 5 月 30 日 6 月份到期的沪深 300 指数期货合约为 3 650 点,所以该投资者需要买入的期货合约数量是:

$$\frac{3\ 000\ 000}{3\ 200 \times 300} \times 1.1 \approx 3\ \text{手}$$

具体操作如下:

表 10 - 13 贝塔系数与多头套期保值

日期	现货市场	期货市场
3 月 22 日	现货指数 2 910,预计 5 月 30 日 300 万到账,计划购买 A,B,C 三只股票,价格为 10 元、20 元和 25 元,计划购买 10 万股、5 万股和 4 万股	以 3 200 点买入 3 手 6 月到期的沪深 300 指数期货,合约总值为:3 200 × 300 × 3 = 288 万元
5 月 30 日	现货指数上涨至 3 150 点,A,B,C 三只股票价格上涨为 11.7 元、22.6 元和 27.5 元,仍按计划数量购买,所需资金为 340 万元	以 3 650 点卖出平仓 3 手 6 月到期的沪深 300 指数期货,合约价值为:3 650 × 300 × 3 = 328.5 万元
损益	资金缺口为:40 万元	盈利 40.5 万元
	盈利 0.5 万元	
状态	持有 A,B,C 股票各 10 万股、5 万股和 4 万股	没有持仓

在股价指数套期保值中,投资者能否准确地估计其现货部分的贝塔系数并据此确定套期保值比率,是套期保值的关键。

第四节 股指期货的投机与套利

一、股指期货的投机

股价指数期货市场上投机者是必不可少的。投机者进行买卖股票指数期货合约的目的,不是利用期货交易避免价格变动带来的损失,而是利用价格波动获得由此产生的利润。具体来说,股价指数期货的投机分为多头投机和空头投机两种方式。

(一)股价指数期货的多头投机

股价指数期货的多头投机是指投机者在对市场行情看涨的时候,买入股价指数期货合约,再在行情涨至一定高度的时候卖出股价指数期货合约。通过在低价时先买入,在高价时再卖出,投资者就可获得因价格变动而带来的利润。当然如果在买入后价格下跌,则会造成损失。

【例10】4月26日,某一投资者预测股票市场行情最近将上扬,于是他立即买入1份沪深300股指期货合约IF1006,指数点为3 000,1份合约的价值为3 000×300 = 90万元,交纳保证金90万元×12% = 10.8万元。

5月6日,股票行情如果上涨了300点,涨幅10%,该投机者卖出合约平仓,售价为3300×300 = 99万元,获利99 - 90 = 9万元,收益率达9÷10.8 = 83%。

如果当时用10.8万元以每股12元买入招商银行股票9 000股,到5月6日也涨10%为13.2元,卖出获利1.08万元,收益率为10%。如果该投资者觉得股指还要上涨,可不平仓,继续持有,随着股指上涨会赚得更多,当然也有可能股指下跌将获利损耗掉。

假设5月6日,股票行情下跌了300点,跌幅10%,该投机者卖出合约平仓,售价为2 700×300 = 81万元,亏损81 - 90 = -9万元,亏损率达 -9÷10.8 = -83%。平仓后保证金只剩10.8 - 9 = 1.8万元。

如果不平仓继续持到5月11日,股指跌至2 640,跌幅12%,账面亏损(2 640 - 3 000)×300 = 10.8万元,刚好等于预交的保证金。期货公司会于当日通知追加保证金,否则强行平仓,保证金损失殆尽。如果同意追加,若继续下跌可能会亏损更多。当然也可能上涨后,扭亏为盈。要注意:一是你的资金有限,弄不好会被爆仓出局;二是有到期日约束。

(二)股价指数期货的空头投机

股价指数期货的空头投机是指投机者在股票市场行情看跌的情况下,卖出股价指数期货合约,然后再在行情下降之后,买入股价指数期货合约对冲平仓,高卖低买,从而获得可观的利润。如果预测失误,股价指数不跌反涨,则会造成亏损。

【例11】5月4日,某一投资者预测股票市场行市最近将下跌,于是他立即卖出1份沪深300股指期货合约IF1006,指数点为3 500,1份合约的价值为3 500×300 = 105万元,交保证金105万元×12% = 12.6万元。

5月20日,股票行情如果下跌了350点,为3 150点,跌幅10%,该投机者买进合约平仓,总价为3150×300 = 94.5万元,获利105 - 94.5 = 10.5万元,收益率达10.5÷12.6 = 83%。如果该投资者觉得股指还要下跌,可不平仓,继续持仓,随着股指下跌会赚得更多,当然也有可能股指上涨煮熟鸭子飞掉。

反之,5月20日,股票行情如果上涨到3 920点,涨幅12%,该投机者买入合约平仓,合约价值为3 920×300＝117.6万元,账面亏损105－117.6＝－12.6万元,刚好等于预交的保证金。期货公司会于当日通知追加保证金,否则强行平仓,保证金损失殆尽。如果同意追加,若继续上涨可能会亏损更多。当然也可能下跌后,扭亏为盈。

总之,股价指数期货的多头投机者会在股价指数上涨中获利,股价指数下跌中亏损;股价指数期货的空头投机者会在股价指数下跌中获利,股价指数上涨中亏损。

二、股指期货的套利

股价指数期货的套利是指同时卖出和买进两种不同种类的期货合约,以利用期货间的价格差距来获取利润。在进行套利交易时,交易者买进自认为是"便宜的"合约,同时卖出那些自认为"高价的"合约,他们并不注重价格的绝对水平,而是注重合约之间的相互价格关系。假如交易者估计价格将上升或下降,而实际上价格也确实如所料那样上升或下降了,那么交易者就可以从两合约的价格关系变动中获得利润。

一般来说,股价指数期货的套利主要有三种形式:跨期套利、跨市套利和跨品种套利。

(一)股价指数期货的跨期套利

跨期套利是指利用股价指数期货不同月份的合约之间的价格差价进行相反交易以从中获利。根据采用的方法跨期套利可分为两种:多头跨期套利和空头跨期套利。

1.多头跨期套利。当交易者对市场抱乐观态度时会采用多头跨期套利的方法。具体地说,当股票市场趋势向上,交割月份较迟的合约,其价格就会比近期月份合约的价格更易迅速上升。进行多头跨期套利的人正是基于这一认识,出售近期月份合约而买进远期月份的合约,这种做法就是多头跨期套利。

【例12】某投资者预测市场指数将上涨,于是进行S&P 500指数期货(每份合约为指数乘500美元)的多头跨期套利。具体操作如表10－14所示:

表10－14　股价指数期货的多头跨期套利

	近期合约	远期合约	差额
开始	以94.50售出1份6月份S&P500指数期货合约	以97.00买入1份12月份S&P500指数期货合约	2.50
结束	以95.00买入1份6月份S&P500指数期货合约	以97.75售出1份12月份S&P500指数期货合约	2.75
差额价格变动	－0.50	＋0.75	变动0.25

如表 10 - 14 所示,正如套利者所料,市场上扬,较远的 12 月份合约与较近的 6 月份合约之间的差额扩大,于是产生了净差额利润 125 美元(0.25×500)。

2.空头跨期套利。当交易者对市场抱悲观态度时会采用空头跨期套利的方法。具体地说,当股票市场趋势向下,交割月份较迟的合约,其价格就会比近期月份合约的价格更易迅速下跌。进行空头跨期套利的人正是基于这一认识,买进近期月份合约而出售远期月份合约,从而在价格差异中获利,这种做法就是空头跨期套利。

【例 13】某投资者预测市场指数将下跌,于是进行 S&P500 指数期货(每份合约为指数×500 美元)的空头跨期套利。具体操作如表 10 - 15 所示:

表 10 - 15　股指期货空头跨期套利

	近期合约	远期合约	差额
开始	以 95.00 卖出 1 份 6 月 S&P500 指数合约	以 97.00 买入 1 份 12 月 S&P500 指数合约	2.00
结束	以 94.00 买入 1 份 6 月 S&P500 指数合约	以 96.50 卖出 1 份 12 月 S&P500 指数合约	2.50
差额价格变动	+1.00	-0.50	变动 0.50

正如套利者所料,市场出现下跌,远期 12 月份合约与近期 6 月份合约之间的差额扩大,于是产生了净差额利润(-0.5+1.00)×500=250 美元。

(二)股价指数期货的跨品种套利

跨品种套利指的是利用两种不同的、但相关联的指数期货产品之间的价差进行交易,这两种指数之间具有相互替代性或受同一供求因素制约。跨品种套利的交易形式是同时买进和卖出相同交割月份但不同种类的股指期货合约。例如道琼斯指数期货与标准普尔指数期货、迷你标准普尔指数期货与迷你纳斯达克指数期货、主要市场指数期货与纽约证券交易所综合指数期货等都可以进行套利交易。

【例 14】某套利者预期市场将要上涨,而且主要市场指数的上涨势头会大于纽约证券交易所综合股票指数期货合约,于是在 395.50 点买入两张主要市场指数期货合约,在 105.00 点卖出一张纽约证券交易所综合股票指数期货合约,当时的价差为 290.50 点。经过一段时间后,价差扩大为 295.75 点,套利者在 405.75 点卖出两张主要市场指数期货合约,而在 110.00 点买入一张纽约证券交易所综合股票指数期货合约,进行合约对冲。

由于主要市场指数期货合约在多头市场中上升 10.25 点,大于纽约证券交易所指数期货合约上升 5.00 点,套利者因此获利(5 125 - 2 500)=2 625 美元。

表 10 – 16　股票指数期货跨市套利

	主要市场指数期货	纽约证券交易所综合指数	差额
当时	买入 2 张 12 月主要市场指数合约,期货指数:395.50	卖出 1 张 12 月纽约证交所指数合约,期货指数:105.00	290.50
日后	卖出 2 张 12 月主要市场指数合约,期货指数:405.75	买入 1 张 12 月纽约证交所指数合约,期货指数:110.00	295.75
结果	获得 10.25 点 × 250 美元 × 2 张 = 5 125 美元	亏损 5.00 点 × 500 美元 × 1 张 = 2 500 美元	

(三)股价指数期货的跨市场套利

跨市场套利是指在不同的交易所同时买进和卖出相同交割月的同种或类似的股指期货合约,以赚取价差利润的套利方式,又称市场间价差。例如日经 225 指数期货合约分别在大阪证券交易所(OSE)、新加坡交易所(SGX)和芝加哥商业交易所(CME)上市交易。三种期货合约的标的资产都是日经 225 指数,但合约乘数、报价单位及交易时间不尽相同。其中,大阪证券交易所上市的日经 225 指数期货合约,以日元报价,合约乘数为 1000 日元/指数点。新加坡交易所和芝加哥商业交易所则既有日元报价的日经 225 指数期货合约,合约乘数为 500 日元/指数点,又有美元报价的日经 225 指数期货合约,合约乘数为 5 美元/指数点。而且在芝加哥商业交易所开仓买卖的日经 225 指数期货合约,可以在新加坡交易所对冲平仓,而新加坡交易所的开始交易时间比大阪证券交易所开市时间长,这就为三个交易所的日经 225 指数期货合约的套利提供了机会,以及方便、快捷的交易通道。

(四)股价指数期货的期现套利

股指期货的期现套利是指针对股指期货与现货之间的不合理关系进行套利的交易行为。股指期货合约是以股票价格指数作为标的物的金融期货合约,期货指数与现货指数维持一定的动态联系。但是,有时期货指数与现货指数会产生偏离,当这种偏离超出一定的范围时(无套利定价区间的上限和下限)就会产生套利机会。

当期价高估时,买进现货,同时卖出期货,通常叫正向套利;当期价低估时,卖出现货,买进期货,叫反向套利。由于套利是在期现两市同时进行,将利润锁定,不论价格涨跌,都不会有风险,故常称为无风险套利。从理论上讲,这种套利交易不需资本,因为资金都是借贷来的,所需支付的利息已经考虑,那么套利利润实际上是已经扣除机会成本之后的净利润,是无本之利。

【例 15】假设 9 月 1 日沪深 300 指数为 3 500 点,而 10 月份到期的股指期货合约价格为 3 600 点(被高估),那么套利者可以借款 108 万元(借款年利率为 6%),

在买入沪深300指数对应的一揽子股票（假设股票指数对应的成分股在套利期间不分红）的同时，以3 600点的价格开仓卖出1张该股指期货合约（合约乘数为300元/点）。当该股指期货合约到期时，假设沪深300指数为3 580点，该套利者在股票市场可获利108万×（3 580÷3 500）－108万＝2.47万元，由于股指期货合约到期时是按交割结算价（交割结算价按现货指数依一定的规则得出）来结算的，其价格也近似于3 580点，则卖空1张股指期货合约将获利（3 600－3 580）×300＝6 000元。2个月期的借款利息为2×108万元×6%÷12＝1.08万元，这样该套利者通过期现套利交易可以获利2.47＋0.6－1.08＝1.99万元。

股指期货期现套利在实际操作中应解决以下两大难题：一是如何构建走势与沪深300指数走势几乎一致的证券组合，以防止因对沪深300走势的跟踪误差过大而导致套利交易失败；二是对期现套利成本区间的有效确定，以判断套利的空间和盈亏结果。上述两大难题是决定股指期货期现套利成败的关键所在。总体归纳为以下三种方法：一是按权重比例买卖一揽子沪深300指数的所有股票品种，这种方法在实际套利操作时难度很大，基本上不可取。二是选择沪深300指数成分股中权重大的几个或十几个股票品种组成一个股票组合，这种方法在实际操作时也有一定难度，操作不方便还是次要的，最致命的缺陷是对沪深300指数走势的跟踪误差比较大。三是买卖与沪深300指数高度相关的ETF基金，该方法最大优点是对沪深300指数走势的跟踪误差比较小，而且买卖操作方便可行。

实际操作中，通常的办法是选择上证50ETF、上证180ETF、深证100ETF中的一种或其中不同比例的组合作为复制沪深300指数走势的替代办法。ETF主要是指ETF（Exchange Traded Fund）交易型开放式指数基金，又称交易所交易基金，是一种在交易所上市交易的开放式证券投资基金产品。ETF的投资组合通常完全复制标的指数，其净值表现与盯住的特定指数高度一致。比如上证50ETF的净值表现就与上证50指数的涨跌高度一致。与开放式基金使用现金申购、赎回不同，ETF使用一揽子指数成分股申购赎回基金份额，ETF可以在交易所上市交易。

在实际操作中我们发现，几乎很难出现套利机会，沪深300股指期货上市以来基差整体变化也较平稳。波动范围在－20～20点之间的基差占到总区间的80%以上，2010年10月由于市场做多热情高涨，基差一度超过130点，但数日后也迅速收敛至50点之内。随着市场的逐步完善与成熟，未来期现套利空间可能进一步下降，而对于前期利用股指期货进行期现套利的投资者可考虑逐步转向阿尔法对冲策略。阿尔法套利是指指数期货与具有阿尔法值的证券产品之间进行反向对冲套利，也就是做多具有阿尔法值的证券产品，做空指数期货，实现回避系统性风险下的超越市场指数的阿尔法收益。为实现阿尔法套利，选择或构建证券产品是关键。首先，兼具折价率与超额收益阿尔法的证券产品是进行阿尔法套利交易的首选，包括具有折价率、能超越市场指数的认购权证、封闭式基金等。其次，具有超额收益阿尔法的证券产品是进行阿尔法套利交易的次选,主要包括开放式股票基金、股票、行业指数产品。

套利交易机会瞬间即逝,所以在股指期货套利中更多的是利用计算机程序进行程式交易(Program Trading)。

三、股票期货

股票期货是以单只股票作为标的的期货,属于股票衍生品的一种。在股票衍生品中,股票指数期货与股票指数期权诞生于20世纪80年代初,而股票期货则是90年代后期才开始出现,至今成交量不大,市场影响力较小。进入21世纪后,股票期货作为一个相对较新的产品越来越受到人们的关注,特别是英国的伦敦国际金融期货与期权交易所(LIFFE)推出的通用股票期货(USF)成长速度很快。商品期货交易委员会(CFTC)和证券交易委员会(SEC)于2000年9月达成协议,废除实施18年之久的"Shadhnson"协议解禁证券期货交易,于2000年通过商品期货现代化法案,决定解除对股票期货的限制。

印度、南非和俄罗斯等新兴市场股票期货交易的迅速崛起,使股票期货作为一个相对较新的产品越来越受到人们的关注。股票期货合约在澳大利亚、芬兰、匈牙利、墨西哥、葡萄牙、南非、瑞典等地区也到迅速发展。

香港期货交易所(HKFE)有近40个股票期货合约,包括香港电讯、长江实业、中国银行、中国电信(香港)、中信泰富、中电控股、恒生银行等股票期货合约。其中,中国银行股票的期货合约细则如下:

表10-17　中国银行股票的期货合约

交易品种	中国银行(BCL)
交易单位	股价×1000
最小变动单位	0.01港元
交易时间	星期一至星期五上午10:00 - 12:00,下午14:30 - 16:00
合约月份	当月和下两个日历月份及之后的两个季月
最后交易日	该月最后第二个营业日
最后结算日	最后交易日之后的第二个营业日
保证金	基本保证金:373港元/张;维持保证金:298港元/张
最后结算价	所代表股票在最后交易日在现货市场每5分钟所报的最高买入价与最低卖出价的中间价的平均值
结算方式	以现金结算合约差价

案例：巴林银行事件[①]

一、事件起因

1763 年，弗朗西斯·巴林爵士在伦敦创建了巴林银行，它是世界首家"商业银行"，由于经营灵活、富于创新，巴林银行很快就在国际金融领域获得了巨大的成功。20 世纪初，巴林银行荣幸地获得了一个特殊客户：英国皇室，从而奠定了巴林银行显赫地位的基础。

里森于 1989 年 7 月正式到巴林银行工作，这之前，他是摩根·斯坦利银行清算部的一名职员。1992 年，巴林总部决定派他到新加坡分行成立期货与期权交易部门，并出任总经理。

里森于 1992 年在新加坡任期货交易员时，巴林银行原本有一个号码为"99905"的"错误账号"，专门处理交易过程中因疏忽所造成的错误，这原是一个金融体系运作过程中正常的错误账户。1992 年夏天，伦敦总部全面负责清算工作的哥顿·鲍塞给里森打了一个电话，要求里森另设立一个"错误账户"，记录较小的错误，并自行在新加坡处理，以免麻烦伦敦的工作，这样号码为"88888"的"错误账户"便诞生了。

二、事件过程

几周之后，伦敦总部又打来电话，要求新加坡分行还是按老规矩行事，"88888"错误账户刚刚建立就被搁置不用了，但它却成为一个真正的"错误账户"存于电脑之中。"88888"这个被忽略的账户，提供了里森日后制造假账的机会。如果当时取消这一账户，巴林银行的历史可能会重写了。

1992 年 7 月，里森手下一名加入巴林仅一星期的交易员犯了一个错误：当客户（富士银行）要求买进 20 份日经指数期货合约时，此交易员误为卖出 20 份，这个错误在里森当天晚上进行清算工作时被发现。欲纠正此项错误，须买回 40 份合约，损失为 2 万英镑，并应报告伦敦总公司。在种种考虑下，里森决定利用错误账户"88888"承接了 40 份日经指数期货空头合约，以掩盖这个失误。然而，数天之后，由于日经指数上升 200 点，此空头部位的损失便由 2 万英镑增为 6 万英镑（注：里森当时年薪还不到 5 万英镑）。此时里森更不敢将此失误向上呈报。

另一个与此同出一辙的错误是里森的好友及委托执行人乔治犯的，里森示意他卖出的 100 份九月的期货全被他买进，价值高达 800 万英镑，而且好几份交易的凭证根本没有填写。如果乔治的错误泄露出去，里森不得不告别他已很如意的生活，而将乔治出现的几次错误记入"88888"账号对里森来说是举手之劳。但至少

---

① 资料来源：根据和讯网（http://www.hexun.com）、《经济参考报》相关内容汇总、改写。

有三个问题困扰着他:一是如何弥补这些错误;二是将错误记入"88888"账号后如何躲过伦敦总部月底的内部审计;三是SIMEX每天都要他们追加保证金,他们会计算出新加坡分行每天赔进多少,"88888"账户也可以被显示在SIMEX大屏幕上。为了赚回足够的钱来补偿所有损失,里森承担着愈来愈大的风险,他当时从事大量跨式部位交易,因为当时日经指数稳定,里森从此交易中赚取期权权利金。里森在一段时日内做得还极顺手。到1993年7月,他已将"88888"号账户亏损的600万英镑转为略有盈余,如果里森就此打住,那么,巴林的历史也许会改变。

除了为交易员遮掩错误,另一个严重的失误是为了争取日经市场上最大的客户波尼弗伊。在1993年下半年的接连几天,每天市场价格破纪录地飞涨1 000多点,用于清算记录的电脑屏幕故障频繁,无数笔的交易入账工作都积压起来。因为系统无法正常工作,交易记录都靠人力,等到发现各种错误时,里森在一天之内的损失便已高达将近170万美元。在无路可走的情况下,里森决定继续隐藏这些失误。

1994年,里森对损失的金额已经麻木了,88888号账户的损失到7月已达5 000万英镑。事实上,里森当时所做的许多交易是被市场走势牵着鼻子走,并非出于他对市场的预期如何,他已成为被其风险部位操作的傀儡。他当时能想的,是哪一种方向的市场变动会使他反败为胜,能补足88888账号的亏损,然后试着影响市场往那个方向变动。

从制度上看,巴林最根本的问题在于交易与清算角色的混淆。里森在1992年去新加坡后,任职巴林新加坡期货交易部兼清算部经理。作为一名交易员,里森本来应代巴林客户买卖衍生性商品,并替巴林从事套利这两种工作,基本上没有太大的风险。一般银行给予其交易员持有一定额度的风险部位的许可,但为防止交易员及其所属银行暴露于过多的风险中,这种许可额度通常相当有限。通过清算部门每天的结算工作,银行对其交易员和风险部位的情况可有效了解并掌握。但不幸的是,里森却一人身兼交易与清算两职。

在损失达到5 000万英镑时,巴林银行曾派人调查里森的账目。事实上,每天都有一张资产负债表,每天都有明显的记录,可看出里森的问题,即使是月底,里森为掩盖问题所制造的假账也极易被发现——如果巴林真有严格的审查制度。里森假造花旗银行有5 000万英镑存款,但这5 000万已被挪用来补偿88888号账户中的损失了。查了一个月的账,却没有人去查花旗银行的账目,以致没有人发现花旗银行账户中并没有5 000万英镑的存款。

三、最后崩溃

在1995年1月11日,新加坡期货交易所的审计与税务部发函巴林,提出他们对维持88888号账户所需资金问题的一些疑虑。此时里森已需每天要求伦敦汇入1 000万英镑,以支付其追加保证金。事实上,从1993年到1994年,巴林银行在

SIMEX 及日本市场投入的资金已超过 11 000 万英镑,超出了英格兰银行规定英国银行的海外总资金不应超过 25% 的限制。

最令人难以置信的便是巴林在 1994 年底发现资产负债表上显示 5 000 万英镑的差额后,仍然没有警惕其内部控管的松散及疏忽。在发现问题至巴林倒闭的两个月时间里,有很多巴林的高级及资深人员曾对此问题加以关切,更有巴林总部的审计部门正式加以调查,但是这些调查都被里森以极轻易的方式蒙骗过去。

1995 年 1 月 18 日,日本神户大地震,其后数日东京日经指数大幅度下跌,里森一方面遭受更大的损失,另一方面购买更庞大数量的日经指数期货合约,希望日经指数会上涨到理想的价格范围。1 月 30 日,里森以每天 1 000 万英镑的速度从伦敦获得资金,买进了 3 万日经指数期货,并卖空日本政府债券。2 月 10 日,里森以新加坡期货交易所交易史上创纪录的数量买进日经指数期货。交易数量愈大,损失愈大。

所有这些交易均进入 88888 账户,账户上的交易,里森以清查职权予以隐瞒,但追加保证金所需的资金却是无法隐藏的,里森以各种借口继续转账,这种松散的程度,实在令人难以置信。

1995 年 2 月 23 日,在巴林期货的最后一日,里森对影响市场走向的努力彻底失败。日经股价收盘降到 17 885 点,里森的日经期货多头风险部位已达 6 万余合约;日本政府债券在价格一路上扬之际,其空头风险部位亦已达 26 000 合约。里森为巴林所带来的损失,在巴林的高级主管仍做着次日分红的美梦时,终于达到了86 000 万英镑的高点,造成了世界上最老牌的巴林银行终结的命运。

新加坡在 1995 年 10 月 17 日公布的有关巴林银行破产的报告及里森自传中的一个感慨,最能表达我们对巴林事件的遗憾。报告结论中的一段:“巴林集团如果在 1995 年 2 月之前能够及时采取行动,那么他们还有可能避免崩溃。截至 1995年 1 月底,即使已发生重大损失,这些损失毕竟也只是最终损失的 1/4。如果说巴林的管理层直到破产之前仍然对‘88888’账户的事一无所知,我们只能说他们一直在逃避事实。”

思考题与练习题

1.掌握下列名词:股指期货、股价指数、贝塔系数、熔断制度、股票期货
2.股指期货具有哪些自身的特点?
3.股指期货的市场功能是什么?
4.股指期货的交易规则是什么?
5.如何进行股指期货交易?
6.利用股指期货进行套期保值的原理是什么?

7. 股指期货的投机策略是什么？

8. 股票指数期货合约的大致规格是怎样的？

9. 香港某股票持有人现持有价值约 100 000 港元的股票组合，该类股票的贝塔系数约为 1.47。由于他认为股市前景暗淡，于是决定卖出三月期的恒生股票指数期货，当天三月期期货合约恒生指数为 2 900 点（恒生指数期货合约单位为股票指数×50 港元），此后，如其所料，期货股指下跌到 2 700 点，其所持股票价值也跌到 90 000 港元。请问他应如何操作，并对其进行财务分析。

第十一章
期权交易概述

学习要求

　　本章要求了解期权交易产生发展的历史,重点掌握期权的概念及种类,认识期权的特征及功能,熟悉世界主要期权市场的现状。

　　Learners are to require to know the history of option business development, to grasp the definition and kinds of option, to understand the features and functions of option and familiarize with the current situation of global major option markets.

第一节　期权交易的产生和发展

一、期权交易的产生

公元前1200年,在古希腊和古腓尼基的商人中就出现了期权思想的萌芽。当时,为了应付贸易中突然和意外的运输要求,商人们事先向船东支付一笔保证金或垫付金,这样便可以在必要的时候要求得到额外的舱位,从而使运货时间得到保证。在哲学家亚里士多德的《政治学》一书中记载了古希腊哲学家赛尔斯利用天文知识预测第二年橄榄的收成,再以极低的价格取得第二年当地橄榄压榨机使用权以牟取利益的史实。

17世纪初期权交易在郁金香交易中得到了广泛使用。当时的荷兰拥有世界上最大的金融市场,这为郁金香投机交易提供了非常适宜的氛围。1635年,那些珍贵品种的郁金香球茎供不应求,加上投机炒作,致使价格飞涨20倍。当时郁金香花期未至,郁金香交易商通过支付给种植者一定数额的费用,以获取到时可以以约定价格购买球茎的权利,这种交易对于降低郁金香交易商和种植者的风险十分有用,如今所说的"看涨"和"看跌"期权在那时就被创造出来并被广泛交易。投机者并无意拥有郁金香球茎,而是认定他们所买进的郁金香球茎奇货可居,把对郁金香球茎价格看涨的需求转化为期权工具,开始了以小搏大的博弈。投资人只需支付市场价格15%~20%的保证金就可买入一个期权,然后在未来确定时期按确定价格买入郁金香球茎。1637年底,当郁金香市场崩溃时,大量的看跌期权出售者损失惨重,加上缺乏履约保证,损失方不愿意也无能力履约,郁金香期权市场宣告破灭。此后二百多年,期权交易一直被视为投机、赌博、腐败、欺诈的象征而被禁止交易。直到19世纪后期,美国在柜台交易市场开始引入期权交易,从1873~1875年,多数是以订单驱动方式进行的场外股票期权交易,但是柜台交易(Over-the-count)比较分散,交易成本高,而且流动性极差。

1973年4月26日对期权市场而言是具有历史意义的一天,世界上第一个期权交易所——芝加哥期权交易所(Chicago Board Options Exchange,CBOE)成立了。芝加哥期权交易所的正式成立,标志着真正有组织的期权交易时代的开始。合约的标准化使原来买卖期权的交易者可以在期权到期日前对冲平仓,这样大大增强了市场的流动性。更为重要的是,芝加哥期权交易所增设了清算所,保证买卖双方合约的履行,这样一来,交易者就无须担心卖方的信用风险,因此吸引了大量的期权经纪商和投资者。在芝加哥期权交易所刚成立时,交易量非常小,可供交易的只有16种普通股的看涨期权,而且交易场所是芝加哥期货交易所的一个吸烟室,因此大多数投资者对芝加哥期权交易所能否成功都抱着怀疑的态度。但是,这一疑虑很快被消除。1973年,随着计算机技术的进步,著名的布莱克—斯科尔斯(Black–Scholes)期权定价模型在期权交易中得到了广泛的应用。由于该模型很好地解决了期权的定价问题,从而使期权交易量迅速放大,期权交易在美国得到迅猛发展。美国期权交易的迅速崛起和成功,带动了世界期权交易的形成与发展,美国成了世界期权交易的中心。

二、期权交易的发展

在最初阶段,芝加哥期权交易所的规模非常小,只有16只标的股票的看涨期权。交易的第一天,成交合约911手。然而到了第一个月底,CBOE的日交易量已经超过了场外交易市场。1977年6月3日,CBOE开始了看跌期权的交易。然而4个月后,美国证券交易监督委员会(SEC)宣布暂停所有交易所新的期权合约的上市,场内期权市场的迅猛发展势头戛然而止。3年后,SEC取消暂停令,CBOE随即增加了25种可进行期权交易的股票。目前,CBOE挂牌交易的有1 896种股票期权、28种指数期权、96种ETF期权和4种利率期权。

1982年12月10日,美国费城股票交易所(PHLX)推出外汇期权交易。现在最主要的货币期权交易所是费城股票交易所(PHLX),它提供澳元、英镑、加拿大元、欧元、日元、瑞士法郎这几种货币的欧式和美式期权合约。1983年,芝加哥期权交易所推出了以标准普尔100指数为标的资产的股指期权(简称OXE),这是期权交易市场发展过程中的又一大创新。由于股指期权的巨大成功,芝加哥期权交易所后来又推出了以标准普尔500指数为标的资产的股指期权(简称SPX)。由于芝加哥期权交易所取得的巨大成功,其他的交易所也纷纷效仿,推出种种股指期权,如美国股票交易所推出了主要市场指数期权、纽约证券交易所推出了NYSE综合指数期权。各交易所将期权交易迅速扩展至其他金融期货上。

1984年,美国国会重新允许农产品期权在交易所进行交易。在随后的一段时期内,美国中美洲商品交易所、堪萨斯期货交易所和明尼阿波利斯谷物交易所推出了谷物期权交易,随后CBOE也推出了农产品期权合约。

2006年,芝加哥商业交易所抢先推出人民币外汇期权交易,分别是人民币兑欧元、美元及日元。2007年芝加哥期权交易所推出了以11种商品为基础的ETF产品的期权交易,这是首个以商品为标的物的ETF期权产品。

随着世界经济及世界期货市场的发展,美国、英国、日本、加拿大、法国、新加坡、荷兰、德国、瑞士、澳大利亚、芬兰等都建立了期权交易所或交易所期权交易市场。

欧洲的商品期权来得比较晚。1978年,荷兰阿姆斯特丹期权交易所(Amsterdam Exchanges, AEX）开业，迅速与蒙特利尔、芝加哥、悉尼等地的期权交易所、证券交易所实现了 24 小时连续运转的交易体制，并且统一了合约式样，成立了期权结算中心。伦敦国际金融期货交易所直到 1988 年才开始进行欧洲小麦期权交易。除农产品之外，能源和金属期权也是很重要的交易品种。伦敦金属交易所（LME）是全球最大的有色金属期货期权交易中心。2004 年，伦敦国际金融期货期权交易所（LIFFE）开始欧洲美元期货期权交易。

亚洲的期权市场发展非常迅速而且日趋活跃。1989 年，大阪证券交易所（OSE）开始交易日经指数期权；1993 年，香港期货交易所（HKFE）推出恒生指数期权；1997 年，韩国股票交易所（KSE）推出了韩国股票交易所 200 种股票指数期权；2005 年，香港交易所推出了新华富时中国 25 指数期权。

20 世纪 90 年代以后，期权柜台交易市场（或称场外交易）也得到了长足的发展。柜台期权交易是指在交易所外进行的期权交易。期权柜台交易中的期权卖方一般是银行，期权买方一般是银行的客户。银行根据客户的需要，设计出相关品种，因而柜台交易的品种在到期期限、执行价格、合约数量等方面具有较大的灵活性。

目前，期权交易从最初的股票扩展到包括大宗商品（农副产品、金融产品）、金融证券、外汇以及黄金白银在内的近 100 个品种。可以这么说，几乎所有形式的资产和负债都有期权交易存在。

三、中国内地期权交易的产生和发展

1995 年，郑州商品交易所成为国际期权市场协会会员，标志着中国期权市场发展的正式起步。经过十余年的努力，研究者们已经由理论运算发展到模拟交易，培训了诸多交易人才，将期权的概念传送到了更多投资者意识中。为了适应中国特色而设立的期权市场制度也已被提出并不断修正。

中国虽然还没有正式的期权交易所，但我国陆续推出了在一定程度上具备期权特征的金融工具，主要有认股权证、可转换债券和个人期权理财产品。其中以股票认购权证或认沽权证最为典型，2005 年以后伴随着股权分置改革，认股权证和认沽权证交易极为活跃。在招商银行的投资业务中已经开放了外汇期权，中国银行也推出了"期权宝"对客户出售期权，帮助客户对冲中外币或者远期货币保值，以此吸引存款。可转换债券的运用更是成熟，持有者拥有将债券在有利时机转化为股票的"权利"，债券相对利率较低，转化时期有限，等同于期权费和期权执行期限，而转化债券和股票数量的比例设定相似于期权的敲定价格。

为进一步发展外汇市场，为企业和银行提供更多的汇率避险保值工具，国家外汇管理局决定推出人民币对外汇期权交易。自 2011 年 4 月 1 日开始，中国外汇交易中心获准在银行间外汇市场组织开展人民币对外汇期权交易，银行和有实际需

要的企业可以借中国外汇交易中心的平台做外汇期权业务,此类产品类型为普通欧式期权。客户办理期权业务应符合实需原则,只能买入期权和对买入的期权进行反向平仓,不得卖出期权;对银行开办期权业务实行备案管理,不设置非市场化的准入条件;将银行期权交易的 Delta 头寸纳入结售汇综合头寸统一管理。

国内的证券交易所也在积极筹备推出白糖期权(郑交所)、豆粕期权(大商所)、黄金期权(上期所)、个股期权(上交所)、股指期权(中金所)。2015 年 2 月 9 日,上证 50ETF 期权在上海证券交易所上市交易,中国新兴的金融衍生品市场又向前迈出了重要一步。

第二节 期权的概念及种类

一、期权的概念

期权(Options)又称为选择权,是指在未来特定时期内按约定价格买进或卖出一定数量商品或金融工具的权利。期权交易是指对这种买卖权利进行的买卖活动。在期权交易中,期权购买者向期权出售者支付一定费用后,就获得了能在未来某特定时间以某一特定价格向期权出售者买进或卖出一定数量的某种商品或期货合约的权利。在这里,为了准确理解期权的相关概念,我们先举以下两个简单案例。

【例1】有两位期权交易者甲、乙,交易情况是:

期权购买者甲	期权出售者乙
某年 1 月 10 日,投资者甲向乙支付 1 美元购买了一个到当年 6 月 20 日可以以每股 10 美元的价格购买 A 股票 1 股的权利	同一天,投资者乙收取 1 美元

假设到 6 月 20 日,出现以下四种情况(交易费用忽略不计):

1. A 股票市场价格上涨至 14 美元,投资者甲执行其权利:按协议规定甲以每股 10 美元的价格从乙手中买进 A 股票 1 股,然后以每股 14 美元的价格将 A 股票在市场上出售。甲的收益为 3 美元。

2. A 股票市场价格上涨至 11 美元,投资者甲执行其权利:按协议规定甲以每股 10 美元的价格从乙手中买进 A 股票 1 股,然后以每股 11 美元的价格将 A 股票在市场上出售。甲的收益为 0。

3. A 股票市场价格仍为 10 美元,投资者甲放弃其权利,损失 1 美元。

4. A 股票市场价格下跌至 7 美元,投资者甲放弃其权利,损失 1 美元。

【例2】同样有两位交易者丙、丁,其交易情况是:

期权购买者丙	期权出售者丁
某年 2 月 15 日,投资者丙向丁支付 1 美元购买了一个到当年 7 月 20 日可以以每股 10 美元的价格出售 B 股票 1 股的权利	同一天,投资者丁收取 1 美元

假设到 7 月 20 日,出现以下四种情况(交易费用忽略不计):

1. B 股票市场价格下跌至 6 美元,投资者丙执行其权利:丙在市场上以每股 6 美元的价格买进 B 股票,然后按协议规定以 10 美元的价格向丁出售 B 股票 1 股。丙的收益为 3 美元。

2. B 股票市场价格下跌至 9 美元,投资者丙执行其权利:丙在市场上以每股 9 美元的价格买进 B 股票,然后按协议规定以 10 美元的价格向丁出售 B 股票 1 股。丙的收益为 0。

3. B 股票市场价格仍为 10 美元,投资者丙放弃其权利,损失 1 美元。

4. B 股票市场价格上涨至 13 美元,投资者丙放弃其权利,损失 1 美元。

根据以上两个案例我们给出期权及与期权有关的几个基本概念。

(一)期权购买者与期权出售者

期权购买者是支付一笔费用(期权费)之后,从而获得了期权合约所赋予的权利的人。这一权利就是在期权合约所规定的某一特定时间,可以以期权合约事先所确定的价格(敲定价格)向期权出售者买进或卖出一定数量的某种商品或期货合约。在期权合约所规定的时间内(即期权有效期内)或期权合约所规定的某一特定的履约日,期权购买者既可以行使他所拥有的这一权利,也可以放弃这一权利,但是无论期权购买者行使其权利还是放弃其权利,他所支付给期权出售者的期权费均不予退还。上面两个案例中的甲和丙都属于期权购买者。

期权出售者是收取期权购买者所支付的期权费之后,承担着在规定时间内履行该期权合约义务的人。期权出售者在期权合约所规定的时间内或期权合约所规定的某一特定履约日,只要期权购买者要求行使其权利,必须无条件地履行期权合约所规定的义务。期权出售者在向期权购买者收取一定的期权费之后,就只有履行期权合约的义务,而没有选择的权力。上面两个案例中的乙和丁都属于期权出售者。

(二)看涨期权和看跌期权

看涨期权(Call Options),又称买进期权,是指在协议规定的有效期内,合约持有人拥有按规定的价格和数量购进某种商品或期货合约的权利。期权购买者购进这种买进期权,是因为他认为该商品或期货合约的价格看涨,将来可获利。购进该期权后,当市场价格高于敲定价格和期权费之和时(未含佣金),期权购买者可按合约的价格和数量购买该商品或期货合约,然后按市价出售,或转让买进期权,获取利润;当市价低于或等于敲定价格加期权费之和时,期权购买者的期权费将全部损失,并将放弃买进期权。因此,期权购买者的最大损失不过是期权费加佣金。上面【例1】中甲和乙交易的期权就属于看涨期权。

看跌期权(Put Options)又称卖出期权,是指在合约有效期内,合约持有人拥有按合约规定的价格和数量出售该商品或期货合约的权利。期权购买者购进这种卖出期权是因为他对市场价格看跌,将来可以获利。即在市场价格下跌时,期权购买者可以较低价格买进该商品或期货合约,然后按合约价格出售来获取利润。如果市场价格继续下跌,期权购买者获利更高,也可以将看跌期权以高于购进时的费用转让,同样可获得可观利润。上面【例2】中丙、丁交易的期权就属于看跌期权。

无论是看涨期权(买入期权)还是看跌期权(卖出期权),对期权购买者而言,均只有权利而无义务,对期权出售者而言,均只有义务而无权利。这就说明,所谓看涨期权与看跌期权,只是期权合约对期权购买者赋予不同的权利、对期权出售者规定不同的义务。

(三)协定价格

协定价格(Strike Price 或 Exercise Price)也称执行价格、敲定价格或期权行使价,是指事先规定的期权的买方行使权利时适用的相关商品的买卖价格。这一价格一经确定,则在期权有效期内,无论相关商品或期货合约价格上涨到什么水平或下跌到什么水平,只要期权购买者要求执行该期权,期权出售者都必须以此价格履行期权合约规定的义务。因此,如果期权购买者买进了看涨期权,那么,在期权合约所规定时间内,即使该期权的标的物的市场价格业已上涨,且已远高于该期权的敲定价格,期权购买者也可以用比较低的协定价格向期权出售者买进一定数量的某种商品或期货合约,期权出售者必须无条件地以比较低的协定价格卖出该期权所规定的标的物。同样,如果期权购买者买进了看跌期权,在期权合约所规定的时间内,即使期权合约的标的物价格业已下跌,且已远低于该期权协定价格,期权购买者仍可以用比较高的敲定价格向期权出售者卖出一定数量的某种商品或期货合约,期权出售者必须无条件地以比较高的敲定价格买进该期权所规定的标的物。上面【例1】中的 A 股票每股 10 美元和【例2】中的 B 股票每股 10 美元就是协定价格。

(四)期权价格

期权价格(Premium)也即期权费、权利金,是期权合约的价格,是指期权购买者在购买某种期权权利时支付的价格(费用)。一旦按交易时的期权价格将期权费用支付后,不管期权购买者执行该期权还是放弃该期权均不再退还期权费。期权费是期权合约中唯一的变量,是由买卖双方在期权市场公开竞价形成的,是期权的买方为获取期权合约所赋予的权利而必须支付给卖方的费用。对于期权的买方来说,权利金是其损失的最高限度。对于期权卖方来说,卖出期权即可得到一笔权利金收入,而不用立即交割。上面【例1】和【例2】中的期权价格都为1美元。

必须注意的是期权价格(期权费)与协定价格是两个完全不同的概念。协定价格是期权合约之标的物的价格,是期权合约到期时交易双方实际转让期权合约标的物所执行的价格。期权价格(期权费)只是买卖期权合约的价格,是期权合约所赋予的权利的交易价格。在金融期权交易中,期权价格(期权费)的决定和变动是一个既十分重要又十分复杂的问题。

(五)标的资产

标的资产(Underlying Assets)是期权合约中规定的用来在期权合约到期时买进或卖出的某种商品或期货合约。每一期权合约都有相应的标的资产,标的资产可以是众多的商品或期货合约中的任何一种,如普通股票、股价指数、期货合约、债券、外汇等等。通常,把标的资产为股票的期权称为股票期权,如此类推。所以,期权有股票期权、股票指数期权、外汇期权、利率期权、期货期权等,它们通常在证券交易所、期权交易所、期货交易所挂牌交易,当然,也有场外交易。上面【例1】中的A股票和【例2】中的B股票就是标的资产,而且两例都属于场外交易。

(六)合约到期日

合约到期日即行使时限(Expiration date 或 Expiry date)。每一期权合约具有有效的行使期限,如果超过这一期限,期权合约即失效。同一品种的期权合约的有效期时间长短不尽相同,按周、季度、年以及连续月等不同时间期限划分。上面【例1】中的6月20日和【例2】中的7月20日就是期权合约到期日。

二、期权的种类

(一)看涨期权、看跌期权及双向期权

按期权买方的权利来划分可分为看涨期权和看跌期权以及双向期权。如前所述,看涨期权的买方有权在某一确定的时间以确定的价格买进相关资产;看跌期权的买方有权在某一确定的时间以确定的价格出售相关资产。

双向期权(Double Options)又称双重期权,是指买方在同一时间内,既买入某种商品或期货合约的看跌期权,又买入该种商品或期货合约的看涨期权,即以同一合约定价,同时购入看涨期权和看跌期权,因而称为双向期权。当人们预期某种商品或期货合约的价格将有较大波动时,并且波动方向捉摸不定,就会购买双向期权。因为不管市场价格将是大幅上扬或下跌,行使权利都将获利,但双向期权的期权费较高。

(二)欧式期权、美式期权及百慕大期权

按金融期权的履约时间划分可以分为欧式期权和美式期权以及百慕大期权。

所谓美式期权(American Options)是指期权购买者既可以在期权到期日这一天行使其权利,也可以在期权到期日之前的任何一个营业日行使其权利的期权。

对于美式期权而言,如果超过到期日,期权购买者的这一权利会被作废。

所谓欧式期权(European Options)是指期权购买者只能在期权到期日这一天行使其权利,既不能提前,也不能推迟的期权。对于欧式期权而言,期权购买者如果提前要求执行期权,期权出售者可拒绝履约;如果推迟,期权将被作废。

在这里的欧式与美式实际上并非欧洲、美国等地理概念,只是区分期权购买者执行期权时间的约定俗成的习惯叫法而已。事实上在美国的期权市场上也有欧式期权,而在欧洲国家的期权市场上也有美式期权。不过,目前在世界各主要的期权市场上,美式期权的交易量远大于欧式期权的交易量。

百慕大期权(Bermuda Options)是一种可以在到期日前所规定的一系列时间行权的期权。百慕大期权有几个固定的到期日可以执行,其他时候不能执行。例如,期权能够有3年的到期时间,但只有在3年中每一年的最后一个月才能被执行,它的应用常常与固定收益市场有关。百慕大期权可以被视为美式期权与欧式期权的混合体。

(三) 实值期权、虚值期权和平价期权

协定价格与市场价格关系有实值、虚值和平价三种不同的情况。所谓"实值"是指期权的内在价值为正,实值期权(In the Money Options)就是内在价值为正的期权,也称为价内期权;所谓"虚值"是指期权的内在价值为负,虚值期权(Out of the Money Options)就是内在价值为负的期权,也称为价外期权;所谓"平价"是指期权的内在价值为零,平价期权(At the Money Options)就是内在价值为零的期权。所以,对看涨期权而言,市场价格高于协定价格为实值,市场价格低于协定价格为虚值;对看跌期权而言,市场价格低于协定价格为实值,市场价格高于协定价格为虚值。若市场价格等于协定价格,则无论看涨期权还是看跌期权均为平价。

在一般情况下,只有当期权为实值时,期权购买者才要求执行期权,当期权为虚值或平价时,期权购买者将自愿放弃期权。不过,在期权合约到期前,尤其是在离到期日还有较长一段时间的时候,即使期权为平价,甚至为虚值,其期权费仍将大于零。也就是说,在期权合约到期前,期权购买者即使买进一种平价期权或虚值期权,他也必须向期权出售者支付一定的期权费。之所以如此,是因为期权费由两部分构成:一是内在价值;二是时间价值。

当看涨期权的执行价格等于当时的实际价格时,或者当看跌期权的执行价格等于当时的实际价格时,该期权为两平期权。当期权为两平期权时,内在价值为零。

表 11 - 1　协定价格与标的物价格的关系

	看涨期权	看跌期权
实值期权	期权执行价格 < 实际价格	期权执行价格 > 实际价格
虚值期权	期权执行价格 > 实际价格	期权执行价格 < 实际价格
平价期权	期权执行价格 = 实际价格	期权执行价格 = 实际价格

(四)现货期权、期货期权及复合期权

按期权标的物的性质可分为现货期权、期货期权以及复合期权。

所谓现货期权(Physical Options),是指以各种商品或金融工具本身作为期权合约之标的物的期权,如各种玉米期权、棉花期权、大豆期权以及股票期权、股价指数期权、外汇期权、债券期权等。

所谓期货期权(Futures Options),是指以各种期货合约作为期权合约之标的物的期权,如各种商品期货期权以及外汇期货期权、利率期货期权及股价指数期货期权等。现货期权与期货期权是期权交易的主体。

所谓复合期权(Compound Options)是指以期权合约本身作为期权的标的物的期权交易,也称期权的期权。它允许购买者在事先确定的时期内,以一个固定价格购买或出售期权。这种期权通常以利率工具或外汇为基础,投资者通常在波幅较高的时期内购买复合期权,以减轻因标准期权价格上升而带来的损失。

(五)商品期权和金融期权

按期权标的物的特征可分为商品期权和金融期权。商品期权(Commodity Options)指标的物为实物的期权,如农产品中的小麦大豆、金属中的铜等,商品期权是一种很好的商品风险规避和管理的金融工具。金融期权(Financial Option)是指以金融商品或金融期货合约为标的物的期权交易,其购买者在向出售者支付一定费用后,就获得了能在规定期限内以某一特定价格向出售者买进或卖出一定数量的某种金融商品或金融期货合约的权利。

(六)场内期权与场外期权

根据交易场所的集中性不同以及期权合约是否标准化,期权可分为场内期权(Exchange - Traded Options)与场外期权(Over - the - Counter Options)两种类型。所谓场内期权是指在集中性的期货市场或期权市场所进行的标准化的期权合约的交易;所谓场外期权则是指在非集中的交易场所进行的非标准化的期权合约的交易。

场内期权与场外期权的最主要区别是期权合约是否标准化。场内期权是一种标准化的期权合约的交易,其交易数量、敲定价格、到期日以及履约时间等均由交易所统一规定;场外期权则是一种非标准化的期权合约的交易,其交易数量、敲定价格、到期日以及履约时间等均由交易双方自由协定。

第三节　期权的特征及功能

一、期权合约的构成要素

期权是一种标准化的期权合约交易,一般来说,一份标准化的期权合约主要包

括以下内容。

(一)交易单位

期权是一种到期可以选择买卖某种金融商品的权利,涉及买进或卖出一定数量的商品或者期货合约,每份期权合约中所包含的商品或期货合约的数量就是交易单位。期权的交易单位是由各交易所分别加以规定的。因此,即使是标的物相同的期权合约,在不同交易所上市,其交易的单位也不一定相同。例如,一张标准的期权合约所买卖股票的数量为 100 股,但在一些交易所亦有例外,如在香港交易所交易的期权合约,其标的股票的数量等于该股票每手的买卖数量。

(二)协定价格

协定价格也即执行价格、敲定价格,是指期权合约被执行时,交易双方实际买卖标的物的价格。场内期权交易的协定价格都是由期货交易所规定,一般来说交易所按某种期权合约标的物的最近收盘价,依某一特定的形式确定一个中心价格,然后再根据既定的幅度设定该中心敲定价格的上、下各若干个级距的敲定价格。因此,在合约规格中,交易所通常只规定协定价格的级距。例如在芝加哥交易所股票期权交易中,假定 IBM 公司股票的最近收盘价为 135 美元,以此为中心价格,级距为 5 美元,则针对 IBM 公司股票的期权交易就有 9 个协定价格,即 115、120、125、130、135、140、145、150、155,其中 4 个为实值的协定价格,1 个为平价的协定价格,4 个为虚值的协定价格,买卖双方可以根据各自对市场价格走势的判断选择其所要交易的期权的协定价格。

(三)最小变动价位

最小变动价位是指买卖双方在出价时,权利金价格变动的最低单位。

(四)每日价格最大波动限制

每日价格最大波动限制是指期权合约在一个交易日中的权利金波动价格不得高于或低于规定的涨跌幅度,超出该涨跌幅度的报价视为无效。

(五)合约月份

期权的合约月份是指期权合约实际执行的月份,一般规定它与期货的合约月份基本相同。

(六)最后交易日

期权的最后交易日与期货合约的最后交易日基本相似,它是指期权买卖双方被允许对冲期权合约的最后一日。在此交易日之前,无论是期权的买方,还是卖方都可以将该期权卖掉或买回,以此来对冲他所承担的义务,或者赚取一定的买卖差价。在此交易日之后,金融期权交易各方就不得再进行对冲或平仓,期权的买方要么执行期权,要么就放弃该权利。期权合约的最后交易日一般规定在期货合约的最后交易日之前,这是因为,期权的卖方在买方行使期权时必须建立买方方向的期货交易部位,如果他不愿意进行期货合约的实际交割,可以有时间再通过期货交易进行对冲和平仓。

(七)履约日

期权交易的履约日也即期权的执行日,是指期权合约所规定的、期权购买者可以实际执行该期权的日期。在期权交易中,交易者首先必须明确其买卖的期权究竟是欧式期权还是美式期权。如果为欧式期权,履约日即是该期权的到期日;如果为美式期权,履约日是期权有效期内的任一营业日。有的交易所规定期权的到期日是在最后交易日之后,如芝加哥商品交易所的长期国库券期货期权合约的到期日为最后交易日之后的第一个星期六上午 10:00(芝加哥时间);也有的交易所规定权到期日与最后交易日相同,如芝加哥商品交易所的大多数期货期权合约就是如此。下面是 CBOT 上市的大豆和国债期权合约以及上海证券交易所上市的上证 50ETF 期权合约的内容。

表 11－2　CBOT 大豆期货与期权合约

	大豆期货合约	大豆期货期权合约
合约规格	5 000 蒲式耳	一张 CBOT 5 000 蒲式耳大豆期货合约
最小变动价位	1/4 美分/蒲式耳(12.50 美元/合约)	1/8 美分/蒲式耳(6.25 美元/合约)
执行价格间距		前两个月份 10 美分/蒲式耳,其他月份 20 美分/蒲式耳。在交易起始,呈列平价上下各 5 个执行价
每日价格涨跌限制	前一营业日结算价上下 70 美分/蒲式耳(2 500 美元/合约),现货月份合约无价格限制	前一营业日期权结算价上下 70 美分/蒲式耳(2 500 美元/合约),价格限制在最后交易日取消
合约月份	9 月、11 月、1 月、3 月、5 月、7 月、8 月	9 月、11 月、1 月、3 月、5 月、7 月、8 月;当现货月为非标准期权合约月份时,呈列序列月份期权合约。执行序列月份期权合约会导致邻近月份的期货合约。例如,执行 10 月期权会导致 11 月期货头寸
最后交易日	合约月份第 15 日之前一营业日	标准期权合约:相应大豆期货合约月份第一通知日之前的最后一个星期五,且该星期五距第一通知日至少两个营业日;序列期权合约:期权月份前一月份最后营业日之前的最后一个星期五,且该星期五距最后营业日至少需两个营业日
交易时间	公开喊价:周一至周五上午9:30 至下午 1:15(芝加哥时间);电子交易:周日至周五晚上6:00 至第二天上午 6:00;上午 9:30 至下午 1:15(芝加哥时间)到期合约最后交易日交易截止时间为当日中午	公开喊价:周一至周五上午 9:30 至下午 1:15(芝加哥时间)电子交易:周日至周五晚上 6:00 至第二天上午 6:00;上午 9:30 至下午 1:15(芝加哥时间)

表 11-3 CBOT 长期国债期货、期权合约

	期 货	期 权
交易单位	100 000 美元面值 T-bond	一个 100 000 美元面值的 CBOT,T-bond 期货合约单位
最小变动价位	1/32 点(每张合约 31.25 美元)	1/64 点(每张合约 15.63 美元)
敲定价格		按每张 T-bond 期货合约当时价格 2 点(2 000美元)的整倍数计算,例如,如果 T-bond 期货合约价格为 86-00,其期权敲定价格可能为 80、82、84、86、88、90、92 等
每日价格最大波动限制	同 10 年期 T-note	同 T-bond 期货合约
合约月份	同 10 年期 T-note	同 T-bond 期货合约
交易时间	同 10 年期 T-note	同 T-bond 期货合约
最后交易日	同 10 年期 T-note	同 10 年期 T-note 期货合约
交割等级	如果为不可提前赎回的 T-bond,到期日从交割月第一个工作日算起必须为至少 15 年以上 如为可提前赎回的 T-bond,则不一定为 15 年以上、利率为 8% 的标准利率	
合约到期日		同 10 年期 T-note 期权合约
交割方式	同 10 年期 T-note	

表 11-4 上证 50ETF 期权合约

合约标的	上证 50 交易型开放式指数证券投资基金("50ETF")
合约类型	认购期权和认沽期权
合约单位	10 000 份
合约到期月份	当月、下月及随后两个季月
行权价格	5 个(1 个平值合约、2 个虚值合约、2 个实值合约)
行权价格间距	3 元或以下为 0.05 元,3 元至 5 元(含)为 0.1 元,5 元至 10 元(含)为 0.25 元,10 元至 20 元(含)为 0.5 元,20 元至 50 元(含)为 1 元,50 元至 100 元(含)为 2.5 元,100 元以上为 5 元
行权方式	到期日行权(欧式)
交割方式	实物交割(业务规则另有规定的除外)

续表

到期日	到期月份的第四个星期三(遇法定节假日顺延)
行权日	同合约到期日,行权指令提交时间为 9:15 – 9:25,9:30 – 11:30,13:00 – 15:30
交收日	行权日次一交易日
交易时间	上午 9:15 – 9:25,9:30 – 11:30(9:15 – 9:25 为开盘集合竞价时间) 下午 13:00 – 15:00(14:57 – 15:00 为收盘集合竞价时间)
委托类型	普通限价委托、市价剩余转限价委托、市价剩余撤销委托、全额即时限价委托、全额即时市价委托以及业务规则规定的其他委托类型
买卖类型	买入开仓、买入平仓、卖出开仓、卖出平仓、备兑开仓、备兑平仓以及业务规则规定的其他买卖类型
最小报价单位	0.000 1 元
申报单位	1 张或其整数倍
涨跌幅限制	认购期权最大涨幅 = Max{合约标的前收盘价×0.5%,Min[(2×合约标的前收盘价 – 行权价格),合约标的前收盘价]×10%} 认购期权最大跌幅 = 合约标的前收盘价×10% 认沽期权最大涨幅 = Max{行权价格×0.5%,Min[(2×行权价格 – 合约标的前收盘价),合约标的前收盘价]×10%} 认沽期权最大跌幅 = 合约标的前收盘价×10%
熔断机制	连续竞价期间,期权合约盘中交易价格较最近参考价格涨跌幅度达到或者超过 50% 且价格涨跌绝对值达到或者超过 5 个最小报价单位时,期权合约进入 3 分钟的集合竞价交易阶段
开仓保证金最低标准	认购期权义务仓开仓保证金 = [合约前结算价 + Max(12% × 合约标的前收盘价 – 认购期权虚值,7% × 合约标的前收盘价)] × 合约单位 认沽期权义务仓开仓保证金 = Min[合约前结算价 + Max(12% × 合约标的前收盘价 – 认沽期权虚值,7% × 行权价格),行权价格] × 合约单位
维持保证金最低标准	认购期权义务仓维持保证金 = [合约结算价 + Max(12% × 合约标的收盘价 – 认购期权虚值,7% × 合约标的收盘价)] × 合约单位 认沽期权义务仓维持保证金 = Min[合约结算价 + Max(12% × 合标的收盘价 – 认沽期权虚值,7% × 行权价格),行权价格] × 合约单位

二、期权交易的基本制度

期权市场既包括场内市场也包括场外市场,场内市场显然比场外市场有着高得多的效率。之所以如此,主要是因为场内市场有着一整套严格而又规范的交易制度。在这里,我们主要针对场内期权市场的基本特征做一简要的介绍。

(一)合约的标准化

凡是在集中性的市场上交易的金融期权合约都是标准化的合约。这些标准化的合约中,交易单位、最小变动价位、敲定价格、合约月份、交易时间、最后交易日、履约日等均由交易所做统一的规定。在这些规定中,有些是与期货中的规定相同或相似的,有些则是期权中所特有的。标准化的期权合约大大增强了金融期权交易的流动性,促进了金融期权交易效率的提高。

(二)保证金制度

与期货一样,期权交易实行严格的保证金制度,以保证到期期权合约的顺利执行,防止出现操作风险。在期权交易中,买方向卖方支付一笔期权费,买方获得了权利但没有义务,因此除权利金外,买方不需要交纳保证金。对卖方来说,获得了买方的期权费,只有义务没有权利,因此,需要交纳保证金,保证在买方执行期权的时候履行期权合约。另外,即使是期权出售者也并不是非以现金缴纳保证金不可,如果期权出售者在出售看涨期权时实际拥有该期权的标的资产,并预先存放于经纪人处作为履约保证,则他可免交保证金。在期权交易中,保证金和额度计算比较复杂。这是因为不同类型的期权有着不同的保证金额度的计算方法,而且即使是同一类型的期权,亦会因在不同交易所上市而有不同的保证金要求。此外期权保证金计算国际上大多采取标准组合风险分析系统(Standard Portfolio Analysis of Risk,SPAN)。SPAN 是一种保证金计算系统,能根据期权的预期风险来计算保证金,它能灵活地根据不同的市场因素(如波幅、标的指数)来度量风险,并按整个投资组合来计算。此外,SPAN 根据标的指数水平和波幅来度量风险,把市场分为 16个不同市况,计算出不同的风险排列的盈亏价值,以根据不同组合的最大亏损确定保证金水平。同时,它还能考虑到期权交易中多仓和空仓期权风险不同因而保证金也不同的特点,更为准确地衡量期权保证金,并可以确定期货或期权等衍生品组合的所有风险(尤其对期权风险有更独特的衡量),大大提高交易者的资金利用率。

卖方期权保证金按传统方式计算,每一张卖空期权保证金为下列两者较大者:权利金 + 期货合约的保证金 − 期权虚值额的 1/2(实值和平值为零);权利金 + 期货合约保证金的 1/2。

保证金计算公式的几点说明:

1. 卖方收取买方的权利金,在期权到期前(即义务没有结束前),需要作为卖方保证金的一部分存入交易所。

2. 实值期权执行后,卖方期权合约将转化为期货合约,因此,期权保证金公式中包含了期货合约保证金的部分。

3. 虚值期权执行的可能性小,按照国际惯例,收取的保证金中减去期权虚值额的1/2。但是,对于深度虚值期权来说,减去期权虚值额的1/2,可能导致保证金计算结果为负(或零),因此,在这种情况下,一般是收取相当于期货合约保证金一半的资金。

(三)对冲

在期权交易中,交易双方都是通过对冲或履约来了结自己的义务或实现自己的权利。如果交易者不想继续持有未到期的期权部位,那么,在最后交易日或在最后交易日之前,他可随时通过反向交易来加以结清,这与金融期货交易中的对冲是完全一样的。相反,如果在最后交易日或在最后交易日之前,交易者所有的期权部位并未平仓,那么期权购买者就有权要求履约,期权出售者必须做好履约的准备。

(四)期权的执行

期权能否执行完全要由买方来决定,在商品或期货价格对买方有利时买方会执行他的权利,买入或卖出相应数量的商品或期货合约,这时卖方要承担交割的义务。一般情况下,期权合约的执行程序为:欲执行期权的买方先向清算所会员发出执行通知,再由后者通知清算所,清算所将此通知按随机的方式分配给一个或多个拥有同种期权的尚未对冲的处于卖方地位的清算所会员,清算所再按交易所或清算所规定的程序分配给相应的一个或多个客户。

在期权的履约中,不同的期权会有不同的履约方式。一般地说,除股价指数期权之外的其他各种现货期权履约时,交易双方将以敲定价格做实物交割;各种股价指数期权依敲定价格与市场价格之差实行现金结算;期货期权则依敲定价格将期权部位转化为相应的期货部位。

(五)部位限制

为了防止某一投资者承受过大的风险或者对市场有过大的操纵能力,交易所对每一账户所持有的期权部位的最高限额有严格规定,即所谓的部位限制。对于部位限制的高低,各交易所的规定不尽相同。股票期权的仓位限制与其标的股票的发行量与交易量有关,且同一标的物看涨期权的买方仓位和看跌期权卖方仓位的加总有上限,看涨期权的卖方仓位与看跌期权的买方仓位的加总也有上限,通常此两种限制数量是相同的,主管机关也保有随时调整限制数量的权利。CBOE 指数期货期权的仓位上限,是与期货仓位限制分开计算的。指数期权仓位限制的计算方式与股票期权类似,均是分别计算看涨期权的买方仓位与看跌期权的卖方仓位之和,及看涨期权的卖方仓位与看跌期权的买方仓位的和,并根据此总和设立上限。

上证50ETF期权上市初期,期权经营机构、投资者的持仓限额暂定如下:

1. 单个投资者(含个人投资者、机构投资者以及期权经营机构自营业务,下同)的权利仓持仓限额为20张,总持仓限额为50张,单日买入开仓限额为100张。

2.单个期权经营机构经纪业务的总持仓限额为500万张。

3.做市商持仓限额如表11-5所示：

表11-5　做市商持仓限额

做市资金规模(元)	权利仓持仓限额(张)	总持仓限额(张)	单日买入开仓限额(张)
≥10亿	10万	20万	50万
≥5亿,且<10亿	8万	16万	40万
≥2亿,且<5亿	5万	10万	25万
<2亿	2万	4万	10万

4.个人投资者持有的权利仓对应的总成交金额限额,由期权经营机构根据上海证券交易所业务规则的规定予以确定。

上海证券交易所可以根据上证50ETF期权市场情况,调整各项持仓限额标准,并向市场公布。

三、期权交易与期货交易的联系与区别

(一)期权交易与期货交易的联系

1.期货交易是期权交易的基础。期货交易越发达,期权交易的开展就越具有基础,因此,期货市场发育成熟和规则完备为期权交易的产生和开展创造了条件。期权交易的产生和发展又为套期保值者和投机者进行期货交易提供了更多可选择的工具,从而扩大和丰富了期货市场的交易内容。

2.在价格关系上,期货市场价格对期权交易合约的敲定价格及权利金确定均有影响。一般来说,期权交易的敲定价格是以期货合约所确定的远期买卖同类商品交割价为基础,而两者价格的差额又是权利金确定的重要依据。

3.期权交易与期货交易都是以买卖远期标准化合约为特征的交易。

4.期货交易可以做多做空,交易者不一定进行实物交割。期权交易同样可以做多做空,买方不一定要实际行使这个权利,也可以在有利时把这个权利转让出去。卖方也不一定非履行不可,可在期权买入者尚未行使权利前通过买入相同期权的方法解除他所承担的责任。

5.由于期权的标的物为期货合约,因此期权履约时买卖双方会得到相应的期货部位。

6.由统一的清算机构负责清算,清算机构对交易起担保作用。清算所都是会员制,清算体系采用分级清算的方式,即清算所只负责对会员名下的交易进行清算,而由会员负责其客户的清算。

7.都具有杠杆作用。交易时只需交相当于合约总额的很小比例的资金(保证

金和权利金),能使投资者以小搏大,因而成为投资和风险管理的有效工具。

(二)期权与期货的区别

1.权利与义务的对称性不同。与期货交易买卖双方的权利与义务相互对等不同,期权交易的买卖双方存在着明显的不对称性。在期货交易中,交易双方的权利与义务是对称的,即对其中的任何一方来说,既有要求对方履约的权利,又有自己对对方履约的义务;但在期权交易中,交易双方的权利与义务存在着明显的不对称性,对期权的买方而言,他只有权利而没有义务,而对期权的卖方而言,他却只有义务没有权利。之所以如此,是因为期权的购买者支付了期权费而拥有了权利,期权的出售者收取了期权费而只有义务,失去了权利。

2.保证金制度不同。期权中的保证金制度与期货中的保证金制度大不相同。在期货交易中,交易双方都必须交纳保证金。但在期权交易中,只有期权出售者才需缴纳保证金,期权购买者却无须缴纳保证金。之所以如此,是因为保证金的作用在于确保履约,而期权购买者却没有必须履约的义务。另外,即使是期权出售者,也并不是非以现金缴纳保证金不可。如果期权出售者在出售某种看涨期权时实际拥有该期权的标的资产,并预先存放于经纪人处以作为履约的保证,则他可免缴保证金。

3.经济关系不同。期货合约交易双方在合约成交时,不发生任何经济关系,即交易双方于成交时并不发生现金收付关系,成交后,由于实行逐日结算制度,交易双方将因价格的变动而发生现金流转。也就是说,随着价格的变动,当亏损方的保证金账户余额低于规定的维持保证金时,他必须按规定及时缴足追加保证金。因此,在期货交易中,无论买方还是卖方,为保持其部位就必须保持一定的流动性较高的资产,以备不时之需。但在期权交易中,期权购买者为取得期权合约所赋予的权利,必须于成交时向期权出售者支付一定的期权费,在成交后,除了到期履约之外,交易双方将不发生任何现金流转。

4.风险程度不同。在期货交易中,无论是买方还是卖方,都无权违约,也无权要求提前交割或推迟交割,只能在到期前的任一时间通过反向交易实现对冲。在对冲或到期交割前,价格的变动必使其中一方盈利,使另一方亏损,盈利和亏损的程度取决于价格变动的幅度。因此,从理论上说,在期货交易中,交易双方潜在的盈利和亏损都是无限的。相反,在期权交易中,由于期权购买者和期权出售者在权利和义务上的不对称性,他们在交易中的盈利和亏损也具有不对称性。从理论上说,期权购买者在期权交易中的潜在的亏损是有限的(仅限于他所支付的期权费),他可能取得的盈利却是无限的;相反,期权出售者在期权交易中所可能取得的盈利是有限的(仅限于他所收取的期权费),他可能遭受的损失却是无限的。

5.标的物不同。期权与期货的标的物也不尽相同。一般地说,凡可做期货交易的商品几乎均可做期权交易,可做期权交易的商品却未必也可做期货交易。在现实生活中,只有以期货合约为标的物的期权交易,没有以期权合约为标的物的期货交易。因此,从总体而言,期权的标的物多于期货的标的物。因为期权的标的物除了可做期货交易的各种现货商品而外,还包括期货合约本身。同时,随着期权的日益发展,其标的物还有日益增多的趋势。于是,不少期货无法交易的东西均可作为期权的标的物,甚至连期权合约本身也成了期权的标的物(即所谓复合期权)。

6.关注的焦点不同。期权的到期交割价格在期权合约推出上市时就是敲定不变的,是合约中的一个常量,期权标准化合约中的唯一变量是期权价格(期权费)。期权价格(期权费)由内在价值与时间价值两部分构成,内在价值是由标的物的市价与敲定价格相比而得到的,只有时间价值捉摸不定,难以把握,是交易各方关注的焦点。期货到期交割的价格是个变量,这个价格的形成来自市场上所有参与者对该合约标的物到期日价格的预期,交易各方关注的焦点是这一预期价格。

7.套期保值的作用和效果不同。人们利用期货进行套期保值,实际上是通过期货交易而抵消这种对称性风险。也就是说,人们通过期货交易可避免因价格的不利变动而造成的损失,但为了达到这一目的,人们也必须放弃因价格的有利变动而带来的利益。与期货的套期保值不同,人们利用期权进行套期保值,实际上是将对称性风险转换为不对称性风险。也就是说,在利用期权进行套期保值时,若价格发生不利的变动,套期保值者可通过执行期权来避免损失,若价格发生有利的变动,套期保值者又可通过放弃期权来保护利益。因此,人们通过期权交易,既可避免价格的不利变动造成的损失,又可以相当程度上保住价格的有利变动而带来的利益。

四、期权交易的基本功能

(一)期权交易的保值功能

期权交易具有一定的保值功能,这有一点近似于保险业务。如果从期权购买方角度来看,购入某种商品或金融工具的期权,实际上可以视为一种对该商品或金融工具价格波动的"保险"业务。

【例3】某美国投资商预测 S&P 500 股价指数将上涨。于是,他以 360 点的 S&P 500 股价指数买入一份 9 月份到期的股价指数看涨期权,期权费(可以视做一种保险金)点数为 10,每份合约的交易单位为 100 美元×S&P 500 股价指数,则他付出的期权费(即保险金)应为 1 000 美元(10×100),如果临近 9 月份,S&P 500 股价指数上升,由 360 点升至 385 点时,该投资者执行此期权,即以 36 000 美元(360×100)购入一份 S&P 500 股价指数合约,并以当时的市价 38 500 美元(385×100)将该合约出售,获差价 2 500 美元(38 500 – 36 000),减去已支付的期权费(即保险金)1 000 美元,最终获利 1 500 美元。如果 S&P 500 股价指数没有上涨,反而下跌,这位投资者也许会放弃执行期权合约,他的损失是以其支付的期权费(即保险金)为最大限度,相对于他可能遭受的巨大损失,我们可以理解为他支付了一笔期权费(即保险金)而买了一个预防股价指数下跌风险的"保险"。反过来,对于该例中的期权卖出方来说,由于他收取了期权费(即保险金),无论 S&P500 股价指数是涨还是跌,他预先收取的这笔期权费(即保险金)都不用退还,如同保险公司收取的保险费,起着一个预防和分散风险、抵补损失的作用。

【例4】假设某年 6 月 10 日,某人决定 3 个月后需要买入 10 000 澳元供孩子出国留学,当前澳元对美元的汇率为 1 澳元兑 0.958 0 美元,他认为澳元还会上涨,但是不愿意现在立即兑换澳元,则可以考虑买入澳元/美元看涨期权。按照银行给出的期权报价,到期日为 9 月 9 日、执行价格在 0.94 的澳元/美元看涨期权合约报价在 2.20 美元左右。由于一份合约代表 100 澳元,因此可以购买 100 份,支付 220 美元的期权费。

如果在 9 月 9 日到期日,澳元/美元上涨至 1 澳元兑 0.98 美元,可以选择行使期权赋予的权利,以 0.94 的价格将美元兑换成澳元,用 9 400 美元兑换 10 000 澳元,加上 220 美元的期权费,则兑换 10 000 澳元动用了 9 620 美元。如果按照当时 1 澳元兑换 0.98 美元的市场价格计算,必须以 9 800 美元才能兑换 10 000 澳元。因此,通过买入看涨期权,节约了 180 美元。

但是,如果 9 月 9 日到期时,澳元/美元汇率维持在 0.94 水平甚至低于 0.94,他可以放弃行使权利,因为可以在市场上以更低的汇率兑换到澳元,损失的就是期权费 220 美元。

(二)期权交易的价格发现功能

期权交易的价格发现功能是通过其投机交易或套利交易实现的。和期货一样,期权也具有较强的投机功能。

【例5】某人买了 1 000 股 DELL 公司股票的欧式看涨期权,有效期为 3 个月,敲定价格为 65 美元/股,期权费为每股 4 美元,经纪人佣金为 1 美元/股。若到期后,DELL 公司股票升至 80 美元,期权购买者行使期权,每股便可收入 15 美元,扣除期权费和经纪人佣金,每股获利 10 美元,共计获利 10 000 美元,这 10 000 美元可以看做投机获利。如果 3 个月后的到期日 DELL 公司的股票价格一直不超过 70 元/股,他就会亏本。可见,期权购买者正是因为投机才获得 10 000 美元的投机报酬。

同样,出售期权也具有投机功能。这是因为期权交易出售方从交易中得到的期权费也同样有一定的风险。

【例6】仍以上例说明 1 000 股 DELL 公司股票的欧式看涨期权出售方的好处。该期权出售者无论如何先得到期权费 4 元/股。如果市场价格不利于期权交易的话,期权交易购买方就会放弃这种权利。在美国,6 个月期权费一般为股票价格的 5% ~15% ,3 个月期权费为 5% 左右,这都远远高于银行储蓄利率,卖出的期权交易权利金折成收益率每年高达 20% 以上,这就大大地吸引了投机者参与期权交易。同时即使期权标的物的市场价格向不利于自己的方向发展,期权出售者也可进行反向交易,对冲平仓,以避免造成更大的投机损失。

大量的期权投机与套利交易促使期权交易实现了价格发现的经济功能。因为有很多潜在买家及卖家自由竞价,所以期权交易实际是建立均衡价格的一种最有效方法。而这些均衡价格可以反映当时市场投资者预期现货在将来某一天的价值,这对社会是有益的,因为可帮助农民和投资者做出一个更有效的生产及投资决策。

第四节　世界主要期权市场

一、美国的期权市场

(一)芝加哥期权交易所

芝加哥期权交易所(Chicago Board Options Exchange,CBOE)成立于 1973 年 4 月 26 日,是由芝加哥期货交易所(CBOT)的会员所组建。在此之前,期权在美国只是少数交易商之间的场外交易。芝加哥期权交易所建立了期权的交易市场,推出标准化合约,使期权交易产生革命性的变化。芝加哥期权交易所的正式成立,标志着期权交易进入了标准化、规范化、场内交易的全新发展阶段。

芝加哥期权交易所一直是世界金融行业产品创新的领头人,先后发明了股票期权、指数期权、变通期权、长期期权和星期期权,创造了著名的衡量投资者对市场情绪反应的波动率指数,以及机构投资者广为使用的标普买卖指数等。目前,芝加哥期权交易所交易的期权品种有:普通股票期权(Equity Options)、指数期权(Index Options)、利率期权(Interest Rate Options)、长期资产预期证券(LEAPS)、变通期权(FLEX Options)、交易所交易基金(ETF)和星期期权(Weekly Options)、季度期权(Quarterly Options)。交易量较大的是前三类。其中:芝加哥期权交易所指数期权交易品种繁多,交易量大的有标准普尔 500 指数期权(SPX)、标准普尔 100 指数期权(OEX)、道·琼斯工业股平均指数期权(DJIA)、纳斯达克 100 期权(NDX);利率期权品种只有四种,短期利率期权(IRX)、5 年期利率期权(FVX)、10 年期利率期权(TNX)、30 年期利率期权(TYX)。

(二)CME 集团

CME 集团是由芝加哥商业交易所(CME)和芝加哥期货交易所(CBOT)在 2007 年合并成立的,是全球最大的衍生品交易场所。

1.芝加哥期货交易所。芝加哥期货交易所于 1982 年首次推出基于美国政府债券期货的期权。之后,芝加哥期货交易所又不断推出期权新品种,进行金融衍生品的交易。目前,它已成为世界主要的金融衍生品交易市场,在世界商品期货期权和金融期货期权市场上占有举足轻重的地位。

目前芝加哥期货交易所交易的期权品种如下:利率期货期权,包括 30 年期/10年期/5 年期/2 年期美国国库债券期货期权、10 年期/5 年期利率互换期货期权、30天联邦基金利率期货期权;商品期货期权,包括玉米期货期权、大豆期货期权、豆油期货期权、豆粕期货期权、小麦期货期权、燕麦期货期权、糙米期货期权;指数期货期权,包括道琼斯工业指数期货期权和小额道琼斯期货期权。

2.芝加哥商业交易所。目前芝加哥商业交易所除开展大量的期货交易外,期权交易尤为活跃。目前芝加哥商业交易所交易的主要期权品种有:商品期货期权,主要是农副产品,包括肥牛、活牛、生猪、猪肉等的期货期权;外汇期货期权,主要有澳元期货期权、日元期货期权、英镑期货期权、瑞士法郎期货期权、人民币期货期权;股票指数期权,主要包括标准普尔 500 指数期货期权、迷你标准普尔 500 指数期货期权、纳斯达克 100 指数期货期权、迷你纳斯达克指数期货期权;利率期货期权,主要有欧洲美元期货期权、欧洲日元期货期权、13 周美国国债期货期权;房地产类期货期权和天气类期货期权。

(三) 国际证券交易所

国际证券交易所(International Securities Exchange,ISE)于 2000 年 5 月成立,是美国期权市场第一家全电子化交易的期权交易所,ISE 成为自 1973 年以来第一家经美国证券交易管理委员会核准注册成立的交易所。国际证券交易所是美国1973~2000 年间新建立的唯一一家交易所,虽然在 2000 年才成立,但目前已经成为全球最大的股票期权交易所。国际证券交易所的市场组合包括一个期权交易所和一个股票交易所。作为全世界最大的股票交易所,ISE 提供股票期权、交易所交易基金(ETF)期权、指数期权、外汇期权和季度期权。ISE 主要上市交易的股票期权合约共涉及 1 200 只股票,每只股票约有 100 个期权合约交易,每天交易的期权合约数量总计 250 多万。2005 年 3 月该交易所的股票在纽约证券交易所上市。ISE 目前推出三个标的指数的期权合约,标的指数分别为 S&P SmallCap 600 IndexOption(代码 SML)、S&P MidCap 400 Index Option(代码 MID)及 Morgan StanleyTechnology Index Option(代码 MSH)。

2007 年 12 月 19 日,国际证券交易所被欧洲期货交易所收购,但它仍在自己的管理团队下作为一个独立的附属机构在运营。

二、欧洲期权市场

(一)伦敦期权市场

伦敦是一个衍生品交易的世界金融中心,共有五家期货和期权交易所,不仅有伦敦国际金融期货期权交易所(LIFFE)和伦敦证券和衍生品交易所(OMLX),还包括交易糖、土豆和其他农产品等期货期权的伦敦商品交易所(LCE),交易作为运输指数的原油及相关产品的伦敦国际石油交易所(IPE),以及交易范围广泛的金属期货期权的伦敦金属交易所。1978 年,伦敦股票交易所建立了伦敦期权交易市场进行英国股票期权交易。那时,伦敦期权交易市场成为除美国以外仅有的一个期权市场。现在,几乎每个欧洲国家都有期权市场。刚开始,伦敦期权交易市场只交易 10 种股票的看涨期权,直到 1981 年才推出了看跌期权,而且那时只有部分股票有期权交易。随着知识和经验的增加以及市场的不断发展,1983 年看跌期权被引入到所有的股票。

伦敦国际金融期货期权交易所是英国最主要的金融期货市场,也是欧洲最大、世界第三的期货期权交易所。2002 年泛欧期货交易所(Euronext)完成了对 LIFFE 的战略收购,其主要衍生品交易仍集中在 LIFFE。按交易额计算,目前 LIFFE 已经成为世界第二大衍生产品市场,为全球 29 个国家的客户提供品种繁多的衍生产品实时电子交易平台,利用独到的 LIFFE CONNECT 系统可以进行 450 多种衍生产品交易。

(二)欧洲其他国家期权市场

德国期货交易所于 1990 年 1 月 26 日开始营业,主要从事股票、利率、外汇方面的期货期权交易,当时共有指数、利率、外汇等共 19 个品种的期货期权合约。德国期货交易所完全采用电脑公开竞价的方式交易,是新兴期货交易所中采用全自动电脑交易系统的最为先进的交易所,也是规模最大的。它的电脑交易与资讯系统是以瑞士期权及金融期货交易所(Swiss Options and Financial Futures Exchange,SOFFE)为蓝本,再根据德国本身的需要修正改良而来。

为了应对欧洲货币联盟(European Monetary Union, EMU)的形成及欧元时代的来临,面对日益激烈的竞争态势,德国交易所集团与瑞士交易所决定建立策略联盟,共同投资成立欧洲期货交易所(Eurex),总部设于瑞士苏黎世。欧洲期货交易所的创立极大地促进了德国的期权交易和其他衍生品交易,给伦敦国际金融期货期权交易所极大的竞争压力。欧洲期货交易所不断创新,推出了很多新的衍生品交易品种,并于 2003 年 3 月 24 日引入了高科技公司指数的期权交易。欧洲期货交易所的股指期货、期权等衍生品一直发展较好,并形成了全球最为完整的产品体系。2007 年 12 月 20 日,在获得美国证券交易委员会的批准后,欧洲期货交易所成功完成对美国国际证券交易所(ISE)的收购。合并后的欧洲期货交易所与国际证券交易所成为跨大西洋地区最大的期货和期权金融衍生品交易平台,该合并将欧洲期货交易所的全球流动性网络拓展至美国,而双方互补的客户结构和金融产品将为跨地区交易以及未来的创新性衍生品开发提供机遇。

三、亚洲期权市场

(一)日本期权市场

大阪证券交易所(OSE)于 1989 年 6 月 12 日开始了日经 225 股票指数期权交易,大阪证券交易所上市的所有期权合约的行政管辖权归日本大藏省证券局。东京证券交易所(TSE)是日本第一个上市金融期货合约的交易所,目前在该交易所上市的期权合约有东京股票指数期权、5 年期日本国库券期货期权、股票期权等。

1988 年 5 月,日本大藏省解除了不准金融机构自行交易外国金融期货期权的禁令,从而促成了东京国际金融期货交易所(TIFFE)的成立。东京国际金融期货交易所于 1989 年 6 月 30 日正式开业,该交易所的建立是为了顺应日本金融市场化和国际化的发展趋势,虽然成立时间不长,但发展却很快。如今,东京国际金融期货交易所已使东京成为世界上最重要的金融期货期权交易中心。目前,该交易所主要的期权合约包括欧洲日元期货期权。

东京谷物交易所(Tokyo Grain Exchange,TGE)是日本的第一家商品期货期权交易所,交易品种是大豆期货期权。1991 年 10 月,关西农产品交易所(KACEX)开设了日本第二家商品期货期权交易市场,交易品种是原糖期货期权,但关西农产品交易所期权交易进行五年多,业绩不佳,主要的原因是市场交易(原糖期货)不活跃。

(二)韩国期权市场

韩国期货期权发展历史并不长,以 1996 年 5 月 3 日上市 KOSPI 200 指数期货为标志,但发展非常迅猛,可以说韩国期权市场是世界上发展最为迅速的市场。目前韩国期货证券交易所(Korea Exchange,KRX)已成为世界上最为活跃的期权交易市场。自从韩国股票交易所在 1996 年 5 月推出韩国股票交易所 200 种股票指数(KOSPI 200)期货、1997 年 10 月推出该指数的期权之后,成交量就大幅度增加。目前,KOSPI 200 指数期权合约成交量是世界上市期权合约中最大的,一直蝉联交易量第一名,它是整个韩国期货、期权市场的核心产品。

(三)新加坡期权市场

2000 年 11 月 23 日,新加坡股票交易所(SES)与新加坡国际金融交易所合并为新加坡交易所(SGX)。合并后,新加坡交易所以其健全的机构为新加坡和全球公司提供资本运作,为投资者提供金融及结算业务。新加坡交易所为广大客户提供广泛、创新的交易品种来帮助客户进行风险管理、资本运作及其他投资需求。目前,该交易所交易的期权品种主要有:90 天银行承兑票据期货期权、3 年期政府公债期货期权、3 月期欧洲美元期权、日经 225 股票指数期权、日经 300 股票指数期权等。

(四)中国香港期权市场

原香港期货交易所(HKFE)推出了恒生指数期权交易,随后,又相继推出了恒生香港中资企业指数期权合约(已终止)、台湾指数期权合约(已终止)、恒生100期权合约(已终止)、恒生地产分类指数期权合约(已终止)、小型恒生指数期权合约。由此可以看出,恒生指数期权合约推出最早,生命力也最强,目前日均成交3 800张左右。其行使方式为欧式,即只可在合约到期时行使。

1995年9月8日,香港联合交易所推出股票期权,首个股票为汇丰控股。股票期权原在香港联合交易所进行买卖,香港证券、期货市场于1999年合并后,自2001年8月6日开始,股票期权转往期货交易所HKATS(香港期货电子化自动交易系统)进行交易。其行使方式为美式,可在到期日或之前任何时间行使。

2001年10月4日,香港交易所推出国际股票期货期权,相关股票属于美国、日本、韩国上市的20只国际股票,这种期权的相关资产为该20只股票于香港交易所买卖的期货合约,是欧式期权。不过,行使期权时不需转化为期货合约,而是根据所代表的国际股票期货合约的最后结算价以美元现金结算。香港交易所于2000年6月27日上市,目前期权的主要交易品种有:股票期权、新华富时中国25指数期权、恒生指数期权、恒生中国企业指数期权、小型恒生指数期权。香港交易所还有意引进国际股票期货及期权、道琼斯工业平均指数期货及期权并发展香港外汇基金的衍生产品。

案例:中航油事件[①]

一、背景资料

1. 中航油。位于北京马甸桥的中国航空油料集团公司(China Aviation Oil, CNAO. SI),是令国内各大小航空公司不敢不敬畏的航油巨无霸。中航油核心业务包括:负责全国100多个机场供油设施的建设和加油设备的购置;为中外100多家航空公司的飞机提供加油服务(包括航空燃油的采购、运输、储存等)。

自1997年起,作为中航油总公司唯一的海外"贸易手臂",新加坡的中国航油便开始捏住国内航空公司的航油命脉,在中国进口航油市场上的占有率急剧飙升,2001采购进口航油市场占有率接近100%。

中国航油(新加坡)于2001年12月6日在新加坡交易所主板成功挂牌上市,成为新加坡交易所当年上市公司中筹资量最大的公司。上市当年,中国航油(新加坡)在2001年新加坡新上市公司营业额排名中位居第一。

2. 陈久霖。陈久霖出生于1961年,毕业于北京大学。1997年,陈被派接手管

---

① 资料来源:人民网 http://www.people.com.cn/《巨亏5.5亿美元 中航油折戟沉沙专栏》(2004年12月02日—2005年02月18日)数十条新闻综述。

理中国航油(新加坡)股份有限公司。其后,公司一举扭亏为盈,并在新加坡交易所主板挂牌上市。2003年10月,陈久霖被《世界经济论坛》评选为"亚洲经济新领袖"。2004年11月30日中国航油董事会发布公告,中止陈久霖新加坡公司总裁和执行董事的职务。

二、事件过程

1. 经过。2003年下半年:公司开始交易石油期权(Option),最初涉及200万桶石油,中航油在交易中获利。

2004年一季度:油价攀升导致公司潜亏580万美元,公司决定延期交割合同,交易量也随之增加。

2004年二季度:随着油价持续升高,公司的账面亏损额增加到3 000万美元左右,公司因而决定再延后到2005年和2006年才交割,交易量再次增加。

2004年10月:油价再创新高,公司账面亏损再度大增。10月10日,面对严重资金周转问题的中航油,首次向母公司呈报交易和账面亏损;10月20日,母公司提前配售15%的股票,将所得的1.08亿美元资金贷给中航油;10月26日和28日,公司因无法补加一些合同的保证金而遭逼仓,蒙受1.32亿美元实际亏损。

2004年11月8日到25日:公司的衍生商品合同继续遭逼仓,截至25日的实际亏损达3.81亿美元。

2004年12月1日:在亏损5.5亿美元后,中航油宣布向法庭申请破产保护令。

2. 细节。普华永道受新加坡交易所指派,调查中航油巨额亏损的背景情况。普华永道认为,导致中航油深陷巨额亏损深渊的原因包括以下方面:2003年第四季度对未来油价走势的错误判断;中航油未能根据行业标准评估期权组合价值,由此未能正确估算期权的价值,也未能在2002~2004年的财务报告及季报、半年报中正确反映;缺乏正确、严格甚至在部分情况下基本的对期权投机的风险管理步骤与控制;对于可以用于期权交易的风险管理规则和控制,管理层也没有做好执行的准备。

中航油2001年12月在新加坡交易所上市的时候,其核心业务是航油采购。2002年3月,"为了能在国际油价市场上拥有话语权",中航油新加坡公司开始了期权交易。对期权交易毫无经验的中航油自2003年开始进行风险更大的投机性期权交易。在2003年第三季度前,由于中航油新加坡公司对国际石油市场价格判断与走势一致,尝到了甜头,于是一场更大的冒险也揭开了序幕。

2003年第四季度,中航油对未来油价走势错误的判断为整个巨亏事件埋下了根源。由于错估了石油价格趋势,公司调整了期权交易策略,导致期权在2003年第四季度出现账面亏损。2004年第一季度,期权盘位到期,公司开始面临实质性的损失,在没经过任何商业评估的情况下于2004年1月进行了第一次挪盘,即买回期权以关闭原先盘位,同时出售期限更长、交易量更大的新期权。

油价还在上涨,2004年6月,由于1月的挪盘,中航油陷入了更大的危机中,面临着更巨额的亏损,似乎已经无路可退的中航油决定进行第二次挪盘。随着油价上升呈指数级数的扩大,6月挪盘的风险已经远远高于1月的挪盘,关闭原先盘位,出售期限更长、交易量更大的新期权的交易成本也大幅增加。

2004年9月,中航油再一次挪盘。与前两次挪盘不同的是,中航油不再与某个期权对家一对一地进行交易,而是同5个期权对家同时交易。这次挪盘同样成倍扩大了风险,而不断高涨的保证金最终耗尽了公司的现金,导致了财务困境。

三、教训

1.危机管理。应对危机怎能容忍低级错误? 5.5亿美元的巨亏起初5 000万美元即可解围。中国航油(新加坡)股份有限公司期权投机巨亏5.5亿美元一事曝光,海内外舆论哗然。当跨国经营风险凸显时,企业应以怎样的态度和措施积极应对? 中国企业常显得十分笨拙和幼稚,以至犯下"低级错误",错失补救的良机。世界著名风险评估机构标准普尔发表评论说:在危机显露之初,其实新加坡公司只需5 000万美元即可解围。中国的跨国企业没有建立完善顺畅的危机处理机制,遭遇风险时或惊慌失措或消极等待的现象是广泛存在的。在这个意义上,"中航油事件"作为防范跨国经营风险的反面教材,值得深入研究。

2.风险管理。普华永道没有将罪名直接归咎于陈久霖或该公司的中国母公司。一份独立审计报告表明,陷入困境的中航油在石油衍生品交易中进行风险越来越高的赌博,以求避免报告早期交易亏损是主要原因,可见中航油风险管理控制松懈,公司未能对它的期权组合进行正确估价。这导致了在新加坡上市的中航油亏损5.5亿美元,创下这个城市国家自1995年巴林银行(Barings Bank)破产案以来最严重的金融丑闻。

思考题与练习题

1.掌握下列名词:看涨期权、看跌期权、实值期权、虚值期权、期权价格、执行价格、欧式期权、美式期权

2.期权与期货有何区别与联系?

3.期权交易的基本制度主要有哪些?

4.期权的基本功能有哪些?

5 试谈我国期权市场发展的现状和发展思路。

6.某投资者预计股市走势将趋于下跌,他便出售了1份将于6月份到期、协议价格为144点的纽约证券交易所综合股票指数期货合约的看涨期权,该期货合约交易单位为综合指数×500,支付期权费为6 000美元。假设该期权到期时,出现三种情况:(1)综合股票指数期货合约的价格下跌至128点;(2)综合股票指数期

货合约的价格上升至 170 点;(3)综合股票指数期货合约的价格基本不变。请分别分析盈亏情况。

7.有一投资者在某年 3 月初预计长期国债期货价格将大幅下跌,于是他买进 1 份 6 月份到期、协议价格为 88 的长期国债期货合约的看跌期权,支付期权费 1 800美元。假定到 6 月份有三种情况:(1)国债市场价格跌至 85;(2)国债期货价格升至 92;(3)不变。问应如何操作并做分析。

第十二章
期权交易的策略

学习要求

　　本章要求重点掌握期权交易的基本策略，认识期权投机交易的原则，理解期权的合成策略，在此基础上熟悉期权的各种套利策略。

This chapter requires that the learners should grasp the basic strategies of option dealing, know the principles of option dealing speculation, understand the strategy of option synthesis dealing and know all kinds of arbitrage strategies.

第一节　期权交易的基本策略

期权是一种复杂的交易技术,在现实的交易活动中,无论是套期保值者,还是套利者与投机者,都有许多可供他们选择的交易策略。这些不同的交易策略各有其不同的适用场合和适用时机,可产生不同的交易结果。但是所有这些交易策略都源于以下四种基本的交易策略。

一、买进看涨期权

在交易者预测商品或期货合约价格将大幅上升时,他可以选择购买看涨期权。如果该商品或期货合约价格果真上涨,交易者可以取得一定的投资利润。在期权交易中,投资者买进看涨期权是对未来看涨,且认为会有大涨的机会,所以愿意支出权利金购买,认为未来价格波动幅度会超过损益平衡点(执行价格 + 期权费)。只要商品价格或期货合约上涨至执行价格与期权费之和的水平,买方就能达到盈亏平衡点。商品或期货合约价格超出执行价格与期权费之和的水平后,购买方才有盈利。因此,对于购买看涨期权的投资者,其盈利的可能性很大程度要看期权费的多少和商品或期货合约价格的波动性。如果购买的是虚值看涨期权,其期权费要少一些,因为期货价格小于期权执行价格,期权费中只有时间值。如果购买的是实值看涨期权,其期权费要大一些,因为商品或期货合约价格大于期权执行价格,期权费中既有时间值,也有内在价值。

> 买进看涨期权平仓盈亏 = 卖出看涨期权权利金 − 买进看涨期权权利金
> 买进看涨期权盈亏平衡价位 = 看涨期权执行价格 + 买进看涨期权权利金
> 买进看涨期权最大盈利 = 期货价格 − 看涨期权执行价格 − 看涨期权权利金
> 买进看涨期权最大亏损 = 支出的看涨期权权利金

【例1】某投资者预测香港恒生指数将会上涨,于是他以50点的期权费(每点10元,合500美元)买进一份12月份到期、执行价格8 000点的恒生指数期货合约的美式看涨期权。假设在到期日之前的某一日,12月恒生指数期货升至8 500点。该投资者决定执行期权,他以执行价格8 000点买进一份恒生指数期货,并立即以市场价格8 500点。将此期货合约卖出平仓,可获毛利500点,扣除50点的期权费,还可获净利450点,合4 500美元(不计佣金)。反之,如果直至到期日,12月恒生指数期货市场价格都处于8 000点以下,该期权购买者可放弃期权,而损失仅限于50点的期权费(500美元)。一般来说,当标的资产的市场价格上涨时,其看涨期权的期权费也上涨。因此,在标的资产的市场价格上涨后,买进看涨期权的投资者既可通过履约而获利,也可通过转让期权合约而获利。

如果就投资收益率而言,转让期权的收益率往往比执行期权所获得的收益率更高。尤其是在期权合约临近到期、投资者一时又难以筹措履约所需的资金时,转让期权合约不失为一个可取的策略。

图 12-1 表示的是买卖看涨期权的盈亏曲线。该曲线说明,从理论上讲,买进看涨期权损失是有限的,盈利是无限的,但是现实中期权合约有到期日的时间约束,其盈利到一定时间会终止。

二、卖出看涨期权

在期权交易中,有人买进期权,就必然有人卖出期权。就看涨期权而言,卖出者预计商品或期货价格经过一段上涨面临前期高点或技术阻力位,预计后市转空或者进行调整,标的物的市场价格将有一定程度的下跌,从而将引起看涨期权跌价,所以他卖出看涨期权并收到一笔权利金。在标的物的市场价格下跌至执行价格或以下时,看涨期权的购买者将自愿放弃执行期权。即使标的物的市场价格低于执行价格与权利金之和,看涨期权卖方也仍然有利可图,只是其利润少于他所收取的期权费而已。因此,对看涨期权卖方而言,其最大利润是他出售期权所得期权费;因标的物的市场价格上涨空间无限,因而从理论上说,其最大损失将是无限的。在实际的期权交易中,投资者未必在大幅度看跌时才出售看涨期权,只要预期市场价格不会有较大幅度的上涨或市场价格处于盘整状态,他即可卖出看涨期权,并有较大获利的可能性。同时万一市场价格真有大幅上涨,期权卖方也可以较高的价格买回同样的看涨期权平仓,以避免损失进一步扩大。

卖出看涨期权盈亏:

卖出看涨期权平仓盈亏 = 卖出看涨期权权利金 - 买进看涨期权权利金

卖出盈亏平衡价位 = 看涨期权执行价格 + 看涨期权权利金

卖出看涨期权最大盈利 = 收取的看涨期权权利金

卖出看涨期权最大亏损 = 期货价格 - 看涨期权执行价格 + 看涨期权权利金

【例2】仍以恒生指数期权为例说明。某投资者在 9 月份预期恒生指数在以后几个月内将会小幅波动或轻微下跌,而大幅上涨的可能性极小。于是,他卖出一张 12 月份到期、执行价格为 8 000 点的恒生指数看涨期权,收取权利金 50 个点,合 500 美元。12 月份到期时,假如当月恒生指数期货市场价格为 8 000 点或更低,则该期权卖方将获利 50 个点,因为此时看涨期权买方将放弃行使权利。假若 12 月份到期时,当月恒生指数期货的市场价格上涨为 8 025 点,期权买方要求执行期权,期权卖方将获利 25 点[50 - (8 025 - 8 000)]。假若在期权到期日前,12 月份恒生指数期货市场出现较大幅度的上涨,此看涨期权的价格随之涨到 180 点,该投资者决定以 180 点的期权费买进一张同样的看涨期权平仓,其净亏损为 130 点

（180 - 50），这样可避免因恒指期货价格继续上涨而使亏损进一步扩大。

因此，从理论上讲，卖出看涨期权有无限损失的可能性，但投资者在实际交易中完全可以采取各种防御措施限制其损失的进一步扩大。图 12 - 1 表示了买卖看涨期权的盈亏曲线。

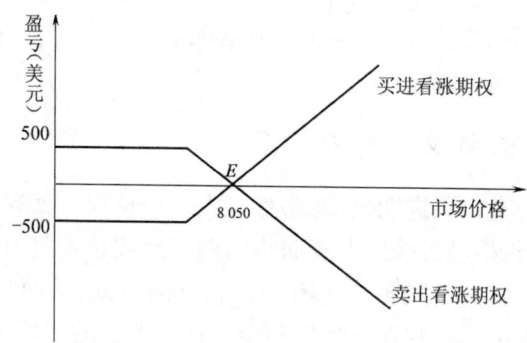

图 12 - 1　买卖看涨期权的盈亏曲线

值得注意的是，在图 12 - 1 中，E 为盈亏平衡点，其价格是 8 050 点，是执行价格与权利金之和。图中看涨期权买卖双方的盈亏曲线是对称的，对称轴为盈亏平衡线。这说明，期权交易双方具有零和关系，即标的物市场价格发生变动时，期权买卖双方必有一方盈利，另一方亏损，且双方盈亏金额相等。

三、买进看跌期权

看跌期权是期权购买者所拥有的可在未来某特定时间以协定价格向期权出售者卖出一定数量的某种商品或金融期货合约的权利。投资者之所以买进这种期权，是因为他预期标的资产的市场价格将大幅下跌。买进看跌期权后，若标的资产的市场价格果然下跌，且跌至敲定价格之下，该投资者可行使其权利，以较高的敲定价格卖出他所持有的标的资产，从而避免市场价格下跌的损失。如果期权购买者并不持有标的资产，在标的资产的市场价格下跌时，他可以较低的市场价格买进标的资产，而以较高的敲定价格卖出标的资产，从而获利，获利的幅度将视标的物的市场价格下跌幅度而决定。反之，在买进看跌期权后，若标的物的市场价格没有下跌，或者反而上涨，投资者可放弃期权而损失他所支付的期权费。

买进看跌期权平仓盈亏 = 卖出看跌期权权利金 - 买进看跌期权权利金

买进盈亏平衡价位 = 执行价格 - 看跌期权权利金

买进看跌期权最大盈利 = 看跌期权执行价格 - 期货价格 - 看跌期权权利金

买进看跌期权最大亏损 = 支出的看跌期权权利金

【例3】某年7月10日棉花期货（棉花期货合约为5吨/手）价格为15 000元/

吨,某投资者十分看空棉花期货后市,估计棉花价格将大幅下跌,于是买入 1 手执行价格为 14 600 元/吨的棉花期货的欧式看跌期权,到期日为 9 月 20 日,支出的期权费价格为 330 元/吨,总共支付期权费 1 650 元(330 元×5)。损益平衡点为14 270 元/吨。在到期时,若棉花期货价格为 14 600 元/吨或更高,期权购买者会放弃执行,不会履约,从而只损失期权费 1 650 元。若到期的市场价格跌至14 000元/吨,期权购买者将要求履约,即在市场上以 14 000 元/吨的价格买进,然后以14 600元/吨价格卖给当初的期权出售者,差价为 600 元/吨,扣除已支付的期权费330 元/吨,净差价为 270 元/吨,净获利 1 350 元(270 元×5)。当然如果到期日棉花期货价格下跌到更低的价位,该投资者获利更大。如果在期权成交后的 20 天后即7 月30 日,棉花期货价格跌至 13 400 元/吨,看跌期权涨至 770 元/吨。投资者可卖出该看跌期权平仓,获利440 元/吨,净获利 2 200 元(440 元×5)。

如图 12 – 2 所示,若市场价格高于 14 270 元/吨(盈亏平衡点价格),则投资者将发生净损失,价格越高,损失越大。若市场价格低于 14 270 元/吨,则会出现盈利。若市场价格降为零,则投资者会盈利 71 350 元,即(14 600 – 0 – 330)×5 =73 000。一般来说,对看跌期权购买者而言,当标的资产价格下跌时,看跌期权的期权费就会上涨,期权买方既可执行期权而获利,也可高价转卖期权合约获利,后者的收益率通常更高。

从图 12 – 2 中可见看跌期权买方的盈亏曲线。该曲线说明从理论上讲,买进看跌期权损失是有限的,盈利也是有限的,但是一旦盈利其获利的幅度大于亏损的幅度。

四、卖出看跌期权

若投资者认为标的物市场价格将小幅上涨,他可以卖出看跌期权,收取期权费。这样当标的资产的价格上涨时,由于看跌期权的出售者会放弃执行,从而可以获取一笔期权费。从获取利润的角度而言,投资者卖出看跌期权与他们卖出看涨期权一样,其最大利润是他们所收取的期权费。所以,对投资者来说,他们卖出看跌期权的最大利润是有限的,且是已知的。但从产生亏损的角度而言,因卖出看跌期权与买进看跌期权在盈亏方面的对称性,投资者的最大损失是敲定价格与期权费之差。与看涨期权的卖方类似,看跌期权卖方也可采取各种防御措施,限制损失进一步扩大。

卖出看跌期权平仓盈亏 = 卖出看跌期权权利金 – 买进看跌期权权利金

卖出盈亏平衡价位 = 执行价格 – 看跌期权权利金

卖出看跌期权最大盈利 = 收取的看跌期权权利金

卖出看跌期权最大亏损 = 看跌期权执行价格 – 期货价格 + 看跌期权权利金

【例4】某投资者预期未来几个月内棉花期货价格将会有小幅上涨,卖出 1 手执行价格为 14 600 元/吨的棉花期货的欧式看跌期权,到期日为 9 月 20 日,收到的期权费价格为 330 元/吨,总共收到期权费 1 650 元(330 元×5)。损益平衡点为 14 270 元/吨。在到期时,若棉花期货价格为 14 600 元/吨或更高,由于期权购买者会放弃执行,不会履约,从而该卖出看跌期权的投资者盈利 1 650 元,其盈利等于期权费。而若到期的市场价格跌至 14 000 元/吨,期权购买者要求履约,差价为 −600 元/吨,扣除已收到的期权费 330 元/吨,净差价为 −270 元/吨,该期权出售者净亏损 1 350 元(270 元×5)。当然如果到期日棉花期货价格下跌到更低的价位,则该投资者损失更大。价格跌至零,则会亏损 71 350 元。如果在期权成交后的 20 天后即 7 月 30 日,棉花期货价格跌至 13 400 元/吨,看跌期权涨至 770 元/吨,该投资者可买进该看跌期权平仓止损,亏损 440 元/吨,净亏损 2 200 元(440 元×5)。

　　图 12 − 2 表示看跌期权卖方的盈亏曲线。在图中,E 为盈亏平衡点,其价格是 14 270 元/吨,是执行价格减去期权费之差。该曲线说明从理论上讲,卖出看跌期权损失是有限的,盈利也是有限的,但是一旦亏损其损失的幅度大于盈利的幅度。

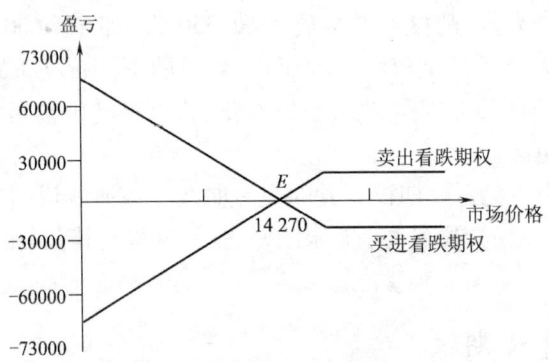

图 12 − 2　买卖看跌期权的盈亏曲线

　　由图 12 − 2 中可见,看跌期权卖方的盈亏曲线与看跌期权买方的盈亏曲线是对称的,对称轴为盈亏平衡线。

第二节　期权的投机

一、买进期权进行投机

　　纯粹的投机者都是单边交易,而且多数采取买进期权的方式进行投机,这是因为买进期权交易的杠杆效应显著。

（一）买进看涨期权投机

买进看涨期权的投机者相信期权标的物价格会大幅上涨，以使他在合约有效期内行使看涨期权，在期货交易中获利，或利用该看涨期权权利金上涨，将手中的看涨期权转卖出去而获利。

（二）买进看跌期权投机

买进看跌期权投机者相信标的物价格会大幅下跌，以使他在合约的有效期内行使看跌期权，在期货交易中获利，或利用该看跌期权期权费上涨，将此看跌期权转卖出去而获利。

二、卖出期权进行投机

（一）卖出看涨期权投机

卖出看涨期权的目的就是期权标的物的市场价格能小幅上涨，使看涨期权的期权价格下降，从而再买进平仓获利。对于看涨期权的卖方来讲，他们最惧怕期权标的物的市场价格上涨，从而使自己亏损。

（二）卖出看跌期权投机

对于看跌期权卖方来讲，他们最担心出现的情况是相关金融商品价格下跌到足以使期权买方行使权利的水平，或者说相关金融商品价格下跌至足以侵吞掉全部卖得的期权费水平。

尽管期货期权投机交易大多采用先买入期权，然后转卖出或者行使期权的方式，但不必担心市场上出现缺乏期权卖方的情况。因为供求关系的作用，买入期权价大于卖出期权价，必然促使期权权利金的上升，从而刺激期权卖出量的增加；另一方面，随着投机者逐渐抛出原先买入的期权，也会促使期权卖出量的增加，期权的买卖总会趋于平衡。

三、买入双向期权投机

当期货合约价格处于大幅度波动状态，一时很难判断市场发展方向是上升还是下跌时，一般投机者大多持观望态度，待势态发展明朗后再入市买卖合约。在期货期权交易中，买入双向期权为投机者提供了绝好的交易方式。买入双向期权是指同一买主在同一时间内，既买了某种期货合约的看涨期权，又买了同一期货商品的看跌期权，也就是期权买方既享有在规定的有效期限内按某一执行价格买入某一特定数量的相关商品期货合约的权利，又享有在规定的有效期限内按某一执行价格卖出某一特定数量的相关商品期货合约的权利。不管市场价格是大幅度上升还是大幅度下降，买入双向期权的投机者都能处于有利的市场位置。哪个方向对自己有利，就行使那个方向的期权，让另一期权到期自动作废即可。或者采取对冲期权部位的办法投机牟利，赚取期权权利金差价。需要注意的是，购买双向期权比只买看涨期权或看跌期权付出的权利金要高。

【例5】近期整个股市行情不明朗,股价大起大落,一时很难判断行情走势。某投机者决定入市购买 S&P 500 双向期权,伺机以动。6 月 18 日买入 1 份 9 月份 S&P 500 看涨期权和同期看跌期权,看涨期权和看跌期权的执行价格都是 230.00,即 57 500 美元(230.00×250 美元),期权权利金都是 4.00,即 1 000 美元(4.00×250 美元)。为此,该投机者支付双向期权的权利金为 2 000 美元。

在期权有效期内(6 月 18 日至 8 月 31 日),该投机者可能会遇到以下情况:

1. 如果在期权有效期内,相关的 S&P 500 股价指数期货合约的价格仍稳定在 230.00 上下,或者其波幅不超过 8.00,即涨幅或跌幅不足以抵补 2 000 美元的双向权利金,该投机者无法行使期权,那么他将遭受最大的损失,即已支付的 2 000 美元。

2. 如果在期权有效期限内,该投机者购买的双向期权权利金没有变化或看涨期权与看跌期权利金差额不超过 8.00,他不能转售期权,那么他也将遭受最大损失,即 2 000 美元。

3. 如果在期权有效期限内,相关的 S&P 500 股价指数期货合约价格高于 238.00 或低于 222.00,他就可以卖出或买入 1 份 S&P 500 期货合约,以对冲先前买入的看涨期权或看跌期权,并让其中的另一期货合约到期自动作废。例如到 7 月 20 日,S&P 500 期货合约价格达到 240.00,即 60 000 美元(240.00×250),该投机者立即要求履行看涨期权,以 230.00 的执行价格向期权卖方买入 1 份 S&P 500 期货合约,同时在期货市场上以 240.00 的市价卖出 1 份 S&P 500 期货合约,二者相冲销,并让先前买入的看跌期权到期自动作废(或者在余下的期权有效期限内见机行事)。这样,该投机者实际盈利为 2.00(240.00 − 230.00 − 8.00),即 500 美元。行使看跌期权的情况与上述相同,如 8 月 8 日 S&P 500 期货合约价格为 210.00,即 52 500 美元(210.00×250),该投机者立即行使看跌期权,以 230.00 的执行价格向期权卖方卖出 1 份 S&P 500 期货合约,同时,以 210.00 的市价买入 1 份 S&P 500 期货合约,二者相对冲,并让先前买入的看涨期权到期自动取消。这样,该投机者实际获利为 12.00(230.00 − 210.00 − 8.00),即 3 000 美元。

4. 如果在期权有效期限内,S&P 500 期货合约价格波动频繁,就可把握时机,在期货价格上升时行使看涨期权,在期货价格下降时行使看跌期权,只要二者的价差超过 8.00 即可。如 7 月 8 日 S&P 500 期货合约价格达到 223.00,该投机者立即行使看跌期权,以 230.00 的执行价格向期权卖方卖出 1 份 S&P 500 期货合约,同时以 223.00 的市价买入 1 份 S&P 500 期货合约,二者相对冲,该投机者盈利7.00,即1 750美元。到 7 月 18 日 S&P 500 期货合约价格达到 237.00,该投机者又行使看涨期权,向期权卖方以 230.00 的执行价格买入 1 份 S&P 500 期货合约,同时又以237.00的市价卖出1份合约,二者相对冲,该投机者又盈利7.00,即1 750美元。7月8日和7月18日的盈利扣除先前支付的权利金,该投机者实际获利为6.00(7.00 + 7.00 – 8.00),即1 500美元。

5. 在期权有效期限内,只要看涨期权与看跌期权的权利金价差超过8.00,该投机者就可通过转售期权的方式投机牟利。如果8月13日S&P 500看涨期权的权利金为2.50,即625美元,看跌期权的权利金为15.50,即3 875美元,该投机者立即卖出双向期权,获取权利金收益18.00,即4 500美元,扣除先前支付的2 000美元权利金,该投机者实际盈利2 500美元。

四、期权投机应注意的问题

(一)选择交易活跃的合约

对于一个刚刚进入期权市场的投资者来说,面对众多繁杂的期权合约,有看涨期权与看跌期权,有不同月份的期权,还有不同执行价格的期权,投资者可能会感到惊讶和不知所措。应该买入什么、卖出什么,可供挑选的范围太大了。市场的交易量会给投资者提供初步的选择依据,投资者通过观察不同合约的交易量,就可以把交易比较冷清的合约剔除出去。也就是说,投资者最好参与交易比较活跃的合约。交易不活跃的期权合约,市场的买卖差价较大,达成交易比较困难,成交的价格对投资者也相对不利。除非你准备进行长期投资,否则,平仓了结也是较为困难的。

(二)看对方向再交易

理论上说,影响期权价格的因素有:执行价、波动率、到期日、标的物的即期价格等诸多因素。其实最关键的就是看对期权看涨看跌的方向。一旦看对了方向,我们就不必关心执行价,也不用管波动率,甚至标的物的即期价也不用太关注了。当然,如果看错了方向就很麻烦了,处在浮亏状态,一定会考虑执行价、到期日、标的即期价格等因素,以决定是否止损出局。所以,除了套保交易,在建仓时首先要重视的是方向,不要为其他因素所累。

(三)谨慎买入深实值期权、深虚值期权

买入深虚值期权的好处在于权利金十分便宜,但同时,其转化为实值期权的过程需要期货价格更大的变化。而大多数情况下,所希望的期货价格大幅变化是不现实的。很可能的结果是,价格变化是有利的,但却没有达到深虚值期权的盈亏平衡点,做对了方向,却买错了期权,最终在到期时,仍然是分文不值。因此,买入深虚值期权,盈利的概率很小,只是一种赔率很高的赌博行为。买入深实值期权,需要支付高额的权利金成本,杠杆作用十分有限。在期货价格有利变化时,投资深实值期权的收益率是相对较低的;当期货价格发生不利变化时,深实值期权的境况更惨,其价格会大幅下跌,投资者会发生较大亏损。做期权就在于做时间价值,其魅

力就在于不确定性。买入深实值期权,不仅支付时间价值,还向卖方支付大量的内在价值,等于向卖方支付了额外的保险,对于买方是不划算的。期权交易中,交易比较活跃的一般为平值附近的期权合约,对于波动率较高的品种,虚值期权会以其高投机性吸引更多的投资者。

(四)对期货价格进行务实的分析

期权交易中,最直接的交易策略就是针对期货价格方向进行交易。如果对期货价格看涨,可以买入看涨期权。如果对期货价格看跌,就可以买入看跌期权。但是,期货价格的变化是波段性的,有上涨,有下跌,也有盘整。从技术分析的角度,上行有阻力,下行有支撑。因此,在许多情况下,仅简单地买入期权,期待价格的大涨或大跌就过于理想化了。期权市场有众多不同执行价格的合约,务实的交易者可以根据期货价格的变化和自我判断,通过买入或者卖出不同执行价格的合约,并进行动态的调整,就可以相对较小的成本去获取较大的盈利。

(五)注意波动率的变化

对于期货投资者来说,波动率是一个陌生的名词,而且不容易理解,但投资者绝不能因其复杂而忽视波动率的存在,因为期权价格受期货价格和波动率的共同影响,波动率的高低对于期权交易十分重要。

(六)注意到期时间的影响

同样条件下,到期时间越长,期权的价值越高。只要没有到期,期权就有时间价值,就存在各种变化的可能。但对于期权合约来说,从上市交易的第一天起,到期时间只会一天天的减少,因此说期权是一种价值损耗性资产。时间对于期权买卖双方的影响是不同的。就买方来讲,时间的流逝对其是不利的。只要有时间,买方就有希望。对于卖方,时间是他的朋友,时间的减少会带来期权价值的下降,降低卖方的不确定性风险。

第三节　期权的套期保值(期权的合成策略)

同种商品的现货、期货与期权价格之间存在相关性。期权套期保值交易,就是利用期权价格与现货、期货价格的相关性原理来进行操作,价格的变化会引起一个部位盈利和一个部位亏损。期权的套期保值实际上是一种合成策略,即通过在期货市场或期权市场建立两个不同的部位,来合成与这两个部位的组合相等价的第三个部位的交易策略。所以,它是一种将期权交易与传统的现货交易或创新的期货交易进行合成的投资策略,其主要功能是改变最初的风险暴露状态,以避免或降低因市场价格出现不利变化而形成的损失。从其性质来看,这种策略既是一种套期保值策略,也是一种套利策略。根据合成的部位不同,期权的套期保值或者合成交易策略共有六种方式。

一、买进看涨期权的同时卖出看跌期权(合成买进期货)

如果投资者在买进某种看涨期权的同时,又卖出相同标的物、相同到期日和相同执行价格的看跌期权,则其盈亏情况如同买进这两种期权标的物本身,所以也被称为"合成买进期货"(Synthetic Long Futures)。当到期时期货价格大于或等于执行价格时,投资者会执行看涨期权,看跌期权则被对方放弃,该组合部分的收益为期货市场价格减去执行价格,可能出现盈利;当到期时期货价格小于执行价格时,投资者放弃执行看涨期权,看跌期权被要求执行,组合收益为期货市场价格减去执行价格,可能出现损失。另外该组合期初看涨期权的期权费与看跌期权费之差构成该组合期权费收入或支出,可见合成结果构成了期货多头。由于看涨期权的期权费与看跌期权费之差为正会增加购买期货的成本,为负会降低购买期货的成本,所以合成买进期货的成交价为执行价格加上看涨期权的期权费与看跌期权费之差。

【例6】当玉米期货价格为258美分/蒲式耳时,某投资者买入敲定价格为250美分/蒲式耳的看涨期权,支付期权费为15.5;同时卖出另一到期日相同,且同一敲定价格的看跌期权,收入期权费为2.25,这样就构成了一个合成玉米期货多头,期权费之差即期权费净支出为13.25(15.5 − 2.25),成交价为263.25美分/蒲式耳(250 + 13.25)。

表12 − 1　合成买进期货的盈亏分析

期货到期价格	买进看涨期权盈亏	卖出看跌期权盈亏	合成买进期货盈亏
230	0 − 15.5 = − 15.5	230 − 250 + 2.25 = − 17.75	− 15.5 − 17.75 = − 33.25
247.75	0 − 15.5 = − 15.5	247.75 − 250 + 2.25 = 0	− 15.5 + 0 = − 15.5
249	0 − 15.5 = − 15.5	249 − 250 + 2.25 = 1.25	− 15.5 + 1.25 = − 14.25
250	0 − 15.5 = − 15.5	0 + 2.25 = 2.25	− 15.5 + 2.25 = − 13.25
253	253 − 250 − 15.5 = − 12.5	0 + 2.25 = 2.25	− 12.5 + 2.25 = − 10.25
260	260 − 250 − 15.5 = − 5.5	0 + 2.25 = 2.25	− 5.5 + 2.25 = − 3.25
263.25	263.25 − 250 − 15.5 = − 2.25	0 + 2.25 = 2.25	− 2.25 + 2.25 = 0
265.5	265.5 − 250 − 15.5 = 0	0 + 2.25 = 2.25	0 + 2.25 = 2.25
280	280 − 250 − 15.5 = 14.5	0 + 2.25 = 2.25	14.5 + 2.25 = 16.75

注:简化的计算方式是在计算看涨期权盈亏和看跌期权盈亏时,不考虑期权费收支,在计算合成期货盈亏时,再考虑期权费净收支。

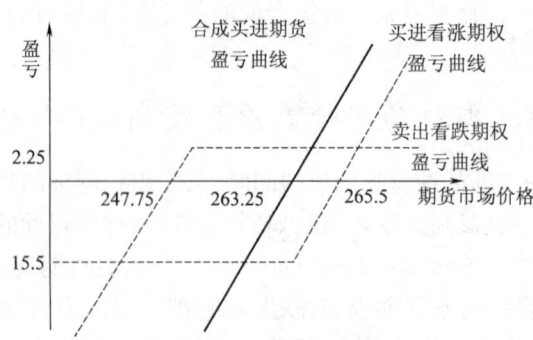

图 12 - 3　合成买进期货的盈亏曲线

二、买进看跌期权的同时卖出看涨期权(合成卖出期货)

如果投资者在买进某种看跌期权的同时,又卖出相同标的物、相同到期日和相同执行价格的看涨期权,则其盈亏情况如同卖出这两种期权标的物本身,所以也被称为"合成卖出期货"(Synthetic Short Futures)。当到期时期货价格小于或等于执行价格时,看跌期权会被执行,看涨期权则被投资者放弃,该组合部分的收益为执行价格减去期货市场价格,可能出现盈利;当到期时期货价格大于执行价格时,投资者执行看涨期权,看跌期权被对方放弃,组合收益为执行价格减去期货市场价格,可能出现损失。另外该组合期初看跌期权的期权费与看涨期权费之差构成该组合期权费收入或支出,可见合成结果构成了期货空头。由于看跌期权的期权费与看涨期权费之差为负会增加购买期货的成本,为正会降低购买期货的成本,所以合成卖出期货的成交价为执行价格减去看跌期权的期权费与看涨期权费之差。

【例7】当玉米期货价格为258美分/蒲式耳时,某投资者买入敲定价格为250美分/蒲式耳的看跌期权,支付期权费为2.25;同时卖出另一到期日相同,且同一敲定价格的看涨期权,收入期权费为15.5,这样就构成了一个合成玉米期货空头,期权费之差即期权费净收入为13.25(15.5 - 2.25),成交价为263.25美分/蒲式耳[250 - (2.25 - 15.5)]。

表 12 - 2　合成卖出期货的盈亏

期货到期价格	买进看跌期权盈亏	卖出看涨期权盈亏	合成卖出期货盈亏
230	250 - 230 - 2.25 = 17.75	15.5 + 0 = 15.5	17.75 + 15.5 = 33.25
247.75	250 - 247.75 - 2.25 = 0	15.5 + 0 = 15.5	0 + 15.5 = 15.5
249	250 - 249 - 2.25 = -1.25	15.5 + 0 = 15.5	-1.25 + 15.5 = 14.25
250	0 - 2.25 = -2.25	15.5 + 0 = 15.5	-2.25 + 15.5 = 13.25

续表

期货到期价格	买进看跌期权盈亏	卖出看涨期权盈亏	合成卖出期货盈亏
253	$0 - 2.25 = -2.25$	$250 - 253 + 15.5 = 12.5$	$-2.25 + 12.5 = -10.25$
260	$0 - 2.25 = -2.25$	$250 - 260 + 15.5 = 5.5$	$-2.25 + 5.5 = 3.25$
263.25	$0 - 2.25 = -2.25$	$250 - 263.25 + 15.5 = 2.25$	$-2.25 + 2.25 = 0$
265.5	$0 - 2.25 = -2.25$	$250 - 265.5 + 15.5 = 0$	$-2.25 + 0 = -2.25$
280	$0 - 2.25 = -2.25$	$250 - 280 + 15.5 = -14.5$	$-2.25 - 14.5 = -16.75$

注:简化的计算方式是在计算看涨期权盈亏和看跌期权盈亏时,不考虑期权费收支,在计算合成期货盈亏时,再考虑期权费净收支。

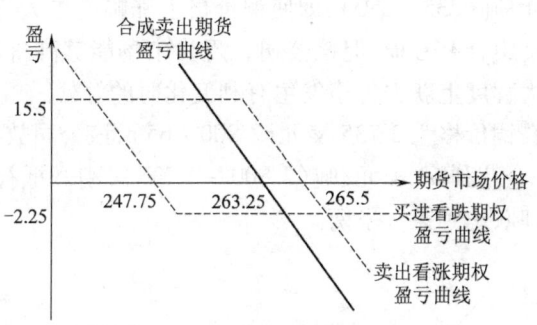

图 12 - 4　合成卖出期货的盈亏曲线

需要注意的是合成期货的成交价取决于买卖两个期权的期权费差价。若两个期权都是平值期权,他们的期权费正好相等,则有:合成期货成交价 = 期权执行价;如果期权不是平值期权,其中一个是实值期权,另一个是虚值期权,期权费必然不相等,则:合成期权成交价 = 期权执行价 + 看涨期权费 - 看跌期权费。

三、买进经过抵补的看涨期权(合成买进看跌期权)

当投资者拥有即将出售的现货时,为防止价格下跌的损失,可以通过卖出相关期货合约的套期保值交易来保证其预期的利润。可一旦价格不但没有下跌反而上涨,其期货合约交易将会发生亏损。这时可以考虑在卖出期货合约的同时,买入相关期货看涨期权。这样,价格下跌时,放弃或转让看涨期权,同时低价买入期货合约平仓,达到保值目的;价格上涨时,履行看涨期权,买进期货合约与手中的空头期货部位对冲,减少期货合约交易损失。实际上,卖出期货合约、买入相关期货看涨期权的组合交易就是一个买入相关期货的看跌期权,这种策略也被称为"合成买进看跌期权"(Synthetic Long Put)。

【例8】某年年初,中国某铜业公司根据资料分析,预计国际市场的铜价会有较大幅度的下跌,从而影响该公司铜的出口效益。为此,该公司卖出3月份铜期货合约,价格为2 800美元/吨,与此同时买入3月份铜看涨期权,执行价格为2 750美元/吨,支付权利金65美元/吨。

如果到3月份,铜价果如该公司所料大幅度下跌,达到2 550美元/吨,该公司可以放弃期权,以该价格买入铜期货合约对冲平仓,获利250美元/吨,扣除权利金65美元/吨后,还有185美元/吨的盈余,以此可以弥补因现货市场铜价下跌带来的出口收益的减少。铜价跌幅越大,该组合的盈利就越大。

如果到3月份,铜价格没有下跌,而是出现上涨,达到3 050美元/吨,该公司可以履行期权,以2 750美元/吨的执行价格买入期货合约对冲,期权头寸获利235美元/吨(3 050 – 2 750 – 65),期货头寸亏损250美元/吨(2 800 – 3 050),盈亏相抵后净亏损15美元/吨(235 – 250),即使铜价格上涨幅度更大,其亏损仍为15美元/吨。虽然该投资组合有亏损,但该公司在现货市场能够高价出售铜,从整体来看,该公司仍在很大程度上获得价格发生有利变化时的好处。

如果到3月份,铜价格为2 735美元(2 800 – 65),该公司放弃期权,同时以该价格将期货合约平仓获利65美元/吨(2 800 – 2 735),刚好抵补了期初支付的期权权利金65美元/吨,达到盈亏平衡。

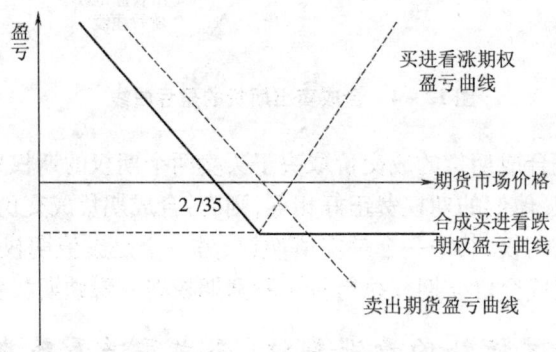

图12 – 5 合成买进看跌期权的盈亏曲线

四、卖出经过抵补的看涨期权(合成卖出看跌期权)

投资者手中持有现货或期货多头部位,在期权市场上卖出相应标的物的看涨期权,收取权利金,当现货或期货的价格略有下跌时,由于该看涨期权的购买者会放弃权利,投资者就可以赚取权利金,以规避价格下跌的风险。但是,该策略的套期保值效果可能并不是很好,因为这种策略只给未来销售的标的物规定了最高售价(执行价格 + 权利金),而未规定最低价格。一旦相关期货价格涨至看涨期权执行价格之上时,该看涨期权有可能被要求履约而产生损失,此时权利金上涨,无论是被迫履约还是平仓,套保者都会出现亏损,这会在一定程度上抵消市场价格上涨带来的存货增加的好处。而当价格大幅下跌时,却起不到有效保值的作用,出现较大亏损。这种生产商或贸易企业为了防止价格下跌所采取的保值策略,类似于期货空头套期保值策略。实际上这一组合交易相当于一个卖出相关期货的看跌期权,所以又称为"合成卖出看跌期权"(Synthetic Short Put)。

【例9】某榨油厂在6月份有一批大豆的库存。该榨油厂预计第三季度的大豆价格会在750美分/蒲式耳的价格水平上略有波动,有可能会小幅度下跌。于是该榨油厂决定卖出9月份大豆看涨期权,执行价格为745美分/蒲式耳,权利金为8美分/蒲式耳。

如果7月份、8月份市场价格比较平稳,在9月份大豆价格略有下降至740美分/蒲式耳,该看涨期权的价格因为期货价格的下降而下跌至2美分/蒲式耳,该榨油厂可以通过低价买入看涨期权进行对冲,从而获得6美分/蒲式耳的权利金收益,这可以弥补因现货市场大豆价格小幅下跌带来的库存大豆价值的减少。但是如果现货大豆价格继续大幅下跌,会使库存大豆的损失继续扩大,期权部位的盈利却不再增加,因为期权卖方的最大盈利为其收到的权利金。所以,在市场超出所料下跌情况下,投资者的风险将无法通过卖出看涨期权而得到完全弥补。

相反,如果市场价格大幅度上涨,在9月初时,大豆价格涨至850美分/蒲式耳,看涨期权的价格随之上涨,如果榨油厂买入看涨期权进行对冲,或者期权买方要求履约按照执行价格745美分/蒲式耳买入期货合约,该榨油厂都会遭受损失,这会在一定程度上抵消现货市场价格上涨带来的存货价值增加的好处,但总体上会获取稳定收益。但若看涨期权的价格上涨幅度远远大于大豆价格上涨幅度时,会给交易者带来较大损失。

综上所述,卖出看涨期权的套期保值的操作要比买进看涨期权的套期保值风险要大,操作时需要谨慎。实际操作中可选择卖出实值或深实值看涨期权进行套期保值。

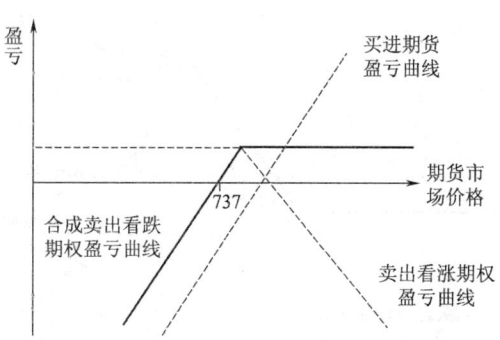

图12-6 合成卖出看跌期权的盈亏曲线

五、买进保护性质的看跌期权（合成买进看涨期权）

在期货交易中，为防止价格上涨带来的购进成本增加的损失，可以通过购买相关期货合约的套期保值交易来保证其预期的购进成本。可是一旦价格不但没有上涨反而下跌，期货合约交易将会发生亏损。虽然这一亏损可以由价格下跌带来的低价购进的盈余来弥补，但失去了低成本购进的好处。这时，可以通过在买进期货合约的同时，买入相关期货看跌期权。这样，价格上涨时，放弃或转让看跌期权，同时高价卖出期货合约平仓，获取期货合约的差价利润，弥补已支付的期权费（权利金）后还有盈余，为现货交易起到了一定的保值作用。一旦价格下跌时，则履行看跌期权，卖出期货合约与手中的多头期货部位对冲，其最大损失只是已支付的期权费。实际上，买进期货合约、买入相关看跌期权的组合交易就是一个买进相关期货看涨期权，称为"合成买进看涨期权"（Synthetic Long Call）的套利策略。

【例10】某铜加工企业需要在11月份进口一批铜做生产材料。为防止未来铜价上涨，该企业决定进行期货和期权交易进行套期保值。该企业在9月初以3 050美元/吨的价格买入11月份的铜期货合约，同时买入11月份铜的看跌期权，执行价格为3 100美元/吨，支付的权利金为65美元/吨。

如果至11月份，铜期货价格上涨至3 200美元/吨，该企业可以放弃行使期权，将期货合约卖出平仓，获利150美元/吨，扣除权利金65美元之后，还有净利润85美元/吨。如果该加工企业在现货市场是以3 180美元/吨买入的铜，则他的实际采购成本3 095美元/吨（3 180 – 85 = 3 095）。通过将期货和期权交易结合起来，可以用期货和期权的净盈利弥补现货市场上高价购买铜所带来的亏损。铜期货价格上涨幅度越大，该投资者的盈利相应增大，潜在盈利是无限的。

如果至11月份，铜期货价下跌至2 930美元/吨，该企业可以行使看跌期权，获利105美元/吨（3 100 – 2 930 – 65），以2 930美元/吨对期货头寸平仓后亏损120美元/吨（2 930 – 3 050），净亏损15美元/吨。

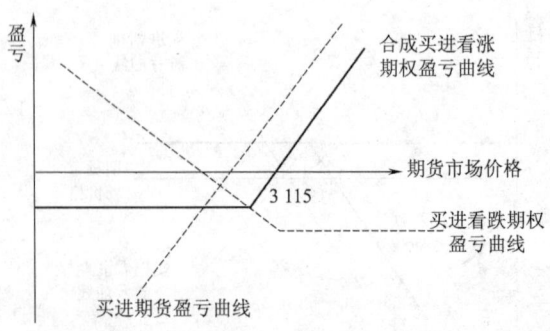

图12 – 7　合成买进看涨期权的盈亏曲线

如果至 11 月份,铜期货价格为 3 115 美元/吨(3 050 + 65),该企业可以放弃行使期权,损失期初支付的期权费 65 美元/吨,同时将期货合约以该价格卖出平仓,获利 65 美元/吨(3 115 - 3 050),盈亏平衡。

六、卖出经过抵补的看跌期权(合成卖出看涨期权)

当投资者持有现货或期货空头部位,在期权市场上卖出相应标的物的看跌期权,收取权利金,规避价格上涨的风险。当现货或期货的价格略有上涨时,由于该看跌期权的购买者会放弃权利,卖出看跌期权者就可以赚取权利金,以规避价格上涨带来的风险。但是,该策略的套期保值的效果可能并不是很好,因为这种策略只给未来销售的标的物规定了最低价格(执行价格 - 权利金),而未规定最高价格。一旦相关期货价格跌至看跌期权执行价格之下时,该看跌期权有可能被要求履约而产生损失,抵消市场价格下跌带来的低成本购进现货的好处。而当价格大幅上涨时,会起不到有效保值的作用,出现较大亏损。这种生产商或贸易企业为了防止价格下跌所采取的保值策略,类似于期货空头套期保值策略。实际上这一组合交易相当于一个卖出相关期货的看跌期权,所以又称为“合成卖出看涨期权”(Synthetic Short Call)。

【例 11】某投资者认为棉花期货价格会有 400 点的跌幅,因此以市场价格 15 000 元/吨卖出 10 月份棉花期货。同时以 330 元/吨卖出同月份执行价格为 14 600 元/吨的看跌期权。通过进行期权操作,有可能出现以下几种情况:

如果到 10 月份期货价格下跌,但不低于 14 600 元/吨。期货部位盈利,期权仍处于平值或虚值状态,买方不会提出执行。

如果到 10 月份期货价格下跌到 14 600 元/吨以下,期货部位盈利,期权部位亏损。同时期权转化为实值状态,如期权的买方提出执行,投资者会被指派建立期货多头部位,价格为 14 600 元/吨,正好对冲其 15 000 元/吨的期货空头,获利 400 元/吨,加上其获得的权利金收入,总获利可达到 730 元/吨,相当于以 14 270 元/吨的价格平仓。但若看跌期权的价格上涨幅度远远大于棉花价格下跌幅度时,会给交易者带来较大损失。

如果到 10 月份期货价格上涨,但不超过 15 330 元/吨,期货部位亏损,期权部位盈利,期权到期后,投资者仍可以用权利金收入来弥补期货空头的亏损。如果投资者判断失误,价格向上突破盈亏平衡点 15 330 元/吨后,期货空头的亏损继续增加,看跌期权空头部位的盈利却不再增加,因为期权空头的最大盈利是其收到的权利金。在市场大幅上涨的情况下,投资者期货空头的风险将无法通过卖出看跌期权而完全得到弥补。

综上所述,卖出看跌期权的套期保值的操作要比买进看跌期权的套期保值风险要大,操作时需要谨慎。实际操作中可选择卖出实值或深实值看跌期权进行套期保值。

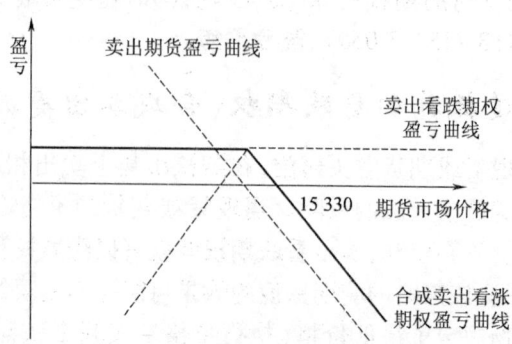

图 12 -8   合成卖出看涨期权的盈亏曲线

上述六种合成交易策略看起来复杂,但实际上合成交易策略的基本原理很简单,各种合成策略均可由同一基本公式变换而来。在期权市场上当投资者对市场行情看涨时,他们将买进看涨期权或卖出看跌期权;而在期货市场上,当投资者对市场行情看涨时,他们将买进期货。于是可以得出:

买进看涨期权 + 卖出看跌期权 = 买进期货

同理,可以得出:

买进看跌期权 + 卖出看涨期权 = 卖出期货

卖出期货 + 买进看涨期权 = 买进看跌期权

买进期货 + 卖出看涨期权 = 卖出看跌期权

买进期货 + 买进看跌期权 = 买进看涨期权

卖出期货 + 卖出看跌期权 = 卖出看涨期权

另外,通过上述六种期权套期保值策略的分析可以发现,期权套期保值并不比期货套期保值更有利。首先,二者面对的风险不同。期货投资面临的风险是对称性风险,人们通过期货进行套期保值可避免因价格的不利变动而造成的损失,但必须因此放弃因价格有利变动带来的收益。期权投资面临的是非对称性风险,人们通过期权进行套期保值时,当价格发生变动时,其损失或收益有相对稳定的一面,但同时收益或损失有无限扩大的一面。其次,从套期保值的效果来说,期货价格与现货价格的相关性较高,期货套期保值更为有效,而且,期货交易的手续费也低于期权的权利金。再次,期权交易远比期货交易复杂,人们在期权交易中要真正做到既保值又获利绝非易事,并非一般投资者能轻而易举地做到。

第四节　期权的价差套利

期权的价差套利策略是买入某种期权的同时,卖出种类相同但履约价格或交割月不同的另一种期权,利用两种期权价格差异的变化赚取利益。价差套利按套利的对象不同分为垂直套利、水平套利、转换套利、反向转换套利等。

一、垂直套利

垂直套利(Vertical Spread)是指期权之间执行价格不同但合约到期日相同的任何期权套利策略。垂直套利的交易方式为买进一个期权,同时卖出一个相同品种、相同到期日、但是执行价格不同的期权,这两个期权应同属看涨或看跌。

垂直套利可分为四种形式:牛市看涨期权套利、牛市看跌期权套利、熊市看涨期权套利和熊市看跌期权套利。

(一)牛市看涨期权套利

牛市看涨期权套利(Bullish Vertical With Call)交易方式是买进一个执行价格较低的看涨期权,同时卖出一个到期日相同、但执行价格较高的看涨期权。一般情况下,投资者在看多后市但又认为不会大幅上涨的时候可采用这种方式套利。其特点在于权利金成本低,风险收益均有限,而且不用交纳保证金。

牛市看涨期权套利的最大风险:买进期权时付出的期权费 – 卖出期权时收取的期权费

牛市看涨期权套利的最大收益:卖出看涨期权的执行价格 – 买进看涨期权的执行价格最大风险值

损益平衡点: 较低执行价格 + 净权利金支出

【例12】棉花期货价格为15 000 元/吨,某投资者看好棉花期货后市,买入一手执行价格为15 000 元/吨的棉花看涨期权,支付权利金510 元/吨;但又认为价格不会突破15 600 元/吨,所以卖出一手执行价格为15 600 元/吨的同月份看涨期权,收入权利金280 元/吨。净支付权利金230 元/吨。损益平衡点为15 230 元。

假设期权到期后,如果棉花期货价格为15 600 元/吨,该投资者通过执行价格为15 000 元/吨的棉花看涨期权获利90 元/吨(15 600 – 15 000 – 510 = 90),由于执行价格为15 600 元/吨的同月份看涨期权被对方放弃,获利原先收入的权利金280 元/吨。两者相加净获利370 元。

如果棉花期货价格为15 800 元/吨,该投资者对通过执行价格为15 000 元/吨的棉花看涨期权获利290 元/吨(15 800 – 15 000 – 510 = 290),由于执行价格为15 600元/吨的同月份看涨期权被对方执行,获利80 元/吨(15 600 – 15 800 + 280 = 80)。两者相加净获利370 元。如果棉花期货价格上涨的更高,其获利仍为370 元。

如果棉花期货价格为 15 000 元/吨,该投资者放弃执行价格为 15 000 元/吨的棉花看涨期权,损失原先支付的权利金 510 元/吨,由于执行价格为 15 600 元/吨的同月份看涨期权被对方放弃,获利原先收入的权利金 280 元/吨。两者相加净亏损 230 元(280 - 510 = -230)。

如果棉花期货价格为 14 700 元/吨,该投资者放弃执行价格为 15 000 元/吨的棉花看涨期权,损失原先支付的权利金 510 元/吨,由于执行价格为 15 600 元/吨的同月份看涨期权被对方放弃,获得原先收入的权利金 280 元/吨。两者相加净亏损 230 元(280 - 510 = -230)。

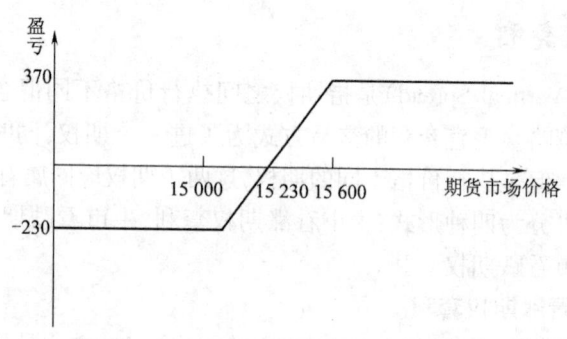

图 12 - 9   牛市看涨期权套利的盈亏曲线

限于篇幅,本节以下套利策略的分析相对简化,其分析思路与此例基本相同。

(二)牛市看跌期权套利

牛市看跌期权套利(Bullish Vertical With Put)的交易方式是指在买进一个执行价格较低的看跌期权的同时,卖出一个到期日相同、但是执行价格较高的看跌期权。一般情况下套利者预期市场将上升,因此卖出看跌期权以获得权利金收入,但为了预防市场下跌的风险,买入较低执行价格的看跌期权作为保护。如果标的物价格上涨,套利者将获得有限的收益,反之,套利者承担有限的损失。

牛市看跌期权套利的最大收益:卖出期权收取的期权费 - 买进期权付出的期权费
牛市看跌期权套利的最大风险:卖出看跌期权的执行价格 - 买进看跌期权的执行价格最大收益值
损益平衡点:较高执行价格 - 建立初始部位净权利金的收入

【例 13】小麦期货价格为 1 600 元/吨,某投资者看好小麦期货后市,买入一手执行价格为 1 590 元/吨的棉花看跌期权,支付权利金 34 元/吨;同时卖出一手执行价格为 1 635 元/吨的同月份看跌期权,收入权利金 59 元/吨。净收入权利金 25 元/吨。损益平衡点为 1 610 元/吨(1 635 - 25)。到期后棉花期货价格若等于或高于1 635元/吨,该套利策略获取的最大收益为 25 元/吨;到期后棉花期货价格若等于或低于 1 590元/吨,该套利策略遭到的最大损失为 20 元/吨(1 635 - 1 590 - 25)。

牛市套利策略的缺陷在于该策略限制了投资者当资产价格上升时的潜在收

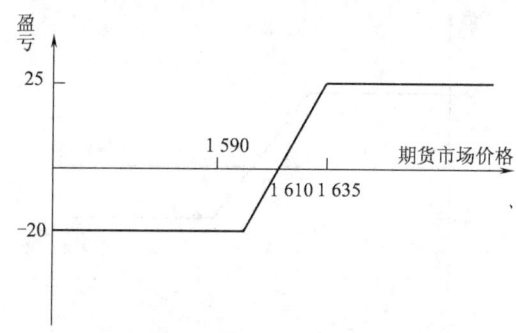

图 12 – 10　牛市看跌期权套利的盈亏曲线

益,当然,该策略同时也限制了投资者当资产价格下降时的损失。也就是说,该类型套利的预期收益和潜在风险均受到一定限制。

(三)熊市看涨期权套利

熊市看涨期权套利(Bearish Vertical With Call)的交易方式是指在买入某一较高执行价格的看涨期权的同时卖出另一相同标的物、相同到期日但执行价格相对较低的看涨期权。一般情况下套利者预期市场将下跌,因此卖出看涨期权,但又通过买入看涨期权来降低风险。如果标的物价格下跌会获取有限收益,如果标的物价格上涨则会承担有限损失。

熊市看涨期权套利的最大收益:卖出期权时收取的期权费 – 买进期权付出的期权费

熊市看涨期权套利的最大风险:买入看涨期权的执行价格 – 卖出看涨期权的执行价格最大收益值

损益平衡点:较低执行价格 + 最大收益

【例14】当一个投资者以 1 元价格购买一个执行价格为 32 元的某股票的看涨期权,同时以 4 元价格出售一个执行价格为 27 元的该股票的看涨期权,该熊市套利策略的初始收入为 3 元(4 – 1),如果到期日股票价格高于或等于 32 元,则这一熊市套利策略的收益为 – 5 + 3 = – 2 元;如果到期日股票价格等于或低于 27 元,则这一策略的收益为 0 + 3 = 3 元;损益平衡点为 30 元。

(四)熊市看跌期权套利

熊市看跌期权套利(Bearish Vertical With Put)的交易方式是指在买入较高执行价格的看跌期权的同时卖出相对较低执行价格的看跌期权。这两个看跌期权的标的物相同,到期日也相同。一般情况下套利者预期市场将下跌,因此买入看跌期权,但又通过卖出较低执行价格的看跌期权来降低风险。如果标的物价格下跌会获取有限收益,如果标的物价格上涨则会承担有限损失。

熊市看跌期权套利的最大收益:较高看跌期权的执行价格 – 较低看跌期权的执行价格 – 期权费之差

熊市看跌期权套利的最大风险:买入看跌期权时收取的期权费 – 卖出看跌期权付出的期权费

损益平衡点:较高执行价格 – 净权利金支出

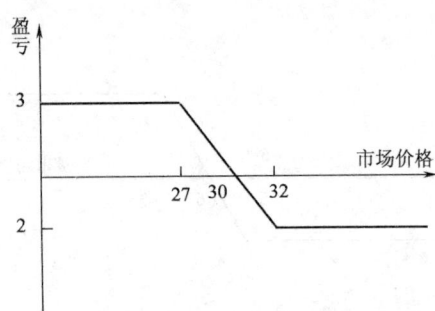

图 12 - 11   熊市看涨期权套利的盈亏曲线

【例15】当一个投资者以 4 元价格购买一个执行价格为 32 元的某股票的看跌期权,同时以 1 元价格出售一个执行价格为 27 元的该股票的看跌期权时,该熊市套利策略的初始支出为 1 - 4 = - 3 元。如果到期日股票价格等于或高于 32 元,则两个期权均不会被执行,则最大损失为期初的期权费净支出即 3 元;如果到期日股票价格等于或低于 27 元,投资者买进的期权被执行,或者两个期权都被执行,获取最大收益为(32 - 27) - (4 - 1) = 2 元;损益平衡点为 29 元。

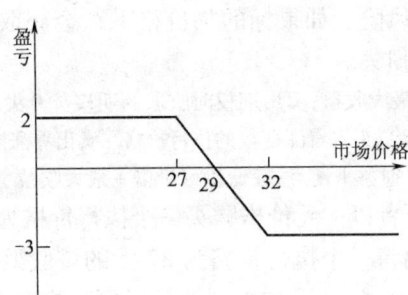

图 12 - 12   熊市看跌期权套利的盈亏曲线

熊市套利策略的缺陷与牛市套利类似,熊市套利在限制向不利方向变动时损失的同时,限制了标的物价格向有利方向变动时的潜在盈利。

上述垂直价差交易的四种基本交易策略都是由两种单一部位策略组合而成,而投资者的盈亏却并不是这两种单一部位策略之盈亏的简单加减。在四种垂直价差交易中,投资者潜在的最大利润和最大损失都是有限的,而且都小于任何一种单一部位交易策略中潜在的最大利润和最大损失,所以各种垂直价差交易策略只能使投资者在承受较小风险的基础上带来较少的利润,因而垂直价差套利策略只适用于投资者预期标的物的市场价格有温和上涨和温和下跌的场合。

二、水平套利

对不同交割月份的期权合约进行的套利叫做水平套利（Horizontal Spread），也叫做日历价差（Calendar Spread）或时间价差（Time Spread），这一名称源于期权的行情报价表中交割月份都是横向排列的。其做法是按照不同的交割月份同时买进和卖出同一履约价格、同一标的物的看跌期权或看涨期权。与垂直套利不同的是，交易者在相同敲定价上同时买进和卖出不同到期月份的期权合约。由于近期期权的时间衰减速度快于远期期权的时间衰减速度，因此，通常的做法是卖出近期期权合约的同时买进远期期权合约。水平套利分为看涨期权水平套利和看跌期权水平套利两种。预计长期价格将稳中趋涨时，运用前者；预计长期价格将稳中趋疲时，运用后者。期权的价格主要由内在价值和时间价值决定。内在价值的判断靠实值期权、虚值期权或平价期权；时间价值的判断是，期权剩余有效日越长，时间价值就越大。假设水平套利时，以 P_1 卖出近期期权，以 P_2 买进远期期权，因其他条件都一样，所以决定期权价格的因素就是离到期日的远近。交易者再在适当时机对冲期权合约，设以 P_1' 买进近期期权，以 P_2' 卖出远期期权，最终收益为 $(P_1 - P_1') + (P_2' - P_2)$。在实际交易中，如果结果大于零，则交易者可获盈利。

水平套利适用于投资者预期标的物的市场价格比较稳定的场合。在建立水平价差套利部位时，一般以买卖平价期权为最好。由于平价期权的内在价值为零，故期权费仅反映其时间价值，而且与其他期权相比，平价期权的时间价值最大。若市场价格果真稳定，在近期期权到期时，该期权仍为平价期权，因内在价值为零，买方将放弃权利。与此同时，远期期权因尚有一定的剩余期限，仍有一定的时间价值，投资者可继续持有该期权，以期在市场价格发生有利变动时从中获取收益，也可以在当时以其时间价值为期权费将其出售。如果投资者在近期期权到期时将远期期权出售，因远期期权的时间价值消失得较慢，其所得的期权费净收入将补偿其建立部位时发生的期权费净支出并有盈余。

【例16】某投资者卖出有效期为 0.5 年、执行价格为 50 元的某股票的看涨期权，收取权利金 3 元，同时买入有效期为 1 年、执行价格为 50 元的该股票的看涨期权，支付权利金 5 元。假设当短期期权到期时，该股票市场价仍为 50 元，未到期的远期期权权利金下降为 4 元，该投资者可获取最大收益 2 元（3 - 5 + 4）。但是，如果该股票市场价格与两个期权的执行价格 50 元大幅度背离，投资者会遭受较大损失。其盈亏平衡点的确切位置不易算出，对此问题读者可进一步研究分析。

三、蝶式套利

蝶式套利（Butterfly Spread）实质上是由两组垂直套利构成，即由买进两个期权和卖出两个期权所组成，但比牛市套利和熊市套利相对复杂。这些买进和卖出

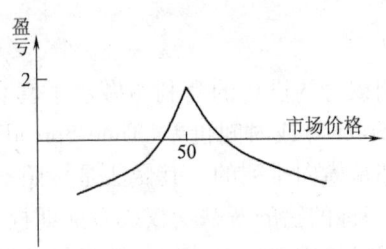

图 12 - 13　水平套利的盈亏曲线

的期权属于同一个垂直系列,即到期日相同而执行价格不同。具体操作方式是:买入(或卖出)低执行价格的看涨(或看跌)期权,卖出(或买入)居中执行价格的看涨(或看跌)期权,同时买入(或卖出)高执行价格的看涨(或看跌)期权,居中执行价格的期权的交易数量是低执行价格和高执行价格期权交易量之和,这就相当于两个垂直套利组合。低执行价格和高执行价格的期权分居于执行价格的两边,形同蝴蝶的两个翅膀,所以称为"蝶式套利"。蝶式套利又可以分为多头蝶式套利和空头蝶式套利两种形式,但无论是多头蝶式套利还是空头蝶式套利,都既可以用看涨期权来操作,也可以用看跌期权来操作。下面仅以看涨期权为主,对蝶式套利的基本原理予以介绍。

(一)多头蝶式套利

多头蝶式套利(Long Butterfly Spread)是指投资者买进一个执行价格较低的看涨期权和一个执行价格较高的看涨期权,同时卖出两个执行价格介于上述两个执行价格之间的看涨期权。当投资者认为标的物的市场价格不可能发生较大波动,采用蝶式套利是一个比较适当的策略,该策略可以保证标的物市场价格在一定幅度内波动时可以获得一定的收益,并在价格超过既定波动幅度时面临有限亏损。

多头蝶式套利的最大收益:居中执行价格 - 低执行价格 - 净权利金

高执行价格 - 居中执行价格 - 净权利金

多头蝶式套利的最大风险:净权利金

损益平衡点:低平衡点 = 居中执行价格 - 最大收益

高平衡点 = 居中执行价格 + 最大收益

【例17】某一股票在市场中的现价为45元,执行价格为40元、45元和50元的3月期该股票看涨期权价格分别为6元、2.5元和1元。如果投资者认为在以后的一段时间内该股票价格发生重大变化的可能性很小,则可以利用这些期权构建一个多头蝶式套利组合,即买入执行价格40元和50元的看涨期权各一份,并卖空两份执行价格为45元的看涨期权。3个月后,该组合的收益如下:

当该股票价格小于40元时,三种看涨期权都不会被执行,此时组合收益为$2.5 \times 2 - (6 + 1) = -2$元。

当该股票价格介于40元和45元之间时,执行价格为40元的期权会被执行,此时组合收益为:(该股市场价格 − 40) − 2 = 该股市场价格 − 42。

当该股市场价格等于45元时,执行价格为40元的期权会被执行,此时组合收益为最大收益:(45 − 40) − 2 = 3元。

当该股市场价格介于45元和50元之间时,执行价格为40和45元的期权会被执行,此时组合的收益为:(该股市场价格 − 40) + 2 × (45 − 该股市场价格) − 2 = 48 − 该股市场价格。

当该股市场价格高于50元时,三种期权都将被执行,此时的组合收益为:(该股市场价格 − 40) + 2 × (45 − 该股市场价格) + (该股市场价格 − 50) − 2 = − 2元。

很明显,在多头蝶式套利交易中投资者的最大利润和最大损失都是有限,且已知的。

其两个盈亏平衡点分别是:低平衡点 = 45 − 3 = 42;高平衡点 = 45 + 3 = 48。

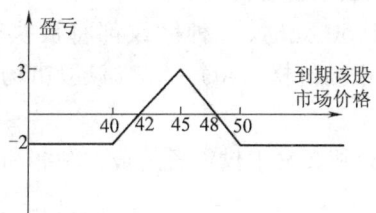

图12 − 14 多头蝶式套利的盈亏曲线

(二)空头蝶式套利

空头蝶式套利(Short Butterfly Spread)是多头蝶式套利的反向操作,是指投资者在卖出一个执行价格较低的期权和一个执行价格较高的期权的同时,买进两个执行价格介于上述两个执行价格之间的期权。

当投资者认为标的物的市场价格将发生较大波动,并预期标的物的结算价会在平衡点之外时,采用蝶式套利是一个比较适当的策略。该策略可以保证标的物市场价格在较大幅度内波动,并无论向上或向下突破时都可以获得一定的收益,即使没有如期出现波动,其损失也是有限的。

空头蝶式套利的最大收益:净权利金

空头蝶式套利的最大风险:居中执行价格 − 低执行价格 − 净权利金

高执行价格 − 居中执行价格 − 净权利金

损益平衡点:低平衡点 = 居中执行价格 − 最大风险

高平衡点 = 居中执行价格 + 最大风险

【例18】某一股票在市场中的现价为45元,执行价格为40元、45元和50元的3月期该股票看涨期权价格分别为6元、2.5元和1元。如果投资者认为在以后的一段时间内该股票价格将发生重大变化,并极有可能选择向下或向上的突破方向,则可以利用这些期权构建一个空头蝶式套利组合,即卖出执行价格 40 元和 50 元的看涨期权各一份,并买进两份执行价格为 45 元的看涨期权。3 个月后,该组合的收益如下:

当该股票价格小于 40 元时,三种看涨期权都不会被执行,此时组合收益为$(6 + 1) - 2.5 \times 2 = 2$ 元。

当该股票价格介于 40 元和 45 元之间时,执行价格为 40 元的期权会被执行,此时组合收益为:$(6 + 1) - 2 \times 2.5 - ($该股市场价格$ - 40) = 42 - $该股市场价格。

当该股市场价格等于 45 元时,执行价格为 40 元的期权会被执行,此时组合收益为最大损失:$2 - (45 - 40) = -3$ 元。

当该股市场价格介于 45 元和 50 元之间时,执行价格为 40 和 45 元的期权会被执行,此时组合的收益为损失:$(6 + 1) - 2 \times 2.5 - ($该股市场价格$ - 40) + 2 \times ($该股市场价格$ - 45) = $该股市场价格$ - 48$。

当该股市场价格高于 50 元时,三种期权都将被执行,此时的组合收益为:$(6 + 1) - 2 \times 2.5 - ($该股市场价格$ - 40) + 2 \times ($该股市场价格$ - 45) - ($该股市场价格$ - 50) = 2$ 元。

很明显,在空头蝶式套利交易中投资者的最大利润和最大损失也都是有限的,且是已知的。

其两个盈亏平衡点分别是:低平衡点 $= 45 - 3 = 42$;高平衡点 $= 45 + 3 = 48$。

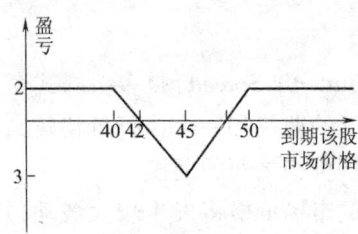

图 12 – 15　空头蝶式套利的盈亏曲线

四、飞鹰式套利

飞鹰式套利(Eagle arbitrage)也叫秃鹰式套利,是指分别卖出(买入)两种不同执行价格的期权,同时分别买入(卖出)较低与较高执行价格的期权各 1 份,这里所有的期权都有相同的类型、标的物与到期日,而且执行价格的间距相等。

(一)买入飞鹰式套利

买入飞鹰式套利有两种组合方式:一种是买入一个低执行价格的看涨期权,卖出一个中低执行价格的看涨期权,卖出一个中高执行价格的看涨期权,买入一个高执行价格的看涨期权。另一种是买入一个低执行价格的看跌期权,卖出一个中低执行价格的看跌期权,卖出一个中高执行价格的看跌期权,买入一个高执行价格的看跌期权。当投资者感到对后市没有把握,但希望到期日时标的物价格能在中低执行价格与中高执行价格之间,可适当采取此种策略。该策略可以保证只要标的物市场价格在某一个区间内波动,就能够获得一定收益,即使价格偏离这一区间,其损失也是有限的。

买入飞鹰式套利的最大收益:中低执行价格－低执行价格－净权利金

买入飞鹰式套利的最大风险:净权利金

盈亏平衡点:低盈亏平衡点＝中低执行价格－净权利金

高盈亏平衡点＝中高执行价格＋净权利金

【例19】某日 CBOT 市场中,执行价格为 260、270、280、290 美分/蒲式耳的小麦期货看涨期权的期权价格分别为 16、9、4、2 美分。某投资者对小麦价格走势难以把握,但认为小麦价格可能会在 270 和 280 之间波动,于是买入执行价格为 260 美分/蒲式耳和 290 美分/蒲式耳的看涨期权各一份,同时卖出执行价格 270 美分/蒲式耳和 280 美分/蒲式耳的看涨期权各一份,期权费净支出为 5 美分(16 + 2 － 9 － 4),构建了一个飞鹰式套利组合。该组合的最大盈利为 5 美分(270 － 260 － 5),最大亏损为 5 美分(净权利金支出)。当小麦期货价格 ≥290 美分/蒲式耳或 ≤260 美分/蒲式耳,该投资者亏损 5 美分/蒲式耳;当小麦期货价格在 270 ~ 280 美分之间时,该投资者会获得最大收益 5 美分/蒲式耳;盈亏平衡点分别为 265 美分/蒲式耳(270 － 5)和 285 美分/蒲式耳(280 + 5)。

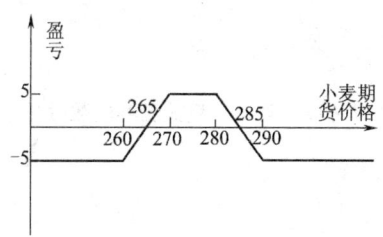

图 12 － 16　买入飞鹰式套利的盈亏曲线

(二)卖出飞鹰式套利

卖出飞鹰式套利有两种组合方式:一种是卖出一个低执行价格的看涨期权,买入一个中低执行价格的看涨期权,买入一个中高执行价格的看涨期权,卖出一个高执行价格的看涨期权。另一种是卖出一个低执行价格的看跌期权,买入一个中低执行价格的看跌期权,买入一个中高执行价格的看跌期权,卖出一个高执行价格的看跌期权。当投资者感到对后市没有把握,但希望到期日时标的物价格能低于低执行价格或高于高执行价格,可适当采取此种策略。该策略可以保证只要标的物市场价格突破某一个区间内,就能够获得一定收益,即使该标的物市场价格没有向上或向下突破,其损失也是有限的。

卖出飞鹰式套利的最大收益:净权利金

卖出飞鹰式套利的最大风险:中低执行价格 − 低执行价格 − 净权利金

盈亏平衡点:低盈亏平衡点 = 低执行价格 + 净权利金

高盈亏平衡点 = 高执行价格 − 净权利金

【例20】某日 CBOT 市场中,执行价格为 260、270、280、290 美分/蒲式耳的小麦期货看涨期权的期权价格分别为 16、9、4、2 美分,某投资者认为小麦价格将选择突破方向,于是卖出执行价格为 260 美分/蒲式耳和 290 美分/蒲式耳的看涨期权各一份,同时买入执行价格 270 美分/蒲式耳和 280 美分/蒲式耳的看涨期权各一份,期权费净收入为 5 美分(16 + 2 − 9 − 4),构建了一个飞鹰式套利组合。该组合的最大盈利为 5 美分(净权利金收入),最大亏损为 5 美分(270 − 260 − 5)。当小麦期货价格≥290 美分/蒲式耳或≤260 美分/蒲式耳,该投资者最大盈利 5 美分/蒲式耳;当小麦期货价格在 270 ~ 280 美分之间时,该投资者会获得最大亏损 5 美分/蒲式耳;盈亏平衡点分别为 265 美分/蒲式耳(260 + 5)和 285 美分/蒲式耳(290 − 5)。

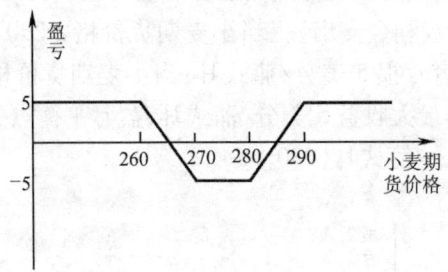

图 12 − 17　卖出飞鹰式套利的盈亏曲线

五、比率套利

比率套利(Ratio Spread)实际上是垂直套利的一种特殊形式。一般垂直套利过程中投资者买入的期权数与他们卖出的期权数正好相等。比率套利则是投资者卖出的期权数大于他们买入的期权数。根据投资者所买卖的期权的不同,比率套利可分为看涨期权的比率价差和看跌期权的比率价差两种,我们仅以看涨期权的比率套利为例对其做一介绍。

(一)看涨期权正向比率套利

看涨期权正向比率套利是指投资者买进一份较低执行价格的看涨期权,同时卖出两份较高执行价格的看涨期权。当投资者认为标的物的市场价格比较稳定时,可考虑采用这一策略。一般来说,投资者之所以买进执行价格较低的期权而卖出执行价格较高的期权,是因为他相信市场价格将稳定于这两个执行价格之间,而且之所以买进和卖出的是看涨期权而不是看跌期权,是因为其认为市场价格略有上涨的可能性更大,略有下跌的可能性较小。

看涨期权正向比率套利的最大收益:(高执行价格 – 低执行价格) + 净权利金

看涨期权正向比率套利的最大风险:∞

盈亏平衡点:高执行价格 + 最大收益

【例21】某投资者某日从 CME 买进一份执行价格为 460 的一个月后到期的 S&P 500 指数期货看涨期权,期权费为 5.95,同时又向 CME 卖出两份执行价格为 465 的一个月后到期的 S&P 500 指数期货看涨期权,每份期权费为 3.45。该套利组合期初可获取期权费净收入为 $0.95(3.45 \times 2 - 5.95)$,折合 475 美元(S&P 500 指数期货的合约单位为 S&P 500 × 500 美元)。一个月后该期权到期,其收益如下:

当 S&P500 指数期货的市场价格等于或低于 460(较低执行价格)时,买进的期权与卖出的期权均不被执行,投资者获取收益为净权利金 0.95,即 475 美元。

当 S&P500 指数期货的市场价格等于 465(较高执行价格)时,买进的期权被执行,而卖出的期权不被执行,投资者获取收益为 $5.95(465 - 460 + 0.95)$,即 $2\,975(5.95 \times 500)$ 美元,此收益为最大收益。

当 S&P 500 指数期货的市场价格为 470.95 时,买进与卖出的期权均被执行,投资者获利 $= (470.95 - 460) + 0.95 - (470.95 - 465) \times 2 = 0$,盈亏平衡。

当 S&P 500 指数期货的市场价格为 480 时,买进与卖出的期权均被执行,投资者亏损 $= (480 - 460) + 0.95 - (480 - 465) \times 2 = -9.05$,折合 $-4\,525$ 美元。如果 S&P 500 指数期货的市场价格涨得更高,则亏损会更大。

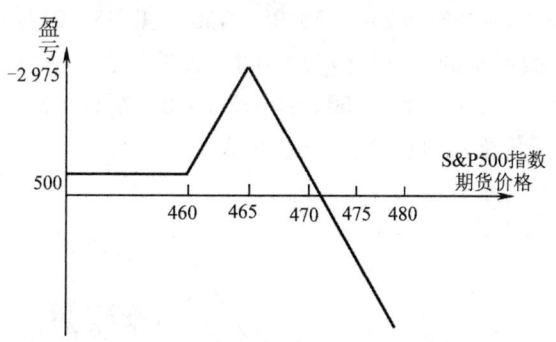

图 12 – 18　看涨期权正向比率套利的盈亏曲线

上例中,套利组合的期初获取了净权利金收入,如果期初产生了净权利金支出,当 S&P 500 指数期货的市场价格等于或低于 460(较低执行价格)时,会产生一个固定亏损,并会有两个盈亏平衡点,其图形也与图 12 – 18 略有不同,读者可进一步研究分析。

(二)看涨期权的反向比率套利

看涨期权反向比率套利是指投资者卖出一份较低执行价格的看涨期权,同时买进两份较高执行价格的看涨期权。当投资者认为标的物的市场价格比较稳定时,可考虑采用这一策略。一般来说,投资者之所以卖出执行价格较低的期权而买进执行价格较高的期权,是因为他相信市场价格将不会在这两个执行价格之间波动,有上升的可能。

$$\text{看涨期权反向比率套利的收益}:(\text{市场价格}-\text{高执行价格})\times 2-(\text{市场价格}-\text{低执行价格})+\text{净权利金}$$

看涨期权正向比率套利的最大风险:(高执行价格 – 低执行价格) – 净权利金

盈亏平衡点:低盈亏平衡点 = 低执行价格 + 净权利金

高盈亏平衡点 = 高执行价格 + 最大风险

【例22】某投资者某日从 CME 卖出一份执行价格为 460 的一个月后到期的 S&P 500 指数期货看涨期权,期权费为 5.95,同时又向 CME 买进两份执行价格为 465 的一个月后到期的 S&P 500 指数期货看涨期权,每份期权费为 3.45。该套利组合期初期权费净支出为 0.95(5.95 – 3.45 ×2),折合 475 美元。一个月后该期权到期,其收益如下:

当 S&P 500 指数期货的市场价格等于或低于 460(较低执行价格)时,买进的期权与卖出的期权均不被执行,投资者损失净权利金 0.95,即 475 美元。

当 S&P 500 指数期货的市场价格等于 465(较高执行价格)时,买进的期权被执行,而卖出的期权不被执行,投资者损失为 5.95[465 – 460 – (– 0.95)],即 – 2 975美元(– 5.95 ×500),此损失为最大风险。

当 S&P 500 指数期货的市场价格为 470.95 时,买进与卖出的期权均被执行,投资者获利 = (470.95 – 465) ×2 – (470.95 – 460) – 0.95 = 0,盈亏平衡。

当 S&P 500 指数期货的市场价格为 480 时,买进与卖出的期权均被执行,投资者盈利 = (480 – 465) ×2 – (480 – 460) – 0.95 = 9.05,折合 4 525 美元。如果 S&P 500 指数期货的市场价格涨得更高,盈利会更大。

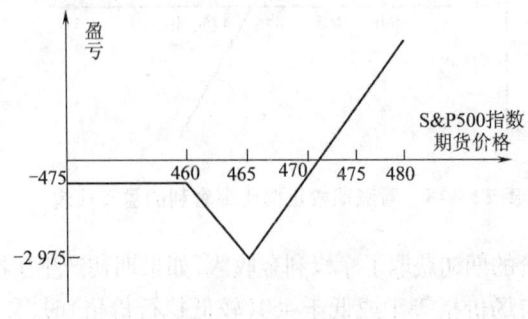

图 12 – 19　看涨期权反向比率套利的盈亏曲线

上例中,套利组合的期初产生了净权利金支出,如果期初产生了净权利金收入,当 S&P 500 指数期货的市场价格等于或低于460(较低执行价格)时,会产生一个固定收益,并会有两个盈亏平衡点,其图形也与图 12 - 19 略有不同,读者可进一步研究分析。

六、跨式套利

跨式套利(Straddle Spread)也叫"马鞍式期权""等量同价对敲策略""骑墙组合"等,是指以相同的执行价格同时买进或卖出看涨期权和看跌期权。跨式套利基本分为买入跨式套利(Long Straddle)和卖出跨式套利(Shot Straddle)两种。

(一)买入(多头)跨式套利

买入跨式套利是指以相同的执行价格同时买入同一标的物、同一到期日、同一数量的看涨期权和看跌期权的套利策略。当投资者预期标的物的市场价格将有大幅度的变动,但又不能确定其变动方向是上升还是下跌时可考虑采用这一策略。建立这一套利组合后,投资者期望有消息刺激标的物市场价格大幅波动,当市场价格的变动达到一定幅度时就会获利,而在市场价格的变动达不到这一幅度时受损。

买入跨式套利的收益:价格低于执行价格时收益 = 执行价格 - 市场价格 - 权利金

价格高于执行价格时的收益 = 市场价格 - 执行价格 - 权利金

买入跨式套利的最大风险:所支付的全部权利金

盈亏平衡点:低平衡点 = 执行价格 - 权利金

高平衡点 = 执行价格 + 权利金

【例23】假设某日 S&P 500 指数期货价格为465,某投资者预期 2 个月后 S&P 500 指数将有大幅度的变动,但尚不能判定其变动方向究竟是大幅度上涨还是大幅度下跌,于是以 6.05 的期权费买进一个两个月后到期的执行价格为 465 的 S&P 500 指数期货的看涨期权,同时又以 10.55 的期权费买进一个两个月后到期的执行价格为 465 的 S&P 500 指数期货的看跌期权,共支付期权费16.6,折合 8 300 美元(16.6 × 500)。两个月后期权到期,该组合收益如下:

当 S&P 500 指数期货的市场价格大幅下跌至435,投资者将放弃持有的看涨期权,执行其持有的看跌期权,获利 13.4(465 - 435 - 16.6),折合 6 700 美元。

当 S&P 500 指数期货的市场价格大幅上涨至495,则投资者将放弃持有的看跌期权,而执行其持有的看涨期权,获利 13.4(495 - 465 - 16.6),折合 6 700 美元。

当 S&P 500 指数期货的市场价格仍为 465 时,因持有的两个期权均没有内在价值而被放弃,损失期初支付的期权费 16.6,即 8 300 美元,此损失即为该组合的最大风险。

当 S&P 500 指数期货的市场价格 448.4(465 - 16.6)或 481.6(465 + 16.6)时,盈亏平衡。

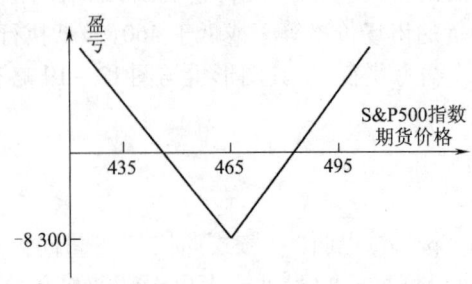

图 12 - 20　买入跨式套利的盈亏曲线

(二)卖出(空头)跨式套利

卖出跨式套利是买入跨式套利的反向操作,是指以相同的执行价格同时卖出同一标的物、同一到期日、同一数量的看涨期权和看跌期权的套利策略。当投资者预期标的物的市场价格比较稳定,不会有大幅度的变动时可考虑采用这一策略。建立此套利组合后,投资者期望市场平稳运行,保持盘整状态,当到期时市场价格不发生或发生较小变动时就会获利,在市场价格大幅波动时受损。

卖出跨式套利的最大收益:所收取全部权利金

卖出跨式套利的风险:价格低于低盈亏平衡点时的亏损 = 执行价格 - 市场价格 + 权利金

价格高于高盈亏平衡点时的亏损 = 市场价格 - 执行价格 + 权利金

盈亏平衡点:低平衡点 = 执行价格 - 权利金

高平衡点 = 执行价格 + 权利金

【例24】假设某日 S&P 500 指数期货价格为 465,某投资者预期两个月后 S&P 500 指数将平稳运行,市场处于盘整状态,于是以 6.05 的期权费卖出一个两个月后到期的执行价格为 465 的 S&P 500 指数期货的看涨期权,同时又以 10.55 的期权费卖出一个两个月后到期的执行价格为 465 的 S&P 500 指数期货的看跌期权,共收到期权费 16.6,折合 8 300 美元(16.6 × 500)。两个月后期权到期,该组合收益如下:

当 S&P 500 指数期货的市场价格大幅下跌至 435,则投资者持有的看涨期权被放弃,其持有的看跌期权则被执行,损失 13.4(435 - 465 + 16.6),折合 - 6 700 美元。

当 S&P 500 指数期货的市场价格大幅上涨至 495,则投资者持有的看跌期权被放弃,而其持有的看涨期权被执行,损失 13.4(465 - 495 + 16.6),折合 - 6 700 美元。

当 S&P 500 指数期货的市场价格仍为 465 时,因持有的两个期权均没有内在价值而被放弃,收益为期初收到的期权费 16.6,即 8 300 美元,此收益即为该组合可能取得的最大收益。

当 S&P 500 指数期货的市场价格 448.4(465 - 16.6)或 481.6(465 + 16.6)时,盈亏平衡。

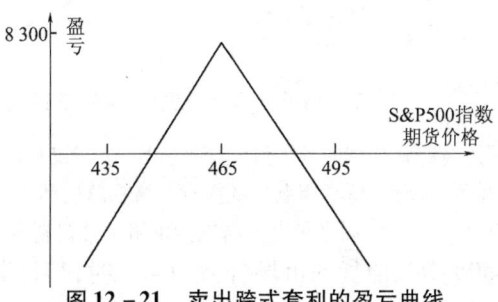

图 12 - 21　卖出跨式套利的盈亏曲线

在实际运用中,如果当市场价格的变动方向渐趋明朗,投资者预期市场价格向某一方向变动的可能性较大,而向另一个方向变动的可能性较小时,投资者可增减其中某种期权的买卖数量而调整其原有的组合。这时组合变成了不等量同价对敲。不等量同价对敲是指投资者买入或卖出的看涨期权与看跌期权数量不同,其他条件相同。不等量对敲可分为两类:一类是看涨对敲,指买入或卖出的看涨期权多于看跌期权;一类是看跌对敲,指买入或卖出的看跌期权多于看涨期权。不等量同价对敲的图形与上述跨式套利(同量等价对敲)略有不同,读者可进一步研究分析。

七、宽跨式套利

宽跨式套利(Strangle Spread)也叫"异价对敲""勒束式期权组合"等,是由执行价格不同的看涨期权和看跌期权构成的套利组合,通常看跌期权的执行价格小于看涨期权的执行价格。

宽跨式套利与跨式套利基本类似,只是前者执行价格不同,后者执行价格相同。两者都适用于标的资产价格预期有较大幅度变化但方向不易确定时的投资。宽跨式套利比跨式套利成本低,但需要较大的波动才能损益平衡或获利。根据投资者买卖方向的不同,宽跨式套利可分为买入宽跨式套利(Long Strangle)与卖出宽跨式套利(Short Strangle)两种。

(一)买入宽跨式套利

买入宽跨式套利是指同时买进执行价格不同,但到期日、标的物种类相同的看涨期权和看跌期权。一般来说,与跨式套利买进平价期权不同,在买入宽跨式套利中,投资者所买进的看涨期权与看跌期权都是虚值期权,即投资者买进执行价格高于市场价格的看涨期权,同时买进执行价格低于市场价格的看跌期权。由于买进这两种期权均为虚值期权,因此在建立组合开始时可支付较少的期权费,从而潜在的最大损失也将较小,但与跨式套利相比,投资者发生损失的概率却较大。因此,只有当投资者预期标的物的市场价格将有迅速而重大的变动时,买入宽跨式套利才是一种可取的策略。

$$买入宽跨式套利的收益:\frac{价格低于低盈亏}{平衡点时的收益}=低执行价格-市场价格-权利金$$

$$\frac{价格高于高盈亏}{平衡点时的收益}=市场价格-高执行价格-权利金$$

$$买入宽跨式套利的最大风险:所支付的全部权利金$$

$$盈亏平衡点:低平衡点=低执行价格-总权利金$$

$$高平衡点=高执行价格+总权利金$$

【例25】在 S&P 500 指数期货的市场价格为 465 时,某投资者以 3.80 的期权费买进一个执行价格为 470 的 S&P 500 指数期货的看涨期权,同时又以 8.30 的期权费买进一个到期日相同,但执行价格为 460 的 S&P 500 指数期货的看跌期权,共支付期权费 12.10,折合 6 050 美元(12.10 × 500)。与【例24】中买进跨式套利相比投资者可节省期权费 4.50,折合 2 250 美元。到期后,该组合收益如下:

当 S&P 500 指数期货的市场价格在 460 至 470 之间时,投资者期初买进的两个期权均无内在价值,从而被放弃,投资者期初支付的期权费 12.10,即 6 050 美元全部遭受损失,此损失也是该套利组合可能遭受的最大损失。

当 S&P 500 指数期货的市场价格为 447.90(460 - 12.10)或 482.1(470 + 12.10)时,投资者既无利润也无损失,盈亏平衡。这是因为当期货价格等于这两个价格时,投资者从其中一种期权的执行中所获取的收益将正好抵补期初支付的期权费总额。

当 S&P 500 指数期货的市场价格低于 447.90 或高于 482.10 时,投资者可获取净利润。这是因为当期货市场价格在这样的价格水平上,投资者从其中一种期权的执行中所得的收益将超过其建立部位时所支付的期权费总额,从而有所盈利。

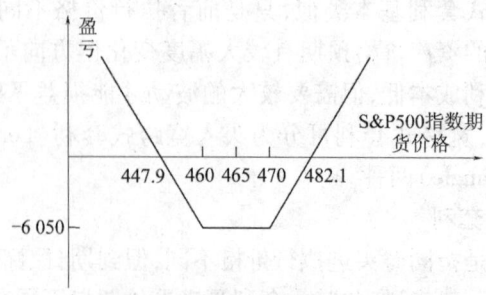

图 12 - 22　买入宽跨式套利的盈亏曲线

(二)卖出宽跨式套利

卖出宽跨式期权是买进宽跨式期权的反向操作,是指卖出执行价格不同,但到期日和标的物相同的看涨期权和看跌期权。一般来说,与跨式套利卖出平价期权不同,在卖出宽跨式套利中,投资者所卖出的看涨期权与看跌期权也都是虚值期权,即投资者卖出执行价格高于市场价格的看涨期权,同时卖出执行价格低于市场价格的看跌期权。由于卖出这两种期权均为虚值期权,因此在建立组合开始时收取的期权费较少,从而潜在的最大收益也将较小,但与跨式套利相比,投资者发生损失获利的概率却较大。因此,只有当投资者预期标的物的市场价格将趋于稳定时,卖出宽跨式套利才是一种可取的策略。

卖出宽跨式套利的收益:所收取的全部权利金

$$卖出宽跨式套利的最大风险:\genfrac{}{}{0pt}{}{价格低于低盈亏}{平衡点时的损失}=市场价格-低执行价格+权利金$$

$$\genfrac{}{}{0pt}{}{价格高于高盈亏}{平衡点时的收益}=高执行价格-市场价格+权利金$$

盈亏平衡点:低平衡点 = 低执行价格 - 总权利金

高平衡点 = 高执行价格 + 总权利金

【例26】在 S&P 500 指数期货的市场价格为 465 时,某投资者以 3.80 的期权费卖出一个执行价格为 470 的 S&P 500 指数期货的看涨期权,同时又以 8.30 的期权费卖出一个到期日相同,但执行价格为 460 的 S&P 500 指数期货的看跌期权,共收取期权费 12.10,折合 6 050 美元(12.10×500)。到期后,该组合收益如下:

当 S&P 500 指数期货的市场价格在 460 至 470 之间时,投资者期初卖出的两个期权均无内在价值,从而被放弃,投资者期初收取的期权费 12.10(即 6 050 美元)为该套利组合的最大收益。

当 S&P 500 指数期货的市场价格为 447.90(460 - 12.10)或 482.1(470 + 12.10)时,投资者既无利润也无损失,盈亏平衡。这是因为当期货价格等于这两个价格时,投资者从其中一种期权的被执行中所遭受的损失正好被期初收取的期权费总额抵补。

当 S&P 500 指数期货的市场价格低于 447.90 或高于 482.10 时,投资者将遭受损失。这是因为当期货市场价格在这样的价格水平上,投资者从其中一种期权的被执行中遭受的损失将超过期初时所收取的期权费总额,从而有所亏损。

八、转换套利与反向转换套利

(一)转换套利

转换套利(Conversion Spread)策略的构成是在买进期货的同时,买入看跌期权合约,并卖出看涨期权合约。这一套利策略要满足两个条件:一是看跌期权与看涨期权的执行价格和到期月份要相同;二是期货合约到期月份要与期权合约到期月

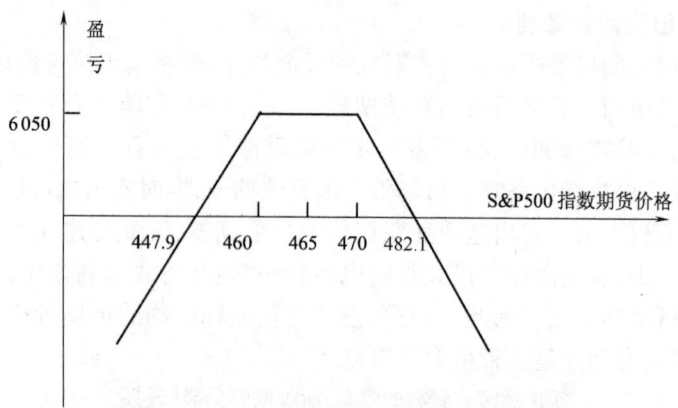

图12-23 卖出宽跨式套利的盈亏曲线

份相同,同时在价格上应尽可能接近期权的执行价格。在此条件下,如果期货价格在到期日高于期权执行价格,交易者的空头看涨期权将被执行,并自动与交易者的多头期货部位相对冲,多头看跌期权则任其作废。如果在合约到期日,期货价格低于期权的执行价格,交易者的多头看跌期权将被执行,并自动与交易者的多头期货部位相对冲,空头看涨期权则任其作废。转换套利适用于看涨期权被正确定价但看跌期权被低估的场合,也可以用于看涨期权被高估、看跌期权被正确定价的场合。

转换套利收益=(看涨期权权利金-看跌期权权利金)+(期权执行价格-期货价格)

【例27】某投资者在5月份以市场价格2 001元/吨买入1份6月份的大豆期货合约,然后又以25元/吨的权利金买入一份执行价格为2 000元/吨的6月份到期的大豆看跌期权,同时又以40元/吨的权利金卖出1份执行价格为2 000元/吨的6月到期的大豆看涨期权。

如果6月份期权及期货合约到期后,期货价格为1 950元/吨,该投资者执行看跌期权,转为空头期货部位,这一期货部位与期初的多头期货部位对冲后,在期货组合头寸上亏损1元/吨。同时看涨期权被对方放弃,在期权头寸上盈利为15元/吨(40-25)。该套利组合的总收益是14元/吨(15-1)。

如果6月份期权及期货合约到期后,期货价格为2 150元/吨,看涨期权被要求履约,转为空头期货部位,这一部位与期初多头期货部位对冲,在期货头寸上亏损1元/吨。同时该投资者放弃看跌期权,在期权头寸上的盈利为15元。该套利组合的总收益仍为14元/吨(15-1)。

其他情况下的收益分析结果与上述相同,都为14元/吨。

(二)反向转换套利

反向转换套利(Conversion Spread)策略的构成是在卖出期货的同时,买入看涨期权合约,并卖出看跌期权合约。这一套利策略也要满足两个条件:一是看跌期权

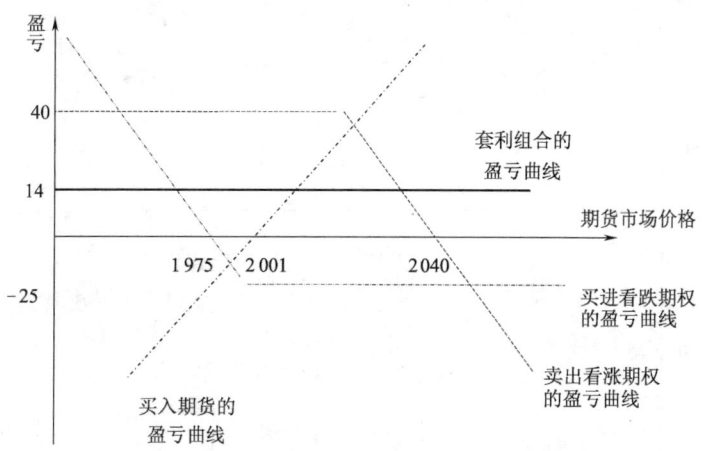

图 12 - 24　转换套利的盈亏曲线

与看涨期权的执行价格和到期月份要相同;二是期货合约到期月份要与期权合约到期月份相同,同时在价格上应尽可能接近期权的执行价格。在此条件下,如果期货价格在到期日高于期权执行价格,看涨期权将被执行,并自动与交易者的空头期货部位相对冲,看跌期权则任其作废。如果在合约到期日,期货价格低于期权的执行价格,看跌期权将被对方执行,并自动与交易者的空头期货部位相对冲,看涨期权则任其作废。反向转换套利适用于看跌期权被正确定价但看涨期权被低估的场合,也可以用于看跌期权被高估、看涨期权被正确定价的场合。

转换套利收益 =(看跌期权权利金 - 看涨期权权利金)-(期权执行价格 - 期货价格)

【例 28】某投资者在 5 月份以市场价格 2 000 元/吨卖出了 1 份 6 月份的大豆期货合约,然后又以 40 元/吨的权利金买入一份执行价格为 2 000 元/吨的 6 月份到期的大豆看涨期权,同时又以 50 元/吨的权利金卖出 1 份执行价格为 2 000 元/吨的 6 月到期的大豆看跌期权。

如果 6 月份期权及期货合约到期后,期货价格为 1 900 元/吨,看跌期权被对方履约,投资者损失 100 元/吨(2 000 - 1 900),用期初期权费的净收益 10 元/吨(50 - 40)抵补后仍亏损 90 元/吨。同时,投资者将期货部位对冲平仓后,在期货组合头寸上盈利 100 元/吨(2 000 - 1 900)。该套利组合的总收益为 10 元/吨(100 - 90)。

如果 6 月份期权及期货合约到期后,期货价格为 2 100 元/吨,投资者执行看涨期权,投资者盈利为 100 元/吨(2 100 - 2 000),再加上期初期权费净收入 10 元/吨(50 - 40),期权头寸获利 110 元/吨。期货部位对冲平仓后,在期货组合头寸上亏损 100 元/吨(2 100 - 2 000)。该套利组合的总收益仍为 10 元/吨(110 - 100)。

其他情况下的收益分析结果与上述相同,都为10元/吨。

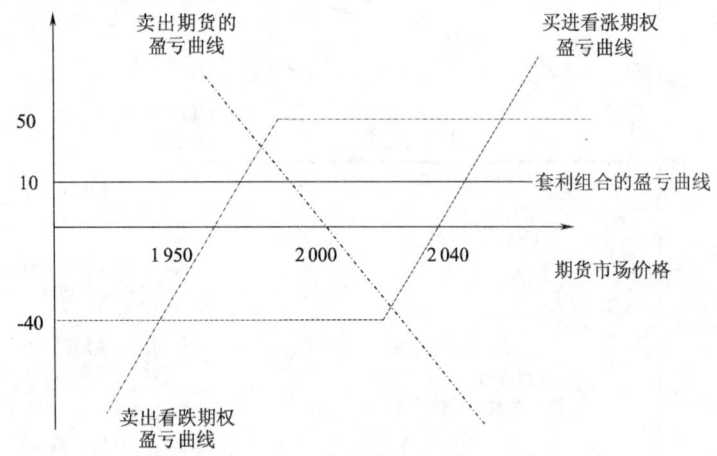

图 12-25　反向转换套利的盈亏曲线

通过上述两个案例分析可以发现,转换套利与反向转换套利属于无风险套利,在现实中并不多见。即使出现这样的套利机会也是稍纵即逝,或者利润不能弥补交易成本,可操作性不是很强。

案例:中国国航期权投资亏损案[①]

"现代企业管理者,不会利用期货这一风险管理工具来锁定成本或利润是傻子,而乱做期货投机则是疯子!"这是期货业内流传甚广的一句名言。

上周末国航(601111.SH)于公告中承认,在航空燃油的场外衍生品交易中浮亏已达31亿元(截至10月底)。既不是"傻子"也不是"疯子"的国航,虽勇于尝试结构性产品,但其复杂的套保行为却已传出"异化"的味道。

据国航在香港公开的 H 股 2008 年中报披露,国航早在 2001 年 3 月已开始油料套期保值交易,其交易品种主要是新加坡航空燃油,另外还包括与航油价格关联度较高的布伦特原油、纽约原油衍生品,且今年上半年也仅对现货采购总量的17.6%进行了套期保值处理。其董秘向媒体进一步介绍,国航在航油套保上使用了包含 5 到 6 种模型工具的结构性产品。

事实上,国航公告显示,该公司不仅买进看涨期权,而且同时向对手卖出看跌期权以冲抵套保交易中买入期权时的权利金支出。更有意思的是,该最新公告披露其董事会授权套期保值合约下的最大购入量在 2008 年度为实际燃油采购量的

---

① 罗方辉.第一财经日报.2008-11-25.

50%±10%。

一般认为,国航只需在场外市场买入履约价为预算价位左右的看涨期权即可简单实现涨价时的套保目的,而且可以在跌价时锁定套保亏损。期权在套保交易中,则被用来对期货头寸进行再保值,且卖出期权的交易,通常仅被认为是实力雄厚金融机构的投机工具,或者是期权组合交易中的一种套利手段。

国航同时卖出看跌期权,以图取得相应的权利金收入,却增加了跌价时损失的可能,故其采用"结构期权"的套保行为难免有套利甚至投机之嫌。

更让人疑惑的是,国航现有暴露头寸按其浮亏31亿元计,应远高于现货采购总量的17.6%,甚至可能接近其授权上限的60%。按照成熟的国企套保经验,在7月初油价走势已开始出现向有利于现货采购的方向变化之时,应减小暴露的期权头寸而不是扩大头寸来赌油价上涨。

套保的"异化"早已在国内其他企业身上蔓延。2004年后国内铜加工企业中流行的境内外"反套"交易行为,其实也是套保通道不通畅及境内外套保亏损后衍生出的投机性"套利"行为。近期发出公告试图解释其套保头寸为净多头的江铜(600362.SH),也恐难以逃脱套利投机之嫌。

至于中航油的陈久霖及国储事件中的刘其兵,则是在套保头寸亏损后试图以大量卖出期权的收入来弥补保证金的追加要求,结果彻底"异化"后被市场清洗出局。

其实,最简单的企业套保行为只要遵循"等量反向"的基本原则。所章,已注意到企业套保"异化"的国资委发出"关于2009年中央企业开展全面风险管理工作有关事项的通知"。陈久霖事件后,国家有关部门曾为此出台了限制国有企业进入期货市场套保的内部规定,也导致了第二年期货市场的交易萎缩。

因噎废食固然不可取,监管部门在加强参与境外衍生品交易的监管同时,更应加快有关期货品种的上市和有关制度的完善,以减少企业套保"异化"的各种外部诱因。

在国际商品衍生交易市场中,国内的企业只能算新手,很多时候我们对于价格的判断是"走一步看一步",缺乏大方向的把握,这也是为什么国内的企业常常在高位买单的一个重要原因。在国际衍生品市场的那些大赢家眼里,这是一种风险投资;对于那些新手而言,这无疑是一场赌博。这就是场外衍生品市场的结构性期权交易。

结构性期权花样繁多,一种简单的模式是,既作为期权的买方,如买入看涨期权;同时也是期权的卖方,如卖出看跌期权。在这种模式下面,风险看似得到了对冲,其实不然,因为作为期权买方,只有在价格对自己有利的时候才会行使权力,而作为期权的卖方,当价格对自己不利的时候,是没有办法规避风险的。

在过去数年的时间内,国内企业或者企业负责人频频折戟国际衍生品市场,结构性期权往往成为这些企业亏损的罪魁祸首,这些企业在商品价格上涨的时候成为看涨期权的卖出者,如中航油的陈久霖;在价格下跌的时候成为看跌期权的卖出者,如国储铜事件中的刘其兵、中国国航。

"如果想成为商品期权的卖出者,那么就必须要对该种商品未来的价格有一个清晰的定位,同时要很好地把握该种商品的波动率。"香港一期货咨询公司人士对《第一财经日报》指出,"因为期权卖方的收益是有限的,而风险则是无限的。"

然而,期权卖方所必需的特质,正是国内企业所缺乏的。

当然,由于市场波动的特性,没有任何机构或者个人能够百分之百确定未来一段时间某个商品价格能到多少或者不能到多少,因此,期权的卖方为了防止可能出现的巨大亏损,就在期权费(期权定价)的设定上投入很大的力气。影响期权价格的因素主要有标的物市场价格、行权价格以及标的物的波动率。

对于一个期权交易者而言,对波动率的关注应该高于对期权价格本身的关注。可惜从过去几年国内企业参与国际商品期权交易的情况来看,我们似乎更注重对价格的关注而忽略对市场的波动,不幸的是,这几年商品价格的波动是任何历史数据都不能给予参考的。

从这些企业的实际操作来看,他们在卖出看涨期权时,对应商品的价格往往远高于行权价;在卖出看跌期权时,对应商品的价格则远低于行权价。这就造成了一种假象——卖出期权可以稳稳地赚取期权费用,而不会承担风险。但是,当陈久霖认为原油价格不会超过40美元/桶,结果油价不仅突破了40美元/桶,当年最高涨到了57美元/桶;刘其兵认为国际铜价难以突破3 500美元/吨,结果在不到一年的时间内,突破了8 000美元/吨;当今年7月国际油价在130多美元/桶的时候,国航判断油价不会跌至60美元/桶下方,结果上周跌到了50美元/桶。

思考题与练习题

1.掌握下列名词:垂直套利、水平套利、飞鹰式套利、跨式套利、宽跨式套利、转换套利、反向转换套利

2.比较分析期权交易的四种基本策略的盈亏特征。

3.期权投机过程中应注意哪些问题?

4.什么是合成交易策略? 各合成交易策略的盈亏特征有何区别?

5.垂直套利有哪几种形式?

6.试分析水平套利的盈亏平衡点。

7.飞鹰式套利有哪几种形式?

8.跨式套利和宽跨式套利有何区别? 各自的盈亏特征有何不同?

9.转换套利和反向转换套利有何区别? 各自的盈亏特征有何不同?

第十三章
期权定价理论及其他
期权类工具

学习要求

　　本章要求熟练掌握期权内在价值和时间价值的概念以及影响期权价值的因素,了解期权定价模型的基本原理及应用,在此基础上认识期权价格的敏感性指标,熟悉奇异期权及其他期权类工具的含义。

　　This chapter requires that the learners should grasp the definition of the intrinsic value of option and time value and the factors that will influence the option value, to know the basic theories and applications of option price model in order to understand the sensitive index of option price and familiarize themselves with Exotic Options and the meaning of other option instruments.

第一节　期权价值的构成

在期权交易中,虽然期权的价格受多种复杂因素的影响,但从理论上看,期权价值由两部分价值组成,即内在价值和时间价值。

一、期权的内在价值

期权的内在价值是指立即履行期权合约时可获得的利润,它反映了期权敲定价格和该商品或相关期货合约市价的关系。例如,一种股票的市场价格为每股70美元,而以这种股票为标的物的看涨期权的敲定价格为每股50美元,若这一看涨期权的交易单位为100股该股股票,则它的购买者只要立即执行期权即可获得2 000美元(差价20美元乘以100股)的收益;反之,若是市场价格为30美元、敲定价格为50美元的看跌股票期权,则它的购买者只要立即执行期权即可获得2 000美元。总之,无论是看涨期权还是看跌期权,当期权处于有利价时,它就具有内在价值(Intrinsic Value),反之则不具有内在价值。一般来说,决定期权内在价值的主要因素有:

(一)敲定价格状况

看涨期权敲定价格越低,标的物市场价格超过敲定价格的概率也就越高,期权也越易于转向有利价,对看涨期权的需求就会增加,因此,期权购买方会用较高的期权价购入。同样,看跌期权的敲定价格越低,可能达成的期权价格也就越低。而看涨期权敲定价格越高,标的物市场价格超过敲定价格的概率也就越低,因此,该看涨期权的价格就越低,看跌期权敲定价格越高,标的物市场价格低于敲定价格的概率就越高,该看跌期权的价格就越高。必须注意的是,期权的敲定价格高低是相对于原始资产的价格而言的,所以,标的物的市场价格将在很大程度上影响期权内在价值的决定。在标的物价格一定时,执行价格便决定了期权的内在价值。对看涨期权来说,若执行价格提高,期权的内在价值减少;若执行价格降低,则内在价值增加。对看跌期权来说,若执行价格提高,期权的内在价值也增加;若执行价格降低,期权的内在价值也减少。

(二)标的物的市场价格

在敲定价格一定、其他条件不变的情况下,如果标的物市场价格上升,看涨期权的价值也将会上升,看跌期权的价值则会下降;如果标的物市场价格下降,看涨期权的价值会下降,而看跌期权的价值会上升。因此,敲定价格与标的物市场价格的关系是决定期权内在价值的重要因素。

敲定价格与标的物的市场价格关系有实值、虚值和平价三种不同的情况。所谓"实值"是指期权的内在价值为正，"虚值"是指期权的内在价值为负，"平价"是指期权的内在价值为零。

1. 实值期权(In the Money Options)。当看涨期权的执行价格低于当时标的物价格时，该期权为实值期权。当看涨期权的执行价格远远低于当时标的物价格时，该期权为深实值期权(Deep In the Money)。

【例1】某欧元看涨期权合约中的执行价格为1.412 4美元/欧元，而当时欧元期货价格为1.453 6美元/欧元。此时，看涨期权的买入者有权利以1.412 4美元/欧元的执行价格买入该欧元期货合约。如果允许该看涨期权的买入者可以现在执行期权合约的话，立即会获得0.041 2美元/欧元(1.453 6 - 1.412 4)。所以，这一看涨期权为实值期权，其内在价值为0.041 2美元/欧元。如果此时欧元期货价格相比该看涨期权的执行价格特别高的话，该看涨期权可以被称为深实值期权。

当看跌期权的执行价格高于当时的标的物价格时，该期权为实值期权。当看跌期权的执行价格远远高于当时的标的物价格时，该期权为深实值期权。

【例2】某欧元期货合约价格为1.372 8美元/欧元，某投资者拥有一个执行价格为1.401 4美元/欧元的欧元看跌期权，即其拥有按此价格卖出相关欧元期货合约的权利。如果允许该看跌期权的持有者可以现在执行期权合约的话，立即会获得0.028 6美元/欧元(1.401 4 - 1.372 8)。所以，这一看跌期权为实值期权，其内在价值为0.028 6美元/欧元。如果此时欧元期货价格相比该看跌期权的执行价格特别低的话，该看跌期权可以被称为深实值期权。

2. 虚值期权(Out of the Money Option)。当看涨期权的执行价格高于当时的标的物价格时，该期权为虚值期权。当看涨期权的执行价格远远高于当时的标的物价格时，该期权为深虚值期权(Deep Out of the Money Option)。

【例3】某投资者买入执行价格为98.70美元/桶的原油看涨期权合约，而当时原油期货合约价格为96.50美元/桶。如果此时该投资者执行期权的话只能带来2.20美元/桶(96.5 - 98.7)的损失。所以，该看涨期权不具有内在价值，为虚值期权。如果此时原油期货价格相比该看涨期权的执行价格特别低的话，该看涨期权可以被称为深虚值期权。

当看跌期权的执行价格低于当时的标的物价格时，该期权为虚值期权。当看跌期权的执行价格远远低于当时的标的物价格时，该期权为深虚值期权。

【例4】某投资者买入执行价格为97.20美元/桶的原油看跌期权合约，而当时原油期货合约价格为99.50美元/桶。如果此时该投资者执行期权的话只能带来2.30美元/桶(97.20 - 99.50)的损失。所以，该看跌期权不具有内在价值，为虚值期权。如果此时原油期货价格相比该看跌期权的执行价格特别高的话，该看跌期权可以被称为深虚值期权。

值得注意的是,深虚值期权的期权价格极低,对于深虚值期权的买方而言,一旦标的物市场价格大幅波动而且是向有利方向波动的话,盈利会相当可观;但当标的物市场价格波动性不大,盈利可能性极小,最后招致损失。对于深虚值期权的卖方而言,期初会收到微小的权利金,标的物市场价格波动不大的话,会获取这微小的权利金,一旦价格大幅波动的话则可能承受巨大亏损,所以深虚值期权具有很高的投机价值。

3. 平值期权(At the Money Option)。当看涨期权的执行价格等于当时的标的物价格时,该期权为平值期权。当看跌期权的执行价格等于当时的标的物价格时,该期权为平值期权。对于平值期权,由于期权既可以向实值期权转化,也可以向虚值期权转化,方向难以确定,转为实值则买方盈利,转为虚值则卖方盈利,投机性很强。

【例5】目前的小麦期货价格为 1 620 元/吨,则敲定价格为 1 620 元/吨的小麦看涨期权和看跌期权均为平值期权。

表 13 - 1   敲定价格和标的物市场价格的关系

	看涨期权	看跌期权
实值期权	期权执行价格 < 标的物价格	期权执行价格 > 标的物价格
虚值期权	期权执行价格 > 标的物价格	期权执行价格 < 标的物价格
平值期权	期权执行价格 = 标的物价格	期权执行价格 = 标的物价格

总之,对看涨期权而言,市场价格高于敲定价格为实值,市场价格低于敲定价格为虚值;而对看跌期权而言,市场价格低于敲定价格为实值,市场价格高于敲定价格为虚值。若市场价格等于敲定价格,则无论看涨期权还是看跌期权均为平价。如果某个看涨期权处于实值状态,则执行价格和标的物相同的看跌期权一定处于虚值状态,反之亦然。

二、期权的时间价值

期权价格的另一个构成部分是时间价值。时间价值也称外在价值,是指期权购买者为购买期权而实际支付的期权费超过该期权内在价值的那部分价值,也就是期权买方希望随着时间的延长,相关金融商品价格的变动有可能使期权增值时而愿意多付出的那部分期权费金额。所以时间价值(Time Value)是指期权权利金扣除内在价值的剩余部分,即权利金中超出内在价值的部分。它是指随着时间的延长,相关标的物价格的变动有可能使期权增值时期权的买方愿意为买进这一期权所付出的权利金金额。它同时也反映出期权的卖方所愿意接受的期权的卖价。因此,时间价值的确定是通过期权的买方和卖方依据对未来时间内期权价值增减趋势的不同判断而互相竞价形成的。

【例6】某年1月10日,3月份到期的执行价格为1.3478美元/欧元的欧元看涨期权的价格为0.0451美元/欧元,当日3月份到期欧元期货价格为1.3888美元/欧元,则该看涨期权的内在价值为0.041美元/欧元(1.3888-1.3478),而其时间价值为0.0041美元/欧元(0.0451-0.041)。

一般来说,决定期权时间价值的主要因素可概述如下。

(一)标的物市场价格及执行价格

如前所述,敲定价格与标的物市场价格的关系是决定期权内在价值的重要因素。不仅如此,执行价格与市场价格的关系还决定了时间价值的有无和大小。一般来说,执行价格与市场价格的差额越大,时间价值就越小;反之,差额越小,时间价值就越大。当一种期权处于极度实值或极度虚值时,时间价值都将趋向于零;当一种期权正好处于平值期权时,其时间价值却达到最大。因为时间价值是人们预期市场价格的变动能使虚值期权变为实值期权,或使有内在价值的期权变为更有内在价值的期权而付出的代价,所以当一种期权处于极度实值时,市场价格变动使它继续增加内在价值的可能性已极小,而使它减少内在价值的可能性倒极大,因而人们都不愿意为买入该期权并持有它而付出比当时的内在价值更高的权利金。相反,当一种期权处于极度虚值时,人们会认为其变为实值期权的可能性十分渺茫,因而也不愿意为买入这种期权而支付任何权利金。因此,只有在执行价格与市场价格相等,即期权为平值期权时,市场价格的变动才最有可能使期权增加内在价值,人们也才最愿意为买入这种期权而付出等于时间价值的权利金,此时的时间价值已经最大,任何市场价格与执行价格的偏离都将减少这一时间价值。所以,市场价格与执行价格的关系对时间价值也有直接的影响。

我们用图13-1、图13-2说明看涨期权与看跌期权的价格,图中阴影部分为时间价值,虚线表示内在价值。可以看出,内在价值与横轴(标的物市场价格)成45°,这是因为对看涨期权而言标的物市场价格超过执行价格的部分正好是内在价值,对看跌期权而言标的物市场价格低于执行价格的部分正好是内在价值。可见,执行价格与市场价格的关系决定了内在价值的有无及内在价值的大小。不仅如此,图中还证明了标的物市场价格及执行价格的关系决定时间价值的有无和大小。一般地说,执行价格与市场价格差距越小,时间价值就越大。而且,我们还可以发现,当一种期权处于深度实值或深度虚值时,时间价值都将趋向于零,而当一种期权正好处于平价时,时间价值却达到最大。

(二)剩余有效期

期权合约的有效期是指距离期权合约到期日剩余时间的长短。如果其他条件不变,当期权临近到期日时,其时间价值衰减速度加快。这主要是因为可以导致期权转向有利价格的时间不多,而到期日期权也就不再存在时间价值,此时期权就只

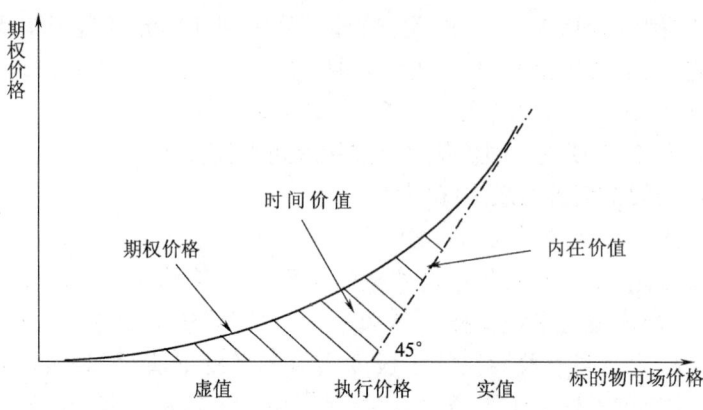

图 13 – 1　看涨期权的价格

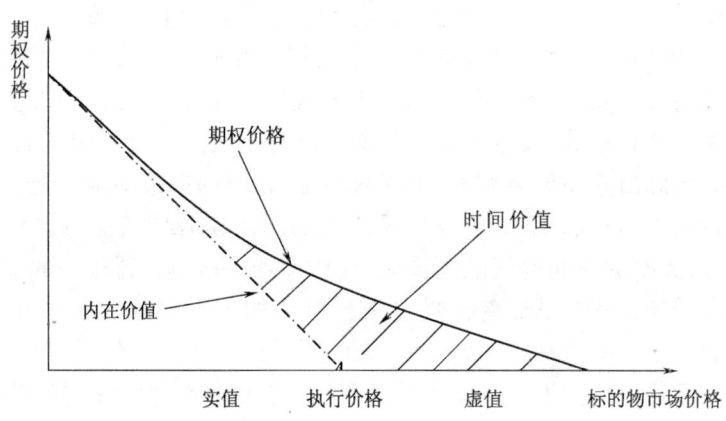

图 13 – 2　看跌期权的价格

剩下内在价值。一般来看,期权剩余有效时间越长,时间价值就越大;期权剩余有效期越短,时间价值越小;在期权到期日,期权剩余有效期为零,所以时间价值也为零。对于期权买方来说,有效期越长选择的余地越大,标的物价格向买方所期望的方向变动的可能性就越大,买方行使期权的机会也就越多,获利的可能性就越大;反之,有效期越短,期权的时间价值就越低。因为时间越短,标的物价格出现大的波动(尤其是价格变动发生逆转)的可能性越小,到期时期权就失去了任何时间价值。对于卖方来说,期权有效期越长,风险就越大,买方也就愿意支付更多的权利金来占有更多的盈利机会,卖方得到的权利金也就越多。有效期越短,卖方所承担的风险也就越小,他卖出期权所要求的权利金就不会很多,买方也不愿意为这种盈利机会很少的期权支付更多的权利金。因此,期权的时间价值与期权合约的有效期成正比,并随着期权到期日的日益临近而逐步衰减,尤其是在越接近到期日时,时间价值加速衰减,最后在到期日时,时间价值为零。

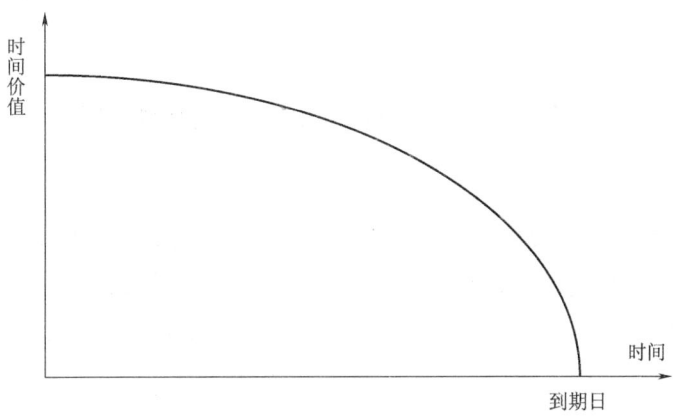

图 13-3 期权的时间价值

(三)标的物市场价格波动性

标的物市场价格的波动不仅直接影响到期权的内在价值,也影响着时间价值。当标的物市场价格波动幅度增加,就会相应地使期权价格水平上涨。因为价格波动幅度越大,市场价格将该期权推向有利价的可能性就越大,无论是看涨期权还是看跌期权,其时间价值都将随着标的物价格的波动性增大而提高;反之,标的物市场价格波动幅度越小,市场价格将该期权推向有利价的可能性也就越小,无论是看涨期权还是看跌期权,其时间价值都将随着标的物价格的波动性缩小而降低。标的物市场价格波动性只代表标的物价格的波动幅度,代表标的物价格的波动方向,也就是说波动性的提高在增加盈利机会的同时,也蕴含着亏损的机会。一般而言,标的物价格波动幅度越大,对期权购买者越有利,而对期权出售者不利。

(四)无风险利率

无风险利率对期权价值有两种影响:一是无风险利率反映了投资者的资金成本,当整个经济中的利率上升时,投资者对标的资产价格的预期增长率也倾向于增加;二是利率增加时,期权持有者收到的未来现金流量的现值将减少。一般来讲,当利率提高时,期权的时间价值会减少;反之利率下降时,期权的时间价值会增高。总体上来说,利率水平对期权时间价值的整体影响还是十分有限的。一般来说,利率对看涨期权的价格有正向的影响,对看跌期权的价格有负向的影响,这一点尤其在股票期权中反应明显。

(五)标的资产的收益率

许多金融期权的标的物如股票、债券其本身都有相应的收益,这些收益自然归这些资产的持有者所拥有,所以,标的资产的收益将影响着标的资产的价格,在标的资产价格一定时,标的资产的价格又必然影响期权的内在价值,从而影响期权的价格。因此,标的资产的收益率越高,看涨期权的价格就越低,看跌期权的价格就越高。

第二节　期权的定价模型

在期权交易中,期权价格的变动对交易双方来说是至关重要的,确定合理的期权价格是期权交易能否获利的关键。自从1973年第一笔场内期权交易诞生以来,许多实务界的专家和理论界的经济学者都纷纷提出了各自期权定价理论和模型,以论证期权价格的确定问题。

一、布莱克—斯科尔斯模型

(一)无收益资产的期权定价公式

1973年,美国芝加哥大学费希尔·布莱克(Fischer Black)与迈伦·斯科尔斯(Myron Scholes)共同发表了《期权定价与公司负债》一文,率先提出了第一个期权定价模型,在学术界及实务界引起强烈反响。后来,罗伯特·默顿和迈伦·斯科尔斯对这一模型做了改进和修正,并因此获得了1997年度的诺贝尔经济学奖。

布莱克—斯科尔斯模型建立在以下一些假设的基础上,这些假设主要有:

1. 期权是欧式期权;

2. 标的资产无任何收益(如股息、利息等)的支付;

3. 期权标的物是有风险的资产,并且可被自由地买进或卖出;

4. 无风险利率的金融资产价格变动幅度在整个期权有效期内是常数;

5. 不存在无风险套利机会,也不存在税收和交易成本的问题;

6. 标的资产的价格变动是连续的、随机的,而且是均匀的,无价格缺口;

7. 标的资产的价格变化符合几何布朗运动,标的资产的价格变化服从自然对数正态分布。

以现货看涨期权的定价为例,用公式表示的布莱克—斯科尔斯模型具体形式如下:

$$C = SN(d_1) - Xe^{-rT}N(d_2) \qquad (式13-1)$$

$$d_1 = \frac{\ln(S/X) + (r + \sigma^2/2)T}{\delta\sqrt{T}} \qquad (式13-2)$$

$$d_2 = d_1 - \sigma\sqrt{T} = \frac{\ln(S/X) + (r - \sigma^2/2)T}{\sigma\sqrt{T}} \qquad (式13-3)$$

其中: r——无风险利率;

　　σ——标的物价格的标准差;

　　ln——自然对数;

　　$e \approx 2.71828$

　　S——标的资产的现行价格;

　　X——期权执行价格(敲定价格);

　　T——至到期日的时间;

　　C——看涨期权的价格;

　　$N(d_1)$ 和 $N(d_2)$——标准正态分布函数。

这就是无收益资产欧式看涨期权的定价公式。公式推导虽然极其复杂,但使用起来却较为简单。公式中的主要参数是:现行标的物价格 S;期权执行价格 X;距离到期日的时间 T;市场无风险利率 r;反映标的物价格波动程度的标准差 σ。一般情况下,前面四个参数比较容易得到,但最后一个 σ 比较难以获取,但是,利用标的物历史价格数据就可以估计标准差,同时考虑未来价格变动就可以确定 σ 的值。

【例7】假设某股票的市场价格为 60 元,看涨期权的执行价格为 65 元,6 个月后到期,股票价格年波动率的标准差为 15%,无风险利率为 7%。求该股票的看涨期权的价格。

先求出 d_1 和 d_2:

$$d_1 = \frac{\ln(S/X) + (r + \sigma^2/2)T}{\sigma\sqrt{T}}$$

$$= \frac{\ln(60/65) + (0.07 + 0.15^2/2)0.5}{0.15\sqrt{0.5}}$$

$$= -0.3710$$

$$d_2 = d_1 - \sigma\sqrt{T} = -0.3710 - 0.15 \times \sqrt{0.5} = -0.4771$$

查正态分布表得:

$$N(d_1) = 0.3553$$
$$N(d_2) = 0.3167$$

则该股票看涨期权的价格为:

$$C = SN(d_1) - Xe^{rT}N(d_2)$$
$$= 60 \times 0.3553 - 65 \times e^{-0.07 \times 0.5} \times 0.3167$$
$$= 1.44$$

在风险中性的假设下,无收益资产美式看涨期权的价值就等于无收益资产欧式看涨期权的价值。

根据欧式看涨期权和看跌期权之间存在平价关系,可以得到无收益资产欧式看跌期权的定价公式:

$$P = Xe^{-rT}N(-d_2) - SN(-d_1) \qquad (式13-4)$$

由于美式看跌期权与看涨期权之间不存在严密的平价关系,因此美式看跌期权的定价还没有得到一个精确的解析公式,但可以用蒙特卡罗模拟、二叉树和有限差分三种数值方法以及解析近似方法求出。

(二)有收益资产的期权定价公式

在收益已知情况下,我们可以把标的证券价格分解成两部分:期权有效期内已知现金收益的现值部分和一个有风险部分。当期权到期时,这部分现值将由于标的资产支付现金收益而消失。因此,我们只要用 S 表示有风险部分的证券价格,σ 表示风险部分遵循随机过程的波动率,就可直接用公式(13-1)和公式(13-4)分别计算出有收益资产的欧式看涨期权和看跌期权的价值。

当标的证券已知收益的现值为 I 时,我们只要用 $(S-I)$ 代替公式(13-1)和(13-4)中的 S 即可求出固定收益证券欧式看涨和看跌期权的价格。以现货看涨期权的定价为例,用公式表示的布莱克—斯科尔斯模型具体形式如下:

$$C = (S-I)N(d_1) - Xe^{-rT}N(d_2) \qquad (式13-5)$$

当标的证券的收益为按连续复利计算的固定收益率 q(单位为年)时,我们只要将 Se^{-qT} 代替式(13-1)和式(13-4)中的 S 就可求出支付连续复利收益率证券的欧式看涨和看跌期权的价格,从而使布莱克—斯科尔斯的欧式期权定价公式适用欧式货币期权和股价指数期权的定价。

$$C = Se^{-qT}N(d_1) - Xe^{-rT}N(d_2) \qquad (式13-6)$$

$$P = Xe^{-rT}N(-d_2) - Se^{-qT}N(-d_1) \qquad (式13-7)$$

【例8】假设当前英镑的即期汇率为 \$ 1.5000,美国的无风险连续复利年利率为7%,英国的无风险连续复利年利率为10%,英镑汇率遵循几何布朗运动,其波动率为10%,求6个月期协议价格为 \$ 1.5000 的英镑欧式看涨期权价格。

由于英镑会产生无风险收益,现在的1英镑等于6个月后的 $e^{0.1\times0.5}$ 英镑,而现在的 $e^{0.1\times0.5}$ 英镑等于6个月后的1英镑,因此可令 $S = 1.500 \times e^{-0.1\times0.5}$,并代入式(13-1)就可求出期权价格。

$$C = 1.5000 \times e^{-0.1\times0.5}N(d_1) - 1.5000e^{0.07\times0.5}N(d_2)$$

$$= 1.4268N(d_1) - 1.4484N(d_2)$$

$$d_1 = \frac{\ln(1.5000e^{-0.1\times0.5}/1.5000) + (0.07 + 0.01/2) \times 0.5}{0.1 \times \sqrt{0.5}}$$

$$= \frac{-0.05 + 0.0375}{0.0707} = -0.1768$$

$$d_2 = d_1 - \sigma\sqrt{T-t} = -0.1768 - 0.1 \times \sqrt{0.5} = -0.2475$$

通过查累积正态分布函数 $N(x)$ 的数据表,我们可以得出:

$$C = 1.4268 \times 0.4298 - 1.4484 \times 0.4023 = 0.0305 = 3.05(美分)$$

因此,6个月期英镑欧式看涨期权价格为3.05美分。

有收益的美式期权的定价较为复杂,在此不做介绍。

二、二项式模型

由于布莱克—斯科尔斯模型涉及比较复杂的数学运算,对许多投资者而言,在实践中操作具有一定的难度。于是,1979 年考科斯(John C. Cox)、罗斯(S. A. Ross)和鲁宾斯(Mark Rubinstein)发表了《期权定价:一种被简化的方法》一文,用一种比较浅显的方法推导出了期权定价模型,即所谓的二项式模型。

我们从简单的无收益资产期权的定价开始介绍二项式模型,之后再逐步加以扩展。

二项式模型首先把期权的有效期分为很多很小的时间间隔 Δt,并假设在每一个时间间隔 Δt 内证券价格只有两种运动的可能:从开始的 S 上升到原先的 u 倍,即到达 Su;下降到原先的 d 倍,即 Sd。其中, $u > 1$, $d < 1$,如图 13 - 4 所示。价格上升的概率假设为 p ,下降的概率假设为 $1 - p$ 。

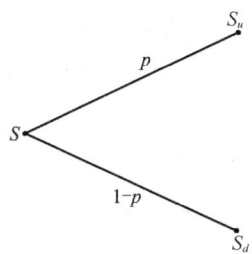

图 13 - 4　Δt 时间内资产价格的变动

在此一期间模型中,如果目前的看涨期权价值为 C ,协定价格为 X ,标的物价格上涨后和下跌后的看涨期权价值分别为 C_u 和 C_d ,则:

$$C_u = \max[(u \cdot S - X), 0] \qquad (式13 - 8)$$
$$C_d = \max[(d \cdot S - X), 0] \qquad (式13 - 9)$$

与图 13 - 4 对应的看涨期权价值的变动可用图 13 - 5 所示的树形图来表示。相应地,期权价值也会有所不同,分别为 C_u 和 C_d 。

注意,在较大的时间间隔内,这种二值运动的假设当然不符合实际,但是当时间间隔非常小的时候,比如在每个瞬间,资产价格只有这两个运动方向的假设是可以接受的。因此,二项式模型实际上是在用大量离散的小幅度二值运动来近似连续的资产价格运动。

(一)单期间模型

由于期权和标的资产的风险源是相同的,在如图 13 - 6 的单期树形图中,我们可以构造一个证券组合,包括 Δ 股资产多头和一个看涨期权空头。如果我们取适

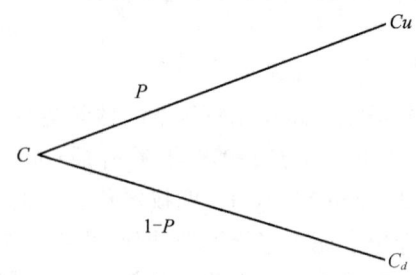

图 13－5　单一期间的看涨期权价值的变动

当的 Δ 值,使:

$$Su\Delta - C_u = Sd\Delta - C_d \qquad (式13-10)$$

则无论资产价格是上升还是下跌,这个组合的价值都是相等的。也就是说,当 $\Delta = \dfrac{C_u - C_d}{Su - Sd}$ 时,无论股票价格上升还是下跌,该组合的价值都相等。显然,该组合为无风险组合,因此我们可以用无风险利率对 $Su\Delta - C_u$ 或 $Sd\Delta - C_d$ 折现来求该组合的现值。在无套利机会的假设下,该组合的收益现值应等于构造该组合的成本,即

$$S\Delta - C = (Su\Delta - C_u)e^{-r\Delta t} \qquad (式13-11)$$

将 $\Delta = \dfrac{C_u - C_d}{Su - Sd}$ 代入上式就可得到:

$$C = e^{-r\Delta t}[pC_u + (1-p)C_d] \qquad (式13-12)$$

其中:

$$p = \frac{e^{r\Delta t} - d}{u - d} \qquad (式13-13)$$

【例9】假设某股票当前价格 S 为 100 元,一年后可能会上涨到 150 元也可能下跌到 50 元。假设金融市场无风险利率为 10%,计算执行价格为 100 元、到期期限为 1 年的该股票的看涨期权的价格。

已知: $u=1.5, d=0.5, r=0.10, \Delta t=1$

$$C_u = \max[(u \cdot S - X), 0] = \max[(1.5 \cdot 100 - 100), 0] = \max[(150 - 100), 0] = 50$$

$$C_d = \max[(d \cdot S - X), 0] = \max[(0.5 \cdot 100 - 100), 0] = \max[(50 - 100), 0] = 0$$

$$p = \frac{e^{r\Delta t} - d}{u - d} = \frac{e^{0.10 \times 1} - 0.5}{1.5 - 0.5} = 0.605\,2$$

$$C = e^{-r\Delta t}[pC_u + (1-p)C_d] = e^{0.1 \times 1}[0.605\,2 \times 50 + (1 - 0.605\,2) \times 0] = 27.38$$

即该股票的看涨期权的价格为 27.38。

用二叉树图形演示其推导过程如图 13－6 所示。

(二)多期间模型

为了使二项式模型尽可能符合或接近实际,我们只需把标的物的价格变动这

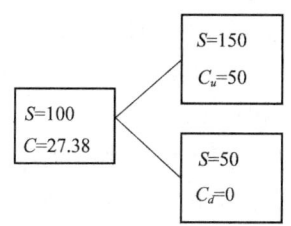

图 13 – 6　单期二叉树

种期间增加到两个或两个以上,从而使一期间模型变成二期间模型或多期间模型,其树型结构如图 13 – 7 所示。

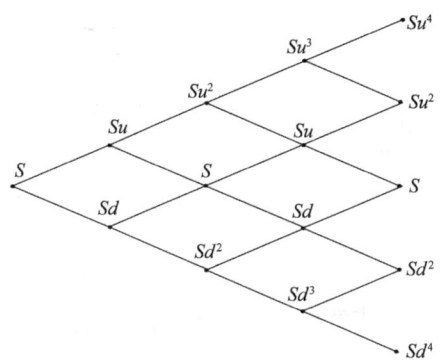

图 13 – 7　资产价格的树型结构

当时间为 0 时,证券价格为 S,时间为 Δt 时,证券价格要么上涨到 Su,要么下降到 Sd;时间为 $2\Delta t$ 时,证券价格就有三种可能:Su^2、Sud (等于 S)和 Sd^2,以此类推。一般而言,在 $i\Delta t$ 时刻,证券价格有 $i+1$ 种可能,它们可用符号表示为:$Su^j d^{i-j}$ (其中 $j=0,1,\cdots,i$)。

注意:由于 $u=\dfrac{1}{d}$,使得许多结点是重合的,从而大大简化了树图。

得到每个结点的资产价格之后,就可以在二叉树模型中采用倒推定价法,从树型结构图的末端 T 时刻开始往回倒推,为期权定价。由于在到期 T 时刻的预期期权价值是已知的,例如看涨期权价值为 $\max(S_T-X,0)$,看跌期权价值为 $\max(X-S_T-X,0)$,因此在风险中性条件下在求解 $T-\Delta t$ 时刻的每一结点上的期权价值时,都可通过将 T 时刻的期权价值的预期值在 Δt 时间长度内以无风险利率 r 贴现求出,同理,要求解 $T-2\Delta t$ 时的每一结点的期权价值时,也可以将 $T-\Delta t$ 时的期权价值预期值在时间 Δt 内以无风险利率 r 贴现求出。依此类推。采用这种倒推法,最终可以求出零时刻(当前时刻)的期权价值。

以上是欧式期权的情况,如果是美式期权,就要在树型结构的每一个结点上,比较在本时刻提前执行期权和继续再持有 Δt 时间,到下一个时刻再执行期权,选择其中较大者作为本结点的期权价值。

【例10】【例9】分析了单期期权定价问题,现将【例9】中的到期期限由 1 年改为 2 年,将其期限分为两个 1 年的时间段,这样实际上等于在【例9】单期期权定价的二叉树模型基础上,为第二个时间段增加了一级扩展。同样假设从一个节点出发的价格只能有两个方向(即要么上涨 50% ,要么下跌 50%),则从 $T+2$ 时刻倒推为期权定价,见图 13 - 8:

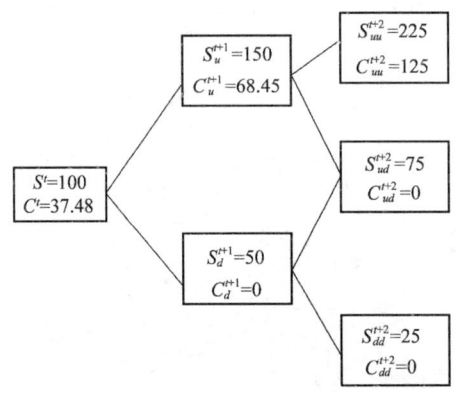

图 13 - 8　二期期权定价

即期权费为 37.48。

推而广之,把期间数扩大为 n,并设 j 为标的物价格上涨的次数,$(n-j)$ 为标的物价格下跌的次数,则:

$$C = \mathrm{e}^{-rn\Delta t}\left[\frac{n!}{j!(n-j)!}p^j(1-p)^{n-j}\max(Su^jd^{n-j}-X,0)\right] \qquad (式13-14)$$

根据中心极限定理,当 n 趋于无穷大时,二项式分布将接近状态分布。于是,二项式模型的结果与布莱克—斯科尔斯模型逼近,二者殊途同归。

第三节　期权价格的敏感性指标

在期权交易中,我们不仅要知道各种因素对期权价格的影响方向,还必须知道各种因素对期权价格的影响程度。所谓期权价格的敏感性,就是指期权价格决定因素的变动对期权价格的影响程度。为了对期权价格的这种敏感性做出具体的量化的分析,人们建立了以下五个常用的指标。

一、Delta(δ)

$$\text{Delta 值}(\delta) = \text{期权价格的变动/标的资产价格的变动} \qquad (\text{式} 13-15)$$

Delta 值(δ)含义是期权价格变动相对于标的资产价格变动的比率。Delta 为 0.5 意味着标的资产价格变动 1 点时期权的价格变动 0.5 点。Delta 值(δ)是衡量期权对相关标的物资产价格变动所面临风险程度的指标,因此非常重要。

根据布莱克—斯科尔斯模型,用期权价格对标的物的价格求一阶导数,即可得到期权的 Delta 值(δ):

对公式(13-1)求偏导数:

$$\text{现货看涨期权的 Delta 值}(\delta) = \partial C / \partial S = N(d_1) \qquad (\text{式} 13-16)$$

对公式(13-4)求偏导数:

$$\text{现货看跌期权的 Delta 值}(\delta) = \partial P / \partial S = -N(-d_1) \qquad (\text{式} 13-17)$$

理论上来说,期权价格的变动速度绝对不会超过标的资产的价格变动,所以期权的 Delta 值介于 -1 到 1 之间。对于看涨期权,Delta 的变动范围为 0 到 1,深实值看涨期权的 Delta 趋增至 1,平值看涨期权 Delta 为 0.5,深虚值看涨期权的 Delta 则逼近于 0。对于看跌期权,Delta 变动范围为 -1 到 0,深实值看跌期权的 Delta 趋近 -1,平值看跌期权的 Delta 为 -0.5,深虚值看跌期权的 Delta 趋近于 0。期货的 Delta 为 1。

表 13-2 delta 与期权内在价值的关系

	实值期权	平值期权	虚值期权
看涨期权	$0 < \delta < +0.5$	$\delta = +0.5$	$+0.5 < \delta < 1$
看跌期权	$-0.5 < \delta < 0$	$\delta = -0.5$	$-1 < \delta < -0.5$

【例 11】某投资者考虑买入执行价格为 1.280 0,面值为 100 欧元的欧元美元看涨期权合约。现在市场欧元兑美元汇率为 1.280 0,该外汇期权的值为 +0.5。这就是说,如果市场欧元兑美元汇率涨至 1.290 0,上涨 0.01 美元,那么该期权价格将上涨 $+0.5 \times 0.01 \times 100 = 0.5$ 美元。

需要注意的是,期权的 Delta 并不是一个静态概念,它将随着到期时限、即期汇率水平以及期权价格水平的不同而随时发生变化。

要达到套期保值的目的(即投资组合在市场价格波动时总体价值保持不变),投资组合的 Delta 必须为零,这就是套期保值策略中最普遍的"Delta 中性"的概念,即该组合不存在价格风险,或者说标的资产价格的变化将不影响组合的价值。

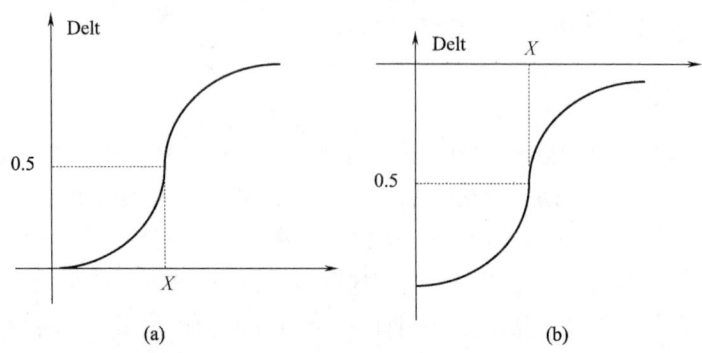

图 13 - 9　看涨期权(a)和看跌期权(b)的值与资产价格的变化关系

【例 12】假设投资者现拥有 10 万欧元,为使欧元在美元汇率波动时保持价值不变,投资者应买入 2 000 手面值为 100 欧元的看跌期权,对美元的现价和执行价格均为 1.25。由于该看跌平价期权的 Delta 为 -0.5,也就是说当投资者的现货欧元下跌至 1.24,损失 1 000 美金时,该看跌期权价值将上升 2 000 × 100 × (-0.5) × (-0.01)＝1 000 美元,投资组合总体价值不变。

如果一手期权的卖方在标的资产中还对应地持有该期权相反的市场头寸,则一手 Delta 为 0.5 的期权可以通过持有 0.5 个标的资产来对冲。

二、Gamma(Υ)

Gamma (Υ)的含义是 Delta 变动相对于标的资产价格变动的比率,是表示随着标的资产价格的变化 Delta 如何变化的指标。

$$\text{Gamma (Υ)} = \text{Delta 的变动/标的资产价格的变动} \qquad (式 13 - 18)$$

【例 13】假设某一期权的 Delta 为 0.6,Gamma 值为 0.05,则表示期货价格上升 1 元,所引起 Delta 增加量为 0.05,Delta 将从 0.6 增加到 0.65。

因为是表示 Delta 变化的,所以是标的资产的 2 次变化量,所以根据布莱克—斯科尔斯模型,用期权价格对标的物的价格求二阶导数,即可得到期权的 Gamma 值。

与 Delta 不同,无论看涨期权或是看跌期权的 Gamma 值均为正值:期货价格上涨,看涨期权之 Delta 值由 0 向 1 移动,看跌期权的 Delta 值从 -1 向 0 移动,即期权的 Delta 值从小到大移动,Gamma 值为正;期货价格下跌,看涨期权之 Delta 值由 1 向 0 移动,看跌期权的 Delta 值从 0 向 -1 移动,即期权的 Delta 值从大到小移动,Gamma 值为正。

对于期权部分来说,无论是看涨期权或看跌期权,只要是买入期权,部位的 Gamma 值为正,如果是卖出期权,则部位 Gamma 值为负。

平值期权的 Gamma 值最大,深实值或深虚值期权的 Gamma 值则趋近于0。随着到期日的临近,平值期权 Gamma 值还会急剧增加。

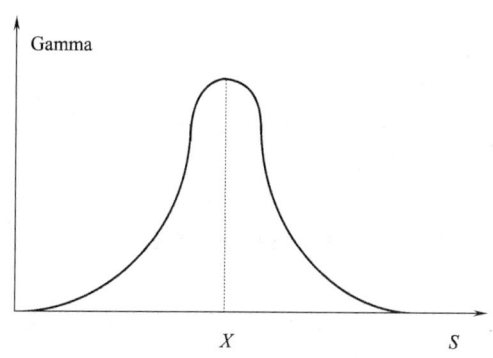

图 13 – 10　期权的 Gamma

期权交易者必须注意期权 Gamma 值的变化对部位风险状况的影响。当标的资产价格变化一个单位时,新的 Delta 值便等于原来的 Delta 值加上或减去 Gamma 值。因此 Gamma 值越大,Delta 值变化越快。进行 Delta 中性套期保值,Gamma 绝对值越大的部位,风险程度也越高,因为进行中性对冲需要调整的频率高;相反,Gamma 绝对值越小的部位,风险程度越低。

三、Theta（θ）

Theta（θ）表示随着距到期日剩余天数的变化期权价格的变动量,是用来测量时间变化对期权理论价值的影响。表示时间每经过一天,期权价值会损失多少。

$$Theta（θ）＝期权价格的变化/距离到期日时间的变化 \qquad （式 13 – 19）$$

因此按照公式计算的 Theta 是正值,但一般用负数来表示,以提醒期权持有者,时间是敌人。对于期权部位来说,期权多头的 Theta 为负值,期权空头的 Theta 为正值。负 Theta 意味着部位随着时间的经过会损失价值,对期权买方来说,Theta 为负数表示每天都在损失时间价值;正的 Theta 意味着时间的流逝对你的部位有利,对期权卖方来说,表示每天都在坐享时间价值。越临近到期日时,期权价值的减少幅度也会迅速增加,这被叫做时间损耗(Time Decay),并且愈接近到期日,Theta 值的绝对值越大,时间价值的衰减速度越快。

【例 14】假设某认购权证的理论价格为 9.337 元,内在价值为 9.31 元,Theta 值为 －0.107,这意味着在其他条件不变时,持有该认购权证理论上大约每天损耗 0.04 分钱。

除了与期权到期时间有非常直接的关系外,期权的 Theta 值与期权的波动性、内在价值的状态也有着十分密切的关系:期权的波动性越大,Theta 值越大;平价期权的 Theta 值大于价内与价外期权状态下的 Theta 值。

四、Lambda（λ）

Lambda（λ）表示标的资产的波动率变化所引起的期权价格的变动量,是指期权费变化与标的资产波动性变化的敏感性,用来衡量期货价格波动率的变化对期权价值的影响。这一指标也被称为 Vega、kappa、zeta 等。

Lambda（λ）= 期权价格变化/波动率的变化　　　　　　　（式 13 - 20）

如果某期权的 Lambda 为 0.15,若价格波动率上升(下降)1%,期权的价值将上升(下降)0.15。若期货价格波动率为 20%,期权理论价值为 3.25,当波动率上升为 22%,期权理论价值为 3.55(3.25 + 2 × 0.15);当波动率下降为 18%,期权理论价值为 2.95(3.25 - 2 × 0.15)。

当价格波动率增加或减少时,期权的价值都会增加或减少。因此,看涨期权与看跌期权的 Lambda 都是正数。但就具体部位而言,期权多头部位的 Lambda 都是正数,说明标的资产价格波动性的增加将提高期权的价值;相反,期权空头的 Lambda 都是负数。同样,当期权处于平价状态时,Lambda 值最大;当期权处于较深的价内或者价外时,Lambda 值接近于零。

如果投资者的部位 Lambda 值为正数,将会从价格波动率的上涨中获利,反之则希望价格波动率下降。对于 Delta 中性的部位,就可以不受期货价格的影响,从价格波动率的变化中寻找盈利机会。

履约价格和到期日相同的看涨期权和看跌期权的 Lambda 相同。

五、Rho（ρ）

Rho（ρ）表示利率变化所引起的期权价格的变化量,

Rho（ρ）= 期权价格的变化/无风险利率的变化　　　　　　（式 13 - 21）

如前所述,在一般情况下,利率的变动对看涨期权的价格有正的影响,对看跌期权的价格有负的影响。所以,看涨期权的 Rho 一般为正值,看跌期权的 Rho 一般为负值。

一般来说,越是实值的期权,Rho 的绝对值就越大;越是虚值的期权,其 Rho 的绝对值越小。所以,如以绝对值表示,深度实值期权有着最大的 Rho,深度虚值期权有着最小的 Rho。同时,权利期间越大,Rho 的绝对值越大;权利期间越短,Rho 的绝对值越小。在期权到期日,任何期权的 Rho 都为 0。

相对于影响期权价值的其他因素来说,期权价值对无风险利率变化的敏感程度比较小。

第四节　期权类衍生工具

一、权证

权证(Share Warrant),是指基础证券发行人或其以外的第三人发行的,约定持有人在规定期间内或特定到期日,有权按约定价格向发行人购买或出售标的证券,或以现金结算方式收取结算差价的有价证券。因英文 warrant,故在香港权证又俗译为"窝轮",香港证券交易所目前是全球最大的权证市场,有上千只权证。香港交易的权证多达 3 000 多只,专业的权证交易网站提供的权证信息非常全面。

权证实质反映的是发行人与持有人之间的一种契约关系,持有人向权证发行人支付一定数量的权利金之后,就从发行人那里获取了一个权利。这种权利使得持有人可以在未来某一特定日期或特定期间内,以约定的价格向权证发行人购买或出售一定数量的资产。持有人获取的是一个权利而不是责任,其有权决定是否履行契约,而发行者仅有被执行的义务,因此为获得这项权利,投资者需付出一定的代价(权利金)。

根据权利的行使方向,权证可以分为认股权证(也称认购权证)和认沽权证,认股权证属于期权当中的"看涨期权",认沽权证属于"看跌期权"。

【例15】宝钢股份(600019)在股权分置改革方案中,提出给流通股每 10 股 1 份认股权证,规定在股权登记日获得认股权证的股东,在权证第 378 天到期日,可以 4.50 元的价格购买宝钢股份股票。这就是认股权证(也叫买权权证)。

【例16】在宝钢股份的前期方案中,曾提出给流通股东每 10 股 5 份认沽权证,规定在股权登记日获得认沽权证的股东,在权证第 365 天到期日,可以以5.12元的价格卖出宝钢股份股票。这就是认沽权证(也叫卖权权证)。

按行权期限的不同,权证可以分为美式权证(American Style Warrant)、欧式权证(European Style Warrant)和百慕大式权证(Bermuda Style Warrant)。所谓欧式权证就是只有到了到期日才能行权的权证。所谓美式权证就是在到期日之前随时都可以行权的权证。所谓百慕大式权证就是持有人可在设定的几个日子或约定的到期日有权买卖标的证券。

权证按发行人可分为两类:股本权证(Equity Warrant)和备兑权证(Derivative Warrant)。股本权证通常由上市公司自行发行,也可以通过券商、投行等金融机构发行,标的资产通常为上市公司或其子公司的股票。股本权证通常给予权证持有人在约定时间以约定价格购买上市公司股票的权利,目前绝大多数股本权证都是欧式认购权证。在约定时间到达时,若当前股票的市面价格高于权证的行使价格,权证持有人会要求从发行人处购买股票,发行人则通过增发的形式满足权证持有人的需求。

备兑权证是由持有该相关资产的第三者发行,并非由相关企业本身发行,一般都是国际性投资银行机构,发行商拥有相关资产或有权拥有该资产。备兑权证被视为结构性产品,指定资产可以是股本证券以外的资产,例如指数、货币、商品、债券或一揽子证券。备兑权证所赋予的权利可以是购买的权利(认购权证)或出售的权利(认沽权证)。备兑的含义指其发行人将权证的指定证券或资产存放在独立的受托人、托管人或存管处,作为其履行责任的抵押,受托人、托管人或存管处则代表权证持有人的利益。有些市场用权证二字代表所有类别的权证,而有些市场则以衍生权证代表备兑权证。

权证的理论价格计算一般采用国际通用的布莱克—斯科尔斯期权定价模型,各大网站的权证理论价格计算器也是以此模型为开发依据的,操作起来十分方便。

在我国拥有上海证券交易所和深圳证券交易所 A 股股东账户卡并在具备代理权证交易资格的证券公司营业部办理完开户手续的客户,均可进行权证交易。权证实行的是 T+0 交易。权证价格申报和最小变动单位为 0.001 元,单笔买卖权证的申报数量不得超过 100 万份,买入申报的数量为 100 份的整倍数。

1992 年 6 月上海证券交易所推出飞乐公司的配股权证交易,这也是我国金融市场的第一个期权产品。此后的几年间先后十几家上市公司发行了配股权证,配股权证的投机性暴涨暴跌和市场操纵使得中国证监会在 1996 年年底废止了权证交易。2005 年 8 月,作为配合股改进行的一项创新业务,宝钢权证开始上市交易。截至 2011 年 4 月,先后有 95 只权证上市,其中 68 只认购权证,27 只认沽权证。据 Wind 数据统计显示,40 只权证共创造了 232 343 亿元的成交金额。不可否认,中国权证问世后,很快沦为投机炒作的对象,并演绎出惊心动魄的资本话剧,随着股改的完成,这些权证也完成其历史使命退出了资本市场舞台。在国际认股权证市场中,备兑认股权证市场占绝对主导地位。与股本权证相比,在发行时间、认购对象、到期兑现等方面,备兑权证都要更为自由,因此备兑权证应成为我国下一步金融衍生品创新的重要突破方向。

二、可转换债券

可转换债券 (Convertible Bond) 的全称为可转换为股票的公司债券,是指发行人依照法定程序发行,在一定期限内依照约定的条件可以转换为股票的公司债券。

可转换债券兼有债务性和股权性的特点,决定了它的票面利率通常低于一般债券,有的甚至低于同期银行存款利率。可转换债券赋予持有者在约定的时间内,按预定价格或比率转换为普通股的选择权,标的物是普通股票,执行价格是认股价格、转股价格,期权费是投资者丧失的部分利息收益。因此可转换债券相当于一份普通的公司债券和一份看涨期权的组合。对债券持有者而言,它相当于一份普通的公司债券、一份看涨期权多头(转换权)和一份看涨期权空头(赎回权)的组合。

近几年出现的分离交易可转债发展迅速。分离交易可转债与普通可转债的本质区别在于债券与期权可分离交易。也就是说,分离交易可转债的投资者在行使认股权利后,其债权依然存在,仍可持有到期归还本金并获得利息;普通可转债的投资者一旦行使了认股权利,其债权就不复存在了。传统的可转换债券是具有普通债券性质的同时也具有按债券的票面面值以特定的价格转换为普通股性质,实际上传统的可转换债券是给一个看涨期权又嵌入了一个看涨期权。分离交易式可转换债券实际上是把传统的可转换债券的纯债部分与具有期权性质的那一部分进行分拆交易,使期权的那一部分更具交易性质。一般这些分拆是通过发行时说明书的相关合约条款进行规定的。简单地我们可以将分离交易可转债理解成"买债券送权证"的创新品种。

由于可转换债券联结了股票和债券两个市场,必然会给投资者以众多的套利机会。投资者可利用两个市场间信息的不对称来进行无风险套利,尤其是在可转换债券转换成股票的过程中,套利机会更加明显。同时,可转换债券中蕴含着赎回权和回售权,这两份期权的价值也将随着股价、到期期限以及股票分红派现等因素的变化而变化,使得对可转换债券的投资又增添了一些不确定因素。可转换债券不仅包含看涨期权,还包含可赎回权、可回售权以及发行人对转股价格的向下修正权。如果把这些因素全都考虑在内,那么,对可转换债券投资策略的精确分析必须借助于复杂的期权定价理论。

三、次级债券

"次级"来源于英文 subordinated 一词,意思是从属的、居于次要地位的,在银行术语中一般用来表示债务的偿还次序。次级债是一种偿还次序优于公司股本权益、但低于公司一般债务(包括高级债务和担保债务)的特殊债务形式。相对于债权人而言,即是次级债权,相对于债务人而言为次级债务。次级债券(Subordinated Debentures)是次级债的一种,是指在清偿顺序上排在存款和高级债券之后,优先股和普通股之前的债券品种。作为债券持有人只能获得发行条件载明的固定利息和本金金额,即次级债券的持有人不能分享银行的超额收益,却承担了较大的违约风险。目前国际上次级债券多为商业银行所发行。次级债券的次级只是针对债务的清偿顺序而说的,即若公司一旦进入破产清偿程序,该公司在偿还其所有的一般债务(高级债券)之后,才能将剩余资金来偿还此类次级债券,也就是说其享有对公司资本的第二追索权。

对次级证券持有者而言,可理解为他在买进了一份较低执行价格的看涨期权(或看跌期权)的同时,卖出了一份较高执行价格的看涨期权(或看跌期权),两份期权期限相同,基础资产都是公司的资产,即相当于持有人拥有一项牛市垂直套利组合。

四、可赎回债券和可回售债券

可赎回债券(Callable Bonds),指债券发行人可以在债券到期日前的任何时间赎回,即提前向债券持有人归还本金和利息的一种债券。在市场利率跌至比可赎回债券的票面利率低得多的时候,债务人如果认为将债券赎回并且按照较低的利率重新发行债券,比按现有的债券票面利率继续支付利息要合算,就会将其赎回。可赎回条款通常在债券发行几年之后才开始生效。赎回价格一开始可能高于债券面值,随着时间推移,逐渐与债券面值重合。

可赎回债券规定发行公司可以在未来某一时间以约定价格购回债券。这种债券的持有者相当于出售给发行公司一个看涨期权,即可赎回债券包含了一个以债券本身为标的资产的看涨期权空头,标的物是债券,执行价格是赎回价格。当市场利率上升时,发行人放弃赎回权,仍以原较低利率向债权人支付报酬;当市场利率下降时,发行人行使赎回权,以发行更低利率的债券取而代之。由此可知,发行人持有的赎回权是一个在标的物价格上升的时候购买标的资产的权利,所以它是一个看涨期权。在发行人持有赎回权的情况下,会限制投资者因为债券价格上涨而获得的利润。可见,可赎回债券融资既可降低融资成本,又可使企业规避市场利率下降的风险。

可回售债券 (Puttable Bonds)规定持有者可以在未来某一时间以约定价格提前用持有的债券兑换现金。这种债券的持有者不但购买了债券,而且还购买了债券的看跌期权,即可回售债券包含了一个以债券本身为标的资产的看跌期权多头。可回售债券给予投资人以事先规定的价格将债券提前卖还给发行人的权利,这种情况一般出现在利率上升、债券价格下降的时候。由此可知,投资者持有的回售权是一个在标的物价格下跌的时候出售标的资产的权力,所以它是一个看跌期权。在存在回售条款的情况下,投资者人有权根据设定的价格出售债券。

五、双重货币债券

双重货币债券(Dual Currency Bond) 就是以不同的货币计价发行、支付利息、偿还本金的债券,即用一种货币付利息,另一种货币偿还本金的债券,前者货币通常是债券投资人所在国家的货币,后者通常是美元或发行人所在国家的货币。例如,美国的机构可以在日本发行这种债券,投资人以日元买进,以日元收息,但到期时以美元(按约定的汇率计算)收回本金。通过两种货币的组合,能比一种货币更有效地筹措资金。通过利率掉期等还可达到进一步降低成本的目的。

这种债券比单一货币债券的价格高,意味着具有较低的收益率,因为持有者购买了一种权利,使其能要求债券发行者用另一种汇率坚挺的货币来偿付债券,所以,可以认为双重货币债券的持有人等于拥有一项无风险的零息票债券,即按无风险利率对债券面额进行连续贴现后的现值。与此同时,他也承担了一笔或有义务,等同于他出售了一份欧式看跌期权。总体上来看,相当于签发了一项经过抵补的看涨期权(合成卖出看跌期权)。

六、利率上下限和利率区间

(一)利率上限

利率上限(Interest Rate Cap)是客户在银行存入一笔外汇时,与银行达成一项协议,双方确定一个利率上限水平,在此基础上,利率上限的卖方向买方承诺:在规定的期限内,如果市场利率高于协定的利率上限,则卖方支付市场利率高于协定利率上限的差额部分;如果市场利率低于或等于协定利率上限,卖方无任何支付义务,同时,买方由于获得上述权利,必须向卖方支付一定数额的期权手续费。

利率上限期权通常在银行同业市场上进行交易,它通过在未来特定时间内限定带有可变动利率或浮动利率的最高限额,从而确定利息成本的上限。如果市场利率比约定最高利率高,期权出售者将差额支付给购买者。按照期权交易方式,期权出售者因对购买者做出一个保证而收入期权费,期权费的高低取决于市场利率和约定的最高利率。因为约定的最高利率与现行市场利率之间差价较大,所以平价利率上限期权出售者所收到的期权费比溢价期权出售者要求得高。

【例17】假如某A公司,手头上现有金额为500万美元,期限为6个月,以LIBOR计息的浮动债务,那么从公司的角度出发,既希望在市场利率降低的时候能够享受到低利率的好处,又想避免市场利率上涨时利息成本增加的风险。这个时候企业就可以选择与银行利率期权交易,向银行买入6个月,协定利率为6%的利率上限期权。如果6个月之后,LIBOR利率上升到了7%(大于原来的合约利率),A公司就会选择行使该期权,作为期权卖方的银行就应当向其支付市场利率和协议利率的差价5万美元[500×(7% - 6%)]。作为期权合约的买方,A公司由于判断正确有效地固定了其债务成本。

如果LIBOR的走势出现了下跌,低于6%的话,A公司就可以选择放弃执行该期权,而以较低的市场利率支付债务利息,其损失仅仅是一笔期权费。

(二)利率下限

利率下限(Interest Rate Floor)是指客户与银行达成一个协议,双方规定一个利率下限,卖方向买方承诺:在规定的有效期内,如果市场利率低于协定低利率下限,则卖方向买方支付市场利率低于协定的利率下限的差额部分,若市场利率大于或等于协定利率下限,卖方没有任何额外支付义务。作为补偿,卖方向买方收取一定数额的期权手续费。

【例18】例如某公司从现在起存款5 000万美元,期限2年,以6个月伦敦银行同业拆放利率(LIBOR)为标准,浮动计算。该公司担心在存款期内利率下降,决定购买利率下限期权,商定利率为8%,期权费率为0.6%,每次结算期限为6个月。

购买利率下限期权支付的总期权费为:$50\ 000\ 000 \times 0.6\% = 300\ 000$ 美元

年期权费率为:$0.6 \times 12/18 = 0.4\%$

利率下限期权在有效期内变化情况如下:

6个月后,6个月LIBOR为6%,低于商定利率,该公司收到款额为:$(8\% - 6\%) \times 180/360 \times 50\ 000\ 000 = 500\ 000$ 美元。

12个月后,6个月LIBOR为6.5%,低于商定利率,该公司收到款额为:$(8\% - 6.5\%) \times 180/360 \times 50\ 000\ 000 = 375\ 000$ 美元。

18个月后,6个月LIBOR为7%,低于商定利率,该公司收款额为:$(8\% - 7\%) \times 180/360 \times 5\ 0000\ 000 = 250\ 000$ 美元。

(三)利率上下限

利率上下限(Interest Rate Collar)是指将利率上限和利率下限两种金融工具结合使用。具体地说,购买一个利率上下限,是指在买进一个利率上限的同时,卖出一个利率下限,以收入的手续费来部分抵消需要支出的手续费,从而达到既防范利率风险又降低费用成本的目的。利率上下限期权的实质是借款人买进一个看涨期权,同时又卖出一个看跌期权,目的是以获取的看跌期权的期权金抵消一部分付出的看涨期权的期权费,它适合于对稳定性有较强要求的市场参与者。因此,利率上下限期权通常被认为是避险工具。

七、信用违约互换

信用违约互换(Credit Default Swap,CDS)又称为信贷违约掉期,也叫贷款违约保险,是国外债券市场中最常见的信用衍生产品。在信用违约互换交易中,希望规避信用风险的一方称为信用保护购买方,而另一方即愿意承担信用风险,向风险规避方提供信用保护的一方称为信用保护出售方。违约互换购买者将定期向违约互换出售者支付一定费用(称为信用违约互换点差),一旦出现信用类事件(主要指债券主体无法偿付),违约互换购买者将有权利将债券以面值递送给违约互换出售者,从而有效规避信用风险。信用违约互换是一种新的金融衍生产品,类似保险合同。债权人通过这种合同将债务风险出售,合同价格就是保费。如果买入信贷违约掉期合同被投资者定价太低,当信贷违约率上升时,这种"保费"就会上涨,随之增值。

一般来说,信用程度较低的借款人向银行或金融机构申请贷款,银行或金融机构为了较高利息而放贷给信用程度较低借款人,这些贷款具有较高风险(如果借款人破产,无法偿还利息和本金),此时保险公司对银行或金融机构的这个风险予以保险承诺,条件是银行或金融机构申请贷款每年向保险公司支付一定的保险费用。万一信用程度较低借款人破产的情况发生,那么由保险公司补偿银行或金融机构所遭受的损失。

从特点上来说,信用违约互换(CDS)属于期权的一种,相当于期权的购买方(规避风险的一方)用参照资产(即此处的债券),来交换卖方(信用风险保护方)的现金。由于期权的特点是买方只有权利而无义务,卖方只有义务而无权利,因此一旦债券违约,买方就可以要求履约来转嫁信用风险。信用违约互换点差可以看做期权的期权费。

CDS 也常常会被对冲基金、投资银行等用于对赌某家公司的未来是否会破产,交易者并不真的持有某家公司的债券。事实上,信用违约掉期一经问世,就引起了国际金融市场的热烈追捧,其规模从 2000 年的 1 万亿美元暴涨到 2008 年 3 月的 62 万亿美元。由于发展过快,加之没有任何体制管理,诸如 CDS 合同的执行和操作、支付风险、交易对手风险的监测等方面都存在一定的制度性缺陷,使这种对赌的行为和规模早已远远超出信用违约掉期设计的初衷,从而引发了 2008 年的次贷危机。

八、期权理论在公司治理中的应用

在现代企业制度下,股东与经营者是一种委托代理关系,股东通过薪酬方式等激励约束机制来引导和限制经营者的行为。薪酬主要由工资和奖金构成,工资一般根据经营者的资历预先设定,很少随公司业绩变动;奖金主要与公司当期业绩相关。这种制度易导致经营者因追求短期利益而忽视公司的长远发展,实践证明也不是一种有效的激励方式。

股票期权是股东将股票看涨期权作为一种薪酬支付给经营者,赋予经营者在约定期限内以预定价格购买公司一定数额股票的选择权,相当于一个看涨期权。股票期权对经营者可产生两方面的激励作用:其一是“报酬激励”。如果公司经营业绩好,股价上涨,红利丰厚,经营者行使购股权即可获得较高的股票升值收益和红利收益;如果公司经营不善,股价下跌,经营者放弃购股权,则无法从中受益。因此,经营者要想实现自身利益最大化,必须积极主动地改善经营管理,努力实现企业价值最大化。其二是“所有权激励”。当经营者行使购股权后,即成为公司股东,股东的利益与经营者利益因此而捆在一起。可见,股票期权能促使经营者自觉努力地创造股东价值,同时也就约束了经营者损害股东价值的行为,是一种激励与约束对称的薪酬管理制度安排。

第五节　奇异期权

奇异期权(Exotic Options)一般是指比标准欧式或美式看涨期权和看跌期权盈亏状态更复杂的衍生证券产品,有时称为新型期权。大多数新型期权在场外交易。它们是由金融机构设计以满足市场特殊需求的产品。奇异期权是比常规期权(标准的欧式或美式期权)更复杂的衍生证券,奇异期权花样繁多,通常都是在传统期权的基础上改头换面或通过各种组合而形成。

一、复合期权

复合期权(Compounded Options)是指以金融期权合约本身作为金融期权的标的物的金融期权交易。这种期权通常以利率工具或外汇为基础,投资者通常在波幅较高的时期内购买复合期权,以减轻因标准期权价格上升而带来的损失。复合期权给予持有者在某一约定日期以约定价格买入或卖出一份期权的权利。投资者行使复合期权后,便会持有或卖出一份标准的期权。复合期权可作为高杠杆投资的工具,投机者只需较少的资金便可买入复合期权,随后再看是否投入更多的资金来买进复合期权的标的期权,最后再决定是否花钱买进最终的标的金融工具。

复合期权有两个执行价格和两个到期日。由于受两个到期日的影响(一个是复合期权的到期日,一个是标的商品期权到期日),所以期权价值的判断非常复杂。复合期权主要有四种类型:基于某个看涨期权的看涨期权、基于某个看涨期权的看跌期权、基于某个看跌期权的看涨期权、基于某个看跌期权的看跌期权。

二、障碍期权

障碍期权(Barrier Option)是指在期权的期限内,当即期汇率达到某一水平时,既可以被启动也可以被取消的期权。在障碍期权中,除了协定汇率,还增设一个障碍价格。障碍期权总是比普通期权便宜。障碍期权的收益依赖于基础资产的价格在一段特定时期内是否达到一个特定水平。其与标准期权不同的是在期权有效期内,当基础资产的价格达到某一水平时,期权就生效或失效。

障碍期权一般分为两类,即敲出期权和敲入期权。敲出期权是指当标的资产价格达到一个特定障碍水平时,该期权作废。敲入期权是指只有标的资产价格达到一个特定障碍水平时,该期权才有效。

敲出期权与标准期权其他方面都相同,只是当标的资产价格达到一个特定障碍价格 H 时,该期权作废。敲出看涨期权的障碍价格 H 一般低于执行价格 X,当标的资产

价格下降碰到 H 时,该期权作废,所以该期权被称为下降敲出期权(Down – and – Out Calls)。敲出看跌期权障碍价格 H 一般高于执行价格 X,当标的资产价格上升碰到障碍的价格 H 时,该期权作废,所以又称上升敲出期权(Up – and – Out Puts)。敲入期权也分两类:敲入看涨期权也称下降敲入期权(Down – and – In Calls),其障碍价格 H 小于执行价格 X,只有当标的资产价格碰到 H 时,该期权成立;同样,敲入看跌期权称为上升敲入期权(Up – and – In Puts),只有当标的资产价格碰到障碍价格 H,该看跌期权才存在。

例如,导致 2009 年香港上市公司中信泰富亏损的主要衍生产品是"含敲出障碍期权及看跌期权的澳元/美元累计远期合约",以及更复杂的"含敲出障碍期权及看跌期权的欧元 – 澳元/美元双外汇累计远期合约"。由于敲出障碍条款的存在,使得中信泰富在澳元高于 0.87 美元/澳元的行权价格时利润空间受到限制,据说利润最多只能达到 4 亿多港元。换个角度来说,作为对手的投行,其最大风险可能也就是 4 亿多港元。而中信泰富没有敲出条款的保护,相反还受到累计期权条款的约束,即使在严重亏损的情况下,也不得不继续增加投入扩大亏损。在这个交易中,敲出障碍条款是造成投行和中信泰富风险收益比不对称的重要因素。

障碍期权推出初期,交易量不大,很少人能很熟练地为它们定价。现在,障碍期权的市场容量急剧扩大,人们还根据市场需求对它们做了进一步的变形。障碍期权受欢迎的主要原因在于它们通常比常规期权便宜,这对那些相信障碍水平不会(或会)被引发的投资者很有吸引力,而且,购买者可以使用它们来为某些非常特定的具有类似性质的现金流保值。但必须注意的是障碍水平一旦被引发则风险巨大。

三、任选期权

任选期权(As You Like It Option)是指其持有者可在期权有效期内的某一时点选择该期权为看涨期权或看跌期权。即经过一段指定时期后,持有人能选择期权或者是看涨期权或者是看跌期权。与传统期权相比,任选期权的购买者具有更大的选择权,其出售者将承担更大的风险,所以任选期权的期权费一般较高。

四、费用迟付性期权

费用迟付性期权(Pay Later Option)的特点是除非已执行,否则不需要支付期权费。但是,如果该期权在到期日是实值期权就必须执行。费用迟付性期权的购买费用要等到合约到期时才由买方向期权出售者或签发人支付。费用迟付性期权也有看涨和看跌之分,而且一般都是欧式期权,外汇、股指及实物商品都可以做这类期权的基础资产。买入迟付期权相当于买入一个标准期权并卖出一个"全付或不付型"两值期权,后者的价格应恰好与标准期权费用相等。

五、两值期权

两值期权(Binary Option)是具有不连续收益的期权。在到期日标的资产价格低于执行价格时该期权一文不值,而当标的资产价格超过执行价格时该期权支付一个固定数额 Q。

在进行期权交易时,交易双方约定一个汇率水平,在期权到期日或到期日之前,如果市场汇率水平达到这个预先约定的汇率水平,期权卖方将支付买方一笔预先约定的金额;如果市场汇率水平未能达到预先约定的价格,期权买方将一无所获。这种期权交易具有类似赌博的性质,期权买方要么获得全部收益,要么一无所获。两值期权有两种类型:"全付或不付型"仅在到期日期权为实值期权时才有收益;"一触即有型"只要期权在有效期内某时刻为实值期权就有收益。它通常与其他金融工具联合使用。

六、亚洲式期权

亚式期权(Asian Options)的收益依附于标的资产有效期至少一段时间内的平均价格。按照计算基础价格的不同,亚式期权可分为平均价格期权和平均执行价格期权。平均价格期权的收益为执行价格与标的资产在有效期内的平均价格之差。平均价格期权比标准期权廉价,因为标的资产价格在一段时间内的平均值的变动比时点价格的变动程度要小,这就减少了期权风险,从而降低了其时间价值,并且可能更适合客户的需求。平均执行价格期权的收益为执行时的即期价格与标的资产的平均价格之差。平均执行价格期权可以保证购买在一段时间内频繁交易的资产所支付的平均价格低于最终价格,另外它也能保证销售在一段时间内频繁交易的资产所收取的平均价格高于最终价格。亚式期权是当今金融衍生品市场上交易最为活跃的奇异期权之一,其受欢迎的一个重要原因在于:平均值的采用减少了波动,导致了它比一个类似的常规期权要便宜。任何能降低期权合约前端费用的东西都会导致它们更受欢迎。同时,在许多情况下,在市场上寻求套期保值的公司往往需要为他们在未来一段时间内连续平稳的可预测现金流进行保值,这时持有一个合适的亚式期权可以对冲平均价格的风险,因此亚式期权对那些不断进行的小额交易特别有用。

七、回望期权

回望期权(Lookback Options),又称回顾期权,其收益依附于期权有效期内标的资产达到的最大或最小价格。欧式回望看涨期权的收益等于最后标的资产价格超过期权有效期内标的资产达到的最低价格的那个量。欧式回望看跌期权的收益等于期权有效期内标的资产价格达到的最高价格超过最后标的资产价格的那个量。回顾期权实质是一种特殊的欧式期权,它的收益取决于期权有效期内标的资产曾经达到过的最高价格或最低价格,期权持有人可以回顾基础资产(货币)的价格变动,在期权有效期内选择最佳的资产价格作为执行价格。作为回顾看涨期权,执行价格就是期权有效期内资产价格最低值,对于回顾看跌期权则是资产价格最高值。

回望期权常常出现在市场上许多种类的合约中,尤其是固定收益类工具中,其中的利息支付取决于在确定时间内利率到达的最大水平。总的来说,回望期权很适合那些对资产价格波动幅度较有把握、但是对到期价格把握不大的投资者,保证了持有者可以得到一段时期内的最优价格,因此价格也相对昂贵。

八、喊价式期权

喊价式期权(Shout Options)是一个常规欧式期权加上一个额外的特征,在整个期权有效期内,持有者可以向期权卖出方喊价一次。在期权到期时,期权持有者可以选择以下两种损益中的最大值:一个常规欧式期权的回报;一个是根据喊价时刻的内在价值得到的回报。

我们可以举一个看涨喊价式期权的例子来说明。假设一个看涨期权的执行价是 50 美元,持有者在标的资产价格上升到 60 美元的时候喊价一次,如果到期时资产价格低于 60,投资者就可以获得 10 美元,如果到期资产价格高于 60 美元,就按到期价格计算多头的收益。

因此,喊价式期权实际上和回望期权有点类似,但由于喊价次数有限,相对要便宜一些。喊价式期权既可以用布莱克—斯科尔斯公式计算出来,也可以用二叉树或三叉树模型为其定价。

九、打包期权

所谓的打包期权(Packages Options)是指由常规的欧式期权、远期合约、现金和标的资产等构成的证券组合,上一章介绍过的牛市套利、熊市套利、蝶式套利、跨式期权等属于打包期权的范围。打包期权的经济意义在于可以利用这些金融工具之间的关系,组合成符合需要的投资工具。最常见的打包期权是具有零初始成本的期权组合。比如一个远期多头、一个看跌期权多头和一个看涨期权空头组合,其损益状态与牛市价差期权相似,如果选择看跌期权价值等于看涨期权价值的执行价格,就可以实现零前端费用。

十、远期开始期权

远期开始期权(Forward Start Options)是现在支付期权费而在未来某时刻才开始的期权。我们现在时刻购买了期权,但执行价格需要到期权启动时刻才得知

（即为当时的资产价格），该期权将在某一时刻到期。前文所讨论的公司给管理人员的股票期权激励可以看做是远期开始期权的特例。

总之，随着金融市场的不断发展，奇异期权的内涵和外延无时不处在变化和拓展当中，没有人能够说出究竟有多少种奇异期权，也没有人能够精确地对它们进行分类和完全描述，我们上面介绍的只是最常见的一部分奇异期权。只要市场需要，奇异期权就会不断延展不断衍生，我们过去或现在称之为奇异期权的东西，也正在成为进一步衍生的基础。

十一、累计期权

累计期权，英文名称 Accumulator，是一种以合约形式买卖资产（股票、外汇或其他商品）的金融衍生工具，为投资银行（庄家）与投资者客户的场外交易，一般投行会与客户签订长达 1 年的合约。涉及股票的累计期权称为累计股票期权，简称累股期权。累计期权合约设有"取消价"（Knock Out Price）及"行使价"（Strike Price），而行使价通常比签约时的市价有折让。合约生效后，当挂钩资产的市价在取消价及行使价之间，投资者可定时以行使价从庄家买入指定数量的资产。当挂钩资产的市价高于取消价时，合约便终止，投资者不能再以折让价买入资产。可是当该挂钩资产的市价低于行使价时，投资者便须定时用行使价买入双倍甚至四倍数量的资产，直至合约完结为止。累计期权的游戏规则较偏袒于投资银行一方，因为就算投资者看对了后市，如果挂钩资产升破取消价，合约会提早终止，为庄家的损失设立上限，但是投资者如果看错了后市，合约没有止蚀限制，而且合约条款会以倍数扩大亏损。

案例：金融衍生品 Accumulator 如何击垮诸多富豪[①]

一款谐音谑称为"I kill you later（我迟点杀死你）"的金融衍生产品 Accumulator（累计期权），除了让荣智健率领的中信泰富巨亏，还正在香港搅动诸多富豪。

上个月，人称香港"美容皇后"的现代美容（00919．HK）主席曾裕向高盛和香港证监会投诉高盛财富管理部执行董事王弘，未经授权在其账户买卖 Accumulator 等产品，造成了高达 6 000 万港元的损失。

曾裕和王弘相识 8 年，如今反目成仇。曾裕还召开了记者会，并在一封公开信中，披露了自己与王弘的电话录音。王弘说："你给我时间，我卖掉自己的房子"，"总之我给你支付差价，返还 1 800 多万给你，但你要给我时间，我没有现金，我要卖房子然后拿钱给你"。曾裕随即在公开信中质问："王弘为什么要卖房子，返还 1 800 多万给我？"

---

① 节选自《第一财经日报》2008 年 10 月 23 日。

一、"蜜糖陷阱"

Accumulator 的全名是 Knock Out Discount Accumulator,一般由私人银行出售给高端客户。这种产品可以和外汇或者股票挂钩,通常合约为期一年,最低投资额为 100 万美元(或 800 万港元)。投资人在牛市时可以以折扣价买股票或者外汇赚钱,但在熊市也必须按协议价格买入,因此风险极高。

不少富人在去年股价节节攀升的牛市里,不慎跌入"蜜糖陷阱",如今越陷越深,损失惨重,其中也不乏内地投资人。

网络上广为传播的一个案例是,2007 年 10 月,深圳的王小姐在瑞信银行香港的账户还有 605 万港元的存款,并有专门的客户经理为她做理财规划。仅半年之隔,她的巨额存款已经随着香港股市的转熊而蒸发,而让她蒙受巨额损失的正是瑞信客户经理向她推荐的 Accumulator。

香港保障投资者协会会长吕志平对《第一财经日报》表示,该协会收到关于 Accumulator 的投诉迄今有近 30 宗,其中两三成是内地投资者。与香港富豪不同,他们更多是怀着对香港"投资产品更多,金融制度更完善"的信任来做投资的。

而事实上,完善的金融制度下也有不诚实的销售人员和销售手法,五花八门的投资产品让人眼花缭乱,其中不乏鱼目混珠不合理、高风险的产品,例如 Accumulator 和最近遭到投资人集体投诉的雷曼迷你债券。

"美国的次贷危机和现在的金融海啸已经证明,开放的市场未必是好的市场。"吕志平说。

4 月,香港保障投资者协会在处理投诉时发现,私人银行在向客户推介 Accumulator 时,多数强调该产品是以折让价,以"每日储股票好过储钱"作为招徕,而没有提及在股市下跌时,投资者须如何补付押金,使得不少人一直以为自己是购入一项稳健的投资产品,而对产品的风险却毫不知情。

更严重的是,一些客户因没有履行合约补仓,被银行送上了被告席。汇丰私人银行上月通过香港高等法院向河南佳业油脂有限公司的董事张德阳和栗克英发出传票,追讨 1 119 万港元取消合约的欠款。两人于去年股市高峰期,即 10 月中旬至 11 月初期间,与汇丰私人银行签订了 7 份 Accumulator 合约,涉及中国人寿(02628.HK)、港交所(00388.HK)、中行(03988.HK)等当时热门的蓝筹股,但这些股票的价格在合约签订后 1 至 3 个月内,纷纷跌穿合约规定的每日买入价。在合约到期前,假如股市没有大起色,甚至进一步下滑,两人的亏损将逼近亿元。

由于两人并没有履行合约补仓,汇丰提早终止合约。汇丰今年向两人发信,要求把补充钱款存入账户,但两人没有做出回应。3 月 20 日,汇丰将 7 份合约拆仓,带来 5 156 万港元损失,相关成本扣除两人的信贷结余(4 037 万港元)后仍拖欠该行 1 119 万港元。

二、监管之困

根据香港的规定,Accumulator 的入场费在 800 万港元以上,投资者亦被视为"专业投资者",他们和私人银行间的投资行为无须得到证监会核准,因此不受当局监管。

香港证监会之后在就有关对 Accumulator 的查询所做的回应中称:"由于 Accumulator 属场外交易的投资产品合约,因此目前并无已发售的 Accumulator 合约价值的确定金额数目。根据金融监管机构所收集到的数据,我们估计已发售的 Accumulator 合约的名义价值约达 230 亿美元,当中若干合约的杠杆作用并未计算在内。"

香港保障投资者协会曾经与特区政府财经事务及库务局局长陈家强就场外衍生工具的监管建议交换意见,并建议将杠杆金融产品(包括 Accumulator)都纳入监管范围。

该协会会长吕志华还指出,不少投资者是经营实业的厂商、贸易商以及医生、工程师等专业人士,他们虽然拥有较多的资产,但大多并无特别的投资知识,以资产数额界定专业与否甚不合理,因此建议香港证监会取消"专业投资者"的界定。

"他们(香港证监会)说将重新检讨对'专业投资者'的释义,但是,实际工作却没有具体的时间表。"吕志华说,"香港的场外交易是一个庞大的市场,但政府监管部门却没有掌握任何的资料。他们一再强调香港是自由经济,过多的监管会让外资对香港望而却步。"

陈家强当时表示,Accumulator 属高风险投资产品,投资者应对其风险有所了解,如发现存在不当销售手法(如有中介机构隐瞒风险等),可向证监会投诉。

因此,当时确有不少投资人向香港监管部门求助,主要投诉私人银行的误导性销售手法,但消息人士说,除非投诉人有足够证据,例如把在销售时的双方对话录音,监管机构才能跟进。

思考题与练习题

1. 掌握以下名词:内在价值、时间价值、权证、奇异期权、可转换债券
2. 影响期权价值的因素有哪些?
3. 布莱克—斯科尔斯模型的基本假设有哪些?
4. 期权价格的敏感性指标有哪些? 如何运用?
5. 我国权证市场存在哪些问题?
6. 可转换债券具有怎样的期权性质?
7. 奇异期权有哪些种类? 谈谈你对奇异期权的认识?
8. 假设某种不支付红利股票的市价为 50 元,风险利率为 10%,该股票的年波动率为 30%,求该股票协议价格为 50 元、期限 3 个月的欧式看跌期权价格。

第十四章
期货及期权的投资分析

学习要求

本章要求正确理解基本分析和技术分析的含义，掌握基本分析的主要理论，认识技术分析主要图形和指标，熟悉技术分析的主要指标及应用方法。

This chapter requires that the learners should understand the meaning of basic analysis and technical analysis, to grasp the major theories of basic analysis, know major graphs and index of technical analysis and familiarize themselves with methods of application.

第一节　基本分析

基本面分析又称基本分析(Fundamental Analysis),是以金融商品的内在价值为依据,着重于对影响金融商品价格及其走势的各项因素的分析,以此决定投资购买何种金融商品及何时购买。基本分析的假设前提是:金融商品的价格由其内在价值决定,价格受政治的、经济的、心理的等诸多因素的影响而频繁变动,很难与价值完全一致,但总是围绕价值上下波动。期货市场价格波动主要受到市场供求关系的影响,无论是供应减少或消费增加,或者任何供应增加需求减少的经济因素都将导致价格追随其价值变动。理性的投资者应努力搜集某商品各种已知数据,集中考察导致价格涨跌或持平的供求关系,确定某商品的内在价值,根据价格与价值的关系进行投资决策。

一、需求

需求是指在一定时期内,在各种可能的价格下,消费者愿意并且能够购买某种商品的数量。

(一)影响需求的因素

对一种商品的需求量是由许多因素决定的,这些因素可以划分为五类:

1.这种商品的价格。一般说来,在其他条件不变的情况下,商品价格越高,人们对它的需求量就越小;反之,商品价格越低,人们对它的需求量就越大。这就是一般商品的所谓"需求法则"。

2.消费者的收入。对于多数商品而言,消费者收入提高就会增加对商品的需求量。

3.消费者的偏好。当消费者对某种商品的偏好程度增强时,该商品的需求量就会增加。如消费者对咖啡的偏好程度增强,他对咖啡的需求量就会增加。

4.相关商品价格的变化。相关商品可分为需求替代品和互补品。当一种商品本身的价格保持不变,相关商品价格变化也会对该商品本身的需求量产生影响。当一种商品本身价格不变时,其互补品价格上升会引起对该商品的需求量减少,其替代品价格上升会引起对该商品的需求量增加。

5.消费者预期的影响。当消费者预期某种商品的价格在下一期会上升时,就会增加对该商品的现期需求量;当消费者预期某种商品的价格在下一期会下降时,就会减少对该商品的现期需求量。

(二)需求弹性

需求的价格弹性是指一定时期内一种商品需求量的相对变动对该商品价格的相对变动的反应程度,或者说价格变动百分之一时需求量变动的百分比,它是商品需求量变动率与价格变动率之比。用公式表示为:

需求的价格弹性 = 需求量变动率(%)/价格变动率(%) = $(\Delta Q/Q)/(\Delta P/P)$

其中:Q 是需求量;ΔQ 是需求量变动的绝对数量;P 是价格;ΔP 是价格变动的绝对数量。

当价格稍有下降即引起需求的大量增加时,称之为需求富有弹性(大于1);反之,当价格下跌很多仅引起需求的少量增加时,称之为需求缺乏弹性(小于1)。

需求的价格弹性随着各种商品和劳务的不同而有很大的差别,就是同种商品和劳务,其弹性在不同的时间段内也是不同的。这些差异主要基于三种因素:第一,该商品的可替代程度。若某商品存在较多替代品,该商品的需求就较有弹性。第二,该商品的支出在消费者收入中所占比重。该商品支出比重越大,需求就越有弹性;比重越小,需求就越缺乏弹性。第三,消费者适应新价格所需时间的长度,时间越长,越有弹性。

(三)商品市场的需求量构成

商品市场的需求量通常由国内消费量、出口量及期末商品结存量三个部分组成。

1.国内消费量。商品国内消费量受各种因素影响而变化,影响国内消费量的因素有:国内消费者购买力的变化,国内人口增长及消费结构的变化,政府收入与就业政策等。一般来说,这些因素的变化对商品期货需求及价格的影响要大于对现货市场的影响。

2.出口量。在产量一定的情况下,某种商品出口量的增加会减少对国内市场的供应;相反,出口量减少,会增加国内市场供应量。因此,商品出口量的变化会引起国内市场商品供求状况的变化,从而对该商品价格产生影响。

3.期末商品结存量。这是分析期货商品价格变化趋势最重要的数据之一。一般来说,如果当年年底商品存货量增加,表示当年商品供应量大于需求量,下年的商品期货价格就有可能会下跌;如果当年年底商品存货量减少,表示当年商品需求量大于供应量,下年的期货商品价格将会上升。因此,必须及时了解有关商品主要出口国和进口国的商品期末结存量。

二、供给

供给是指在一定时期内,在各种可能的价格下,生产者愿意并且能够提供的商品或劳务的数量。

（一）供给法则

厂商的目的是追求利润,利润是收益和成本之间的差额。影响厂商的收益和成本的因素是很多的,而且,也正是这些因素决定着一种商品的供给量。除了随机因素之外,决定一种商品供给的主要因素有:

1. 该种商品的价格。一般来说,在其他条件不变的情况下,一种商品的市场价格越高,生产者愿意为市场提供较多的产品数量。即价格越高,供给量越大,价格越低,供给量越小,这就是"供给法则"。

2. 生产成本。在商品自身价格不变的条件下,生产成本上升会减少利润,从而使得商品的供给量减少。相反,生产成本下降会增加利润,从而使得商品的供给量增加。

3. 生产技术水平。一般而言,生产技术水平的提高可以降低生产成本,增加生产者的利润,生产者会进一步提高产量。

4. 相关商品的价格水平。在一种商品的价格不变,而其他相关商品的价格发生变化时,该商品的供给量会发生变化。相关商品可以分为生产替代品和生产互补品。生产替代品是指同样资源既可以生产一种产品也可生产另一种产品,例如大豆和玉米,大豆价格降低,会增加玉米供给;生产互补品是指一个生产过程可同时生产多种产品,如豆油和豆粕,豆油价格上涨会增加豆粕供给。

5. 生产者对未来的预期。预期也是影响商品供给量的一个重要因素。如果生产者对未来的预期看好,预期商品的价格会上涨,生产者在制订生产计划时就会增加产量供给。如果生产者对未来的预期是悲观的,预期商品的价格会下跌,生产者在制订生产计划时就会减少产量供给。

（二）供给弹性

供给法则说明了供给量与价格间的变动方向,但没有显示出变动的幅度,商品供给量对价格的反应敏感性可用供给弹性说明。供给弹性是指一定时期内一种商品的供给量的相对变动对于价格的相对变动的反应程度,即价格变动百分之一时供给量变动的百分比,它是供给量变动率与价格变动率之比。

供给的价格弹性用公式表示为:

$$供给的价格弹性 = 供给量变动率（\%）/价格变动率（\%） = (\Delta S/S)/(\Delta P/P)$$

其中:S 是供给量;ΔS 是供给量变动的绝对数量;P 是价格;ΔP 是价格变动的绝对数量。

当价格稍上涨,供给量就大幅度增加,称为供给富有弹性,其弹性系数大于1;反之,若价格大幅度上涨而供给少量增加,则称供给缺乏弹性,其弹性系数小于1。

一般来说,大多数商品在短期内供给都相当缺乏弹性,因为生产对于价格上涨的反应有时间上的滞后性,生产者不可能迅速地依据价格变化进行供给量的调整。

(三)商品市场的供给量构成

商品市场的供给量主要由前期库存量、当期生产量和当期进口量三部分组成，这三方面的供给对期货价格影响不可忽视。

1. 前期库存量。前期库存量是指上一季(或上一年)积存下来可供社会消费的商品实物量，它是构成总供给量的重要部分。根据存货持有者身份的不同，可分为生产者存货、经营者存货和政府存货。前期库存量的多少，体现着供应量的紧张程度，供应短缺将导致价格上涨，充裕的供应将导致价格下跌。因而，对于能够储藏的小麦、玉米、大豆等农产品以及能源和金属矿产品等，研究前期库存是非常重要的。

2. 当期生产量。当期生产量水平直接影响市场供给，进而影响期货价格。农产品由于受气候、生产等自然条件的影响较大，因此，当期产量的变动是影响期货价格的重要因素。对于农产品期货，必须注意分析研究播种面积、气候情况和作物生产条件、生产成本以及政府的农业政策等因素的变动情况，这样才能较好地掌握当期生产量。

3. 当期进口量。某种商品进口数量越多，占整个国家社会消费总量的比重越大，进口量的变化对市场商品供给和商品价格的影响也就越大。商品的实际进口量往往会因政治或经济的原因而发生变化，因此，应尽可能及时了解和掌握国际形势、价格水平、进口政策和进口量的变化。

三、影响期货期权市场价格变动的其他因素

分析影响商品供求的各种因素及其相互间的关系，是基本分析的基础。但除了基本的供求关系外，还有一些其他因素，也会间接影响供给和需求，进而影响商品价格的变化。因此，我们在分析供求与市场价格关系的基础上，还需进一步分析影响商品价格的其他因素。这些因素包括：经济波动周期因素、货币政策因素、政治因素、政策因素、自然因素、投机和心理因素等。这些因素最终都是通过供求影响期货期权的市场价格。

(一)经济波动周期因素

经济波动周期是影响期货期权市场价格走势的重要因素之一。期货市场的价格波动不仅与国内的经济周期相关，与世界各国的经济景气与否也有关系。经济周期一般由四个阶段构成，即危机、萧条、复苏、高涨。在危机阶段，由于需求萎缩，供给大大超过需求，库存增加导致了价格的猛烈下降；在萧条阶段，价格下跌停止，但这一阶段社会购买力仍然很低，商品销售仍然困难，因此，价格仍处于较低水平；进入复苏阶段，由于生产的恢复和发展以及需求的增加，促使价格逐渐回升；到了高涨阶段，由于商品需求不断增加，供应量满足不了日益增长的需求，从而刺激价格迅速上涨至较高水平。商品价格在经济周期各个阶段的变化会导致期货市场出

现短期的价格上涨或下跌的现象。因此,当我们分析较长时期期货价格走势时,应该密切注意国内外经济情况的变化。我们一般可以通过各国的经济增长率、国民生产总值,失业率等指标判断经济的繁荣与萧条,通过货币供应量、各种物价指数的高低判断通货膨胀的情况。

(二) 货币政策因素

期货期权交易与金融货币市场有着紧密的联系。货币量的多少决定商品期货价格的大体走势,因此在分析期货市场的价格走势时,必须注意各国金融货币变动的情况及其对商品价格可能带来的影响。在期货市场中,金融货币因素对期货价格的影响主要表现在货币供应水平、利率和汇率等方面。

一般来说,各国货币的汇价变化和利率波动对期货市场价格有着极为明显的制约作用。因此,从事期货期权交易的人士对金融货币因素的变动十分敏感,特别是美元、英镑等国际流通货币的汇价与利率变化,更成为人们预测国际期货市场价格时所关注的重要内容。

第一,货币供应量。货币供应量的多少决定商品期货价格的大体走势,货币供应量与商品价格成正比关系。当货币供应量增加时,商品价格随之上升,反之亦然。货币供应量对金融期货的影响最大,货币供应量的多少直接影响金融期货的价格。如股指期货,货币供应量增加,股指期货价格上扬,反之则下跌。因为货币供应量增加,说明社会上的游资相应增加,股价随之上扬,处于牛市的股指期货价格自然会向上攀升。

第二,利率。货币政策是世界各国普遍使用的宏观经济政策之一,其核心是对货币流通量的管理。货币流通量一般由中央银行控制,因此,中央银行所制定的政策和采取的行动对利率水平影响极大。在经济发展缓慢时,中央银行调低利率以刺激经济增长;在通货膨胀时,中央银行提高利率,收紧银根。

第三,汇率。在期货市场中,货币因素对期货价格的影响主要表现在利率和汇率两方面。美元作为国际贸易的主要结算货币,它相对于世界其他主要货币的利率或汇率的波动,对期货市场价格有着极为明显的影响。

世界贸易中绝大部分农产品、主要工业原材料和能源的价格,是根据世界各地相应的商品交易所成交价格确定的。因此,在期货交易中,考虑所选用的计价货币及其同其他货币的汇率变动对于期货价格的影响是相当重要的。图 14-1 是美元汇率与商品互动关系图。

在这个图形运动之中,也包含其他货币汇率与美元之间的关系,股票、债券与美元之间的关系暂未列出。市场价格运行基本上是以美元和黄金为负相关关系的轴心上顺时针方向做主流方向的运动,在逆时针方向上做次级调整运动。美元代表货币,那么黄金代表实体资产并与其他大宗商品属同质关系,但在与美元运行的互动之中,存在着价格变动的先期发动并引领其他品种跟随主流品种。其他大宗

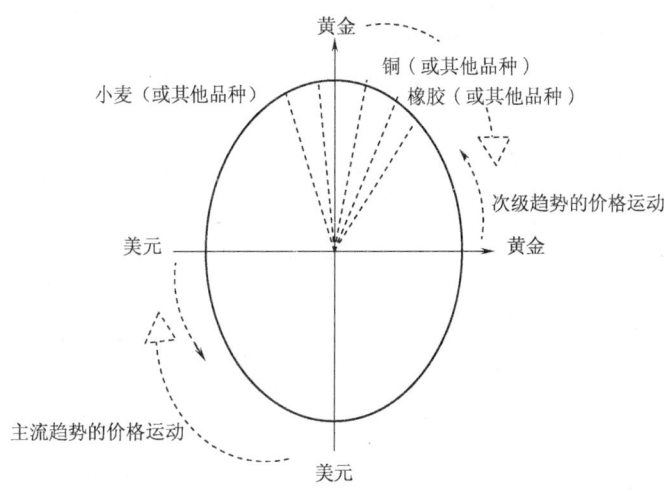

图 14 –1 美元汇率与商品互动关系图

商品品种根据自身的供求关系围绕着黄金先后与美元做反向运动。在局部价格运行中,会有出现差异的时候,因为单个品种在某些时间段会出现失衡。

除利率和汇率因素之外,作为金融货币体系重要组成部分的股票及债券市场、黄金市场和外汇市场的运行,也会影响期货市场的运行,进而影响期货价格。

(三)政治因素

政治与经济密切相关,一个国家、一个地区乃至整个世界的政治形势的变化,对经济的影响都很大。期货市场对政治气候的变化异常敏感,政治局势的波动常常对期货价格造成不同程度的影响。当一个国家内部政局动荡时,例如政变、内战、罢工、大选、劳资纠纷等;国际方面包括战争、冲突、经济制裁、政坛重要人物逝世或遇刺等,经济整体会受影响,从而导致期货价格的剧烈波动。政治因素对期货及期权市场具有很强的制约性,其影响往往是巨大的,所产生的后果通常也十分严重,有时可能直接决定某种商品期货的短期价格走势。

(四)政策因素

政府制定的政策和措施对期货价格影响也很大。各个国家为了维护自身的政治和经济利益,常常制定和修改某些政策和措施,这些政策和措施影响了经济生活,同时也会对期货市场价格产生影响。除了国内政策措施变化外,国际性商品协定和组织机构的政策变化也对期货市场价格产生影响。世界上一些大宗商品如石油、铜、橡胶、咖啡等的主要生产国和消费国,大都订立了贸易协定,成立了国际性行业组织,例如,石油输出国组织、国际锡生产国协会、天然橡胶生产国协会等,这些国际性商品协定和国际组织,为维护其利益,经常采取一致的政策措施来影响国际市场的商品供求关系和市场价格。

（五）自然因素

自然条件因素主要是气候条件、地理变化和自然灾害等，具体来讲，包括地震、洪涝、干旱、严寒、虫灾、台风等方面的因素。期货交易所上市的粮食、金属、能源等商品，其生产和消费与自然条件因素密切相关。有时因为自然因素的变化，会对运输和仓储造成影响，从而也间接影响生产和消费。当今世界科技水平迅速提高，但对自然环境的突发性变化，特别是对各种自然灾害的抗争能力仍然十分有限，因此，自然因素对期货交易商品，尤其是受自然因素影响大的农产品，仍具有相当的制约性。当自然条件不利时，农作物的产量就会受到影响，从而使供给趋紧，刺激期货价格上涨；反之，如气候适宜，会使农作物增产，增加市场供给，促使期货价格下跌。了解这些自然因素对世界范围内农作物生长和牲畜饲养的影响，可以提高对期货价格预测的准确性。

（六）投机和心理因素

在期货市场中有大量的投机者，他们参与交易的目的就是利用期货价格上下波动来获利。当价格看涨时，投机者会迅速买进合约，等待期货价格上升时抛出获利，而大量投机性的抢购，又会促进期货价格的进一步上升；反之，当价格看跌时，投机者会迅速卖空，当价格下降时再补进平仓获利；大量投机性的抛售，又会促使期货价格进一步下跌。在期货市场中，大投机商经常利用某些消息或价格的波动，人为进行买空和卖空，从而对期货价格的变动起着推波助澜的作用。有时，投机大户甚至制造谣言，虚张声势，操纵市场，从中获利。

与投机因素相关的是心理因素，即投机者对市场的信心。当人们对市场信心十足时，即使没有什么利好消息，价格也可能上涨；反之，当人们对市场失去信心时，即使没有什么利空因素，价格也会下跌。当市场处于牛市时，一些微不足道的利好消息都会刺激投机者的看好心理，引起价格上涨；当市场处于熊市时，往往任何利好消息都无法扭转价格疲软的趋势。

在期货交易中，投机者的心理变化往往与期货投机因素交织在一起，产生综合效应。投机者的目的是利用期货价格波动买卖期货合约获利，投机者的心理随着市场价格的变化是不断变化的，这种心理变化又会成为其他投机者产生交易行为的原因。所以，投机者的心理变化与投机行为在期货交易中形成了相互制约、相互依赖的关系。

四、基本分析法的优缺点

基本因素分析法是以商品的供求原理为依据，通过对影响供给与需求的诸多因素进行综合评判，确定价格的大致方向。其优势主要有：能够比较全面地把握价格的较长期的走势；应用起来相对简单；有助于把握行情大势，以建立多头或空头部位;期货交易所需资料比较容易找到,有助于交易者选择自己熟悉的品种。

基本因素分析法的缺陷主要有:预测的时间跨度相对较长,对短线投资者的指导作用比较弱;预测的精确度相对较低;容易受投资者主观和客观因素的制约;一些突发事件(如自然灾害、国际上政治冲突等对期货市场的冲击)事先无法估计到。

虽然基本分析法存在种种缺陷,不能单纯地凭借基本分析来判断价格走势,但是利用基本分析法收集准确、及时和全面的影响供给和需求变动因素的信息,用以预测价格走势仍不失为一种重要的预测分析方法。

第二节　技术分析概述

一、技术分析的定义

技术分析(Technical Analysis)是指以市场行为为研究对象,以判断市场趋势并跟随趋势的周期性变化来进行金融交易决策的方法的总和。在金融市场应用中,技术这一词汇并不是一般词典中的定义,它有其较为特定的含义:指对市场行为本身的研究,而非对市场交易的商品的研究。技术分析是记录(通常用图表方式)某一品种或指数的实际交易过程,以预测市场价格变化的未来趋势为目的,以图表为主要手段对市场行为进行的研究,并从其中推断出今后市场可能的发展趋势的科学。市场行为为包含三个方面的含义——价格、交易量和未平仓合约。它们是分析者通常能够获得的直接的主要信息来源。

技术分析在金融市场(股票、外汇、期货、期权)实际操作中,占据着十分重要的地位。与基本因素分析相比较,技术分析具有极其强大的时点对应性,所以,我们应对技术分析的每个工具及其组合体系给予高度重视。

二、技术分析方法的三个基本假设

(一)市场行为包容消化一切

这个基本假设的本质含义是:市场价格变动必然反映某一金融品种的供求关系。供求规律是所有的技术性、基础性预测方法的原始出发点。需求大于供给,价格上涨;供给大于需求,价格必然下跌。

技术分析者认为,能够影响某种金融商品价格的任何因素——基础的、政治的、心理的或任何其他方面的实际上都反映在其价格之中。由此推论,我们必须做的事情就是研究价格变化。图表本身并不会导致市场的涨跌,它只是显示了市场上投资者的乐观与悲观的心态与情绪。分析者不是以它的手段与精明征服市场，而是利用各种技术分析工具，让市场解释它自己最有可能的走势变动。

（二）价格以趋势方式运行

忽略细小波动，价格在持续相当长时间的趋势中运动。这不仅仅是一个基本假设，只要是有市场经历者，一般都会知道这是一种市场本身的客观现实存在。趋势变化，代表着供需平衡中重要的变动，无论是由什么因素或怎样引起的，在市场活动中迟早会被察觉出来。动能一旦形成就会发展到势能直至结束，惯性定律适用于市场价格运行的基本规律。

研究价格图表的全部意义，就是要在一个趋势发生发展的早期，及时准确地把它揭示出来，从而达到顺着趋势交易的目的。事实上，技术分析在本质上就是顺应趋势，以判定和追随既成趋势为目的。从"价格以趋势方式演变"可以自然而然地推断，对于一个既成的趋势来说，下一步常常是沿着现存趋势方向继续演变，而掉头反向的可能性要小得多。

（三）历史会重复演进

市场上进行具体买卖的是人，是由人决定最终的操作行为。人必然要受到心理学中某些规律的制约。一个人在某一场合得到某种结果，那么，下一次碰到相同或相似的场合，这个人就认为会得到相同的结果。股市也一样，在某种情况下，按一种方法进行操作取得成功，那么以后遇到相同或相似的情况，就会按同一方法进行操作，如果前一次失败了，后一次就不会按前一次的方法操作。

市场价格运行架构是以市场行为学、人类心理学为基本基础的，技术分析和市场行为学、人类心理学有着千丝万缕的联系。乐观看好或悲观看跌的心理或使价格图表形成某些特定的模式形状来显示市场将要可能发生的价格趋势方向，这些图形在过去市场运行的百余年里广为人知、并被分门别类。既然它们在过去很管用，就不妨认为它们在未来同样有效，因为它们是以人类心理为根据的，尽管时代变迁，科技长足发展，而人类心理从来就是"江山易改本性难移"。"历史会重演"换句话说就是：打开未来之门的钥匙隐藏在历史里面。

三、技术分析的主要理论

（一）道氏理论

道氏理论（Dow Theory）的创始人——查尔斯·道（道琼斯指数的发明人）在1884年提出，他声称该理论不是用于预测股市，甚至不是用于指导投资者，而是一种反映市场总体趋势的晴雨表。在1902年查尔斯·道去世前，并没有形成文字性的理论架构，后由其追随者汉密尔顿（著有经典的《股市晴雨表》）和雷亚（著有《道氏理论》，是道氏理论的集大成者）共同完善了其理论体系，开市场技术分析之先河，成为当之无愧的技术分析的鼻祖。他的理论精髓在于根据价格行为模式反映宏观经济总体趋势的变动状况。

道氏理论断言,股票会随市场的趋势同向变化以反映市场趋势和经济状况。股票的变化表现为三种趋势:主要趋势、中期趋势及短期趋势。

短期趋势,持续数天至数个星期;中期趋势,持续数个星期至数个月;长期趋势,持续数个月至数年。任何市场中,这三种趋势必然同时存在,彼此的方向可能相反。长期趋势最为重要,它是投资者主要追逐的对象,中期与短期趋势都属于长期趋势之中,唯有明白它们在长期趋势中所处的位置,才可以充分了解他们并从中获利。中期趋势对于投资者较为次要,它与长期趋势的方向可能相同,也可能相反。如果中期趋势严重背离长期趋势,则被视为是次级的折返走势或修正。次级折返走势必须谨慎评估,不可将其误认为是长期趋势的改变。短期趋势最难预测,唯有短线投机者才会随时考虑它。投机者与投资者仅有在少数情况下才会关心短期趋势,在短期趋势中寻找适当的买进或卖出时机,以追求最大的获利或尽可能减少损失。

牛市的特征表现为,主要趋势由三次主要的上升动力组成,其中被两次下跌所打断(如疲软期)。在整个活动周期中,可能比预期的上涨要高,每次都比上次更高。在整个活动周期中,通常由几次中期趋势的上涨和恢复所构成。

道氏理论认为金融市场每天、每星期的波动可能受到人为操作(Manipulation),次级折返走势(Secondary Reactions)也可能受到这方面有限的影响(比如常见的调整走势),但主要趋势(Primary Trend)不会受到人为的操作。

有四句简单的口诀:价升量增,后市看涨;价升量减,后市看跌;价跌量增,后市看跌;价跌量减,后市看涨。可以较为形象的描述成交量与趋势运行的关系,但市场发生转折的具体时点它却不能给出,要借助其他方法确定反转时点。

(二)波浪理论

波浪理论(Wave Principle)是技术分析大师拉尔夫·纳尔逊·艾略特(R. N. Elliott)在其患病疗养期间通过对道琼斯指数的历史数据的搜集、归纳、整理、研究得出并反复验证了的投资理论。艾略特于1946年完成了他的波浪理论的集大成之作《自然的法则——宇宙的秘密》,艾略特坚信,他的市场理论是制约人类一切活动的普遍自然法则的一部分。

波浪理论有三个重要概念:波的型态、波幅比率、持续时间,其中最重要的是型态。艾略特指出股市呈现一定的基本韵律和型态,五个上升波和三个下降波构成了八个波的完整循环。图14-2表示五个代表上升方向的推进波(Impulse Waves)和三个调整波(Corrective Waves)。

艾略特将趋势划分为九个层次,每个层次的浪有不同的名称和标志,分别以三套阿拉伯数字和罗马数字大小写交替标示。投资者只要根据标示就可知道目前市场的位置,即目前市场的走势在更广阔的范围内处在什么阶段,一般应用中只要辨明相对级数即可,如图14-3所示。习惯上,我们只关心所有级别中九个级别的波浪:超

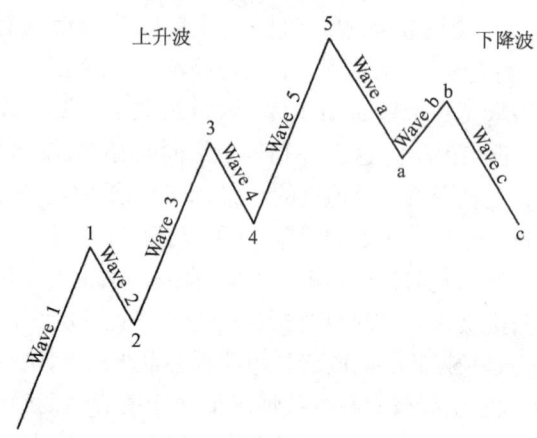

图 14－2　波浪理论的五升三降

级大循环浪、大循环浪、循环浪；基本浪、中型浪、小型浪；细浪、微浪、次微浪。

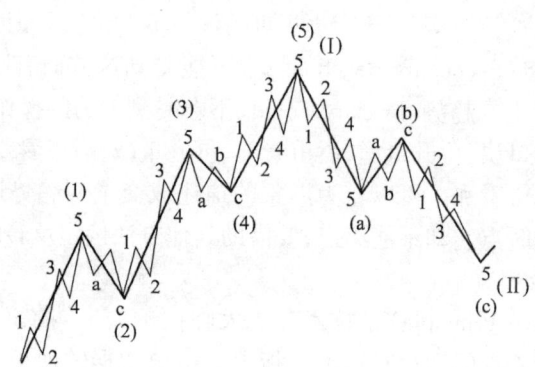

图 14－3　波浪级别层次划分示意图

斐波那契数列与黄金分割位作为波浪理论的数学基础，具有极其重要的理论与实践价值。

波浪之间常遇见的回吐比率为 0.382、0.5 及 0.618。从调整的角度分析，0.382附近的调整属于强势调整，0.5 位置附近的调整属于中势调整，0.618 位置附近属于弱市调整，而一旦调整失守 0.618 的位置，调整很可能接近 100% 。

斐波那契数列是中世纪伟大的数学家斐波那契在他的《计算的书》中提出并产生了数列与黄金分割。斐波那契数列是这样组成的：两个数字的和是数列的下一项，0,1,1,2,3,5,8,13,21,34,55,89,144……除了最初四个数字外，任一数和相邻的后一数之比都接近 0.618，越往后其比率越接近 0.618。

　　各个级别浪的数目与斐波那契数列有关。在波浪理论中,上升行情(牛市)可以由一个上升浪代表,亦可以划分为 5 个小浪,或者进一步划分为 21 个次级浪甚至还可以继续细分出长至 89 的细浪。对于空头市况(熊市)阶段,可以由一个大的下跌浪代表,同样对一个大的下跌浪可以划分为 3 个次级波段,或者可以进一步地再划分出 13 个低一级的波浪甚至最后可看到 55 个细浪。一个完整的升跌循环,可以划分为 2,8,34 或 144 个波浪。在此不难发现,上面出现的数字,包括 1,2,3,5,8,13,21,34,55,89 及 144,全部都属于神奇数字系列。同时黄金分割:0.382,0.50,0.618,1 1.618,2.618,4.618……可以反映浪形或幅度之间的相互关系,一般用黄金分割或其倍数出现。

　　波浪理论的数浪规则:2 浪的回撤不能超越 1 浪的范围;3 浪在上升或下跌的 1,3,5 浪之中,不是最短的,往往是最长的(在股票市场 3 浪经常延伸,而在期货市场往往 5 浪为最长);4 浪的底不能跌破 1 浪的顶;如果 2 浪复杂,则 4 浪简单,反过来若 2 浪简单,则 4 浪复杂。

　　数浪规则虽然简明扼要,却含义深刻且意义重大。要能充分掌握市场价格运动中局部浪型的划分,必须遵守数浪规则,同时又能够界定局部浪型在一个完整的波浪运行中所处的级别,这需要较为长期的学习和训练。图 14 - 4 的日线图就很契合数浪规则。

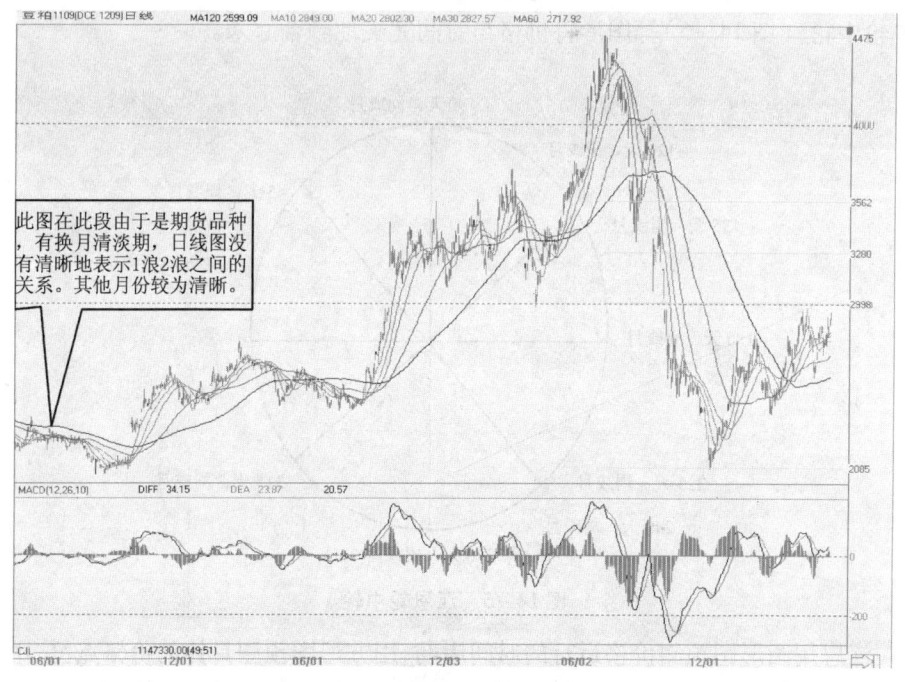

图 14 - 4　豆粕 1109 日线(2006.04.24 - 2009.05.19)

波浪理论与前述的道氏理论有着异曲同工之妙,道氏理论犹如中国画的大写意,宏观展示了价格运动及未来宏观经济发展的趋势变动,而波浪理论就像是工笔画,不仅从宏观角度而且在微观层面上反映了市场参与者的情绪及其行为,应当是市场分析中最为重要的工具。尽管有相当的所谓市场人士认为波浪理论过于主观,贬损的理由来自于无法用它在市场获利,但截至目前波浪理论仍是市场最好的分析工具。

(三)江恩理论

威廉姆·江恩(William Delbert Gann)是 20 世纪最著名的投资家之一,在股票和期货市场取得了骄人成绩。江恩相信股票、期货市场里也存在着宇宙中的自然规则,市场的价格运行趋势不是杂乱的,可通过数学方法预测。江恩理论(Gann Theory)的基础有四点:第一是西方的星相学;第二是天文学;第三是数学;第四是几何学。

江恩理论有一个架构,就是"圆理论",他认为世界上所有的东西都是圆的,圆里面可以放正方形、三角形,正方形、三角形里又可以放圆。只要你给它足够的资料,给出顶和底的时间,就可以预测出未来的价格走势。江恩理论强调两点:第一是时间,时间是最重要的因素;第二是要找到一个正确的起点。江恩理论的实质就是在看似无序的市场中建立了严格的交易秩序,它可以用来发现何时价格会发生回调和将回调到什么价位。江恩通过江恩圆形、江恩螺旋正方形、江恩角度线、江恩"轮中轮"(图 14 - 5)等图形将价格与时间完美地融合起来。

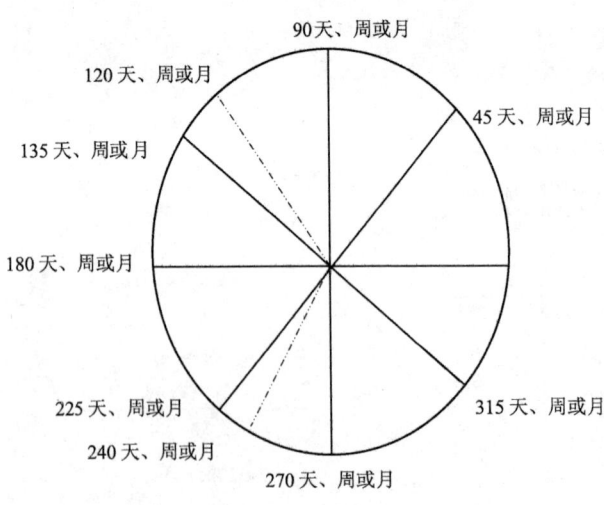

图 14 - 5　江恩轮中轮

江恩用圆形图预测价格运行的时间周期、用方形图预测具体的价格点位、用角度线预测价格的支撑位和压力位、用轮中轮同时预测时间和价位。用 360 度圆的分割角度来表达市场走势的支撑位与阻力位是江恩几何原理的另一项内容,江恩认为市场的每一次上涨或下跌过程都是股价在时间序列上的起止过程,每一次起止过程即股价从起点到终点都可以看做是股价在时间上走过了一个几何圆360度,若将这个360度圆进行三等分、四等分、六等分、八等分后,股价往往会在这些等分点上发生较大的转折。

江恩将百分比原理和几何角度原理结合起来,创造一种甘氏线。甘氏线是从一个点出发,依一定的角度,向后画出的多条直线,所以甘氏线又称为角度线。上升甘氏线需要定一明显的低点,下降甘氏线需要定一明显的高点。上升甘氏线用于波段涨幅已完成、股价逐渐往空头趋势下滑的行情;下降甘氏线用在波段跌幅已完成、股价逐渐往多头趋势上扬的行情。

甘氏角度共有9条角度线(如图14-6),分别为:

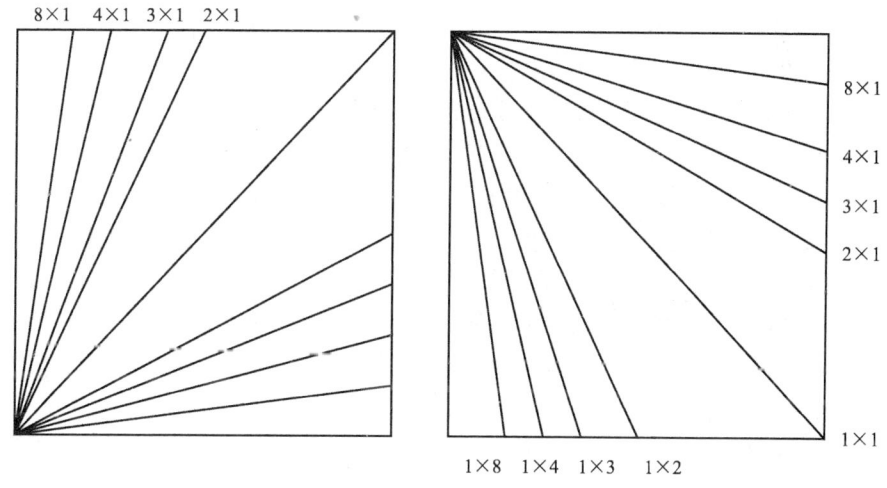

图 14-6 江恩角度线(甘氏线)

7.5 度(8×1)时间变动 8 个单位,价格变动 1 个单位 最平缓

15 度(4×1)时间变动 4 个单位,价格变动 1 个单位

18.75 度(3×1)时间变动 3 个单位,价格变动 1 个单位

26.25 度(2×1)时间变动 2 个单位,价格变动 1 个单位

45 度(1×1)时间变动 1 个单位,价格变动 1 个单位 平衡线

63.25 度(1×2)时间变动 1 个单位,价格变动 2 个单位

71.25 度(1×3)时间变动 1 个单位,价格变动 3 个单位

75 度(1×4)时间变动 1 个单位,价格变动 4 个单位

82.5 度(1×8)时间变动 1 个单位,价格变动 8 个单位 最陡峭

画甘氏角度线应该以该波段的原始峰顶或谷底为起点,如果由趋势途中的次

级头部或底部画线,意义不大。每一条角度线都有可能是股价的支撑线或压力线。在9条角度线中,以45度(1×1)线最重要,它是时间与价格的平衡线,因此被视为主趋势线。在强劲的多头市场中,股价通常位于主趋势线上方,若股价跌破45度线,被视为主要上涨趋势反转;在大空头市场中,股价通常位于主趋势线下方,若股价顺利向上突破45度线,代表主要下跌趋势反转。

(四)循环周期理论

事物的发展有一个从小到大和从大到小的过程,这种循环发展的规律在期货市场也存在。循环周期理论(Cycle Theory)认为,无论什么样的价格波动,都不会向一个方向永远走下去。价格的波动过程必然产生局部的高点和低点,这些高低点的出现在时间上有一定的规律。我们可以选择低点出现的时间入市,高点出现的时间离市。

伯恩斯坦的时间之窗(又称伯恩斯坦循环理论)是以时间轴为重点分析对象的循环理论中较有影响的一种观点与方法,它是由美国分析师伯恩斯坦1981年在《商品价格循环手册——时间之窗》一书中提出。

伯恩斯坦的时间之窗的特征主要表现:循环周期的重复出现不是和上一个周期完全相同,但有时会倾向集中在一定的时间长度内;长短周期差不多重复出现的次数越多,表示这个循环周期的预测的可靠性越高;长周期可以分成几个低一级的短周期,如在波浪理论中,大浪中有小浪,浪中套浪,需要时间来做仔细的观察和计算;同类的商品期货会有相同的周期长度。

循环周期时间长度的近似性价格从一个低点经由一轮上升后再下行到另一个低点,或者相反,从一个高点经由一轮下跌后再上升到另一个高点,为一个循环周期。循环周期理论的一波行情包括升跌两次过程。

伯恩斯坦的时间之窗与波浪理论一样,认为循环周期也有大小之分,大周期中包含有小周期,周期时间尺度是非特征性的。周期的长短可以分成四类:

1. 季节性的周期:我们知道一年有四季,春、夏、秋、冬,如果我们种植粮食作物,一般是春天播种,夏天作物在成长,秋天是收获的季节,冬天就应该歇息了,等明年春天再努力。所以受到收成的影响,常在一些月份出现一定的循环的高点或者低点。

2. 长期周期:这是平均周期超过一年的循环周期。这样的长期周期在汇市中也比比皆是,在上面的道氏理论里也提出了时间周期的概念,可以互相参照。

3. 中期周期:常常用月来做计算,一般是6个月到1年。

4. 短期周期:以天数为计算周期,平均期限不超过3个月,我们在操作中进场观察的日线图,就是这样的周期。

5. 不规则周期:每个循环周期相距的时间不多,并非同一个时间长度出现的。

康德拉季耶夫周期理论是周期理论中另一个主要的理论,由苏联经济学家康德拉季耶夫 1925 年在美国发表的《经济生活中的长波》一文中首先提出。他对英、法、美等资本主义国家 18 世纪末到 20 世纪初 100 多年的批发价格水平、利率、工资、对外贸易等 36 个系列统计项目的加工分析,认为资本主义的经济发展过程可能存在三个长波:(1)从 1789 年到 1849 年,上升部分为 25 年,下降部分 35 年,共 60 年;(2)从 1849 年到 1896 年,上升为 24 年,下降为 23 年,共 47 年;(3)从 1896 年起,上升 24 年,1920 年以后是下降趋势。全过程为 140 年,包括了两个半的长周期,显示出经济发展中平均每 50 ~ 60 年一个周期的长期波动。康德拉季耶夫认为,生产技术的变革、战争和革命、新市场的开发、金矿的发现、黄金产量和储量的增加等因素都不是导致长波运动的根本原因。康德拉季耶夫认为,长波产生的根源是资本主义经济实质固有的那些东西,尤其与资本积累密切相关。

金融市场价格运动的周期分析是一个较深刻的领域,实际上前述的斐波那契数列本身就是短周期分析应用的重要工具。循环周期理论还有很多的理论及其方法,这里不做赘述。

(五)相反理论

相反理论(Contrary Theory)是有关市场在极端状态时的一种研究与应用方法。相反理论的基本要点是投资买卖决定全部基于群众的行为。它指出不论股市及期货市场,当所有人都看好时,就是牛市开始到顶时。当人人看淡时,熊市已经见底。相反理论基于这么一个原则:市场中不可能多数人获利,要获得大的利益,一定要同大多数人的行动不一致。在市场投资者爆满的时候出场,在投资者稀落的时候入场是相反理论在操作上的具体体现。

运用相反理论时,真正的数据通常有两个:一是好友指数(Bullish Consensus);另一个叫做市场情绪指标(Market Sentiment Index)。两个指标都是一些大经纪行、专业投资机构的期货或股票部门收集的资料,资料来源为各大纪经商、基金、专业投资者,甚至报章、杂志的评论,计算出看好和看淡情绪的比例。以好友指数为例,指数由零开始,即所有人都绝对看淡,直到 100% 为止,即人人看好,包括基金、大经纪行、投资机构、报章杂志的报道。如果好友指数在 50% 左右,表示看好看淡情绪参半。指数通常会在 30 ~ 80 浮动。如果一面倒的看好看淡,显示牛市或熊市已经走到尽头,行将反转。

第三节 技术分析的基本工具及应用方法

一、K线的基本方式及其可能的含义与启示

K线(Candlestick Charts)又称之为阴阳线,因为其形状颇似蜡烛,又称之为蜡烛图。K线是早在300多年前的日本商人在集市贸易中,以同种商品在一天时间内的交易之中价格的不同变动状况,预测未来价格变动方向的一种预测工具和方法,有着良好的使用价值,流传至今。近些年来,K线备受西方金融市场分析人士的青睐,也是我们学习金融市场技术分析系统的一个重要基石。

(一)K线的价格标示方法

K线是一条柱状线,由影线和实体组成。影线在实体上方的部分叫上影线,下方部分叫下影线。实体分为阴线(黑线)和阳线(红线)。

K线由开盘价、最高价、最低价、收盘价四个价位组成,实体部分的阳线是低开高走,收盘价在上,阴线是高开低走,收盘价在下。最高价和最低价分别用上影线和下影线表示,见图14-7。K线的个体形态有很多种,这里我们只重点探讨几个有代表意义的特殊K线形态及其含义。

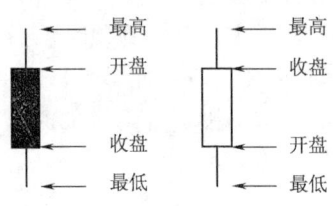

图14-7 K线的画法

(二)单个K线和K线组合的关系

大阳或中阳线代表市场购买踊跃积极,表示强势的上涨意愿。

大阴或中阴线代表市场抛售压力强大,表示强势的下跌意愿。

十字星和纺锤表示价格运行之中,在当天多空双方力量相对平衡,处于势均力敌的阶段。

早晨之星和射击之星的实体很短,但有着长长的上下影线,市场价格若处于低位称之为早晨之星,表示市场已由弱势转为短期、中期或长期的强势,是买进信号,或是买进信号的组成部分。若此种形态出现在高位,则称之为吊颈,意为绳子已经套上脖子,行情反转下跌的概率极大。若此种形态出现在低位,则称之为下蹲锤

头,意为夯实底部的意思,行情反转上升的概率极大。

所谓墓碑是价格行情处于高位,此种 K 线形态的出现,表示市场即将反转方向的意愿更为强烈且概率极高。市场上一定是发生了什么事情重创了多方的信心,市场才如此表现。

蜻蜓线是价格行情处于低位,此种 K 线形态的出现,表示市场即将反转方向的意愿更为强烈且概率极高。市场上一定是发生了什么事情重创了空方的信心,市场才如此表现。

上述 K 线基本形态见图 14 - 8 所示。

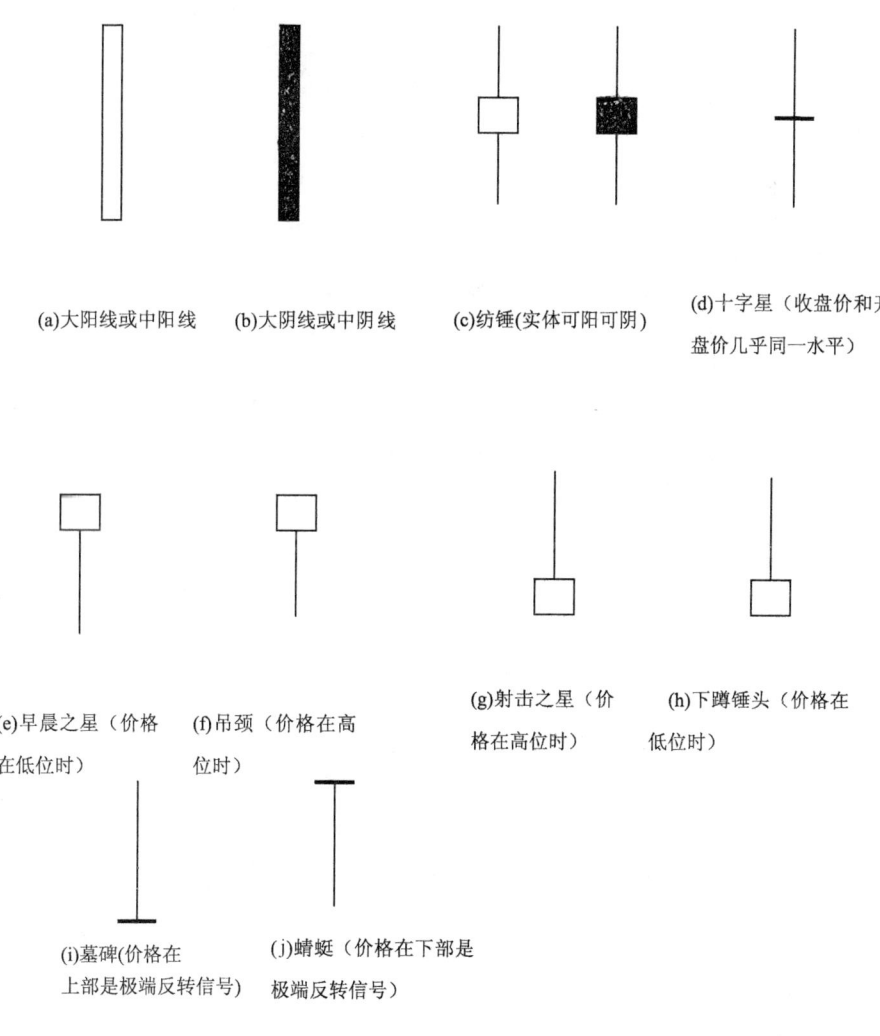

(a)大阳线或中阳线　　(b)大阴线或中阴线　　(c)纺锤(实体可阳可阴)　　(d)十字星（收盘价和开盘价几乎同一水平）

(e)早晨之星（价格在低位时）　(f)吊颈（价格在高位时）　(g)射击之星（价格在高位时）　(h)下蹲锤头（价格在低位时）

(i)墓碑(价格在上部是极端反转信号)　(j)蜻蜓（价格在下部是极端反转信号）

图 14 - 8　K 线的基本形态

常见的 K 线组合的关系如表 14 – 1 所示。

表 14 – 1　常见的 K 线组合的关系

图形	名称	意义	特点
	三条同高型	不断换手拉高价位会增加筹码供应,可能会出现供过于求的情况	连续三根长红线
	前长后短型	A 若行情向下跌破第一日的低点宜退出观望 B 如无跌破第一日的低点,应防主力诱空,待形成轧空,将有大幅度的上扬	第一根大阳线,随后涨势减弱但二三根仍以阳线收盘
	前短后长型	空头回补,市场一致看好	第一二日小阳线第三日出现大阳线
	阶梯上升型	低价有撑、高价有压,若在涨升末段,应视为卖出信号	连续三日都有较长的上下影线

图形	名称	意义	特点
	阳线转阴线	第一日拉出长虹,空方反扑两日,只攻占多方部分阵地,此时多方将伺机反攻	长阳线后出现两日阴线但无法吃掉阳线
	曙光初现	见底回升,后市看好	阴线的次日,开盘价比上日低价还低,但收盘却收在高点,且高于前日阴线实体一半
	乌云罩顶	行情转入空头,将有重挫的可能性	大阳线的次日出现大阴线,其实体部分高出前日

二、技术分析的趋势与形态

(一)趋势分析

期货市场价格运行有趋势性,因而要"顺势而为",不要"逆势而动"。趋势分析常用的工具有:支撑线和阻力线、趋势线、黄金分割线和百分比线等。

1. 支撑线(Support Line)和阻力线(Resistance Line)。支撑线是指当价格跌到某个价位附近时,价格会停止下跌,甚至还有可能回升,这是因为多方在此买入造成的。支撑线起阻止价格继续下跌的作用。这个起着阻止价格继续下跌的价位就是支撑线所在的位置。

阻力线是指当价格上涨到某价位附近时,价格会停止上涨,甚至回落,这是因为空方在此抛出造成的。阻力线起阻止价格继续上升的作用。这个起着阻止价格继续上升的价位就是阻力线所在的位置。一般来说,一条支撑线或压力线对当前影响的重要性有三个方面的考虑:一是股价在这个区域停留时间的长短;二是股价在这个区域伴随的成交量大小;三是这个支撑区域或压力区域发生的时间距离当前这个时期的远近。

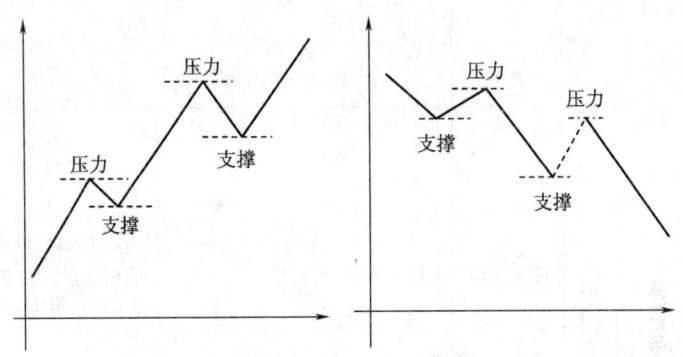

图 14 - 9   支撑线与阻力线

2. 趋势线(Trend Line)。趋势线可以衡量价格波动的方向。在上升趋势中,将两个低点连成一条直线,就得到上升趋势线。在下降趋势中,将两个高点连成一条直线,就得到下降趋势线。上升趋势线起支撑作用,下降趋势线起阻力作用。

确认趋势线是否有效有三个原则:

一是必须明确有趋势存在。即必须确认出有两个依次上升(或下降)的点,连接两个点的直线才有可能成为趋势线。

二是画出直线后,还应得到第三个点的验证才能确认这条趋势线是有效的。

三是这条直线延续的时间越长,就越具有效性。

趋势线主要有两个作用:

第一,对价格今后的变动起约束作用,使价格总保持在这条趋势线的上方(上升趋势线)或下方(下降趋势线)。实际上,就是起支撑或阻力作用。

第二,趋势线被突破后,说明价格下一步的走势将要反转。越是重要且有效的趋势线被突破,其转势的信号就越强烈。趋势线被突破后,原来所起的支撑和阻力作用的趋势线就会相互交换角色。由原来的对价格所起的支撑就变成了它的反面,对未来的价格上升会形成压力的作用。

3. 轨道线。轨道线(Channel Line)又称通道线或管道线,是基于趋势线的一种方法。在已经得到了趋势线后,通过第一个峰和谷可以做出这条趋势线的平行线,

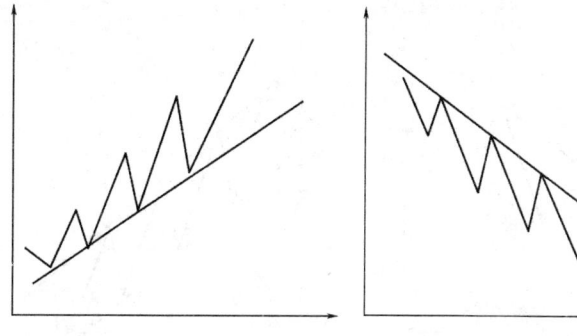

图 14 – 10   趋势线

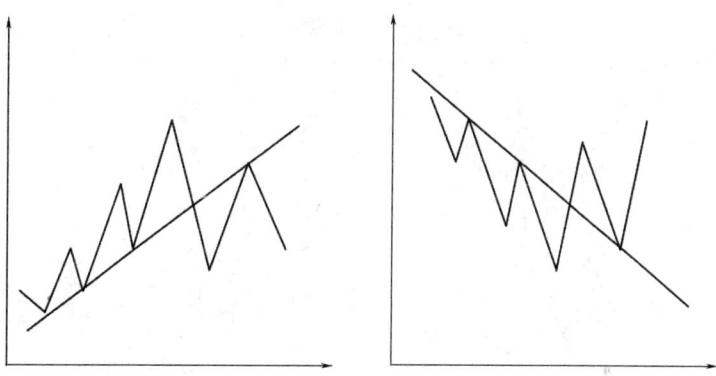

图 14 – 11   趋势线的突破

这条平行线就是轨道线。两条平行线组成一个轨道,这就是常说的上升轨道和下降轨道。轨道的作用是限制股价的变动范围。对上面的或下面的直线的突破将意味着有一个大的变化。与突破趋势线不同,对轨道线的突破并不是趋势反向的开始,而是趋势加速的开始。轨道线的另一个作用是提出趋势转向的警报。在一次波动中未触及轨道即转向,则预示趋势将发生变化。上升趋势中,股价触及下轨,即为买入;触及上轨即为卖出的最佳时机。下降趋势与之相反。

4.黄金分割线和百分比线。对行情进行技术分析时,黄金分割线(Fibonacci Lines)与百分比线(Percentage Line)是较为常用的一种分析工具,主要作用是运用黄金分割和百分比率预先给出股指或个股的支撑位或压力位,以便于在可能的目标位附近提前做好操作上的准备。黄金分割线与百分比线的分析原理基本相似,两者不同之处仅在于所引用的比率各不同,但在对同一行情进行分析时,所揭示的关键性点位的位置却基本一致,因此在实际的应用中二者可以相互替代使用。

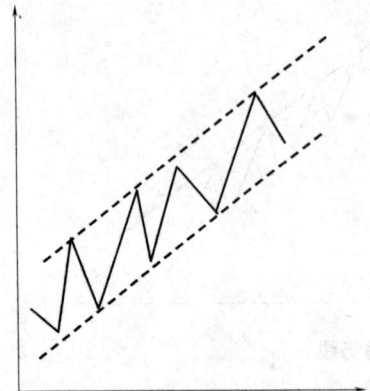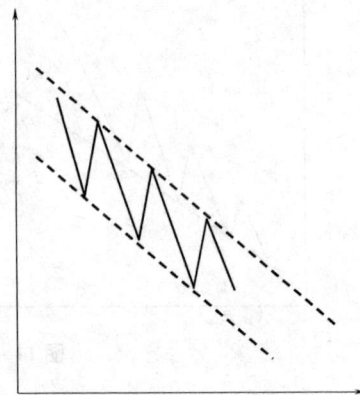

图 14 – 12　轨道线

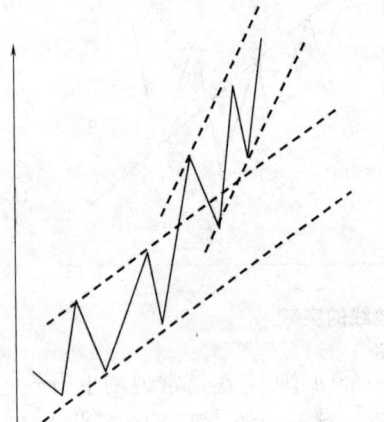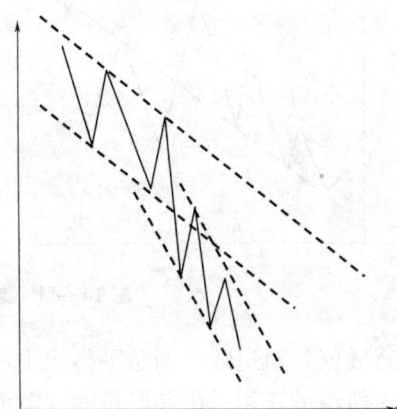

图 14 – 13　轨道线的突破

　　黄金分割的原理源自斐波那契数列,众所周知的黄金分割比率 0.618 是斐波那契数列中相邻两个数值的比率,同时据此又推算出 0.191,0.382,0.809 等较为重要的比率。黄金分割线的第一步是记住若干个特殊的数字,其中,0.618、1.618和 4.236 三个数字最为重要,价格极容易在由这三个数字产生的黄金分割线所处的价位产生支撑或阻挡。第二步是找到一个点,这个点是行情发生变化的价位,如在上升行情开始调头向下时,关心这次下跌将在什么位置获得支撑,而黄金分割线提供了几个重要的参考价位,它们是由这次上涨的顶点价位分别乘以上面所列特殊数字中的几个,作为可能获得支撑的参考价位。

　　百分比线考虑问题的出发点是人们的心理因素和一些整数位的分界点,当价格持续向上涨到一定程度,肯定会遇到压力,遇到压力后就要向下回撤,回撤的位置很重要。黄金分割提供了几个价位,同样,百分比线也提供了几个价位。百分比线事实上属江恩理论,江恩用简单的大数法则将空间分成 10 等分,如用百分比来表示,即 $1/8 = 12.5\%$,$2/8 = 25\%$,$1/3 = 33.3\%$,$3/8 = 37.5\%$,$4/8 = 50\%$,$5/8 = 62.5\%$,$2/3 = 66.6\%$,$6/8 = 75\%$,$7/8 = 87.5\%$,$8/8 = 100\%$。上述各比率中,50% 最为重要,因为万物都是一分为二的,此外 $1/3 = 33.3\%$、$3/8 = 37.5\%$ 及 $5/8 = 62.5\%$、$2/3 = 66.6\%$ 这四条距离较近的比率也十分重要,往往起到重要的支撑与压力位作用。

(二)形态及分析

价格曲线的形态可以分成反转突破形态和持续整理形态两大类。那些经常出现在反转行情中的图形被技术分析者归类为反转突破形态,那些经常出现在持续行情中的图形就被归类为持续整理形态。需要说明的是一个形态之所以归为反转形态或持续形态,是它经常在这种形态中出现的缘故,并不意味着不可能在另一种形态中出现。事实上,这种情况不仅有可能出现,而且还可能出现另一种情况,那就是某种形态出现后,后来的走势并没有按照原定的方式进行,这种情况被称为"流产的图形"。

1.反转突破形态。反转突破形态的图形包括:

(1)双重顶(Double Tops)和双重底(Double Bottoms)。双重顶(M 头)和双重底(W 底)两种形态在实际中出现得非常频繁。图 14 - 14 是这种形态的简单形状。

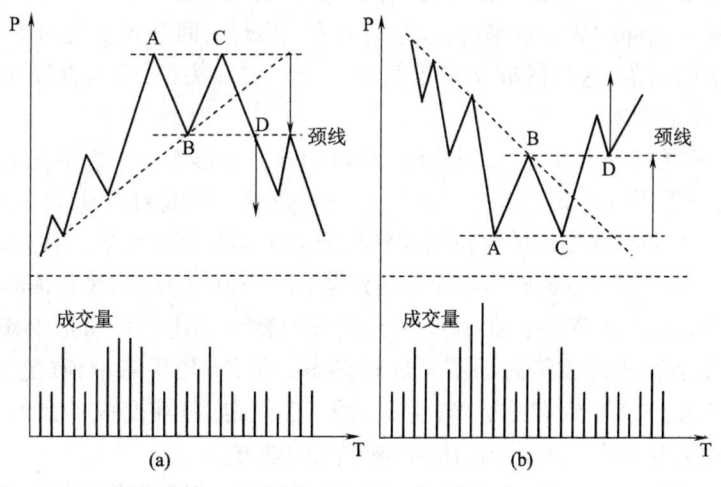

图 14 - 14　双重顶和双重底

我们仅以 M 头为例,说明一下双重顶(底)的形成过程,见图 14 - 14(a)。在上升趋势过程的末期,价格在第一个高点 A 进行回落调整,但受上升趋势线的支撑,回调在 B 点附近停止,然后继续上升至 C 点(与 A 点几乎等高)遇到压力,价格向下,这样就形成 A 和 C 两个顶的形状。从 B 点做平行于 A、C 连线的平行线,就得到一条非常重要的直线——颈线(Neck Line)。M 头形成以后,未来价格变动有两种可能:第一,未突破 B 点的支撑位置,价格在 A、B、C 三点形成的狭窄范围内上下波动,演变成矩形。第二,跌破颈线继续向下,这就是双重顶反转突破形态的真正出现。

(2)头肩顶和头肩底。头肩顶(Head and Shoulders Tops)和头肩底(Head and Shoulders Bottom)是最为常见的反转形态图表之一。

以头肩顶为例,见图 14 - 15(a)。这种形态一共出现三个顶,中间的高点称为头,左右两个相对较低的高点称为肩。在上升趋势中,不断升高的各个局部的高点和低点保持着上升的趋势,然后,在某一个地方趋势的上涨势头将放慢。图14 - 15(a)中 A 点和 B 点还没有放慢的迹象,但在 C 点和 D 点已经有了势头受阻的信号,这说明这一轮上涨趋势可能已经出了问题。最后价格走到了 E 和 F 点,这时反转向下的趋势已势不可挡。值得注意的是,当头肩顶形态完成后并向下突破顶线时,成交量不一定扩大,但日后继续下跌时,多方比空方更为积极。

头肩底和"头肩顶"的形状一样,只是整个型态倒转过来而已,不过成交量方面有不同的地方。形成左肩部分时,在下跌的过程中成交量显著地增加,在左肩最低点回升时,则有减少倾向。接着又再下跌,且跌破上次的最低点,成交量再次随着下跌而增加,较左肩反弹阶段时的交投为多。从头部最低点回升时,成交量有可能增加。整个头部的成交量来说,较左肩为多。当行情回升到上次的反弹高点时,出现第三次的回落,这时的成交量很明显少于左肩和头部,价格在跌至左肩的水平,跌势便稳定下来。

(3)三重顶(Triple Top)和三重底(Triple Bottom)形态。头肩形态有一种小的变体,称为三重顶(底)形态。它是由三个一样高或一样低的顶或底组成。三重顶(底)与头肩形的区别是头的价位回缩到与肩差不多相等的位置,有时甚至低于或高于肩部一点。与一般头肩形最大的区别是,三重顶(底)的颈线和顶部(底部)连线是水平的,这就使得三重顶(底)具有矩形的特征。比起头肩形形态,三重顶(底)更容易演变成持续形态而不是反转形态。另外,如果三重顶(底)的三个顶(底)的高度依次从左到右是下降(上升)的,三重顶底就演变成了直角三角形态。这些都是我们在应用三重顶(底)时应该注意的地方。

在反转形态中,还包括有圆形底、圆形顶、菱形等,但头肩形的顶或者底却是价格运行中常常表现的最基本形态架构。

2. 持续整理形态。持续整理形态有三角形、矩形、旗形、楔形。

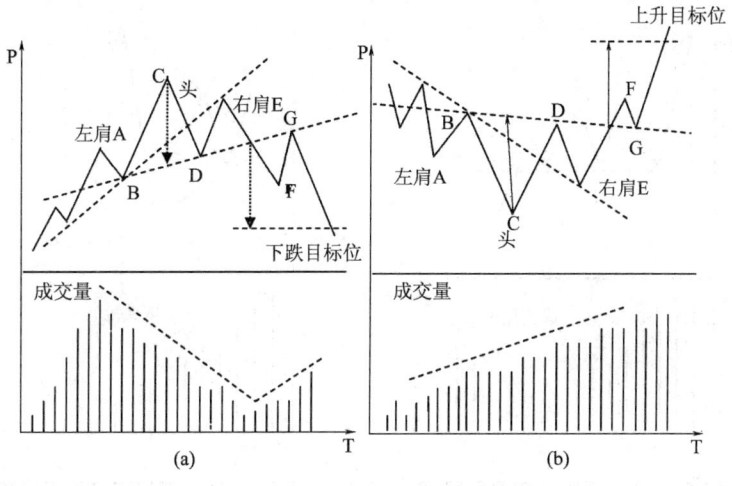

图 14 – 15　头肩顶和头肩底

（1）三角形。三角形主要分为三种:对称三角形、上升三角形和下降三角形。

对称三角形大多发生在一个大趋势进行的途中,它表示原有的趋势暂时处于休整阶段,之后还要随着原趋势的方向继续行动。图 14 – 16 是对称三角形的一个简化的图形,这里的原有趋势是上升,所以,三角形态完成以后是突破向上。

上升三角形和下降三角形是对称三角形的变形体。上升三角形（图 14 – 17）上面的直线是水平的而非向下倾斜,上升三角形有更强烈的上升意识;下降三角形（图 14 – 18）下面的直线是水平的而非向上倾斜,下降三角形有更强烈的下降意识;倒置三角形（图 14 – 19）表现出剧烈的波动,有下降的意识。

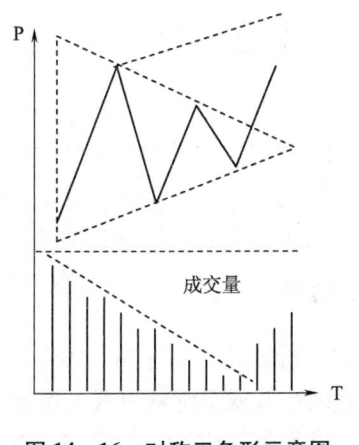

图 14 – 16　对称三角形示意图

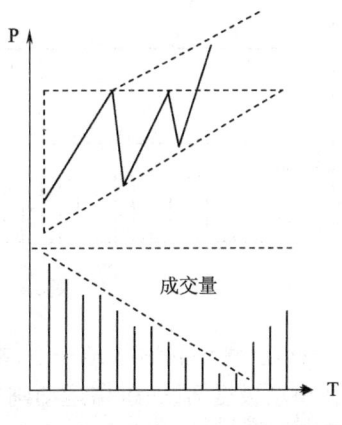

图 14 – 17　上升三角形示意图

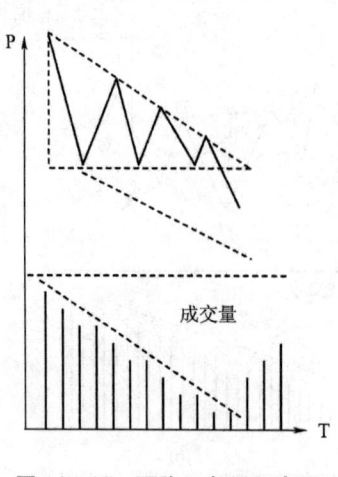

图 14-18　下降三角形示意图

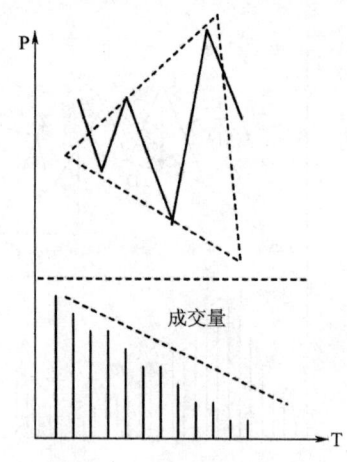

图 14-19　倒置三角形示意图

（2）矩形。矩形在形成之初，多空双方全力投入，各不相让，空方在价格高上去后，在某个位置就会抛出，多方在价格下跌后到某个价位就买入，时间一长，价格就形成两条明显的上下界线。如果原来的趋势是上升，那么经过一段矩形整理后，会继续原来的趋势，多方会占优势并采取主动，使价格向上突破矩形的上界。如果原来是下降趋势，空方会采取行动，突破矩形的下界。图 14-20 是矩形的简单图示。

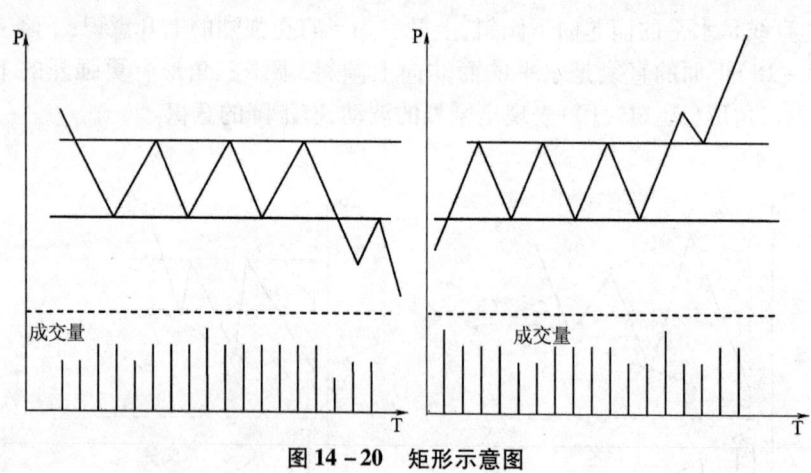

图 14-20　矩形示意图

（3）旗形。旗形的形状是一上倾或下倾的平行四边形（图 14-21）。旗形大多发生在市场极度活跃、价格运动剧烈、近乎直线上升或下降的方式的情况。由于上升下降得过于迅速，市场必然会有所休整，旗形就是完成这一休整过程的主要形式之一。当上升旗形往上突破时，必须要有成交量激增的配合；当下降旗形向下跌破时,成交也会大量增加。

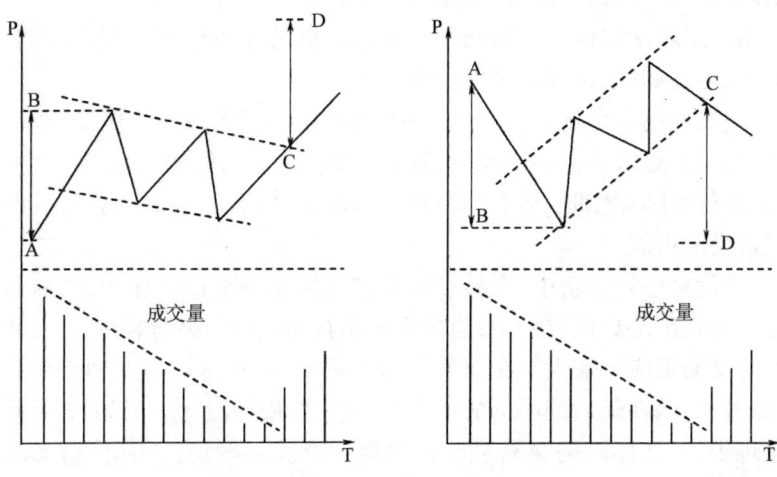

图 14-21　旗形示意图

(4)楔形。楔形是上倾或下倾的三角形,从图 14-22 可以看出,三角形的上下两条边都是朝着同一个方向倾斜,这与前面介绍的三角形态不同。在形成楔形的过程中,成交量是逐渐减少的,形成之前和突破之后,成交量都很大。

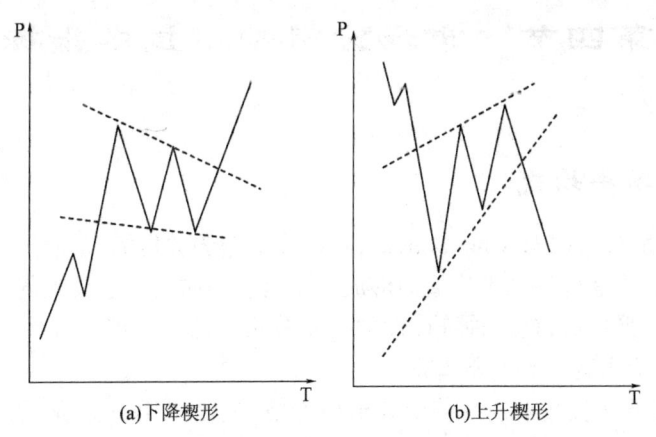

(a)下降楔形　　　　　　　　(b)上升楔形

图 14-22　楔形示意图

在价格的曲线图上,旗形和楔形这两种形态出现的频率最高,一段上升或下跌行情的中途,可能出现好几次这样的图形。它们都是一个趋势的中途休整过程,休整之后,还要保持原来的趋势方向。这两个形态的特殊之处在于,它们都有明确的形态方向(如向上或向下),并且形态方向与原有的趋势方向相反。例如,如果原有的趋势方向是上升,则这两种形态的形态方向就是下降。但是,楔形的引导形态也常常出现,这就要在市场分析之中小心留意。

3.应用形态理论应该注意的问题。形态分析是比较早就得到应用的方法,相对比较成熟,尽管如此,也有正确使用的问题。

第一,站在不同的角度,对同一形态可能产生不同的解释。例如,头肩形是反转形态,但有时从更大的范围去观察,有可能成为中途持续形态。

第二,进行实际操作时,形态理论要求形态完全明朗才能行动,从某种意义上讲有错过机会的可能。

第三,在价格形态分析中,交易量经常被用做验证指标。比如,头肩形顶成立的预兆之一是在头部形成过程中,当价格冲到新高点时交易量较少,而在随后的向颈线下跌时交易量应该较大。在双重顶和三重顶中,在价格上冲到每个后继的峰时,交易量较少,而在随后的回落的过程中,交易量应该较大。又如,在持续形态的三角形整理中,与之伴随的交易量应该逐渐下降。一般地,所有价格形态在完结(突破点)时,只要这个突破信号是成立的,那么它就应当伴随较大的交易量。还有,在下降趋势中,当价格下跌时交易量较大,在价格反弹时成交量较小。只要交易量的变化保持上升的特点,那么就说明卖出压力大于买进压力,下降趋势也将持续下去。仅当这种情形发生变化后,才有必要探求市场的底部信号。

第四节　市场分析常用技术指标

一、移动平均线

算术移动平均线(Moving Average,MA)属于趋势类指标,是通过计算某一段价格区间的每日收盘价系列平均值而形成呈平滑状的曲线。它反映的是一系列价格在当前时刻的平均值,是一种统计性的技术分析方法。它能滤除短期价格的不规则运动,追踪价格运行的主要趋势。

MA计算方法就是求连续若干天市场价格(通常采用收盘价)的算术平均,天数就是MA的参数。5日的移动平均线常简称为5日线即MA(5),同理,我们有10日线、20日线、30日线等概念。

$$MA(n) = \frac{\sum_{i=1}^{n} P_i}{n} \qquad\qquad (式14-1)$$

(一)移动平均线的特点

MA最基本的思想是消除价格随机波动的影响,寻求价格波动的趋势。它具有以下几个特点：

1. 追踪趋势。MA 能够表示价格的波动趋势，并追随这个趋势，不轻易改变。如果从价格的图表中能够找出上升或下降趋势线，那么，MA 的曲线将保持与趋势线方向一致，以消除价格在这个过程中出现起伏对趋势的影响。

2. 滞后性。在原有价格趋势发生反转时，由于 MA 具有追踪趋势的特性，MA 的行动往往过于迟缓，调头速度落后于大趋势，这是 MA 的一个极大的弱点。等 MA 发出反转信号时，价格实际上已出现了明显的回调。

3. 稳定性。从 MA 的计算方法知道，要较大地改变 MA 的数值比较困难，当天的价格必须有很大的变动。因为 MA 的变动不是一天的变动，而是几天的变动，有平均的效果，变动会变小而显示不出来。

4. 助涨助跌性。当价格突破了 MA 时，无论是向上突破还是向下突破，价格有继续向突破方向再走一程的愿望，这就是 MA 的助涨助跌性。

5. 支撑线和压力线的特性。由于 MA 的上述四个特性，使得它在价格走势中起支撑线和压力线的作用。MA 被突破，实际上是支撑线和压力线的被突破。

MA 参数的作用就是调整 MA 上述几方面的特性。参数选择得越大，上述特性就越大。比如，突破 5 日线和突破 10 日线的助涨助跌力度完全不同，10 日线比 5 日线的力度大。使用 MA 时通常是对不同参数同时使用，而不是仅用一个。虽然参数的选择有些差别，但一般都包括长期、中期和短期三类的 MA。长期、中期、短期是相对的，可以自己确定。

(二)葛兰威尔法则

MA 的使用最常见的是葛兰威尔法则(Granvile Law)。它的内容是：平均线从下降开始走平，价格从下上穿平均线；价格连续上升远离平均线，突然下跌，但在平均线附近再度上升；价格跌破平均线，并连续暴跌，远离平均线。以上三种情况均为买入信号。平均线从上升开始走平，价格从上下穿平均线；价格连续下降远离平均线，突然上升，但在平均线附近再度下降；价格上穿平均线，并连续暴涨，远离平均线。以上三种情况，均为卖出信号。

二、指数平滑异同平均线

指数平滑异同平均线(Moving Average Convergence Divergence, MACD)由正负差(DIF)和异同平均数(DEA)两部分组成，DIF 是核心，DEA 是辅助。实际上就是运用快速与慢速移动平均线聚合与分离的征兆来判断买卖时机和信号。MACD 的最大长处在于某指标的平滑移动，特别是对于某些剧烈波动的市场，这种平滑移动的特性能够对价格波动做较为和缓的描绘，从而大大提高资料的实用性。

(一)MACD 的计算方法

$$EMA = (1-\alpha)昨日\,EMA + \alpha \times 今日收盘价 \qquad (式\ 14-2)$$

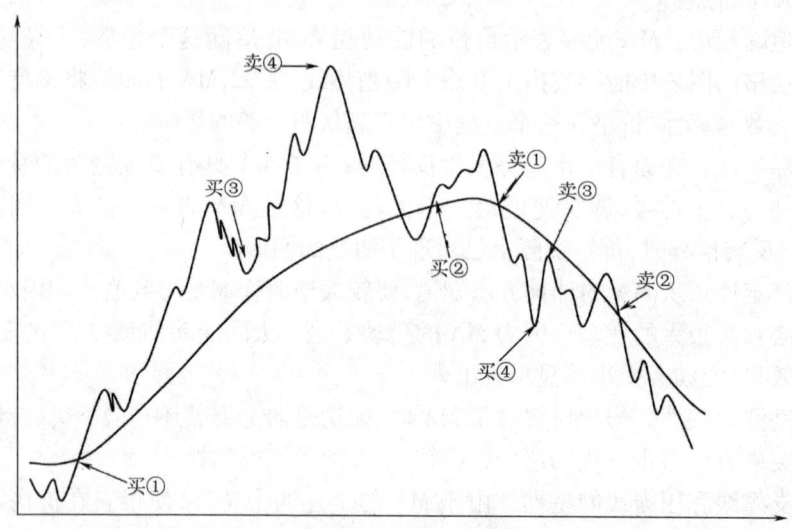

图 14-23　葛兰威尔法则

其中：α 为平滑因子，$\alpha = \dfrac{2}{n+1}$，参数 n 一般选取 12 天和 26 天。

$$EMA(n) = 前日\ EMA(n) \times \left(1 - \frac{2}{n+1}\right) + 今日收盘价 \times \frac{2}{n+1} \qquad (式14-3)$$

例：$EMA(12) = \dfrac{11}{12+1} \times 前日\ EMA(12) + \dfrac{2}{12+1} \times 今日收盘价$

$$EMA(26) = \frac{25}{26+1} \times 前日\ EMA(26) + \frac{2}{26+1} \times 今日收盘价$$

$$DIF = EMA(12) - EMA(26) \qquad\qquad (式14-4)$$

$$DEA(9) = 前一日\ DEA \times 8/10 + 今日\ DIF \times 2/10 \qquad (式14-5)$$

（二）MACD 的用法

利用 MACD 进行行情预测，主要是从以下两个方面进行：

第一，以 DIF 和 DEA 的取值和这两者之间的相对取值对行情进行预测。应用法则如下：DIF 和 DEA 均为正值时，属于多头市场。DIF 向上突破 DEA 是买入信号；DIF 向下跌破 DEA 预示着价格回调，投资者宜获利了结。DIF 和 DEA 均为负值时，属于空头市场。DIF 向下突破 DEA 是卖出信号；DIF 向上穿破 DEA 预示着价格反弹，投资者宜暂时补空。

第二，采用指标背离原则。利用 DIF 的曲线形态进行行情分析时，如果 DIF 的走向与价格走向相背离，是采取行动的信号，至于是卖出还是买入要依 DIF 的上升或下降而定。

MACD 的优点是除掉了 MA 产生的频繁出现买入、卖出信号，使发出信号的要求和限制增加,避免假信号的出现,MACD 比 MA 提供的依据更准确。

MACD 同样也有缺点:在期货市场上没有明显趋势而进入盘整时,失误的时候极多;不能提示未来价格上升和下降的深度;等等。因此,MACD 需要配合 RSI 与 KDJ,互相弥补各自的缺点。

三、威廉指标

威廉指数%(Williams% Rate)是利用摆动点来量度市场价格的超买卖现象,可以预测循环期内的高点或低点,从而提出有效率的投资讯号。

$$\% R = (C - L_n) / (H_n - L_n) \times 100 \qquad (式 14 - 6)$$

其中:C 为当日收市价,L_n 为 n 日内最低价,H_n 为 n 日内最高价,公式中 n 为选设参数,一般设为 14 日或 20 日。

威廉指数% 取值为 0 – 100,50 为轴;%R > 50,行情处于弱势;%R < 50,行情处于强势。威廉指数的值越小,市场的买气越重,反之,其值越大,市场卖气越浓。%R 上升至 20 以上,超买,即将见顶,应及时卖出;下跌至 80 以下,超卖,即将见底,应伺机买进。

四、随机指标

随机指标(KDJ)由乔治·雷恩(George C. Lane)创制。它综合了动量观念、强弱指标及移动平均线的优点,用来度量股价脱离价格正常范围的变异程度。KDJ 指标考虑的不仅是收盘价,而且有近期的最高价和最低价,这避免了仅考虑收盘价而忽视真正波动幅度的弱点。随机指标(KDJ)最早是以 KD 指标的形式出现,而 KD 指标是在威廉指标的基础上发展起来的。不过威廉指标只判断股票的超买超卖的现象,在 KDJ 指标中融合了移动平均线速度上的观念,形成比较准确的买卖信号依据。在实践中,K 线与 D 线配合 J 线组成 KDJ 指标来使用。由于 KDJ 线本质上是一个随机波动的观念,故其对于掌握中短期行情走势比较准确。

(一) KDJ 的计算方法

$$K\,值 = \frac{C - L_n}{H_n - L_n} \times 100 \qquad (式 14 - 7)$$

其中:C 为最后一日收市价;L_n 为最后 n 日内最低价;H_n 为最后 n 日内最高价。

$$D\,值 = 100 \times (H_3 / L_3) \qquad (式 14 - 8)$$

其中,H_3 为最后三个 $(C - L_n)$ 数的总和,L_3 为最后三个 $(H_n - L_n)$ 数的总和。

$$J\,值 = 3 \times K - 2 \times D \qquad (式 14 - 9)$$

计算 J 值的目的是求出 K 值与 D 值的乖离程度,从而领先 KD 值找出头部和底部。

(二) KDJ 的用法(K、D 值的变化范围都在 0 ~ 100)

1. 超买、超卖区域的判断——K 值在 80 以上,D 值在 70 以上为超买的一般标准,K 值在 20 以下、D 值在 30 以下为超卖的标准。J 值 > 100 为超买,J 值 < 10 为超卖。

2. KD 线交叉突破判断——当 K 值大于 D 值时,表明当前是一种向上涨升的趋势,K 线从下方突破 D 线是买进信号。当 D 值大于 K 值时,表明当前的趋势向下跌落,因此 K 线从上向下跌破 D 线时是卖出信号。K 线 D 线的交叉在 80 以上或 20 以下较为准确,在 50 左右发生时,走势陷入盘局,信号无效。

3. 背离判断——当价格走势一峰比一峰高、随机指数的曲线一峰比一峰低时,或价格走势一峰比一峰低、随机指数一峰比一峰高,称为背离,一般为反转的信号。

五、相对强弱指标

相对强弱指标(Relative Strength Index,RSI)通过比较一段时期内的平均收盘涨数和平均收盘跌数来分析市场买卖盘的意向和实力,从而做出对未来市场走势的预测。

$$RSI(n) = A/(A + B) \times 100\% \tag{式 14 - 10}$$

其中:A 表示 n 天中股价向上波动的幅度大小;B 表示 n 天中股价向下波动的大小;A + B 表示股价在此期间总的波动幅度大小。

强弱指标的值均在 0 与 100 之间。强弱指标保持高于 50 表示为强势市场,低于 50 表示为弱势市场。强弱指标多在 70 与 30 之间波动。当六日指标上升到达 80 时,表示股市已有超买现象,如果一旦继续上升,超过 90 以上,则表示已到严重超买的警戒区,股价已形成头部,极可能在短期内反转调。当六日强弱指标下降至 20 时,表示股市有超卖现象,如果一旦继续下降至 10 以下则表示已到严重超卖区域,股价极可能有止跌回升。

在市场分析应用中还有很多的技术性指标,在 20 世纪 70、80 年代的美国就有上百种之多。近年来,国内也出现了许多所谓的技术指标,但是我们必须明白,它们只是通过简单的算术模型加上近乎同一的取值范围计算出的线性指标,只是辅助性的市场动力验证指标。技术指标的应用绝对是以市场趋势为主导目标,单独使用,风险较大,所以我们在这里只列举出常用的五种技术性指标。

六、交易量与持仓量分析

(一)交易量

交易量(Trading Volume)是指一段时间(一般分 5 分钟、15 分钟、30 分钟、小时、日、周、月和年等)里买入的合约总数或卖出的合约总数。在每一交割月份合约中,全体买方买入的合约总数必然与全体卖方卖出的合约总数相等,因此,合约交易量的统计通常只计算其中一方成交的合约数。

交易量水平可以反映市场价格运动的强烈程度,交易量越大反映出市场强烈程度越高。一般可以通过分析价格变化与交易量变化的关系来验证价格运动的方向,即价格变动是沿原来趋势还是反转,或力度减弱等。如果在价格上升时交易量上升,说明在价格上升时大量交易者跟市买入;如果在交易量下跌时价格亦下跌,表明在价格下降时跟市卖出者很少。这两种情况均表明市场处于技术性强市。相反,如果量价分离、一升一降则表明市场处于技术性弱市。因为价格上升时交易量下降,说明市场交易者不愿意跟市买入;在价格下跌时交易量上升,说明市场交易量大多看空市场,跟市卖出者较多。

交易量分析在期货市场与股票市场有所不同,究竟应该采用某个合约的交易量还是采用所有合约交易量的总额作为验证指标目前尚有争议。所有期货合约都有到期日,从期货合约上市至到期,成交量逐渐增加然后逐渐减小是正常的变动趋势,因此可以将所有合约交易量的总额作为分析指标。但是,当同一种商品的不同合约中,有些收市价格有所上升,另外一些反而有所下降的时候,交易量总额也存在较大的问题。

(二)持仓量

持仓量,又称未平仓合约数量(Open Interest),是指到某日收市时为止没有对冲了结的合约量。一份合约必须既有买家又有卖家,因而多头未平仓合约数与空头未平仓合约数相等。

(三)交易量与持仓量的关系

成交量和持仓量的变化可以反映合约交易的活跃程度和投资者的预期。交易量和持仓量的变动有以下关系:第一,只有当新的买入者和卖出者同时入市时,持仓量才会增加,同时交易量增加。第二,当买卖双方有一方做平仓交易时(即换手),持仓量不变,但交易量增加。第三,当买卖双方均为原交易者,双方均为平仓时,持仓量下降,交易量增加。

表 14 - 2 交易量与持仓量的关系

	买方	卖方	持仓量变化
1	多头开仓	空头开仓	增加(双开仓)
2	多头开仓	多头平仓	不变(多头换手)
3	空头平仓	空头开仓	不变(空头换手)
4	空头平仓	多头平仓	减少(双平仓)

如表 14 - 2 所示,如果买卖(多空)双方均建立了新的头寸,则持仓量增加。如果双方均是平仓了结原有头寸,则持仓量减少。如果一方开立新的交易头寸,另一方平仓了结原有交易头寸,则持仓量维持不变,这包括多头换手和空头换手两种情况。通过分析持仓量的变化,可以知道资金是流入市场还是流出市场。

(四)交易量、持仓量与价格的关系

交易量、持仓量与价格走势的关系较为复杂。一般认为,如果交易量和持仓量均增加,则当前价格趋势很可能按照现有方向继续发展(无论是上涨还是下跌)。如果交易量和持仓量都减少,则当前处于技术性弱市,主要体现在空头回补,而不是主动性做多买盘。三者的具体关系如下:

第一,交易量和持仓量随价格上升而增加。交易量和持仓量增加,说明新入市交易者买卖的合约数超过了原交易者平仓交易的合约数。市场价格上升又说明市场上买气压倒卖气,市场处于技术性强市,新交易者正在入市做多。

第二,交易量和持仓量增加而价格下跌。这种情况表明,此时不断有更多的新交易者入市,且在新交易者中卖方力量压倒买方,因此市场处于技术性弱市,价格将进一步下跌。

第三,交易量和持仓量随价格下降而减少。交易量和持仓量减少说明市场上原交易者为平仓买卖的合约超过新交易者买卖的合约。价格下跌又说明,市场上原买入者在卖出平仓时其力量超过了原卖出者买入补仓的力量,即多头平仓了结离场意愿更强,而不是市场主动性地增加空头。因此,未平仓量和价格下跌表明市场处于技术性强市,多头正平仓了结。

第四,交易量和持仓量下降而价格上升。交易量和持仓量下降说明市场上原交易者正在对冲了结其合约。价格上升又表明,市场上原卖出者在买入补仓时其力量超过了原买入者卖出平仓的力量。因此,这种情况说明市场处于技术性弱市,而不是主动性做多买盘。

表 14-3　交易量、持仓量与价格的关系

价格	交易量	持仓量	市场
上涨	增加	增加	坚挺
上涨	减少	减少	疲弱
下跌	增加	增加	疲弱
下跌	减少	减少	坚挺

案例:小麦期货价格分析实例[①]

中国是农业大国,小麦生产与消费占据着十分重要的地位,多年来年产量和消费量一直在1亿吨左右,位居世界第一,基本上保持供求平衡格局。全球小麦产量和消费量都相对稳定在6亿吨左右,国际贸易量1亿吨左右。随着经济发展和人口增加,小麦需

---

① 本文根据徐陋同志在2010年7月的一次投资分析演讲整理而成。

求量增长趋势明显,近几年总需求达6.2亿吨以上,出现了相对而言的紧平衡。

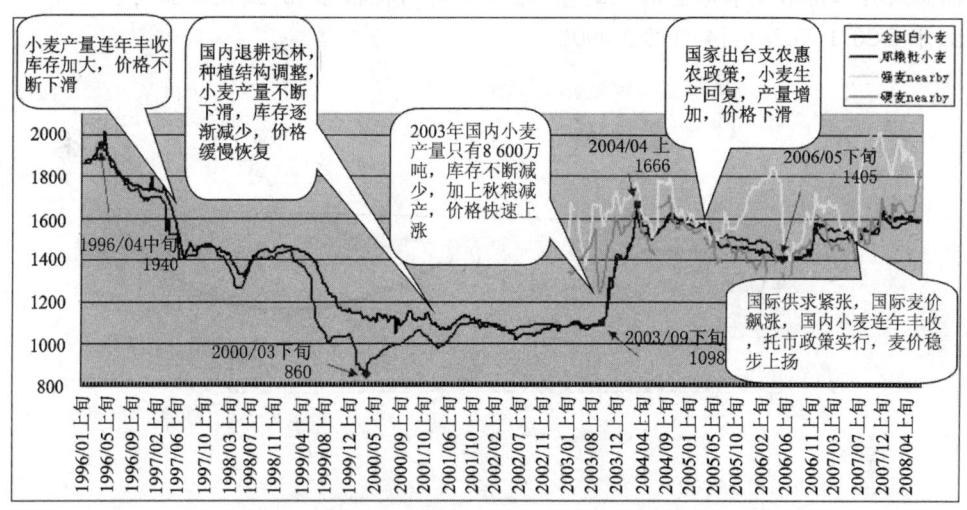

图14-24 国内小麦期货现货价格走势(单位:元/吨)

图14-24是截至2008年上半年的数据。2008年至2010年7月,期货价格和现货价格均有小幅上扬,但价格仍处于多年来形成的价格系统之内(见图14-25)。

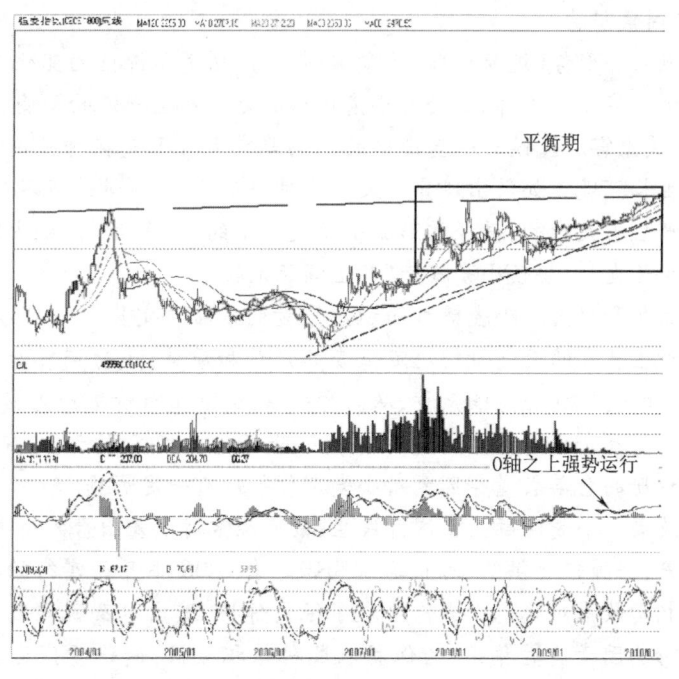

图14-25 强筋小麦周线(2003.03.28-2010.03.01)

2010 年 7 月 6 日,作为现货价格风向标的期货价格,一举突破前期所有价格高点及其三角形技术形态的上边界,进入新的高价格系统,且快速上升,从 2 320 上升至 2011 年 2 月 14 日的 3 090。

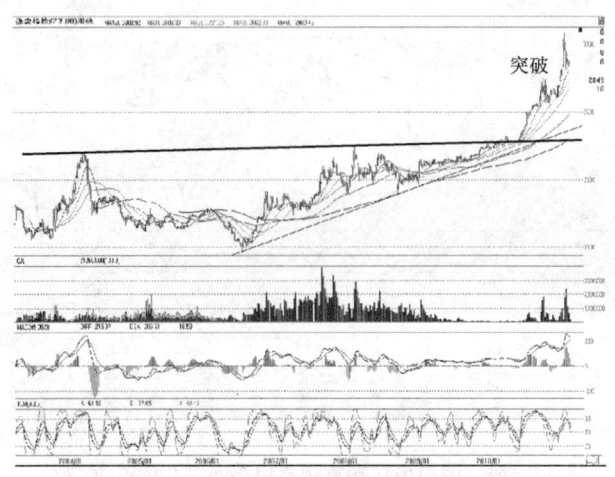

图 14 – 26　强筋小麦期货价格突破(2010.07.06)

随后,现货价格追随期货价格同步上扬,国内 CPI 指数也不断创出新高。

一、基本因素归纳

整体宏观经济形势(通货膨胀、通货紧缩),其他商品价格的变化(包括股票、黄金等的变化),突发事件等,都会对小麦价格的走势产生一定的影响。

1. 天气、病虫害。气候对小麦价格的影响非常大。小麦在种植期和生长期需要相适应的生长环境。如果出现异常天气将对小麦产量、质量造成不利影响,由此对小麦价格产生重大影响,并经常形成小麦交易中的"天气市"。病虫害也会影响小麦的正常生长发育,导致小麦减产,甚至颗粒无收。

2. 播种面积和单产。小麦播种面积是产量的基础决定因素。可以说,小麦播种面积和播种生长期的天气直接决定强麦的产量和质量,成为期货价格炒作的重要题材。单产的高低也会影响产量,从而影响供应,进而对价格产生影响。

3. 小麦质量及仓单数量。小麦质量如何、是否能达到交割标准、临近交割月时申报入库及注册的仓单数量等因素对小麦期货行情有一定影响。

4. 国家政策。小麦问题关系国计民生,政府经常对小麦出台宏观调控政策,以稳定粮食生产,保障粮食供给,防止通货膨胀。自 2006 年开始实行的小麦最低收购价收购和拍卖政策对稳定小麦价格起了很大作用,进出口及税收政策也是小麦价格的重要影响因素。近年来,为保护农民种粮积极性,进一步促进粮食生产发展,国家曾多次提高小麦最低收购价。最低收购价的提高,一方面显示政府提高农民收入的决心,提高了农民种植小麦的积极性,另一方面为后期小麦价格提供了较高的底部支撑。

5.国际市场联动性。一般情况下中国小麦基本供求平衡,其价格主要由国内因素决定。随着国际化进程的发展,世界上主要小麦期货市场价格的相互影响在日益增加。郑州小麦期货价格定期由路透社发布,现已纳入世界小麦报价体系,世界小麦产量及库存对中国小麦价格的影响不可忽视,我国国内市场与国际市场小麦价格波动逐步显现联动振荡趋势。

6.小麦生产周期性和季节性。农业生产具有周期性,小麦从播种到收获要有长达8个月的周期,这种相对固定的周期制约了生产规模的伸缩性。

从长期来看,粮食生产具有小周期和大周期的变化规律。以往粮食生产小周期一般为4～5年,大体表现为两欠一平二丰收。在1995年后,经过连续几年的粮食丰收,供给相对过剩,库存增加,但这只是把周期拉长。另外,我国粮食生产还存在大周期,新中国成立以来粮食生产经历了"短缺—紧张平衡—平衡有余"几个阶段。投资者可以根据市场信号(即周期变化规律)分析判断价格走势。

小麦期货价格走势有很强的规律性。一般来说,小麦的长期走势(3～5年)由宏观经济形势及粮食总供求关系决定;中期走势(1～2年)主要受年度产量预期、库存量变化以及相关农业政策、进出口政策的影响;短期走势(3～5个月)受季节性波动周期的影响比较大。

小麦价格也表现出明显的季节性波动规律。一般来说,每年冬麦上市后的七月份为小麦的供应旺季,价格最低。从九月份开始,小麦消费进入旺季,现货价格稳步上升,春节左右,小麦消费进入高峰期,小麦价格也抵至年内高点。春节过后价格逐步回落,在四五月份青黄不接时,价格会略有反弹,随后一直回落到六七月份的低价区,如此循环往复。当然,受其他因素影响,这一规律也会有所变化,比如近年最低收购价与拍卖等政府调控活动等,对小麦价格走势有较大影响。

7.交通运输。加拿大、美国和澳大利亚小麦现货价格都是由期货价格和基差形成,所以对于进口小麦来说,进口合同一旦签订,船期和运费是影响到岸价格的不确定因素。2003年以来海运费波动很大,是进口小麦价格变化的主要影响因素。2007年以来国际海运费不断创下历史新高,对小麦价格走高起了推波助澜的作用。我国由于运力有限,交通运输在一定时期对国内小麦流通形成一定程度的制约,从而对小麦价格产生相应影响,运费在粮食价格构成中占据了相当比例。

8.市场投机因素和心理因素。此类因素在一定期间也会对期货价格产生较大的影响。期货市场是一个资本市场,随着市场的发展,表现出越来越强的金融属性。进入2007年以来,资本流动性及市场投机因素对强麦价格的影响不可忽视。如美国的次贷危机不仅影响股票市场,而且对商品期货市场也有很大影响。

9.其他因素。相关产品替代(如小麦与玉米使用上的替代)、小麦其他用途的拓展、消费者的购买力、消费者偏好、人口变动会影响小麦的需求;种植习惯、生产投入、技术推广等也会影响小麦供给。

在小麦期货市场上,多空争斗在市场上相互制约,但此次(2003 年以来)小麦期货价格快速大幅上扬最主要因素有以下几点:

一是货币供应量因素。多年来的经济刺激政策提供了一个宽松的货币供应平台。极度宽松的货币供应条件也早就为上升埋下了伏笔。

二是天气因素。近几年来全球变暖造成气候异常,自然灾害频发严重影响小麦的生产。

二、技术分析的应用

国内强筋小麦作为期货品种 2003 年上市以来,在 2006 年 7 月 20 日创下 1 467 点的最低点后,一直进入一个至今仍持续的上升期。从图 14 - 24 可以看出三个高点 一个比一个高,从 2006 年 7 月之后,低点不断上移,在各个高点连线处形成一条阻挡线,在低点与低点的连线处形成支撑线,期货价格形成一个上升的三角形形态。根据趋势与形态分析,若第三次不能突破上面的阻挡线,则会回撤至底边线处,期价的波幅在三角形内逐渐收窄,面临脱出三角形极限点(向上或向下直到脱出确认)的考验。

移动平均线长中短期均向上发散,是持续上升的指示,成交量在前一波为上升时急速放大,投资者入市踊跃,而在高位整理期间成交量较小,交投清淡,观望情绪加重,投资与投机者均在等待影响市场的较大利多或利空的消息或事件出现后选择突破方向。

MACD 指标在 0 轴之上(0 轴之上为强势,0 轴之下为弱势)横向运行,代表市场强势。

波浪运行局部较为清晰(因数据较短,不能完整体现),市场此刻在选择方向,等待上边界或下边界决定性的突破,随后在天气干旱、俄罗斯停止出口农产品出口的消息公布明朗后,期价快速向上突破且大幅上扬,加上媒体介入,推波助澜,价格一路上升。

思考题与练习题

1. 掌握下列名词:基本分析方法、技术分析方法、道氏理论、波浪理论、移动平均线、趋势线、头肩底、头肩顶

2. 基本分析方法的主要特点有哪些?

3. 技术分析方法的三大前提假设及其所含内容是什么?

4. 道氏理论的主要原理有哪些?

5. 波浪理论的数浪规则有哪些?

6. 如何运用趋势线确定各级别趋势的反转?

7. 主要的反转形态和持续形态各有哪些?

8. 如何应用 MACD 和 KDJ 分析验证市场价格走势?

9. 影响商品价格的主要基本因素有哪些?

10. 试选某一品种某一段区间的价格走势,进行综合分析并且追踪验证分析效果。

中英文对照词汇

A

Accumulator　累计认购期权

Add – on Interest Type Securities　加息式证券

Add – on Interest Yield　加息收益率

American Options 美式期权

American Petroleum Institute, API　美国石油协会

American Style Warrant　美式权证

AMEX major market index　美国股票交易所主要市场指数

Amsterdam Exchanges, AEX　阿姆斯特丹期权交易所

Arabian Light Crude Oil　阿拉伯轻质原油

Arbitrage Order　套利指令

Asian Options　亚式期权

As – you – like – it Options　任选期权

At the Money Options　平价期权

B

Barrier option　障碍期权

Basis Risk　基差风险

Basis　基差

Bear position　空头

Bear Spread　熊市套利

Bearish Vertical With Put　熊市看跌期权套利

Bearish Vertical With Call　熊市看涨期权套利

Bermuda option　百慕大期权

Bermuda Style Warrant　百慕大式权证

Beta Coefficient　贝塔系数(常用 β 表示)

Binary Option　两值期权

Brent Oil　布伦特原油

Bull Position　多头

Bull Spread　牛市套利

Bullish Consensus　好友指数

Bullish Vertical With Call　牛市看涨期权套利

Bullish Vertical With Put　牛市看跌期权利

Butterfly Spread　蝶式套利

Buying Hedge　买入套期保值

C

Calendar Spread　日历价差

Call Option　看涨期权

Callable bond　可赎回债券

Candlestick Charts　K 线

Capital Asset Pricing Model，CAPM　资本资产定价模型

Channel Line　轨道线

Cheapest To Deliver Bond，CTD Bond　最便宜交割债券

Chicago Board of Trade，CBOT　芝加哥期货交易所

Chicago Board Options Exchange，CBOE　芝加哥期权交易所

Chicago Climate Exchange，CCX　芝加哥气候交易所

Chicago Climate Futures Exchange，CCFX　芝加哥气候期货交易所

Chicago Mercantile Exchang，CME　芝加哥商业交易所

Chicago Mercantile Exchange，CME Group Inc　芝加哥交易所集团

China Development Mechanism　中国发展机制

China Financial Futures Exchange，CFFE　中国金融期货交易所

Clean Development Mechanism，CDM　清洁发展机制

Cocoa Terminal Market Association，CTMA　可可期货市场协会

Coffee Sugar Cocoa Exchange　咖啡、糖、可可交易所

Commercial Paper　商业票据

Commodity Futures Trading Commission，CFTC　美国商品期货交易委员会

Commodity Options　商品期权

Compound Option　复合期权

Concealing Order　取消指令

Contract For Difference，CFD　差额合约

Contract Month　交割月份

Contrary Theory　相反理论

Conversion Factor Model　转换系数模型

Conversion Factor, CF　转换系数

Conversion Spread　转换套利

Convertible Bond　可转换债券

Corrective Waves　调整波

Coupon Rate　票面利率

Credit Default Swap, CDS　信用违约互换

Cross Hedging　交叉套期保值

Cycle Theory　循环周期理论

D

Daily price Limits　每日价格波动限制

Dalian Commodity Exchange, DCE　大连商品交易所

Day Settlement Regulation　每日无负债结算制度

Deep in the Money Options　深实值期权

Deep out of the Money Options　深虚值期权

Delivery Date　交割日期

Delivery Grades　交割等级

Delivery Points　交割地点

Derivative Warrant　备兑权证

Direct Hedging　直接套期保值

Discount Securities　贴现式证券

Discount Yield　贴现收益率

Double Bottoms　双重底

Double Option　双向期权

Double Order　双向指令

Double Tops　双重顶

Dow Jones Stock Price Index　道·琼斯股票价格指数

Dow Theory　道氏理论

Dual Currency Bond　双重货币债券

Duration Model　存续期模型

Duration　存续期

E

Eagle Arbitrage　飞鹰式套利

Equity Options　普通股票期权

Equity Warrant　股本权证

Eurex　欧洲期货交易所

Eurodollar CDs　欧洲美元定期存单

Euronext　泛欧期货交易所

Europe Climate Exchange,ECX　欧洲气候交易所

European Energy Exchange，EEX　欧洲能源交易所

European Monetary Union，EMU　欧洲货币联盟

European Options　欧式期权

European Style Warrant　欧式权证

Exchange Risk　汇率风险

Exchange Traded Fund,ETF　交易所交易基金

Exchange – traded Options　场内期权

Exotic Options　奇异期权

Expiration date　合约到期日

F

Federal Home Loan Mortgage Corporation,FHLMC　联邦住宅抵押贷款公司

Fibonacci Lines　黄金分割线

Financial option　金融期权

FLEX Options　变通期权

Foreign Exchange Futures　外汇期货

Foreign Futures Contracts　外汇期货合约

Forward Start Options　远期开始期权

French Electricity Exchange,FEE　法国电力交易所

Fundamental Analysis　基本分析

Futures Arbitrage　期货套利

Futures Contract　期货合约

Futures Market　期货市场

Futures Option　期货期权

Futures Speculation　期货投机

Futures Trading　期货交易

G

Granvile Law　葛兰威尔法则

H

Hang Seng Index　香港恒生指数

Head and Shoulders Bottom　头肩底

Head and Shoulders Tops　头肩顶

Hedgers　套期保值者

Hedging　套期保值

High Density Polyethylene,HDPE　高密度聚乙烯

Hong Kong Futures Exchange,HKFE　香港期货交易所

Horizontal Spread　水平套利

I

Impulse Waves　推进波

In the Money Options　实值期权

Index and Option Market,IOM　指数和期权市场分部

Index Options　指数期权

Information Disclosure Regulation　信息披露制度

Intercontinental Exchange,ICE　英国伦敦洲际交易所

Interdelivery spread　跨期套利

Interest Rate Cap　利率上限

Interest Rate Collar　利率上下限

Interest Rate Floor　利率下限

Interest Rate Futures　利率期货

Interest Rate Options　利率期权

Intermarket Spread　跨市套利

International Monetary Market,IMM　国际货币市场分部

International Petroleum Exchange,IPE　伦敦国际石油交易所

International Securities Exchange,ISE　国际证券交易所

Interproduct spread　跨商品套利

Intrinsic Value　内在价值

Inverted Market 或 Backwardation　反向市场

Investment　投资

Invoice Amount　发票金额

K

Kansai Agricultural Commodities Ex change,KACEX　关西农产品交易所

KDJ　随机指标

Korea Exchange,KRX　韩国期货证券交易所

Korea Stock Exchange,KSE　韩国股票交易所

L

Large Position Reporting Regulation　大户报告制度

Laspeyres Formula　拉斯贝尔公式

Last Trading Day　最后交易日

Limit Order　限价指令

Linear Low Density Polyethylene ,LLDPE　线型低密度聚乙烯

Liquefied Coal Bed Methane　液化煤层气

Liquefied Natural Gas,LNG　液化天然气

Liquefied Petroleum Gas,LPG　液化石油气

Liquidation Regulation　强行平仓制度

London Metal Exchange,LME　伦敦金属交易所

London Commodity Exchange,LCE　伦敦商品交易所

London Financial Times Index　《金融时报》股票价格指数

London Interbank Offered Rate,LIBOR　伦敦银行同业拆放利率

London International Financial Futures and Options Exchange,LIFFE　伦敦国际金融期货交易所

Long Butterfly Spread　多头蝶式套利

Long Hedge　买期保值或多头套期保值

Long Strangle　买入宽跨式套利

Long Equity Anticipation Securities,LEAPS　长期资产预期证券

Lookback Options　回望期权

M

Manipulation　人为操作

Marche a Terme International de France,MATIF　法国国际期货期权交易所

Marched Options Negociables de Paris,MONEP　巴黎期权交易所

Margin Regulation　保证金制度

Margin　交易保证金

Market Corner　逼仓

Market Order　市价指令

Market Sentiment Index　市场情绪指标

Maturity　到期日,期限

Member Management Regulation　会员管理制度

Moving Average Convergence Divergence，MACD　指数平滑异同平均线

N

Neck Line　颈线

NewYork Commerce Exchange,COMEX　纽约商品交易所

NewYork Mercantile Exchange,NYMEX　纽约商业交易所

Nikkei Stock Average　日经指数

Noise Trader　噪音交易者

Nominal Yield　名义收益率

Nonstandard American Options　非标准化美式期权

Normal Market 或 Contango　正向市场

NYSE Stock Price Indexes　纽约证券交易所股票价格指数

O

Oil future　石油期货

OM London Exchange,OMLX　伦敦证券和衍生品交易所

Open Interest　平仓合约数量

Open Positions limit Regulation　持仓限额制度

Options　期权

Organization of Petroleum Exporting Countries,OPEC　石油输出国组织

Osaka Securities Exchange,OSE　大阪证券交易所

Out of the Money Options　虚值期权

Over－the－Counter options　场外期权

Over－the－count　柜台交易

P

Paasche Formula　派许公式

Packages Options　打包期权

Pay－later Options　费用迟付性期权

Percentage Line　百分比线

Physical Delivery Regulation　实物交割制度

Physical Options　现货期权

Polyethylene,PE　聚乙烯

Premium　期权价格(也即期权费、权利金)

Price Limit Regulation　涨跌停板制度

Primary Trend　主要趋势

Program Trading　程式交易

Pure Terephthalic Acid,PTA　精对苯二甲酸

Put Options　看跌期权

Puttable Bonds　可回售债券(可退还债券)

Q

Quarterly Options　季度期权

R

Ratio Spread　比率套利

Regression Model　回归模型

Resistance Line　阻力线

Relative Strength Index,RSI　相对强弱指标

Risk Reserve Regulation　风险准备金制度

Rolling Hedging　滚动套期保值

S

Secondary Reactions　次级折返走势

Selling Hedge　卖出套期保值

Short Hedge　卖期保值或空头套期保值

ShangHai Futures Exchange,SHFE　上海期货交易所

Share Warrant　权证

Short Butterfly Spread　空头蝶式套利

Shout Options　喊价式期权

Singapore Exchange　新加坡交易所

Speculators　期货投机者

SSE Composite Index　上证指数

Standard Portfolio Analysis of Risk,SPAN　标准组合风险分析系统

Standard&Poors Stock Price Indexes　标准·普尔股票价格指数

Step Price Order　阶梯价格指令

Stock Exchange of Singapore,SES　新加坡股票交易所

Stock Index Futures　股票价格指数期货

Stock Price Index　股票价格指数

Stop Order　止损指令

Straddle Spread　跨式套利

Strangle Spread　宽跨式套利

Strike Price　协定价格

Strip Hedging　条式套期保值

Subordinated Debentures　次级债券

Support Line　支撑线

Swiss Options and Financial Futures Exchange,SOFFE　瑞士期权及金融期货交易所

Synthetic Long Call　合成买进看涨期权

Synthetic Long Futures　合成买进期货

Synthetic Long Put　合成买进看跌期权

Synthetic Short Futures　合成卖出期货

Synthetic Short Put　合成卖出看跌期权

SZE Composite Index　深圳综合股票指数

T

Technical Analysis　技术分析

The Federal National Mortgage Association,FNMA　联邦全国抵押贷款协会

The Government National Mortgage Association,GNMA　美国联邦住宅和城市发展部下属的政府全国抵押协会

The New York Board of Trade,NYBOT　纽约期货交易所

the U. S. Securities and Exchange Commission,SEC　美国证券交易监督委员会

Tick Size　最小变动价位

Time Limit Order　限时指令

Time Spread　时间价差

Time Value　时间价值

Tokyo Commodity Exchange,TOCOM　日本东京工业品交易所

Tokyo Grain Exchange,TGE　东京谷物交易所

Tokyo International Financial Futures Exchange,TIFFE　东京国际金融期货交易所

Tokyo Stock Exchange, TSE　东京证券交易所

Trading Fee　交易手续费

Trading Methods　交割方式

Trading Product　交易品种

Trading Symbol　交易代码

Trading Unit　交易单位

Trading Volume　交易量

Treasury Bills, T-Bills　国库券

Treasury Bonds, T-Bonds　长期债券

Treasury Notes, T-Notes　中期债券

Trend line　趋势线

Triple Bottom　三重底

Triple Top　三重顶

U

Underlying Assets　标的资产

V

Venezuela the Orimulsion Oil　委内瑞拉奥里油

Vertical Spread　垂直套利

W

Wave Principle　波浪理论

Weekly Options　星期期权

West Texas Intermediate, WTI　西得克萨斯中质油

William Delbert Gann　威廉姆·江恩

Williams% Rate　威廉指数%

Y

Yield to Maturity　到期收益率

Z

Zero Sum Game　零和博弈

Zhengzhou Commodity Exchange, ZCE　郑州商品交易所

参考文献

[1][美]约翰·墨菲.期货市场技术分析[M].丁圣元,译.北京:地震出版社,1994.

[2]胡怀邦,俞海.金融期货市场[M].西安:陕西人民出版社,1994.

[3]宋浩平.建立和发展我国金融期货市场的思考[J].当代经济科学,1995(1).

[4]王健.期货市场理论与实务[M].北京:对外经济贸易大学出版社,1996.

[5]李扣庆.商品期货学[M].上海:上海三联书店,1996.

[6][美]罗伯特·D.爱德华兹,约翰·迈吉,W.H.C.巴塞蒂.股市趋势技术分析[M].朱玉辰,郑学勤,译.北京:机械工业出版社,1996].

[7]杨玉川,邵七杜.期货市场原理与实务(修订版)[M].天津:南开大学出版社,1998.

[8][美]约翰·马歇尔,维普尔·班塞尔.金融工程[M].宋逢明,译.北京:清华大学出版社,1998.

[9]赵曙东.期货投资和期权[M].南京:南京大学出版社,1999.

[10]宋逢明.金融工程原理:无套利均衡分析[M].北京:清华大学出版社,1999.

[11]吴冲锋,王海成,吴文锋.金融工程研究[M].上海:上海交通大学出版社,2000.

[12]茅宁.期权分析:理论与应用[M].南京:南京大学出版社,2000.

[13][美]谢尔登·钠坦恩伯格.期权价格波动率与定价理论[M].寰宇财务顾问公司,译.北京:经济科学出版社,2000.

[14]张亦春,郑振龙.金融市场学(修订版)[M].北京:高等教育出版社,2003.

[15]黄柏中.江恩理论——金融走势分析[M].北京:地震出版社,2003.

[16]段文斌,王化栋.现代期货市场学(第三版)[M].北京:经济管理出版社,2003.

[17]施兵超.金融期货与期权[M].上海:上海三联书店,2004.

[18]申觅.外汇期货投资[M].广州:暨南大学出版社,2004.

[19]许文新,王满仓,胡智,宋浩平.金融市场学[M].西安:陕西人民出版社,2004.

[20]张惠茹,李海东.金融期货[M].北京:科学出版社,2005.

[21]张宏民.石油市场金融化及我国石油市场改革研究[R].复旦大学博士后研究工作报告,2005.

[22]姚德良.我国化工类期货品种开发研究[R].上海期货交易所博士后研究报告,2006.

[23]刘 星.我国电力期货品种开发研究[R].上海期货交易所博士后研究报告,2006.

[24]王安兴.金融工程学[M].上海:上海财经大学出版社,2006.

[25]罗孝玲.期货与期权[M].北京:高等教育出版社,2006.

[26]王健.期货交易概论[M].北京:中国商业出版社,2006.

[27]朱国华,褚玦海.期货投资学:理论与实务[M].上海:上海财经大学出版社,2006.

[28]舒苏平,程呈.期货与期权交易[M].北京:经济科学出版社,2006.

[29]褚玦海,鲍建平.利率期货市场运作[M].北京:中国金融出版社,2006.

[30]欧阳良宜.期权期货市场理论与操作[M].北京:中国发展出版社,2006.

[31]兰培,陆金根.国外期货市场与农产品期货[M].北京:中国社会出版社,2006.

[32]北京香塘伟业投资管理有限责任公司.大豆提油套利与反向提油套利[J].饲料广角,2006(4).

[33]李一智.期货与期权教程(第三版)[M].北京:清华大学出版社,2007.

[34]陈晓红,杨艳军,王宗润.金融期货投资学[M].北京:清华大学出版社,2007.

[35]卢文莹.利率期货与期权[M].上海:复旦大学出版社,2008.

[36]朱国华,褚玦海.期货市场学(第二版)[M].上海:上海财经大学出版社,2008.

[37]舒苏平,陈挺.期货投资实训[M].北京:经济科学出版社,2008.

[38][加]赫尔(Hull,C).期权与期货市场基本原理[M].王勇,译.北京:机械工业出版社,2008.

[39][英]萨克里弗.股指期货(第三版)[M].李飞,黄栋,译.北京:中国青年出版社,2008.

[40]徐洪才.期货投资学[M].北京:首都经济贸易大学出版社,2008.

[41]刘超.中外期货期权交易理论与实务[M].天津:天津大学出版社,2009.

[42]方晓雄.期货投资实务[M].大连:东北财经大学出版社,2009.

[43]中国期货业协会.期货市场教程(第六版)[M].北京:中国财政出版社,2009.

[44]石榴红.期货与期权交易——理论和实务[M].北京:科学出版社,2009.

[45]赵汕.期货交易实务[M].北京:中国人民大学出版社,2009.

[46]叶永刚.金融工程案例与评析[M].武汉:武汉大学出版社,2000.

[47]黄海沧.期货交易精要及案例[M].杭州:浙江大学出版社,2010.

[48]罗孝玲,罗巧玲.期货投资案例(第二版)[M].北京:经济科学出版社,2010.

[49]罗孝玲.期货投资学(第二版)[M].北京:经济科学出版社,2010.

[50]罗孝玲.期货上市交易品种大全(第二版)[M].北京:经济科学出版社,2010.

[51]鄢德春.中国碳市场建设——融合碳期货和碳基金的行动体系[M].北京:经济科学出版社,2010.

[52]徐雪.期货市场——理论与实务[M].北京:中国金融出版社,2010.

[53]张效梅.期货与期权业务[M].北京:经济科学出版社,2010.

[54]刘文财.中国股指期货市场的理念与实践[J].上海金融,2010(12).

[55]刘鸿儒.金融期货[M].北京:中国金融出版社,2010.

[56]法律出版社法规中心.中华人民共和国证券期货法典(应用版)[M].北京:法律出版社,2011.

[57]中国期货业协会.中国期货业发展报告2010[M].北京:中国财政经济出版社,2011.

[58]方晓雄.期货交易实务[M].大连:大连出版社,2011.

[59]刘英华.期货投资经典案例[M].上海:远东出版社,2009.

[60]大连商品交易所 http://www.dce.com.cn.

[61]郑州商品交易所 http://www.czce.com.cn.

[62]上海期货交易所 http://www.shfe.com.cn.

[63]中国金融期货交易所 http://www.jcffex.com cn.

[64]焦炭期货网 http://www.jiaotanqihuo.com.

[65]中国期货网 http://www.qhdb.com.cn.

[66]芝加哥期货交易所 http://www.cmegroup.com.

[67]纽约商品交易所 http://www.comex.com.

[68]伦敦金属交易所 http://www.lme.com/home.asp.

[69]香港交易所 http://www.hkex.com.hk.